国家社科基金丛书
GUOJIA SHEKE JIJIN CONGSHU

公共健康视阈下英国儿童福利制度研究(1862—1948)

Britain Children Welfare System Under
the Perspective of Public Health,1862—1948

魏秀春　王宝枝　著

人民出版社

目　　录

绪　　论

在英国,现代儿童福利制度是 20 世纪以来通过一系列的社会政策和社会立法实现的,并在第二次世界大战后通过褔利国家的建立得以巩固与强化。作为社会福利制度的一种,所谓儿童福利制度是指政府为达到一定的儿童福利目标所承担的责任,即制度化的政府责任①。而 20 世纪前期英国儿童福利制度的建立,其福利目标是要解决因儿童贫困而带来的生存与发展问题,其政府责任就是在"国家儿童"(The Children of the Nation)福利观②的指导下由政府实施制度化的福利供给。这是本书所要研究的主要内容。

一、学术基础与研究视阈

英国儿童福利制度研究,在国内学术界是随着西方儿童史研究才逐渐步

---

① 尚晓援、王小林、陶传进:《中国儿童福利前沿问题》,社会科学文献出版社 2010 年版,第 6 页。

② "国家儿童"思想是 20 世纪初英国议员约翰·戈斯特爵士(Sir John E. Gorst)在其著作《国家儿童:政府如何促进他们的健康和活力》(Sir John E. Gorst, *The Children of the Nation: How Their Health and Vigour Should be Promoted by the State*, Methuen Co., 1907)一书中最先进行了阐释,关于"国家儿童"思想的具体内容,参阅拙文《20 世纪英国学校健康服务体系探析》(《世界历史》2017 年第 4 期)一文。

入人们视野的。20 世纪 80 年代以来,当英国福利制度研究成为国内学人追逐的热点问题时,英国儿童福利制度亦为很多学者所提及,但却很少有学者展开深入的研究①。2001 年,俞金尧先生发表了《西方儿童史研究四十年》②一文后,西方儿童史研究进入国内学者的视野,不少学者展开了对工业革命时期英国儿童生活和童工劳动的研究③,英国儿童福利制度的研究亦随之开始。

虽然,国内学术界目前尚未对英国儿童福利制度进行系统深入的历史研究④,但开展这一研究的学术基础已经具备。除了英国福利国家和社会保障制度研究外,当前国内方兴未艾的儿童史研究和医学社会史研究为英国儿童福利制度史研究提供了深厚的学术基础和研究视阈,促进了史学学科不同研究领域的相互启发。

国内儿童史研究发端于本世纪初对西方儿童史研究的介绍与梳理。2001 年,俞金尧先生相继发表了《西方儿童史研究四十年》《儿童史研究及其方法》两篇论文,系统梳理了西方儿童史研究 40 年的发展历程,并对其研究方法进行了总体性概述,认为"随着研究的深入,人们的看法更深刻了,尤其是人们

---

① 20 世纪 80—90 年代,正式发表的关于英国福利制度研究的学术论文主要有:冉隆勃、黄跃秋:《英国的"福利国家"——其由来、发展与面临的问题》,《西欧研究》1985 年第 4 期;刘超雄:《论本世纪初英国自由党政府的社会政策》,《世界历史》1987 年第 1 期;陈晓律:《从亚当·斯密到凯恩斯——简评英国福利思想的发展》,《世界历史》1990 年第 5 期;毛日清:《论英国社会福利的历史演进与特征》,《江西师范大学学报》(哲学社会科学版)1992 年第 1 期;关信平:《西方"福利国家之父"——贝弗里奇——兼论〈贝弗里奇报告〉的诞生和影响》,《社会学研究》1993 年第 6 期;钱乘旦:《寻求社会的"公正"——20 世纪英国贫富问题及福利制度演进》,《求是学刊》1996 年第 4 期;周南:《英国福利制度的演变及其调控作用》,《世界历史》1999 年第 4 期,等等。主要代表性著作有:陈晓律:《英国福利制度的由来与发展》,南京大学出版社 1996 年版。

② 俞金尧:《西方儿童史研究四十年》,《中国学术》2001 年第 4 期。

③ 国内关于英国童工劳动和儿童生活的研究始于 20 世纪 80 年代,但直到本世纪初才成为国内学者研究的热点。参阅鲁运庚、张美:《百年来国内关于解决童工劳动问题研究的学术史论》,《中州学刊》2018 年第 5 期。

④ 据笔者掌握的资料,国内关于英国儿童福利制度的第 1 篇历史研究成果是庞媛媛:《英国儿童福利制度的历史嬗变及特征》,《信阳师范学院学报(哲学社会科学版)》2009 年第 4 期。

注意到儿童史、父母与子女的关系受到广泛的经济、社会和文化背景的影响"①。近年来,辛旭博士对儿童史研究理论和方法作了初步的探索。她提出了儿童史研究中的"儿童与社会相互建构"理论,即"将儿童置放在更为广阔的社会环境里加以认知",并"从成人世界对待儿童的认识、态度、实践和制度等方面,探讨站在'被动'和'消极'地位的儿童怎样成为历史中的一个行动主体,参与到对社会的建构中"②。换言之,在儿童史研究中,人们需要通过探讨"在不同社会和文化中儿童在文化转型、政治稳定、家庭或社群劳动等问题上所扮演的多重角色",反思"儿童如何参与对自身乃至整个社会的建构进程"③。所以说,两位学者通过对西方儿童史研究的回顾与探讨,为国内学者开展儿童史研究提供了研究方法与视角上的借鉴和启示,特别是强调应当将儿童置于一定的经济、社会与文化背景下,将儿童作为历史叙述的主体,代表了儿童史研究的新趋势。

与此同时,国内学者对西方儿童史的学术研究亦开展起来,集中表现在英国儿童史研究上。首先是英国童工研究,首先关注的是童工劳动及相关工厂立法,以鲁运庚、尹明明、施义慧、张嘉瑶等人为代表④;其后有些学者将研究的重点转向儿童教育,如施义慧、刘静茹、胡玲等⑤;英国儿童日常生活研究方

---

① 俞金尧:《儿童史研究及其方法》,《国外社会科学》2001年第5期。

② 辛旭:《儿童与社会的相互建构:儿童史研究突破的一种可能》,《学术月刊》2016年第6期。

③ 辛旭:《西方的儿童研究:在学科对话中成长》,《光明日报》2018年7月30日。

④ 研究性论文有鲁运庚、尹明明、刘长飞:《英国工业革命时期的童工劳动》,《山东师大学报(社会科学版)》2000年第3期;施义慧:《19世纪英国解决童工问题原因探析》,《广西社会科学》2003年第11期;王文丰:《英国工业革命时期的议会立法与童工问题》,《东北师大学报(哲学社会科学版)》2016年第6期;张嘉瑶:《19世纪英国针对工厂童工的立法及实施效果》,《经济社会史评论》2018年第2期,等等。

⑤ 研究性论文有施义慧:《19世纪前期英国宗教与工人阶级子女教育》,《江苏工业学院学报(社会科学版)》2003年第4期;施义慧:《维多利亚时期英国的贫民免费学校运动》,《淮阴师范学院学报(哲学社会科学版)》2005年第1期;刘静茹:《19世纪英国的工厂学校与童工教育》,《经济社会史评论》2018年第2期;胡玲、何且取:《工业化时期英国童工的道德问题与中产阶级的教育介入》,《淮阴师范学院学报(哲学社会科学版)》2019年第4期,等等。

面,施义慧是一位重要的开创者,其代表作《童年的转型:19 世纪英国下层儿童生活史》阐述了 19 世纪英国下层儿童的家庭生活、劳动生活和儿童教育状况,展现了英国下层儿童生活"朝着进步和文明的方向发展"的历史进程①;英国少年犯罪与管教史研究也是儿童史研究的一个重要方面,陆伟芳、许志强、王晨辉、臧书磊等学者在这一领域开展了较为深入的研究②。上述研究主要是以 19 世纪英国儿童为研究对象,涉及儿童劳动、儿童教育、儿童生活、儿童犯罪等领域,其中一个重要的主题是随着英国政府对经济社会问题干预程度的加强,英国儿童的"权利"日益受到制度性的保障,英国儿童的生活状况逐步得到改善。故这些研究为本书深入开展对英国儿童福利制度的研究奠定了深厚的学术基础。

国内的医学社会史研究是本书研究的另一个学术基础。20 世纪末以来,医学社会史研究开始进入国内学术界的视野,研究领域日渐扩展,研究成果日益丰富。作为社会史学科的一个分支,医学社会史研究以关注生命作为主旨,是直接关乎人之生老病死和衣食住行的研究,是国内外史学界对人类群体及个体生存与发展日益重视的产物。医学社会史于 20 世纪 70 年代发端于欧美,以"英国医学社会史协会"(SSHM)成立作为标志③。医学社会史研究诞生之初,主要集中在英美,后来逐步向世界各国扩展,至今

① 施义慧:《童年的转型:19 世纪英国下层儿童生活史》,南京大学出版社 2012 年版。在此书出版之前,施义慧在《史学月刊》先后发表了 3 篇代表性论文,分别是《19 世纪英国工人阶级子女童年生活转型原因探析》(2006 年 12 期)、《19 世纪英国下层儿童生活史研究述评》(2008 年第 4 期)、《工业革命时期英国扫烟囱儿童的命运》(2010 年第 3 期)。

② 研究性论文有:陆伟芳:《19 世纪英国少年犯罪惩罚观念的变迁》,《史学月刊》2012 年第 4 期;陆伟芳:《19 世纪英国城市儿童犯罪的历史考察》,《英国研究》2013 年辑,南京大学出版社 2014 年版;许志强:《由惩罚到教化:英国 19 世纪的少年犯罪问题与教管机制改革》,《史学理论研究》2013 年第 3 期;王晨辉:《19 世纪后半期英国工业学校与儿童管教》,《史学月刊》2015 年第 3 期;臧书磊:《浅析 19 世纪中期英国慈善会感化学校》,《社科纵横》2019 年第 3 期,等等。

③ 李化成:《西方医学社会史发展述论》,《四川大学学报(哲学社会科学版)》2006 年第 3 期。关于"医学社会史"的称谓,国内学界有不同的提法,如余新忠教授称其为"疾病医疗社会史",陈勇教授、张勇安教授称其为"医疗社会史",闵凡祥教授称其为"医疗社会文化史",本文采纳"医学社会史"的提法。

方兴未艾。目前国内学者对医学社会史的研究兴趣主要涉及中国、英国和美国等国家。张勇安、李化成、闵凡祥相继在上海大学、陕西师范大学、南京大学建立了医学（疗）社会史研究中心，并出版《医疗社会史研究》辑刊①。

　　国内学者对英国医学社会史的兴趣尤甚，尤其是许多青年学者。自 21 世纪初，关于英国医学社会史的介绍和研究性论文不断见诸于国内学术刊物和报端，相关学术专著亦开始问世，在英国史研究领域熠熠生辉。国内学者对英国医学社会史的研究是从瘟疫与疾病史研究开始的。李化成自 2005 年以来对英国黑死病的研究，俨然一面旗帜，引领了国内英国医学社会史的研究②。其后，赵秀荣对英国医院史的研究③、王广坤对英国医生史的研究④、邹翔对伦敦鼠疫的研究⑤、毛利霞对英国霍乱的研究⑥，相继展开，共同构筑了国内英国医学社会史研究的第一座灯塔。2010 年以后，赵秀荣开启了国内学者对

---

①　《医疗社会史研究》由上海大学马斯托禁毒政策研究中心主办，2016 年 6 月创刊，每年两辑。

②　李化成关于黑死病的研究成果主要有：《试论黑死病爆发的偶然性》，《东北师大学报（哲学社会科学版）》2006 年第 1 期；《论黑死病对英国人口发展之影响》，《史学月刊》2006 年第 9 期；《黑死病期间的英国社会初揭（1348—1350 年）》，《中国社会科学》2007 年第 3 期；《论黑死病期间的英国教会》，《安徽史学》2008 年第 1 期；《论 14 世纪英国的聚落环境与黑死病传播》，《世界历史》2011 年第 4 期；《黑死病期间西欧的鞭笞者运动（1348—1349）》，《历史研究》2013 年第 1 期；《14 世纪西欧黑死病疫情防控中的知识、机制与社会》，《历史研究》2020 年第 2 期，等等。

③　赵秀荣关于英国医院史的研究成果主要有：《近现代英国政府的医疗立法及其影响》，《世界历史》2008 年第 6 期；《论近代英国自愿捐助医院兴起的原因》，《史学集刊》2009 年第 4 期；《近代英国医疗行业中利益追求与人道追求的并存》，《学海》2009 年第 7 期；《近代英国医院兴起的社会影响初探》，《首都师范大学学报（社会科学版）》2010 年第 3 期，等等。

④　王广坤关于英国医生史的研究成果主要有：《19 世纪中后期英国医生的社会定位探析》，《黑龙江社会科学》2012 年第 6 期；《19 世纪英国全科医生群体的崛起及影响》，《世界历史》2016 年第 4 期；《19 世纪英国内科医生身份认同的转变及影响》，《学术研究》2018 年第 12 期，等等。

⑤　邹翔的主要代表性成果为《鼠疫与伦敦城市公共卫生（1518—1667）》（人民出版社 2015 年版），本书获 2017 年山东省社会科学优秀成果奖二等奖。

⑥　毛利霞的主要代表性成果为《从隔离病人到治理环境：19 世纪英国霍乱防治研究》（中国人民大学出版社 2018 年版），本书为国家社科基金后期资助项目（16FSS007）结题成果。

英国身体疾病史的探讨，将研究领域扩展到疯癫、自杀和精神病史研究①，近年来邹翔亦开始涉入这一领域研究②。王广坤的英国丧葬改革研究③、魏秀春的英国食品安全史研究④，扩大了英国公共卫生与健康研究领域，进一步激励了国内英国医学社会史研究。

　　作为本研究的重要学术基础，英国医学社会史研究特别是国内学者在公共卫生领域的研究成果，启发了本书的研究视阈。李化成指出，西方学者在医学社会史研究上"最为关注的依然是公共健康"，这是与20世纪下半叶以来"公共健康事业的发展成为西方社会普遍关注的对象"息息相关的，故"（在）当前我国处于公共卫生事业改革和发展的重要时期，无论是在借鉴或总结西方的经验和教训方面，还是在发掘中国传统医学的传统和现代性意义上"，公共健康史研究"同样是我们当下要关注的对象"。⑤所以，结合当下国内儿童史研究现状，本书在前期研究的基础上，将研究主题确定为公共健康视阈下的英国儿童福利制度研究。

　　本书的前期研究基础是英国食品安全监管史研究。在食品安全监管史研究过程中，笔者注意到19世纪中期以来英国屡屡出现的食品安全问题最大的

---

① 赵秀荣关于英国疯人及疯人院方面的研究成果主要有：《19世纪英国私立疯人院繁荣原因初探》，《首都师范大学学报（社会科学版）》2012年第4期；《17—19世纪英国关于疯人院立法的探究》，《世界历史》2013年第4期；《英国约克静修所的道德疗法初探》，《史学理论研究》2015年第2期；《英国社会对"自杀"的认知》，《经济社会史评论》2017年第3期；《近代早期英国对自杀者的惩罚》，《史学月刊》2018年第3期，等等。

② 邹翔关于英国疯癫史方面的研究成果主要有：《从〈疯狂简史〉看罗伊·波特的精神医学史研究》，《史学月刊》2011年第2期；《走近艾萨克·牛顿的疯癫：人文与科学的多重阐释与构建》，《世界历史》2017年第2期；《如何书写"疯癫"的历史？——20世纪60年代以来西方精神医学史研究》，《历史教学（下半月刊）》2018年第8期，等等。

③ 王广坤关于英国丧葬改革的研究成果主要有：《查德威克与19世纪中期英国的丧葬改革》，《史学理论研究》2012年第3期；《卫生下葬与情感升华：现代英国火葬文明的形成及其意义》，《世界历史》2018年第5期，等等。

④ 魏秀春：《英国食品安全立法与监管史研究（1860—2000）》，中国社会科学出版社2013年版。

⑤ 李化成：《医学社会史的名实与研究取向》，《历史研究》2014年第6期。

受害者莫过于英国儿童。特别是在牛奶安全问题上,无论是学龄儿童,还是婴幼儿,其健康状况和生命安全都受到牛奶掺假和未进行杀菌处理牛奶的严重威胁。故笔者结合英国牛奶安全监管对这一历史现象开展了初步研究,研究成果先后刊于《历史教学》《世界近现代史研究》《光明日报(理论版)》和《史学月刊》等报刊①。在此基础上,2012 年关于英国食品安全监管史的国家社科基金项目结题后,笔者将研究的重点首先转向与食品安全密切相关的英国校餐制度研究②。

英国校餐制度是 20 世纪前期英国儿童福利制度的重要内容之一。由此展开,笔者将研究领域扩展到这一历史时期英国儿童福利制度研究。在研读文献的过程中,笔者发现导致 20 世纪前期英国儿童各项福利制度产生的最重要历史背景无不与 19 世纪中后期以来儿童的营养与健康问题相关,而儿童的营养与健康问题恰恰归属于公共健康问题。所以,在上述国内相关学术基础和个人研究基础上,本书的研究视阈和主题得以确定下来。

本书认为,公共健康领域的英国儿童福利制度关乎英国儿童的营养与健康,涵盖婴幼儿和学校儿童两大儿童群体,涉及儿童的食品、药品和医疗,以及与其密切相关的妇幼保健和护理服务。19 世纪中后期以来,英国婴幼儿死亡率居高不下和学校儿童营养不良的健康状况,是导致 20 世纪前期英国儿童福利制度逐步形成的直接诱因。为了解决这些儿童健康问题,"国家儿童"的思想,即以政府为主体实施儿童福利供给的思想占据社会舆论的主流,呼吁英国政府关注和关心儿童生存现状。由此,20 世纪初英国地方当局最先和志愿组

---

① 参阅魏秀春《1875—1914 年英国牛奶安全监管的历史考察》,《历史教学》(下半月刊)2010 年第 12 期;《牛奶安全与婴儿健康:20 世纪初叶英国婴儿奶站的发展》,《世界近现代史研究》第九辑,社会科学文献出版社 2012 年版;《牛奶安全与婴儿健康——20 世纪上半叶英国社会的反思和对策》,《光明日报》2012 年 4 月 19 日;《19 世纪后期以来英国牛奶安全监管的历史困境与政策分析》,《史学月刊》2013 年第 10 期;《试析公共分析师与英国牛奶安全监管(1875—1914)》(第一作者),《德州学院学报》2015 年第 1 期。

② 参阅魏秀春《20 世纪英国校餐制度的历史演变》,《光明日报》2013 年 8 月 29 日;《战争与营养:二战时期英国校餐制度的发展》,《贵州社会科学》2016 年第 1 期。

织密切合作,不断地进行尝试和努力,突破济贫法制度的桎梏,几乎同步向婴幼儿和学校儿童提供福利服务,并推动中央政府予以确认与扩大。在这种形势下,英国政府通过社会立法与社会政策的调整授予地方当局开展儿童福利的权力和责任,英国现代儿童福利制度由此日益形成。

二、国内外研究现状述评①

至20世纪之交,英国社会对儿童的认识已经发生了深刻的变化,相比以往,"儿童"和"儿童权益"在历史上从未被给予过如此多的关注。比如,前工业化时代,儿童作为"社会经济发展不可或缺的劳动力资源",参加社会生产劳动是一种"常见现象",其人身权益无法得到保障②。工业革命早期,"工厂儿童"俨然成为儿童的代名词,儿童受到长时间劳动和严酷工厂环境的折磨,直到19世纪"拯救工厂儿童运动"兴起,英国儿童才逐渐回归其"儿童"的本质③。自1880年英国实施强制义务教育法以来,学校被认为是儿童"恰当的去处",在培养"新型儿童"过程中扮演"关键"角色,学校儿童亦被视作"在未来诸多方面(如经济、职业、军事、人口、情感等)具有投资价值"④。儿童由此在道德价值上被赋予了国家和民族未来的性质。在19世纪末20世纪初的西方"儿童研究运动"中,人们发现儿童在社会生活中受到性侵害、在工厂或家庭受到虐待的大量事实,以及儿童健康与医疗、教育等一系列亟待处理和解决的问题,由此直接催生了一系列制度化保障儿童福祉的方式⑤,这就是现代儿童福利制度。

---

① 本部分主要内容已经由笔者以《公共健康视阈下的英国儿童福利研究述评》为题发表在《中国社会科学院研究生院学报》(2020年第2期)。

② 鲁运庚:《前工业化时期欧洲乡村的儿童劳动》,《历史研究》2015年第6期。

③ Harry Hendrick, *Child Welfare: England 1872—1989*, Routledge 1994, pp.24-26.

④ Harry Hendrick, *Child Welfare: England 1872—1989*, Routledge 1994, pp.31-32.

⑤ 辛旭:《西方的儿童史研究:在学科对话中成长》,《光明日报》2018年7月30日。

英国儿童福利制度是现代英国福利制度的重要内容之一,1948 年前已经形成一个比较完备的制度体系。本书认为,在"国家儿童"福利思想指导下,英国政府在公共健康领域广泛推行的儿童福利,至少包括旨在降低婴幼儿死亡率的健康访问制(Health Visiting)、为母婴提供保健护理服务的儿童福利中心(Children Welfare Centre),以及提高学校儿童健康水平的校餐制度(School Meal)和学校医疗计划(School Medical Service)等方面。英国学者对这些方面的研究在 20 世纪初业已展开,国内学者直到近年来才涉入相关专题的研究。故笔者综述国内外学者的研究成果,以对英国儿童福利略窥一斑,推动国内学者研究的进一步展开。

(一) 婴幼儿健康福利:健康访问制与儿童福利中心

19 世纪后期至 20 世纪初,英国儿童福利志愿组织在英国各地广泛开展了"健康访问"活动,并建立"儿童福利中心"作为依托,为婴幼儿及其母亲提供各类护理和保健服务,进而推动地方当局和中央政府通过立法使其制度化。健康访问制的推行,儿童福利中心的建立,是 20 世纪前期英国政府为婴幼儿提供的基本健康福利,构成 20 世纪初英国婴儿福利运动的重要内容。

婴幼儿健康福利开展的一个重要社会背景,即是 19 世纪英国婴儿死亡率居高不下的问题。20 世纪初英国公共卫生专家乔治·纽曼(George Newman)、麦克勒里(G.F.McCleary)等人对此都曾进行了研究。纽曼的研究发现,1851—1900 年英格兰和威尔士人口的死亡率从 22.5‰降至 18.2‰,而 1 岁以下婴儿平均死亡率却始终徘徊在 154‰左右,伦敦甚至高居至 152—162‰;即使在 1905 年,英格兰和威尔士地区的婴儿死亡数量达到了 120000人,占当年全部死亡人口的 1/4,"而这种巨大的人口损耗却年复一年地重复着"[1]。关于婴儿死亡的原因,麦克勒里在研究中发现流行性腹泻在 1899 年

---

[1]　George Newman, *Infant Mortality:A Social Problem*, E.P.Dutton Company, 1907, pp.2–3.

导致的婴儿死亡率达到了 41.7‰,由早产引起的身体虚弱在 1900 年 154‰的死亡率中占到了 19.9‰[1]。由此,现代美国公共卫生专家乔治·罗森将这一时期英国婴儿过高的死亡率归因于"营养不良、父母的无知、被污染的食物,以及其他全部或部分源于贫困的因素",因此婴儿死亡是能够预防的[2]。故改善英国婴儿及其母亲的生存、生活条件成为儿童福利先驱者们最先努力的目标。

健康访问首先是被曼彻斯特和索尔福德地方当局作为降低婴儿死亡率的制度而广泛实施的。所谓"健康访问",即由经过专门培训的访问员赴新生儿家中,就婴儿的喂养和母婴护理提供意见或建议。而这种访问形式最早可以追溯到 1862 年成立的"曼彻斯特和索尔福德女士健康协会"(Manchester and Salford Ladies' Health Society)。据麦克勒里的记载,该组织是第一个开展健康访问活动的志愿组织,它于 19 世纪 90 年代先后与曼彻斯特、索尔福德地方当局合作开展有组织的健康访问[3]。在此影响下,其他地区相继效仿,尤其是哈德斯菲尔德,其健康访问制度成为当时英国的典型,并为英国政府推广健康访问提供了实践基础。故英国学者对其怀有极大的兴趣,称其为"哈德斯菲尔德计划"(Huddersfield Scheme)。早在 20 世纪初,《英国医学学报》《柳叶刀》等英国主要医学杂志就对其关注有加,它们的评论和阐述成为当代学者研究的重要基础,比如德博拉·德沃克(Deborah Dwork)、希拉里·马兰(Hilary Marland)等人。

德博拉·德沃克对"哈德斯菲尔德计划"作了很高的评价[4]。他认为,作

---

① G.F.McCleary,*The Early History of the Infant Welfare Movement*,H.K.Lewis Co.Ltd,1933,pp.23,31.

② George Rosen,*A History of Public Health*,MD Publications Inc.,1958,p.350.

③ G.F.McCleary,*The Early History of the Infant Welfare Movement*,H.K.Lewis Co.Ltd,1933,pp.84-90.

④ Deborah Dwork,*War is Good for Babies and other Young Children:A History of the Infant and Child Welfare Movement in England*,*1898—1918*,Tavistock Publications Ltd 1987,pp.137-138.

为降低婴儿死亡率的重要手段,哈德斯菲尔德的"健康访问"是"对婴儿的访问,对婴儿健康的访问,其原则是不施舍任何形式的财物",而是健康指导。早在1906年,当地市政当局就通过私法形式获得议会的授权,严格实施婴儿出生强制登记政策。德沃克认为这一政策是"哈德斯菲尔德计划"的重点,因为它能够使当地卫生当局能够及时地"知道去访问谁"。获知信息后,市政当局试图从源头上解决婴儿健康问题,首先派遣卫生官员赴新生儿家中建立档案卡,发放育儿手册,然后再由志愿组织"公共健康同盟"(Public Health Union)的女性访问员经常性地造访,探询母婴的健康状况,指导并鼓励实施母乳喂养,尽可能地避免"在婴儿出生后的14个月内其健康受到伤害"。

希拉里·马兰则在《婴儿福利的先驱者:哈德斯菲尔德计划》①一文中,从地方史的视角探究了哈德斯菲尔德计划形成的原因、条件和特色,特别是阐述了当地的"健康委员会"主席本杰明·布罗德本特(Benjamine Broadbent)和健康医疗官(Medical Officer of Health)莫尔医生(Dr S.G.H.Moore)对这一体制创立与延续的杰出贡献。马兰认为,布罗德本特和莫尔医生基于"挽救婴儿生命"的初衷创立了哈德斯菲尔德计划,而这一体制"避免了与提供经济援助有关的政治争议,坚持健康访问和咨询的主要职能是教育,而不是提供医疗救治或物质帮助",使其"廉价而易于推行"。

以哈德斯菲尔德计划为基础,英国政府制定了《1907年出生登记法》(Notification of Births Act,1907)授权各地方当局推广健康访问制。需要强调的是,许多大城镇的健康访问活动是依托"儿童福利中心"进行的。这些"儿童福利中心"有的是由志愿组织开办;有的是由地方当局开办,与志愿组织共同开展活动。据雷恩—克里培恩记载,儿童福利中心最初由"婴儿咨询中心"和"妈妈学校"两部分组成,前者主要职能是就婴儿健康问题向妈妈们提供医学

① Hilary Marland,"A Pioneer in Infant Welfare:the Huddersfield Scheme,1903—1920",*Social History of Medicine*,Vol.6,Issue 1,1993,pp.25-50.

建议（健康访问），后者主要是指导妈妈们做好婴儿的保健护理工作；而且，儿童福利中心还兼顾着其他婴幼儿相关福利工作，如孕妇的产前护理、为孕产妇供给营养餐、为婴幼儿供给杀菌奶（婴儿奶站[①]）、（孕产妇和婴幼儿）的牙齿护理和轻微疾病的预防与治疗，以及其他社会福利性工作[②]。各地的"儿童福利中心"各具特色，经常成为当代学者研究的对象，比如奥格斯·弗格斯等人对格拉斯哥市政当局创办的以婴儿奶站为特色的"儿童福利中心"展开了专题研究[③]；拉雷·马克对伦敦地区儿童福利中心多样化的妇婴保健服务进行了专门研究[④]。

这些由地方当局和志愿组织自主进行的福利活动对降低婴儿死亡率究竟发挥了多大的作用，当代学者并没有一致的看法，伦敦大学的弗吉尼亚·贝里奇的观点比较具有代表性。他认为，婴儿福利运动"的确对婴儿死亡率（的降低）产生了某种影响"，但程度如何，学界分歧很大[⑤]。以哈德斯菲尔德计划为例，尽管亲历者"将本世纪（即20世纪）初婴儿死亡率的下降归功于……出生登记和（健康）访问"，希拉里·马兰却认为其"对当地婴儿死亡率"发挥的作用十分"有限"[⑥]。

然而，婴儿福利运动的历史影响却是十分深远的。当代英国学者普遍认为，婴儿福利运动对英国政府社会政策的改革产生了积极的影响。简·刘易

---

① 参阅魏秀春《牛奶安全与婴儿健康：20世纪初期英国婴儿奶站的发展》，《世界近现代史研究》第九辑，社科文献出版社2012年版，第116—129页。

② J.E.Lane-Claypon, *The Child Welfare Movement*, G.Bell Sons Ltd., 1920, pp.38-79.

③ Augus H.Ferguson, Lawrence T.Weaver and Malcolm Nicolson, "The Glasgow Corporation Milk Depot *1904—1910* and its Role in Infant Welfare: an End or a Means", *Social History of Medicine*, Vol.19, Issue 3, December 2006, pp.443-460.

④ Lara V.Marks, *Metropolitan Maternity: Maternal and Infant Welfare Services in Early Twentieth Century*, Atlanta, GA, 1996.

⑤ Virginia Berridge, "Health and Medicine", in F.M.L.Thompson (ed.), *The Cambridge Social History of Britain 1750—1950*, Volume. 3, Cambridge University Press, 1990, p.219.

⑥ Hilary Marland, "A Pioneer in Infant Welfare: the Huddersfield Scheme, 1903—1920", *Social History of Medicine*, Vol.6, Issue 1, 1993, pp.25-50.

斯在仔细考察了 1910—1916 年地方政府事务部（Local Government Board）①
发布的关于婴儿死亡率的 5 次政府报告后指出，英国政府的观念发生了深刻
的改变，"每一次报告都强调婴儿福利工作作为一种增加人口数量，提高人口
素质手段的重要性"②。帕特·塞恩指出，"婴儿健康服务的发展为（婴儿福
利）运动整合成为国家健康服务进一步注入了推动力。"③哈里·亨德里克
（Harry Hendrick）论道，"婴儿和孕妇护理服务的发展更重要的意义在于，它促
使地方政府事务部在 1914 年发布通告，向地方当局允诺将为它们的活动提供
资助"，使得"地方当局的公共健康委员会接管志愿组织的（福利）中心成为可
能"④。所以，在婴儿福利运动的推动下，英国政府相继制定了《助产士法》
（The Midwives Act，1916）和《妇幼福利法》（Maternity and Child Welfare Act，
1918）鼓励地方当局和志愿组织建立儿童福利中心，并开展健康访问等妇幼
福利服务，为此可提供最高可达其支出 50% 的资助。由此，儿童福利中心开
始在英国各地广泛建立，以健康访问为基础的妇幼福利活动成为一项"国家
的社会性服务"（State Social Service），由最初仅服务于工人阶层，发展到面向
所有新生儿家庭⑤。

　　就社会性影响而言，婴儿福利运动亦使英国妇女的观念开始发生变化。
简·刘易斯指出，婴儿福利运动在很大程度上将婴儿的死亡归咎于妇女在家
庭卫生和喂养孩子上的"无知"，故儿童福利中心和访问员们经常性地向妈妈

---

　　①　地方政府事务部，是近代英国负责处理公共卫生、疾病预防、公民出生、死亡与婚姻登
记、劳工住房和地方税收等涉及地方事务的中央机构。前身是成立于 1834 年的济贫法委员会，
1871 年改为此称。1894 年分设英格兰与威尔士地方政府事务部和苏格兰地方政府事务部，前者
一般简称为地方政府事务部。第一次世界大战后，地方政府事务部被改组为卫生部。
　　②　Jane Lewis，"The Social History of Social Policy：Infant Welfare in Edwardian England"，*Journal of Social Policy*，Vol.9，Issue 4，1980，pp.463-486.
　　③　Pat Thane，*Foundations of the Welfare State*（2ⁿᵈ edition），Longman 1996，p.128.
　　④　Harry Hendrick，*Child Welfare：England 1872—1989*，Routledge 1994，p.101.
　　⑤　John Cooper，*The British Welfare Revolution，1905—1914*，Bloomsbury Academic，2017，pp.237-238.

们"强调自助的价值,努力灌输个人的责任感"①。德博拉·德沃克由此注意到,婴儿福利运动使英国妇女认识到自身"是婴儿福利的关键",特别是其所处的环境,即"她的健康,她的知识,她的教育,她的习惯"(不仅仅是在生产过程和产后,而且还有产前的)决定着她们的孩子是否"健康或生病",甚至"生与死",因此她们"想得到教育、帮助、建议和合理的营养",以及"性、避孕、卫生、孩童喂养"方面的指导②。

（二）学校儿童的营养福利:英国校餐制度

作为英国学校儿童的重要福利制度,英国校餐制度即学校供餐计划发端于 1906 年《教育（供餐）法》[Education (Provision of Meals) Act, 1906],是在英国教育部门的主导下创立和实施的,被许多学者视为英国现代福利国家的重要基础。

英国校餐制度的产生源于 20 世纪初学校儿童营养不良现象普遍存在的事实。20 世纪之交的布尔战争暴露出了英国国民体质低下的问题③,引发了英国社会对未来"英国与对手的角逐中可能遭遇军事及经济失败的恐惧",使得"关于提高国民数量和（健康）环境的讨论"充斥着"英帝国的民族主义情绪"④。在这种情况下,人们自然将其与儿童健康问题联系起来,要求在社会政策方面更加关注儿童。英国政府开展了官方调查,运用大量的事实证明了

---

① Jane Lewis, "The Social History of Social Policy: Infant Welfare in Edwardian England", *Journal of Social Policy*, Vol.9, Issue 4, 1980, pp.463-486.

② Deborah Dwork, *War is Good for Babies and other Young Children: A History of the Infant and Child Welfare Movement in England*, 1898—1918, Tavistock Publications Ltd 1987, pp.164-165.

③ 关于布尔战争中英国国民体质问题,参阅魏秀春著《英国食品安全立法与监管史研究（1860—2000）》(中国社会科学出版社 2013 年版),第 173 页。

④ Pat Thane, *Foundations of the Welfare State* (2nd edition), Longman 1996, pp.56-57.

英国存在比较严重的学校儿童健康问题①。美国学者 L.S.布赖恩特(L.S.Bry-ant)指出,1903 年"体质下降问题跨部门委员会"(Interdepartmental Committee on Physical Deterioration,以下称"跨部门委员会")的调查发现,与"人口密集、肮脏住所、非志愿性失业、婴儿死亡率、酗酒"等因素相比,"长期营养不良"在城乡所有年龄段的人们中是最为突出的,"尤其表现在学校儿童中";而其营养不良主要是由恶劣的饮食状况导致的,其表现有三方面,"第一,饮食不充足;第二是饮食没有规律;第三,食物质量完全不适宜,特别是食物中缺少促进细胞生长的元素"。②后来,费边派学者芭芭拉·德雷克在研究中亦指出,"除非得到学校供餐,否则数十万儿童的饮食不足以满足其'完全自然成长'的需要,可能会导致严重的健康低下问题"③。

所以,跨部门委员会在调查报告中认识到"让饿着肚子的儿童接受教育"是一件非常"残酷的"事情,"政府应当意识到使学校儿童具有充足营养的必要性了",故正式建议由地方教育当局实施学校供餐,认为这是推动儿童能够充分接受义务教育的必要手段④。对此,乔治·纽曼引用时人的观点解释道,"儿童在饥饿状态下接受教育,其神经系统过于疲惫,从而加速了其体质的恶化……饮食良好的儿童与饮食匮乏的儿童之间,不仅在体质方面,而且在受教育能力方面亦存在重大差异",所以义务教育"包括对儿童体质的关切及给予其适当的营养"⑤。至此,不难看出英国校餐制度创立的初衷,即保障英国学

① 英国政府于 1902—1905 年对学校儿童健康问题开展了 4 次官方调查,证实 20 世纪初英国学校儿童存在比较严重的健康问题。参阅魏秀春《20 世纪英国学校健康服务体系探析》(《世界历史》2017 年第 4 期)一文。

② L.S.Bryant, *School Feeding:Its History and Practice at home and Abroad*, J.B.Lippincott Company,1913,pp.26-27.

③ Barbara Drake,"Starvation in the Midst of Plenty:A New Plan for the State Feeding of School Children", *Fabian Tract*,No.240,Fabian Society,1933,p.9.

④ Inter-Departmental Committee on Physical Deterioration, *Report of the Inter-departmental Committee on Physical Deterioration,Vol.I:Report and Appendix*,His Majesty's Stationary Office,1904,p.69.

⑤ George Newman, *The Building of A Nation's Health*,Macmillan 1939,p.327.

校儿童能够更好地接受义务教育。

所以,1906年,英国政府制定了《教育(供餐)法》,地方教育当局由此获得了在初等学校实施学校供餐的权力。换言之,1906年法令是英国校餐制度的肇始,在英国校餐发展史上具有重要的历史地位,故为不少英国学者所关注。首先涉及一个重要的问题,即为什么该法令以教育法令的形式推动学校供餐,而不借助于传统的济贫法体系? 当代学者的研究比较详尽,如艾维·平奇贝克(Ivy Pinchbeck)和玛格丽特·休利特(Margaret Hewitt)在研究中就指出,早在1905年英国政府就颁布了《救济(学校儿童)条例》[Relief(School Children)Order],试图在济贫法框架内解决学校儿童营养不良问题,然而其实施却遭遇到失败,这是因为"父母拒绝他们的孩子在这种(即贫困)名义下接受救济;地方济贫官出于降低贫困率的需要经常不认同儿童需要接受喂养;地方教育当局在这一条例下总体上几乎没有多少可用的权力",而各地的慈善组织则认为已经不需要他们的救济了,所以化解这一困境的方法就是1906年法令的出台①。

再者,为什么1906年法令仅仅是授予地方教育当局实施学校供餐的权力,而不是责任? 乔治·纽曼在《国家健康的构建》一书中进行了解释。在他看来,1906年法令授予地方教育当局实施学校供餐的权力,很大程度上取决于1906年法令政治酝酿的过程,以约翰·戈斯特爵士(Sir John Gorst)②为首的改革派议员们为了减轻保守派否决议案的压力,最终选择了许可性法令(Permissive Act)的形式,由地方当局自主决定是否实施法令授予的权力③。

① Ivy Pinchbeck and Margaret Hewitt, *Children in English Society*, Vol. II: *From the Eighteenth Century to the Children Act 1948*, Routledge 2005, p.635.

② 约翰·戈斯特爵士是20世纪初英国儿童福利的积极倡导者。他曾经是保守党人,1885—1902年在索尔兹伯里内阁担任教育部副大臣,因主张社会改革而被迫辞职,后来脱离保守党成为一名自由派议员,为推动英国儿童福利改革积极活动。参见Bentley B.Gilbert, "Sir John Eldon Gorst and the Children of the Nation", *Bulletin of the History of Medicine*, No. 03, 1954, pp. 243-251.

③ George Newman, *The Building of A Nation's Health*, Macmillan 1939, pp.327-329.

换言之,20世纪初强制要求全国范围内实施学校供餐的时机远未成熟。

　　另外,需要指出的是,1906年法令仅适用于英格兰和威尔士。据李·格罗斯·克拉克(F.Le Gros Clark)的记载,在该法令制定之初,其适用范围是包括苏格兰的,但是由于上院的反对,法令在议会三读之前被迫将苏格兰排除在外①。关于这一史实,约翰·斯图尔特在其研究中作了详细的探讨,认为苏格兰地方政府1906年虽然没有获得提供校餐的授权,但却在苏格兰凝聚了支持校餐的民意,推动了1908年《教育(苏格兰)法》正式授予苏格兰实施学校供餐的权力,使苏格兰获得了"更为综合的"措施,体现了"社会福利领域苏格兰特殊论"②。

　　1906年法令走出英国校餐的第一步,后来被修正成为1914年《教育(供餐)法》,进而融入1921年《教育法》,即第82—84条。伯纳德·哈里斯(Bernard Harris)认为,这些法令奠定了二战前英国校餐制度的基本框架,地方教育当局由此有权可以为本地区初等学校儿童在所有时间包括"在校期间、周末和假期"提供校餐服务,同时"可以为那些父母有偿付能力的儿童提供付费校餐,亦可以为那些因缺少食物无法充分接受教育而父母又没有付费能力的儿童提供免费校餐"。③关于校餐的费用,近年来英国学者又作了进一步阐释,即"如果志愿捐赠低于供餐的成本,地方教育当局可以以不超过1/2便士的价格有偿提供校餐",那些无力支付费用的父母也不会"丧失选举权,或被剥夺公民权利",而这些费用则由政府支付④。

　　关于1906年法令的实施问题,20世纪前期的学者作了比较直观的个案

---

　　①　F.Le Gros Clark, *Social History of the School Meals Service*, The National Council of Social Service,1948,p.8.

　　②　John Stewart, "This Injurious Measure:Scotland and the 1906 Education (Provision of Meals) Act", *The Scottish Historical Review*, Vol.78, No.205, April 1999, pp.76-94.

　　③　Bernard Harris, *The Health of the Schoolchild:A History of the School Medical Service in England and Wales*, Open University Press,1995,pp.120-121.

　　④　John Cooper, *The British Welfare Revolution*,1906—1914, Bloomsbury Academic,2017,p.49.

研究。1906 年法令生效后的数年内,真正实施该法令的地方教育当局为数不多,其中布莱德福德城是一个比较典型的城市,仅在 1910 年供餐总量就达957739 份。美国学者 L.S.布赖恩特特别推崇布莱德福德的校餐模式,对其作了比较细致的研究①。通过布赖恩特的研究,人们能够对布莱德福德的学校供餐情况略窥一斑。布莱德福德城是 20 世纪初实施学校供餐比较早的地区之一,在开展大规模供餐之前,当地教育当局首先确定当地学校儿童营养不良的程度,接下来确定供餐的种类,以及更好地提供服务的方式。通过一系列的前期实验后,布莱德福德城决定为当地的学校儿童每天(除周日外)提供早餐和晚餐,且食物需要富含"脂肪和利于身体组织生长的蛋白质",早餐一般包括燕麦粥、牛奶、面包和黄油等食物,晚餐一般包括面包、肉类、鱼类、菜蔬、果酱和汤类。在供餐对象上,当地各个阶层的学校儿童都可以申请参加,主持供餐的"食堂委员会"通过调查儿童的家庭条件"确定父母是应当缴纳全额或部分餐费,还是享受免费供餐"。

供餐对象的选择是校餐制度实施的重要问题。作为校餐法令的执行者和亲历者,乔治·纽曼对这一问题的关注,不仅屡屡见诸于他任职期间教育部《首席医疗官年度报告》中,而且在其离任后的研究中亦进行了详细论述。乔治·纽曼自 1907 年曾长期担任教育部首席医疗官,负有指导各地教育当局实施校餐法令的职责。任职期间,他坚持要求各地学校当局将供餐对象限定为经过严格"医学筛选"为营养不良的学校儿童,而所谓的"营养不良"就应当是经校园医生确诊的"由长期持续和严重的营养低下所造成的病态,且身体消瘦和体重偏轻"②。对许多地方当局以"贫困或经济条件"作为筛选供餐对象的标准,纽曼进行了批评,他指出,"校餐供给决不是议会授予的贫困救济的简单形式",并从医学角度阐释了营养不良的各种致因,即尽管"贫困可能是,

---

① L.S.Bryant, *School Feeding:Its History and Practice at home and Abroad*, J.B.Lippincott Company, 1913, pp.46-60.

② George Newman, *The Building of A Nation's Health*, Macmillan 1939, pp.331-337.

或经常是导致食物不足的重要原因",但营养不良还可能由"家庭的忽略、不适宜的喂养、缺少新鲜空气和充足睡眠与休息、疾病与身体缺陷、住房拥挤与低劣的家居环境、疲劳、课余打工、身体的残疾或生理机能的紊乱"等因素造成的①。

事实上,纽曼所主张的筛选标准并没有被地方教育当局严格执行。比如,在一战前夕,据 M.E.巴尔克利的观察,地方教育当局筛选供餐对象的效率很差,大量需要食物的儿童被忽略,因为父母没有为其孩子申请校餐,而也没有人试图通过医疗服务去查验这些孩子的需要②;而在一战之后英国经济萧条的环境下,李·格罗斯·克拉克发现"一些地方当局有意忽略医学检查结果;其他地方当局以医学筛选缓慢和繁杂为由倾向于仅以收入基础为由向学校儿童供餐"③,其结果就像威勒斯曼(John Welshman)所指出的那样,"1921 年煤矿罢工期间,共供应了 6000 多万份校餐,价值近 100 万英镑……超出了 1906年法令所期望的规模",迫使教育部减少了对各地的补助,1929 年进而要求地方当局严格"通过医学诊断(营养不良)而不是以收入水平筛选供餐对象",不能将校餐作为"一种奢侈的救济形式"④。

所以,对于二战前校餐的发展,英国政府的态度比较保守。对此,威勒斯曼指出,"虽然 1899—1906 年间对体质恶化的担忧使人们聚焦于儿童健康的一般问题,但这些讨论的基调是保守的",英国政府强调"与营养不良相比,恶劣的住房环境、人口的过度拥挤、衣不遮体和母爱的欠缺更是造成儿童健康低下的重要原因",而且教育部"对(校餐)立法的解释比较狭隘,拒绝接受对贫困儿童负有更为广泛的责任,故很少向那些不提供充足供餐的地方教育当局

① George Newman, *The Building of A Nation's Health*, Macmillan 1939, p.332.

② M.E.Bulkley, *The Feeding of School Children*, G.Bell Sons Ltd., 1914, pp.131−169.

③ F.Le Gros Clark, *Social History of the School Meals Service*, The National Council of Social Service, 1948, p.13.

④ John Welshman, "School meals and milk in England and Wales, 1906−45", *Medical History*, Vol.41, Issue 01, 1997, pp.6−29.

施加压力"，还"令人惊奇地成功回避了"诸多"代表团和利益集团"要求扩大校餐服务的呼声，从而使得二战前英国校餐的发展非常缓慢①。

至 20 世纪 20 年代，校园奶开始成为英国校餐供应的重要组成部分。校园奶始自 1923 年英国牛奶行业推行的"牛奶进校园计划"（School Milk），1934年获得英国教育部的资助。英国学者芭芭拉·德雷克在 1933 年曾述及这一问题。德雷克认为，牛奶应当成为学校供餐的一部分，但"牛奶进校园计划"推广的最大障碍是"很少有父母愿意或能够为其孩子每天支付 1 个多便士的奶费，而牛奶业也无法找到更好的途径以这种价格提供更多的牛奶"，所以他建议"牛奶进校园计划"需要"扩大到由政府全额资助的学校，学校当局可以要求向 16 岁以下的儿童每天免费提供不少于二分之一品脱的牛奶"②。

二战后许多英国学者在研究校餐制度时无不涉足校园奶的发展，但多数都集中在 20 世纪 30 年代以后。比如，约翰·赫特（John Hurt）③、约翰·伯奈特（John Burnett）④都认为 1934 年后校园奶是英国校餐供应的重要组成部分；伯纳德·哈里斯在其研究中提供了 1934—1974 年英国校园奶发展的大量数据，但并未展开详细分析⑤；查里斯·韦伯斯特详细考察了 1939—1970 年间在校园奶问题上英国国家政策的演变，其对校园奶的认识在二战后的学者中比较具有代表性，即校园奶，与学校供餐一起对"解决 1939 年前的贫困和营养

---

① John Welshman, " School meals and milk in England and Wales, 1906–45" *Medical History*, Vol.41, Issue 01, 1997, pp.6–29.

② Barbara Drake, "Starvation in the Midst of Plenty: A New Plan for the State Feeding of School Children", *Fabian Tract*, No.240, Fabian Society, 1933, p.21.

③ John Hurt, "Feeding the hungry schoolchild in the first half of the twentieth century ", in Derek J.Oddy and Derek S.Miller, eds., *Diet and Health in Modern Britain*, Croom Helm, 1985, pp.178—206.

④ John Burnett, "The rise and decline of school meals in Britain, 1860—1990", in John Burnett and Derek J.Oddy, eds., *The Origins and Development of Food Policies in Europe*, Leicester University Press, 1994, pp.55–69.

⑤ Bernard Harris, *The Health of the Schoolchild: A History of the School Medical Service in England and Wales*, Open University Press, 1995, pp.120–127, 155–160, 195–199.

不良问题做出了巨大的贡献"①。

然而,随着研究的深入,对二战前"牛奶进校园计划"的动机问题,出现了不同的看法,这就是当代学者彼得·阿特金斯(Peter Atkins)对英国校园奶的研究。阿特金斯是当代英国著名的牛奶社会史研究学者。他以二战后校园奶的福利性供给作为参照点,详细研究了二战前英国校园奶的来龙去脉,并重新评估了其社会价值,提出了不同于前人的观点。

阿特金斯追溯至20世纪初英国社会对牛奶营养价值的研究和认识,发现牛奶业的行业组织"全国牛奶宣传理事会"以此作为根据,"劝诫儿童"更多地饮用牛奶,"运用商业逻辑"发起了"牛奶进校园计划",进而认为其与当时的"社会福利性供给"存在的联系微不足道,而牛奶业这一行动的主要目的在于"重建在食品经济上的政府权力";而对于1934年后的"牛奶进校园计划",阿特金斯尖锐地指出,1934年《牛奶法》(Milk Act,1934)作出对"牛奶进校园计划"进行政府资助的决定实际上是"在政府批准进口廉价农产品后对国内农场主进行(经济)补偿的一种手段"②。在另一篇文章中,阿特金斯认为在当时牛奶安全状况没有得到根本好转的情况下,"牛奶进校园计划"与其说是为了改善儿童的营养状况,不如说是为了拯救乳品业,故校园奶在二战前的推广不能简单的与校餐相提并论,其经济动机是第一位的,即校园奶的供给"代表了国家对儿童健康和福利的集体责任,却源于市场动机,首先是为了零售商,进而为了农场主"③。

至此,二战前的校餐制度基本形成。关于英国校餐发展的规模,学者们在

①　Charles Webster,"Government Policy on School Meals and Welfare Foods",in D.F.Smith, ed.,*Nutrition in Britain: Science, Scientists and Policies in the Twentieth Century*,Routledge 1997,pp. 190-211.

②　Peter Atkins,"School Milk in Britain,1900—1934",*The Journal of Policy History*,Vol.19, No.4,2007,pp.395-427.

③　Peter Atkins,"Fattening children or fattening farmers? School milk in Britain,1921—1941", *Economic History Review*,No.1,2005,pp.57-78.

研究中多有论述，其中伯纳德·哈里斯对校餐实施的数据考察，更直观地展现了两次世界大战期间英格兰和威尔士地区校餐制度实施的基本状况。据哈里斯的详细统计，1920—1939 年间，实施校餐供应的地方教育当局和接受校餐的儿童数量都有"大幅度地增加"，其中 20 世纪 20 年代前期付费校餐的供应量增长较快，从 20 年代后期起免费校餐的规模日益扩大，至 30 年代后期供应校餐的 273 个地方当局全部是免费餐，而且营养补充物增加最快的"不是来自固态校餐的供应，而是来自牛奶和其他营养添加物"[①]。不难看出，免费校餐的增加和校园奶的扩张是两次大战期间校餐供应最明显的特点。关于免费校餐，政策因素可以说起了非常关键的作用，如李·格罗斯·克拉克指出，教育部与地方教育当局在 1934 年达成妥协，即"在等待医生诊断（是否营养不良）期间，学校儿童可以在老师或其他学校官员推荐之下享有校餐"[②]，事实上就是默认了地方当局的上述做法。而约翰·赫特的解释则指出了地方当局消极的一方面，即免费校餐供应"不能被视作是一种正常的行为，而仅能视为对特殊儿童的一种临时安排"；与此同时，在"牛奶进校园计划"下，与固态校餐相比，牛奶供应"相对价廉且管理方便"，故扩大校园奶供应成为很多地方教育当局实施校餐制度的替代方案[③]。

二战期间，战时环境的需要使得英国校餐供应的规模远远超出战前水平，并扩大到所有少年儿童。1942 年 12 月发布的《贝弗里奇报告》称之为"由社会承担了这项过去并未承担的责任"，被看作是教育领域专门针对学校儿童

① Bernard Harris, *The Health of the Schoolchild: A History of the School Medical Service in England and Wales*, Open University Press, 1995, pp.121-124.

② F.Le Gros Clark, *Social History of the School Meals Service*, The National Council of Social Service, 1948, p.13.

③ John Hurt, "Feeding the hungry schoolchild in the first half of the twentieth century", in Derek J. Oddy and Derek S. Miller, eds., *Diet and Health in Modern Britain*, Croom Helm, 1985, pp. 191-197.

的一项营养福利①。在此基础上,1944 年《教育法》(第 49 条)使校餐成功实现了福利化,该法令第 49 条规定,地方教育当局从此"有责任"向学校儿童"提供牛奶、餐饭和其他便餐"。

需要强调的是,二战后多数英国学者像约翰·赫特、约翰·威勒斯曼等人是校餐制度的实施者和亲历者,对 1906—1945 年间英国校餐发展的历史进程和重大意义有着比较深刻的认识。作为受惠于校餐制度的一代人,他们是怀着崇敬和感恩对英国校餐制度开展研究的,有的侧重于校餐和校园奶的推广,有的则将相关立法和决策的过程作为考察的重点。他们的研究无疑提供了英国校餐制度创立和实施的基本脉络,对发展过程中的曲折和缺憾也作了比较充分的阐述,基本上都肯定了英国校餐和校园奶对于提高英国儿童的营养水平作出了重要贡献。

(三) 维护学校儿童健康:英国学校医疗服务

英国学校医疗计划是 20 世纪初英国政府开展的针对学校儿童的健康保障计划,始于 1907 年《教育(行政供给)法》(Education (Administrative Provisions) Act,1907),并通过一系列的教育立法和制度建设而实现,1945 年更名为"学校健康服务体系"(School Health Service,SHS),直到 1974 年并入国民健康服务体系(NHS)。这是 20 世纪英国历史上的一项规模宏大的健康工程,二战前夕各地基本形成了校园医疗服务体系,对学校儿童开展常规医疗检查,对常见疾病进行有效治疗,有力保障了学校儿童的健康,在英国公共健康史上占有重要地位②。

根据目前笔者掌握的资料,关于英国学校医疗服务,主要的档案文献可以

---

① 贝弗里奇委员会:《贝弗里奇报告:社会保险和相关服务》(根据英国文书局 1995 年再版翻译),中译本,中国劳动社会保障出版社 2004 年版,第 175—176 页。
② 笔者已对英国学校健康服务体系作了初步研究,参阅魏秀春《20 世纪英国学校健康服务体系探析》,《世界历史》2017 年第 4 期。

分为三个部分，即 1907 年前学校儿童健康统计资料、1907—1974 年英国学校医疗计划的相关法令和 1907—1974 年教育部"首席医疗官"（Chief Medical Officer，CMO）年度报告。

　　首先，1907 年前学校儿童健康统计资料，比较集中见诸于 1903 年公布的《苏格兰体育锻炼问题皇家委员会调查报告》。该调查报告不仅公布了皇家委员会对苏格兰地区学校儿童健康状况的调查结果，而且在附录部分还汇总了 19 世纪后期以来英国社会对学校儿童健康状况的各类调查，特别是弗朗西斯·沃纳医生（Dr.Francis Warner）分别于 1888—1891 年和 1892—1894 年对英格兰 100000 名学校儿童体质和精神状况所开展的调查。沃纳的调查结果得到皇家委员会极高的评价，认为其关于英格兰学校儿童的健康统计资料是"广泛的、精确的、有价值的"①。

　　其次，关于英国学校医疗计划的相关法令，始自 1907 年《教育（行政供给）法》（第 13 条）及其相关实施细则。为了更好地指导和监督地方教育当局实施学校医疗计划，教育部于 1907—1908 年先后下发了"576 号通知：公立初等学校儿童医疗检查问题备忘录"、"582 号通知：医疗检查明细单"和"596 号通知"，要求地方教育当局需要设立"医疗官"，建立"校医院"（School Clinics，又译"校园诊所"），并明确对学校儿童的医疗检查项目。这些实施细则，均列于《教育部首席医疗官 1908 年度报告》②。1918 年《教育法》（第 18 条）将地方教育当局"有权"实施学校医疗计划，改为"有责任"实施，具有了强制性。1944 年《教育法》（第 48 条）则规定地方教育当局有义务为学校儿童提供医学检查与治疗，且不能向其父母收取任何费用。1946 年生效的《国民健康服务法》（National Health Service Act，1946）亦使得学校健康服务体系获益，地方

　　① Royal Commission on Physical Training (Scotland), *Report of the Royal Commission on Physical Training(Scotland)Vol.I:Report and Appendix*,His Majesty's Stationary Office,1903,p.22.
　　② Board of Education,*Annual Report for 1908 of the Chief Medical Officer of the Board of Education*,His Majesty's Stationary Office,1910,pp.141–161.

教育当局由此可以"与地方医院委员会和教学医院主管达成协议,为公立学校儿童免费提供专家和住院治疗"①。1973 年《国民健康服务体系重组法》(National Health Service Reorganization Act,1973),决定自 1974 年学校健康服务体系全面并入国民健康服务体系。以上这些法令,代表了英国学校医疗计划发展的重要阶段,为后来学者研究提供了重要的方向。

最后,教育部首席医疗官年度报告是英国学校医疗计划最丰富的档案文献。在学校健康服务体制下,教育部设立"首席医疗官",负责指导和监督各地校园医疗计划的开展,而地方教育当局则设有"校园医疗官"(School Medical Officer,SMO),具体负责本地校园医疗计划的实施,并将相关统计资料上报至教育部首席医疗官。根据这些统计资料,首席医疗官每年需要向议会提交年度报告,汇总各地的校园医疗服务体系建设,以及学校儿童的健康状况。这些年度报告 1939 年前分年度出版,二战期间(1939—1945)则单独为一期出版,此后每两年为一期出版。尤其需要强调地是,自 1921 年后,年度报告都被冠以"学校儿童的健康"的书名出版,突显学校医疗服务体系的主旨。至 1974 年,英国学校医疗服务体系完成了历史使命。翌年英国政府专门出版了《学校健康服务体系,1908—1974》(The School Health Service,1908—1974)的小册子,对学校健康服务体系相关法令与制度建设、校园医院、校园护理服务,以及残障儿童的护理与康复等方面作了简要梳理和评价,基本勾勒出英国学校医疗服务 67 年的历史。这本小册子虽不足百页,却称得上是英国学校医疗服务最后一份"年度报告",能够让人们了解到英国学校医疗服务体系概貌,其参考价值不可低估。

正是基于上述档案文献,自 1907 年英国学校医疗服务启动以来,英国学者的研究就已经开始了。乔治·纽曼是 20 世纪前期英国著名的公共健康专

---

① Department of Education and Science, *The School Health Service, 1908—1974: Report of the Chief Medical Officer of the Department of Education and Science*, Her Majesty's Stationary Office, 1975, p.7.

家,既是英国学校健康服务体系的实践者和见证者,亦是英国学校健康服务体系的研究者。乔治·纽曼 20 世纪初担任芬斯伯里地区健康医疗官,全程参与了当地婴儿奶站的管理与经营,1907 年被任命为教育部首任首席医疗官,直到 1935 年退休,主持发布了 1907—1934 年关于英国学校医疗服务的年度报告。退休后,以上述年度报告为基础,乔治·纽曼写就了《国家健康的构建》(*The Building of a Nation's Health*)一书,展现了 19 世纪中期以来英国公共健康,特别是学校儿童健康服务发展的基本历程,对英国学校医疗计划的启动和推进作了比较细致的研究,还对此后学校医疗服务的开展提出了不少建设性意见①。然而,当代学者哈里·亨德里克对乔治·纽曼在学校医疗服务中的角色颇有微词。他认为,纽曼主持发布的 1908—1939 年首席医疗官年度报告,"年度报告的精确性具有广泛的争议,特别是其苍白无力地宣称营养不良是一个微不足道的问题,以及营养不良是由儿童父母不作为所致的论调"②。尽管如此,乔治·纽曼对其任职期间英国学校医疗计划作了比较细致的梳理,可以称得上英国学校医疗服务的早期历史。

　　二战后对英国学校医疗服务的早期史开展研究的以德博拉·德沃克和约翰·赫特为代表。德沃克研究的重点不是学校医疗服务的发展进程,而是在其必要性上③。他回顾了一战前英国社会对学校医疗服务必要性的讨论,指出学校医疗服务开展的最大必要性不仅在于能够使学校儿童以良好的身体和精神状态接受学校教育,更重要的是能够"保护和改善占全国人口 1/5 的学校儿童健康"。而且,他还与当时正在开展的婴儿福利运动联系起来,认为既然开展了对婴儿健康的呵护,那么"通过学校体制为稍大一点的儿童提供医疗检查与治疗"是完全符合逻辑的,否则婴儿福利运动的结果"就是一场空"。

---

①　George Newman, *The Building of A Nation's Health*, Macmillan 1939, pp.183-242.

②　Harry Hendrick, *Child Welfare: England 1872—1989*, Routledge 1994, p.121.

③　Deborah Dwork, *War is Good for Babies and other Young Children: A History of the Infant and Child Welfare Movement in England*, 1898—1918, Tavistock Publications Ltd 1987, pp.184-206.

约翰·赫特则专门研究了 1908—1918 年间学校医疗服务对学校儿童的治疗问题①。教育部 596 号通知要求地方教育当局设立校医院,为学校儿童的常见轻微疾病提供治疗服务。"最初中央政府对学校医疗服务成本没有任何付出,制约了所有治疗服务的扩张。"但从 1912—1913 财政年度起,中央政府开始向学校医疗服务提供补助,并逐步覆盖到学校医疗服务的各项成本。那些向学校儿童提供综合治疗服务的地方教育当局,能够获得最高不超过总成本 50% 的补助。至 1917—1918 年,获得最高补助的地方教育当局已经达到 150 个。因此,学校医疗提供的各项检查和治疗服务开始趋向免费。而且,鉴于一战期间由于医务人员短缺而无法开展治疗服务的教训,1918 年《教育法》强制要求地方教育当局有责任向学校儿童提供治疗服务,从而使校医院成为独立于其他公共健康服务机构,且"最受支持的(学校儿童)治疗机构"。

对英国学校医疗服务体系的发展史研究更为系统和全面的,当推伯纳德·哈里斯《学校儿童的健康:英格兰和威尔士学校医疗服务史》(*The Health of the Schoolchild:A History of the School Medical Service in England and Wales*)一书。哈里斯研究了自 20 世纪初英国部分地方教育当局自主设立校园医生,至 1974 年共 75 年的英国学校医疗服务发展史,共分为 1907 年前学校医疗服务的起源、1907—1914 年学校医疗服务体系初创、一战期间学校医疗服务的停摆、1919—1939 年学校医疗服务的发展、二战期间学校医疗服务的继续发展和 1945—1974 年学校健康服务体系全面发展等六个阶段。在每一个发展阶段,哈里斯都运用了大量的档案资料和统计资料研究了学校医疗服务体系的推进,以及学校儿童的营养与健康状况。

通过对英国学校医疗服务的研究,哈里斯指出,英国学校医疗服务体系的

---

① John Hurt,"The Growth of Treatment through the School Medical Service,1908—1918", *Medical History*,Vol.33,Issue 3,1989,pp.318-342.

建立是英国公共健康史上一个重要的里程碑，主要基于三个因素①。首先它"标志着对英国传统公共健康工作模式的诀别"。在哈里斯看来，19世纪英国公共健康事业着重于"生活环境的改善和传染病的控制"，而学校健康服务体系则是"第一个直接指向个人（健康）的公共健康服务体系"。其次，学校医疗服务体系的建立，"亦代表着政府统计服务的一个重要发展阶段"。19世纪英国政府汇集了庞大的死亡率数据，却很少涉及当时人的健康状况，而学校医疗服务的开展则要求必须获取当前儿童健康的信息。最后，学校医疗服务体系的建立，"标志着教育当局角色的急剧转变，以及福利国家服务发展的一个重要阶段"。当大量儿童健康状况影响其接受教育的程度时，各地教育当局不得不为这些学校儿童提供健康服务。

这里需要强调英国学校医疗服务中的一个特色服务，即牙科服务。牙科医学在英国长期不为人所重视，直到学校医疗服务体系的全面展开，牙科医学才迎来其发展的春天。英国公共健康专家 W.M.弗雷泽指出，"当学校例行体检反映出这个国家儿童的牙科疾病占有相当大的比例时，牙科职业终于在1907年后的公共健康服务中扮演重要角色。"②所以，教育部首席医疗官历年年度报告，及其他相关政府出版物中，无不涉及牙科服务发展状况。而英国学者如乔治·纽曼、伯纳德·哈里斯等人，亦是把校园牙科服务作为研究的重要内容。

然而，英国学者的研究发现，学校医疗服务虽然助推了牙科社会地位的提升，但校园牙科服务的发展规模和水平却不可高估，约翰·威勒斯曼的研究为我们展现了校园牙科服务发展实况③。威勒斯曼发现，二战前英国校园牙科

---

① Bernard Harris, *The Health of the Schoolchild：A History of the School Medical Service in England and Wales*, Open University Press, 1995, pp.3-4.

② W.M.Frazer, *A History of English Public Health*, Harrison Sons Ltd., 1950, p.409.

③ John Welshman, "Dental health as a neglected issue in medical history：The school dental service in England and Wales, 1900-40", *Medical History*, Vol.42, Issue 3, 1998, pp.306-327.

服务,从无到有,基本形成了一个全国性的网络,取得了显著的进步,但其发展程度与规模呈现出明显的地区性差异,决定这一差异很重要的因素就是专职牙医的短缺。甚至在30年代发展较好的莱斯特地区,依然存在严重的牙医短缺问题,"34000名学校儿童,却只拥有4名牙医"。牙医短缺的重要原因在于地方教育当局所提供的薪水明显低于私人牙科诊所,具有一定从业经历的专业牙医大多数选择在私人诊所就职。"牙医薪水问题到了50年代仍然是阻碍校园牙科服务发展的重要因素"。所以,校园牙科服务,在无法聘用足够数量专业牙医的情况下,其服务能力和水平显然受到很大的限制,以致于在许多地区"为学校儿童提供的服务只能局限于检查和拔牙"。

伯纳德·哈里斯的研究亦表明,二战后国民健康服务体系实施的高薪政策,导致"大量的校园牙医离开校园医疗服务,到其他地方获取更好的报酬",使本来牙医短缺的校园牙科服务更是雪上加霜[1]。对此,英国政府的统计更能说明问题,即1938—1972年间校园专职牙医的数量从783名增加到1437名,但生均专职牙医数量却呈下降趋势,即1938年为5780∶1,1953年下降到6750∶1,1972年略微增加到5990∶1,接近二战前的水平;而在服务方面,1972年870万学校儿童中,有500万儿童接受过1次例行牙科检查,只有大约50万名儿童受到复检;而这些儿童中,300万儿童被要求作牙科治疗,只有140万接受了治疗,而通过校园牙医进行治疗的只有1/6[2]。可见,二战后的英国校园牙科服务,无论是在专职牙医配有量上,还是服务能力上,都处于一个较低的水平。

---

① Bernard Harris, *The Health of the Schoolchild:A History of the School Medical Service in England and Wales*,Open University Press,1995,p.192.

② Department of Education and Science, *The School Health Service, 1908—1974:Report of the Chief Medical Officer of the Department of Education and Science*,Her Majesty's Stationary Office,1975,p.47.

（四）国内研究状况

不难看出，作为现代英国福利制度的微观领域，公共健康领域中的英国儿童福利，无论是服务于婴幼儿的健康访问、儿童福利中心，还是服务于学校儿童的学校供餐和医疗，都是指向儿童营养与健康，离不开 19 世纪公共健康观念和医学的进步。麦克勒里认为，19 世纪中期以来由查德威克和约翰·西蒙发起的卫生改革运动，使英国人认识到所有疾病不是上帝的"不悦"造成的，应该归因于"人类的活动"，因此是可以通过人为手段进行治疗和预防的；而 19 世纪医学的进步使人类"比以前更有效地治疗疾病"①。所有这些变化无疑为后来在公共健康领域采取措施维护儿童健康提供了可能。

对此，上文所提到的德博拉·德沃克、约翰·赫特、约翰·威勒斯曼、伯纳德·哈里斯、彼得·阿特金斯、哈里·亨德里克等当代学者把英国儿童福利的研究推向了一个新的阶段，充分体现了"社会"的主体地位，"提示我们要重视学术研究背后的社会推动力，以及学术本身对社会的主动关怀"②。这些学者在研究方法上特别重视问题意识，其提出问题和解答问题的过程充分展现了研究者本人对儿童福利一般问题和具体问题的关注程度和认识深度。他们充分利用英国政府和议会的档案文献，将儿童福利的发展与英国社会的进步结合起来，强调"国家儿童"福利观，注重考察公共健康领域儿童福利的社会诱因、形成过程和利弊得失。他们重视对典型地区儿童福利的个案分析，展现了 20 世纪前期英国地方当局在公共健康领域对儿童福利的关注度和创新性举措，如哈德斯费尔德城健康访问体制的形成、伦敦地区儿童福利中心妇幼护理服务的实施、布莱德福德学校供餐的推广，以及莱斯特地区的校园牙科服务

---

① G.F.McCleary, *The Early History of the Infant Welfare Movement*, H.K.Lewis Co.Ltd, 1933, pp. 4-6.

② 李化成:《医学社会史的名实与研究取向》,《历史研究》2014 年第 6 期。

等。所有这些,为我们国内学者研究公共健康领域的英国儿童福利制度提供了很好的借鉴和启发。

关于英国儿童福利问题,国内学者在以往研究中就已经注意到了相关问题。比如,作为 20 世纪初英国儿童福利肇始的重要社会背景,19 世纪后期以来英国社会贫困与健康问题,就受到丁建定①、郭家宏②等学者的关注。周真真在研究中更是指出,19 世纪以来,由于英国家庭长期以来"对儿童衣食及教育、医疗的忽视",使英国儿童的营养和健康状况堪忧③。近年来国内学者开始涉足英国儿童福利制度的专题研究,特别是在公共健康领域,关于校餐制度和防止儿童虐待制度的研究,已经涌现出一批成果。首先,关于校餐制度,钱乘旦、丁建定、郑春荣、闵凡祥等学者在其著述中将其作为英国社会保障制度的重要方面经常论及④。在这些学者的指引下,笔者于 2013 年开始展开对英国校餐制度的研究,当年 8 月在《光明日报》发表了一篇名为《20 世纪英国校餐制度的历史演变》的文章,对英国校餐制度的发展作了一个简要的梳理⑤;同年,杨汉麟、陈峥在《天津社会科学》刊文,基于教育公平与社会福利的视角对二战后英国校餐服务体系作了较为细致的研究⑥;2016 年,笔者的另一篇研究论文,着重论述了二战时期英国校餐制度的狂飙突进⑦;2017 年,笔者进一步将校餐制度与学校医疗共同置于英国学校健康服务体系的框架下进行历史

---

① 丁建定:《英国现代社会保障制度的建立(1870—1914)》,《史学月刊》2002 年第 3 期。

② 郭家宏:《19 世纪末期英国贫困观念的变化》,《学海》2013 年第 1 期。

③ 周真真:《19 世纪末英国城市化进程中的虐待儿童问题》,《英国研究》2011 年辑,南京大学出版社 2011 年版,第 213—228 页。

④ 钱乘旦等:《日落斜阳:20 世纪英国》,华东师范大学出版社 1999 年版;丁建定:《英国现代社会保障制度的建立(1870—1914)》,《史学月刊》2002 年第 3 期;郑春荣:《英国社会保障制度》,上海人民出版社 2012 年版;闵凡祥:《国家与社会:英国社会福利观念的变迁与撒切尔政府社会福利改革研究》,重庆出版社 2009 年版。

⑤ 参阅魏秀春《20 世纪英国校餐制度的历史演变》,《光明日报》2013 年 8 月 29 日。

⑥ 杨汉麟、陈峥:《英国学校膳食服务制度的历史研究》,《天津社会科学》2013 年第 4 期。

⑦ 参阅魏秀春《战争与营养:二战时期英国校餐制度的发展》,《贵州社会科学》2016 年第 1 期。

考察①。2018年，王萍博士对20世纪前期的英国学校医疗服务体系开展了专题研究②。这些研究成果初步勾勒了20世纪英国学校儿童的营养与健康福利。

防止儿童虐待，亦是英国儿童福利的重要内容。对这一问题的研究，周真真博士走在国内学者的前列。周真真将儿童虐待问题纳入英国儿童福利研究的总体框架中，通过对19世纪英国家庭儿童虐待问题的研究，她论道，"19世纪末对虐待儿童问题的发现与整治是英国儿童权利观念开启的一个突破口，而对儿童权利的认可和追求是儿童能够享有作为公民权利的福利的基础"，由此开启了英国儿童福利③。她进一步探讨了英国防止儿童虐待的志愿组织"全英防止儿童虐待协会"（National Society for the Prevention of Cruelty to Children，简称 NSPCC）与警察合作，共同防止儿童虐待的历史进程，她认为两者的合作，"在保护受虐儿童和儿童立法方面发挥了不可替代的作用，极大地推进了英国儿童福利的发展"④。

综上所述，公共健康领域的英国儿童福利制度发展的历史过程，在很大程度上展现了近代以来英国社会和政府对儿童成长的干预历程，同时"不言不语"的儿童亦参与到"由生产和养育实践带来的思想观念和社会模型重组的变化中"，带来的"整个社会资源与机会的重新配置"⑤。所以，对这一历史过程的研究，不仅仅是当下西方医学社会史研究的重要内容，更有利于将国内的

---

① 参阅魏秀春《20世纪英国学校健康服务体系探析》，《世界历史》2017年第4期。

② 王萍：《英国学校医疗服务体系的历史考察（1907—1938）》，《南京晓庄学院学报》2018年第5期。

③ 周真真：《19世纪末英国家庭儿童虐待问题的发现与整治》，《杭州师范大学学报（社会科学版）》2017年第2期。

④ 周真真：《英国福利国家进程中的志愿组织与政府——以 NSPCC 与警察的合作为例》，《学海》2012年第2期。丰华琴亦对此问题进行了研究，参阅《英国防止虐待儿童协会（NSPCC）的产生及其救助实践》（《学海》2018年第3期）一文。

⑤ 辛旭：《儿童与社会的相互建构：儿童史研究突破的一种可能》，《学术月刊》2016年第6期。

西方儿童史研究推向更为宏阔的社会领域。

三、研究内容与意义

本书主要研究公共健康视阈下 1862—1948 年英国儿童福利制度的生成与发展,及其对我国的启示。在研究时段上,本书以 1862 年英国第一个具有现代意义的儿童福利志愿组织"曼彻斯特和索尔福德女士健康协会"的成立作为起点,以 1948 年英国政府制定《儿童法》,将儿童福利全面纳入英国福利制度作为下限。首先探讨 19 世纪后期英国儿童的公共健康问题,总结 18 世纪以来英国儿童福利观的进步和儿童保护性举措。然后,以此为基础,结合今日通用的公共健康观,对"健康访问"制、婴幼保健与护理、校餐制度、学校医疗服务制度等方面进行历史观察与透视,以期发现其对英国儿童福利制度全面建立的贡献,进而对英国儿童福利制度进行更深入、客观的评价,以获得对我国"三胎"政策下妇幼保健和儿童福利的启示。

(一) 各章研究内容及主要观点

本书共包括绪论和五章正文,其中第五章是本书的结语。

第一章"英国儿童福利制度的起源和基础条件"。首先阐述了英国儿童福利制度形成之前济贫法制度对儿童的救济体系。英国政府及各联合教区对贫民儿童实施了院内和院外兼顾的救济体系。在院内救济方面,各地联合教区突破济贫院体制,创新、创建各类学校及其他济贫机构或救助手段对不同年龄段的贫民儿童实施区别性救助,教育、培训和寄养贫民儿童,在提供必要的生活保证的基础上提升贫民儿童的识字水平、就业能力和自给能力。济贫法制度对贫民儿童的救济体系构成现代英国儿童福利制度形成的一个重要基础条件。对于英国儿童福利制度的起源,笔者聚焦于 19 世纪中期以来英国儿童普遍存在的营养和健康问题,特别是婴幼儿死亡率居高不下和学校儿童健康状况低下问题。这些儿童健康问题，在当时英国社会引起广泛关注和讨论，而单一的济贫法制度对此却无能为力，现代英国儿童福利制度由此呼之欲出。

第二章"英国婴幼福利制度的形成与发展"。20世纪前期的英国婴幼福利制度是以19世纪后期发展起来的健康访问制为基础建立起来的。故本章首先探讨了英国健康访问制的形成和发展，强调地方当局和志愿组织在其中发挥的先驱和创新性作用，尤其是20世纪初哈德斯菲尔德城的健康访问体制为英国健康访问的制度化奠定了基本模式。儿童福利中心是健康访问等英国婴幼福利项目的实施主体，故本章第二节将进一步探讨儿童福利中心的形成，特别强调地方政府事务部所推动颁布的1907年《出生备案法》和1915年《出生备案扩大法》对儿童福利中心发展的重要作用，梳理地方当局在实施这些法令并举办儿童福利中心的基本状况，认为儿童福利中心及其实施的各项婴幼福利项目的扩大在降低婴儿死亡率和维护婴幼儿及其母亲健康方面发挥了重要作用，标志着英国婴幼福利制度的初步形成。最后，本章第三节和第四节将分别集中梳理英格兰和威尔士地区、苏格兰地区婴幼福利制度的确立和发展状况，认为1918年《妇女儿童福利法》从法律上确立了英国婴幼福利制度，此后至第二次世界大战前夕英国婴幼福利获得了快速发展，0—5岁儿童成为最大的受益者，得到英国社会前所未有的关心和爱护。虽然第二次世界大战对婴幼儿福利制度造成了巨大的冲击，但在战争期间，英格兰和威尔士、苏格兰地方当局仍然在努力维护各项福利措施的运行，直至战后英国国民健康服务体系的开启。

第三章"英国校餐制度的形成和发展"。英国校餐制度，即英国学校供餐计划，是20世纪英国学校健康服务体系的重要组成部分。20世纪英国校餐制度是在"国家儿童"思想的影响下，在英国志愿组织和地方当局的推动下建立的。"国家儿童"思想为校餐制度的建立奠定了思想基础，而志愿组织和地方当局主动开展学校供餐的行动则为校餐制度提供了可推广的供餐模式，并推动了学校供餐立法的酝酿，最终形成了1906年的《教育（供餐）法》。1906

年法令后来经过数次修正融入 1921 年《教育法》,学校供餐由此逐步在英国推广开来。1934 年,教育部开始资助"牛奶进校园计划",校园奶正式成为英国校餐的一部分,进一步推动了英国校餐制度的发展。二战时期,战时营养改善计划的全面实施,促成校餐制度发生了重大的制度变革,最终导致福利化校餐制度的确立,成为战后福利国家形成的重要基础。

第四章"英国学校医疗服务的建立和发展"。英国学校医疗服务体系与英国学校供餐计划共同构成了英国学校健康服务体系,是 20 世纪英国学校儿童医疗救护的主要保障体系,是英国现代社会保障制度的重要内容之一。英国学校医疗服务体系的建立缘于 20 世纪初英国学校儿童严峻的健康状况,同样是在"国家儿童观"的推动下,通过一系列教育法案和体制建设而实现的,其根本目的是为学校儿童能够充分接受义务教育提供医疗健康保障。笔者分英格兰和威尔士、苏格兰两大地区分别阐释学校医疗服务在这些地区的形成和发展,而且还特别关注了学校牙科服务这一特色医疗服务的发展和成就。英国学校健康服务体系一直运行到 1973 年,直至 1974 年完全融入国民健康服务体系中,对于改善 20 世纪前期英国学校儿童健康状况作出了重要的历史贡献。

第五章"1862—1948 年英国儿童福利制度发展的历史经验"。笔者把 1948 年《儿童法》的颁布作为本书研究的时间下限。笔者认为,1862—1948 年公共健康视阈下的英国婴幼儿福利制度和学校儿童福利制度是英国针对不同儿童群体的专门福利制度,为 1948 年《儿童法》的颁布和实施奠定了法律和实践基础,具有诸多宝贵的历史经验。这些历史经验主要表现为,在儿童福利思想上,"国家儿童观"推动了英国政府开始全面干预儿童出生与成长的过程;在福利内容上,1862—1948 年英国儿童福利的最大主题是营养与健康,旨在保障英国儿童的生存与发展权;在发展模式上,英国儿童福利由志愿组织首先发起,地方当局继而推进,中央政府立法创制全面实施,形成以政府为主导并与志愿组织合作的发展格局;而且,英国妇女群体是英国儿童福利发展的积极参与者,亦是自然受益者,对其家庭与社会生活产生了积极的影响。由此,在笔者看来,公共健康视阈下的英国儿童福利制度,提高了英国婴幼儿和学校儿童的健康水平,保障了英国儿童的受教育权和发展权,为英国现代福利国家的形成奠定了坚实基础,可以为其他国家儿童福利的发展提供不少有益的启示。

(二) 本书的研究意义

第一,本书的研究将加强国内方兴未艾的医学社会史研究。本书关注的1862—1948 年英国儿童福利的公共健康领域,作为医学社会史的重要方面,指向儿童营养与健康,恰恰是国内学者很少涉及的内容。作为医学社会史研究的重镇,英国在相当长的时间内"最为关注的依然是公共健康,其次是医疗或疾病"①,故公共健康是医学社会史普遍关注的对象。所以,本书的研究将会丰富国内医学社会史的研究领域,从而使医学社会史的学科地位和现实意义更加突出。

第二,推动欧美福利制度和英国史更全面和更深入的研究。近些年来,国内学者对欧美福利制度的宏观研究不可谓不全面,但微观研究仍嫌不够,尤其是儿童福利方面高水平的研究性著述乏善可陈。本书的开展,有利于推动国内欧美福利制度的微观研究,亦将会在国内儿童史研究中起到抛砖引玉的作用。而且,在英国史研究百花齐放的今天,本书的研究将为英国史研究添砖加瓦,为英国史研究的繁荣做出自己的贡献。

第三,本书亦会为国内学者对中国儿童福利问题的研究提供启示。国内学者往往偏向于国内弱势儿童群体(如留守儿童、流浪儿童、遗弃婴幼儿和残疾儿童等)的权益,而对普通儿童福利问题的关注不够。本书的研究指向婴幼儿和学校儿童等普通儿童的营养和健康福利,在我国推行"三胎"政策的今天,对于我国建立健全婴幼儿和学校儿童的教育与健康保护体制具有重要的借鉴意义。

---

① 李化成:《医学社会史的名实与研究取向》,《历史研究》2014 年第 6 期。

第一章 英国儿童福利制度的
起源与基础条件

现代英国儿童福利制度形成之前,济贫法制度就已经将救助贫民儿童作为它的一项重要职能,通过济贫院及各类济贫机构为贫民儿童提供基本的生活保障,并实施基本的学校教育与就业培训,构成现代英国儿童福利制度形成的一个重要的基础条件。然而,19世纪中期以来英国儿童普遍存在的婴幼儿高死亡率和学校儿童健康状况低下等问题,单一的济贫法制度却无法有效地面对和解决,现代儿童福利制度呼之欲出。

第一节 19世纪中期以来济贫法
制度下的英国儿童救助

事实上,在儿童被社会重新认识的过程中,对儿童的救助,在英国从来就没有停止过。在现代儿童福利制度出现之前,英国社会对儿童的救助主要是在济贫法的框架下进行的。具体来说,自1834年《新济贫法》颁布以来,英国政府以济贫法委员会作为主要机构,主持"儿童教育、教区贫困儿童管理"等救助贫困儿童事务①,是现代英国儿童福利制度形成的一个重要基础条件。

---

① 丁建定:《英国济贫法制度史》,人民出版社2014年版,第162页。

一、新济贫法制度下英国儿童的院内救济与院外救济

在新济贫法制度下,济贫法对贫困儿童的救助首先表现为对儿童生活的救济,即为其提供衣物、食物和居住之地。与成人一样,新济贫法对儿童的救济分为济贫院内救济和济贫院外救济,救助的年龄标准限定在 16 岁以下。为了保证济贫院内救济的推行,英格兰与威尔士各地的教区根据新济贫法的规定组成联合济贫教区。据丁建定先生统计,"1835 年,英格兰和威尔士的 2000 个教区已经联合成为 112 个联合济贫教区,到 1839 年,英格兰和威尔士 95% 的教区已经通过联合而成为联合济贫教区"①。每个联合教区建立一个中心济贫院,"到 1870 年,大约 647 个联合济贫教区建立了新济贫院,约占联合济贫教区总数的 85%","从各郡来说,威尔士全部教区中的 76% 以及 15 个英格兰农业郡的全部教区至 1870 年已经建立了新济贫院,英格兰 10 个工业郡中的 75% 的教区也建立了新济贫院"②。以这些济贫院为依托,各联合教区对辖区内的贫困儿童开展院内救济;而不适合实行院内救济的,则开展院外救济。

1871 年地方政府事务部成立后,取代济贫法委员会管理和监督各地的济贫事务。就儿童救济而言,地方政府事务部在其年度报告中每年都对贫困儿童的救济数量进行官方统计,对受到院内救济和院外救济的儿童数量每半年进行一次统计,其统计时间分别截止到统计年度的 1 月 1 日和 7 月 1 日。1887 年前,地方政府事务部将贫困儿童分成三类群体,一类是拥有"身体健全"(able-bodied)父母的儿童被归类为"身体健全"儿童;一类是没有父母的或其父母"身体不健全的"(not able-bodied)被归类为"身体不健全"儿童;最后一类是具有精神障碍的"疯人"(Insane)儿童。

根据丁建定对于成年男子接受救济情况的研究来看,一般接受院内救济的成年男子要远远少于接受院外救济的数量,"在 19 世纪 50—70 年代,不足

---

① 丁建定:《英国济贫法制度史》,人民出版社 2014 年版,第 164 页。
② 丁建定:《英国济贫法制度史》,人民出版社 2014 年版,第 186 页。

六分之一的成年健全的贫困男子接受院内救济……大部分成年健全贫困男子接受的是院外救济"①。事实上,根据笔者目前掌握英格兰和威尔士地区的统计数据表明,对于儿童的救济状况也是如此。比如,至 1858 年 1 月,接受院内救济的"身体健全"儿童为 21047 人,而接受院外救济的"身体健全"儿童则为 257956 人,是前者的 12 倍还多;至 1860 年 1 月,接受院内救济的"身体健全"儿童为 15241 人,而接受院外救济的"身体健全"儿童则为 211497 人,接近前者的 14 倍;至 1870 年 1 月,接受院内救济的"身体健全"儿童为 20780 人,而接受院外救济的"身体健全"儿童则为 281746 人,接近前者的 14 倍;至 1880 年 1 月,接受院内救济的"身体健全"儿童为 19551 人,而接受院外救济的"身体健全"儿童则为 197636 人,是前者的 10 倍有余;至 1890 年 1 月,接受院内救济的"身体健全"儿童为 14876 人,而接受院外救济的"身体健全"儿童则为 156386 人,接近前者的 11 倍;至 1900 年 1 月,接受院内救济的"身体健全"儿童为 13536 人,而接受院外救济的"身体健全"儿童则为 129087 人,是前者的 9.5 倍②。所以说,接受院外救济的贫困儿童人数要远远超过接受院内救济的人数,说明在 1834 年之后院外救济事实上仍然是英国济贫制度的重要方面,而济贫院救济在当时整个英国济贫制度上并不占据主导优势。

就救济的贫困儿童群体来看,根据英格兰和威尔士地区的统计数据,在院内救济方面,对"身体不健全"儿童的救济数量要高于"身体健全"的儿童。比如,至 1858 年 1 月,接受救济的"身体健全"儿童为 21047 人,而接受救济的"身体不健全"儿童则为 32132 人,是前者的 1.5 倍还多;至 1860 年 1 月,接受救济的"身体健全"儿童为 15241 人,而接受救济的"身体不健全"则为 27427 人,是前者的 1.8 倍;至 1870 年 1 月,接受救济的"身体健全"儿童为

---

① 丁建定:《英国济贫法制度史》,人民出版社 2014 年版,第 206 页。

② Local Government Board, *Twenty-ninth Annual Report of Local Government Board, 1899—1900*, Her Majesty's Stationary Office, 1900, pp.358-361.

20780 人,而接受救济的"身体不健全"儿童则为 35616 人,是前者的 1.7 倍还多;至 1880 年 1 月,接受救济的"身体健全"儿童为 19551 人,而接受救济的"身体不健全"儿童则为 38579 人,接近前者的 2 倍;至 1890 年 1 月,接受救济的"身体健全"儿童为 14876 人,而接受救济的"身体不健全"儿童则为 36636 人,接近前者的 2.5 倍;至 1900 年 1 月,接受救济的"身体健全"儿童为 13536 人,而接受救济的"身体不健全"儿童则为 36559 人,是前者的 2.7 倍①。由此说明,院内救济儿童的重点群体是"身体不健全"的贫困儿童。

另一方面,在院外救济方面,对"身体健全"贫困儿童的救济数量却高于"身体不健全"的贫困儿童。比如,至 1858 年 1 月,接受救济的"身体不健全"儿童为 53067 人,而接受救济的"身体健全"儿童则为 257956 人,接近前者的 5 倍;至 1860 年 1 月,接受救济的"身体不健全"儿童为 48757 人,而接受救济的"身体健全"儿童则为 211497 人,是前者的 4 倍还多;至 1870 年 1 月,接受救济的"身体不健全"儿童为 53058 人,而接受救济的"身体健全"儿童则为 281746 人,是前者的 5 倍有余;至 1880 年 1 月,接受救济的"身体不健全"儿童为 35422 人,而接受救济的"身体健全"儿童则为 197636 人,是前者的 5.6 倍;至 1890 年 1 月,接受救济的"身体不健全"儿童为 33218 人,而接受救济的"身体健全"儿童则为 156386 人,是前者的 4.7 倍;至 1900 年 1 月,接受救济的"身体不健全"儿童为 28203 人,而接受救济的"身体健全"儿童则为 129087 人,是前者的 4.6 倍②。由此说明,院外救济儿童的重点群体是"身体健全"的贫困儿童,而"身体不健全"贫困儿童则大部分进入了济贫院及其他济贫机构。

---

① Local Government Board, *Twenty-ninth Annual Report of Local Government Board, 1899—1900*, Her Majesty's Stationary Office, 1900, pp.358,360.

② Local Government Board, *Twenty-ninth Annual Report of Local Government Board, 1899—1900*, Her Majesty's Stationary Office, 1900, pp.359,361.

1887 年 1 月后,地方政府事务部对救济贫困儿童数据的统计方式发生了变化,特别是对贫困儿童的群体作了更为细致的划分。比如,至 1888 年 1 月,在接受院内救济的 55456 名贫困儿童中,孤儿或其他不与父母一起受救济的儿童为 33605 人,济贫院内贫民的私生子女 7253 人,身体健全的院内贫民的子女 10700 人,身体不健全的院内贫民子女 3898 人;在接受院外救济的 212913 名儿童(包括 3551 名寄养儿童)中,由寡妇抚养的儿童为 118976 人,孤儿或其他不与父母一起受救济的儿童为 10699 人,由接受救济的身体健全的父亲抚养的儿童为 44823 人,由身体不健全父母抚养的儿童为 24105 人,由单亲母亲抚养的私生子女为 711 人,因父母坐牢受到救济的儿童为 3228 人,士兵、海员和水兵的子女为 303 人,由非居民男子抚养的儿童为 10068 人[1]。

自 1893 年 1 月起,在院外救济的儿童中,地方政府事务部开始统计仅接受医疗救济的儿童人数。比如,至 1893 年 1 月,共 5044 名儿童仅接受了院外医疗救助[2];至 1894 年 1 月,共 5968 名儿童仅接受了院外医疗救助[3];至 1895 年 1 月,共 5225 名儿童仅接受了院外医疗救助[4];至 1896 年 1 月,共 5314 名儿童仅接受了院外医疗救助[5];至 1897 年 1 月,共 4973 名儿童仅接受了院外

---

① Local Government Board, *Seventeenth Annual Report of Local Government Board*, 1887—1888, Her Majesty's Stationary Office, 1888, pp.xiii-xiv.本书中,笔者使用了大量英国地方政府事务部的年度报告。原文献中,正文页码以西文数字表示,而附录页码则以阿拉伯数字表示,故笔者此处页码照用西文数字,以下类同。

② Local Government Board, *Twenty-second Annual Report of Local Government Board*, 1892—1893, Her Majesty's Stationary Office, 1893, p.xlv.

③ Local Government Board, *Twenty-third Annual Report of Local Government Board*, 1893—1894, Her Majesty's Stationary Office, 1894, p.lvii.

④ Local Government Board, *Twenty-fourth Annual Report of Local Government Board*, 1894—1895, Her Majesty's Stationary Office, 1895, p.lxv.

⑤ Local Government Board, *Twenty-fifth Annual Report of Local Government Board*, 1895—1896, Her Majesty's Stationary Office, 1896, p.l.

医疗救助①；至1898年1月，共4848名儿童仅接受了院外医疗救助②；至1899年1月，共4170名儿童仅接受了院外医疗救助③；至1900年1月，共4697名儿童仅接受了院外医疗救助④。

自1898年1月起，地方政府事务部对接受院内救济的儿童统计开始区分各类济贫机构。比如，至1898年1月，在接受院内救济的53927名儿童（含智障儿童1422人）中，在济贫院或济贫医院的儿童有27078人，在教区或隔离学校（separate school）的或在由济贫监察官管理的其他济贫机构的儿童有18875人，在首都疯人院委员会管理下的智障医院的儿童有863人，在精神病院的儿童有118人，在由相关法令（25 and 26 Vict.Cap.43）许可建立的学校的儿童有5771人，在医院或其他机构的有1222人⑤。这种对各类济贫机构对贫困儿童救助的统计，在很大程度上表明了19世纪后期对贫困儿童进行救助的院内救济机构不再局限于济贫院，对贫困儿童的院内教育救助开始凸显。

由上可以看出，在新济贫法制度下，英国政府非常重视对贫困儿童的救助，特别是地方政府事务部自组建以来，对救助贫困儿童的状况进行了统计。故根据地方政府事务部的统计，笔者对1858年1月至1900年1月英国济贫法制度对救助贫困儿童的数量进行了初步梳理，分院内救济（表1.1）和院外救济（表1.2）两类列表如下，由此可略窥19世纪后期以来英国贫困儿童救助状况。

---

① Local Government Board, *Twenty-sixth Annual Report of Local Government Board, 1896—1897*, Her Majesty's Stationary Office, 1897, p.liii.

② Local Government Board, *Twenty-seventh Annual Report of Local Government Board, 1897—1898*, Her Majesty's Stationary Office, 1898, p.xlviii.

③ Local Government Board, *Twenty-eighth Annual Report of Local Government Board, 1898—1899*, Her Majesty's Stationary Office, 1899, p.xlviii.

④ Local Government Board, *Twenty-ninth Annual Report of Local Government Board, 1899—1900*, Her Majesty's Stationary Office, 1900, p.l.

⑤ Local Government Board, *Twenty-seventh Annual Report of Local Government Board, 1897—1898*, Her Majesty's Stationary Office, 1898, p.xlviii.

表 1.1　1858 年 1 月—1900 年 1 月英格兰与威尔士济贫院内
救济贫困儿童数量统计表①

		"身体健全"儿童	"身体不健全"儿童	"疯人"儿童	合计
1858	1 月	21047	32132	372	53551
	7 月	14631	29754	325	44710
1859	1 月	16679	29839	318	46836
	7 月	12149	27365	314	39828
1860	1 月	15241	27427	321	42989
	7 月	12142	25544	319	38005
1861	1 月	19441	28480	327	48248
	7 月	15679	27840	652	44171
1862	1 月	22247	29899	345	52491
	7 月	16664	29014	649	46327
1863	1 月	21224	30599	381	52204
	7 月	16434	29721	543	46698
1864	1 月	19066	30430	386	49882
	7 月	14419	29003	377	43799
1865	1 月	18097	30476	360	48933
	7 月	13829	29501	385	43715
1866	1 月	17051	31159	383	48593
	7 月	14149	29735	356	44240
1867	1 月	18537	32377	390	51304
	7 月	16334	31668	429	48431
1868	1 月	21583	34494	428	56505
	7 月	16800	34728	411	51939

① Local Government Board, *Twenty-ninth Annual Report of Local Government Board, 1899—1900*, Her Majesty's Stationary Office, 1900, pp.358, 360.

续表

		"身体健全"儿童	"身体不健全"儿童	"疯人"儿童	合计
1869	1月	21881	35868	444	58193
	7月	16377	34650	461	51488
1870	1月	20780	35616	473	56869
	7月	15849	33648	473	49970
1871	1月	20139	35235	458	55832
	7月	14223	33024	543	47790
1872	1月	16721	33089	529	50339
	7月	13379	31189	557	45125
1873	1月	16149	32362	579	49090
	7月	13211	30910	569	44690
1874	1月	15112	31891	561	47564
	7月	12882	31001	627	44510
1875	1月	15099	32080	627	47806
	7月	11657	31089	644	43390
1876	1月	13807	31830	623	46260
	7月	11929	30875	646	43450
1877	1月	14500	33096	644	48240
	7月	12947	33268	696	46911
1878	1月	16331	35096	713	52140
	7月	13967	35156	719	49842
1879	1月	16751	36565	687	54003
	7月	14719	36617	777	52113
1880	1月	19551	38579	774	58904
	7月	16057	37642	839	54538
1881	1月	18945	39100	782	58827
	7月	15663	38590	803	55056

续表

		"身体健全"儿童	"身体不健全"儿童	"疯人"儿童	合计
1882	1月	18521	39653	891	59065
	7月	14987	38558	871	54416
1883	1月	17877	39765	846	58488
	7月	14735	38401	904	54040
1884	1月	16879	39875	931	57685
	7月	14303	38969	983	54255
1885	1月	16430	39861	951	57242
	7月	13715	38387	992	53094
1886	1月	16439	39556	1044	57039
	7月	13721	38352	1104	53177
1887	1月	16414	39058	999	56471
	7月	13727	38170	1082	52979
1888	1月	16596	38860	1019	56475
	7月	13358	36885	1122	51365
1889	1月	15889	37926	939	54754
	7月	12978	36175	1050	50203
1890	1月	14876	36636	1039	52551
	7月	11737	35332	1184	48253
1891	1月	13446	36118	1219	50783
	7月	11647	35442	1145	48234
1892	1月	13627	36755	1298	51680
	7月	12051	36419	1208	49678
1893	1月	14354	37648	1264	53266
	7月	12614	37239	1280	51133
1894	1月	16017	39316	1242	56575
	7月	13740	37142	1590	52472

续表

		"身体健全"儿童	"身体不健全"儿童	"疯人"儿童	合计
1895	1月	16424	38749	1313	56486
	7月	14037	37412	1280	52729
1896	1月	15933	38119	1198	55250
	7月	12949	36832	1267	51048
1897	1月	15087	37183	1239	53509
	7月	12848	36232	1340	50420
1898	1月	15168	37337	1422	53927
	7月	13507	37243	1292	52042
1899	1月	14675	37532	1284	53491
	7月	12655	36285	1315	50255
1900	1月	13536	36559	1253	51348

表 1.2 1858 年 1 月—1900 年 1 月英格兰与威尔士济贫院外
救济贫困儿童数量统计表①

年份		"身体健全"儿童	"身体不健全"儿童	"疯人"儿童	合计
1858	1月	257956	53067	259	311282
	7月	213326	49426	257	263009
1859	1月	220691	50267	309	271267
	7月	205580	48137	317	254034
1860	1月	211497	48757	331	260585
	7月	202783	48469	330	251582

---

① Local Government Board, *Twenty-ninth Annual Report of Local Government Board, 1899—1900*, Her Majesty's Stationary Office, 1900, pp.359, 361.

续表

年份		"身体健全"儿童	"身体不健全"儿童	"疯人"儿童	合计
1861	1 月	224734	49957	362	275053
	7 月	212754	48375	363	261492
1862	1 月	243073	51876	329	295278
	7 月	242804	51610	371	294785
1863	1 月	323623	57470	355	381448
	7 月	267433	55150	390	322973
1864	1 月	265890	54211	367	320468
	7 月	230075	51983	319	282377
1865	1 月	248153	53416	371	301940
	7 月	219709	50551	370	270630
1866	1 月	225515	51960	395	277870
	7 月	217081	48880	372	266333
1867	1 月	239465	54690	418	294573
	7 月	230332	52901	379	283612
1868	1 月	269956	53041	473	323470
	7 月	244429	51750	555	296734
1869	1 月	268146	51415	418	319979
	7 月	246454	50557	446	297457
1870	1 月	281746	53058	453	335257
	7 月	246563	52392	418	299373
1871	1 月	282087	54784	506	337377
	7 月	242779	51592	423	294794
1872	1 月	238683	51385	534	290602
	7 月	206792	46382	562	253736
1873	1 月	204683	45523	461	250667
	7 月	189506	41235	407	231148

续表

年份		"身体健全"儿童	"身体不健全"儿童	"疯人"儿童	合计
1874	1 月	187798	40290	422	228510
	7 月	174981	37227	375	212583
1875	1 月	182055	37318	429	219802
	7 月	164987	34524	381	199892
1876	1 月	161942	33610	336	195888
	7 月	151746	31780	378	183904
1877	1 月	153798	31726	360	185884
	7 月	152168	31614	380	184162
1878	1 月	160162	31841	375	192378
	7 月	160158	31582	390	192130
1879	1 月	185895	33197	437	219529
	7 月	178675	33071	381	212127
1880	1 月	197636	35422	406	233464
	7 月	173876	34478	401	208755
1881	1 月	178699	35193	395	214287
	7 月	172607	34526	392	207525
1882	1 月	175320	35673	427	211420
	7 月	166944	34637	384	201965
1883	1 月	174394	35416	466	210276
	7 月	165022	33982	467	199471
1884	1 月	166073	33768	449	200290
	7 月	162089	33018	430	195537
1885	1 月	169733	33499	459	203691
	7 月	161939	32994	455	195388
1886	1 月	178495	34759	415	213669
	7 月	168680	34192	389	203261

续表

年份		"身体健全"儿童	"身体不健全"儿童	"疯人"儿童	合计
1887	1月	179107	35127	442	214676
	7月	163770	34362	428	198560
1888	1月	178109	34804	411	213324
	7月	162763	33885	397	197045
1889	1月	169229	34363	485	204077
	7月	153015	33202	444	186661
1890	1月	156386	33218	491	190095
	7月	147022	31236	548	178806
1891	1月	154390	31524	546	186460
	7月	144290	30185	495	174970
1892	1月	146865	30380	562	177807
	7月	147387	29127	529	177043
1893	1月	154366	29817	593	184776
	7月	147538	29342	597	177477
1894	1月	161200	30401	746	192347
	7月	148007	29707	548	178262
1895	1月	156900	30336	659	187895
	7月	149741	30840	540	181121
1896	1月	152736	31701	552	184989
	7月	142686	30366	549	173601
1897	1月	146797	31379	644	178820
	7月	137412	30754	633	168799
1898	1月	142260	30887	682	173829
	7月	159349	29930	646	189925
1899	1月	133596	29501	686	163783
	7月	127025	28484	645	156154
1900	1月	129087	28203	695	158885

二、新济贫法制度下英国儿童院内救济的主要途径

尽管新济贫法制度下英国儿童的院内救济在救助规模上要逊色于院外救济，但是新济贫法制度对英国儿童的院内救济并不仅限于济贫院，在19世纪中后期它创设了多种方式和途径，最大限度地对贫困儿童施以援助，对儿童实施具有针对性的区别性救济。

在儿童院内救济方面，新济贫法制度所确立的基本原则有两项，即第一，"儿童应在济贫院内按照恰当的分类体制与成人分开居住"；第二，"济贫院应为院内儿童提供基本的教育"[1]。由此，在院内救济方面，"贫困儿童要么在济贫法机构或其他机构被抚养，要么被寄养"；而且，除了婴幼儿之外，新济贫法制度对贫困儿童的救助在很大程度上表现为"贫困儿童的教育和培训，无论是在伦敦，还是在各郡"[2]。所以，新济贫法制度对待贫困儿童的院内救济是一种典型的区别性救济，它通过多种方式对贫困儿童实施救助，而救助的根本目的，除了维持贫困儿童的基本生活之外，主要使贫困儿童具备基本的文化知识和一定的工作技能。

第一，济贫院学校（Workhouse Schools）

济贫院学校[3]是济贫院对贫困儿童专门实施教育的场所，一般来说是济贫院的一个有机组成部分，专门负责贫困儿童的教育和生活，并与院内的其他贫民隔离。济贫院学校是按照地方济贫官的要求设立的，"济贫院内的男孩

---

[1] Ivy Pinchbeck & Margaret Hewitt, *Children in English Society*, Vol. II, *From the Eighteenth Century to the Children Act 1948*, Routledge 2005, p.501.

[2] W.Chance, *Children under the Poor Law: Their Education Training and After-care*, Swan Sonnenschein Co., 1897, pp.v, vi.

[3] 关于济贫院学校，据笔者目前掌握的资料，国内学者尚未有专门研究成果，英国济贫法制度研究专家丁建定先生亦未列专题详述，参阅丁建定：《英国济贫法制度史》，人民出版社2014年版，第190—201页。

和女孩每天应当按照基督教的原则分别被教授至少 3 个小时的阅读和写作"①。为此,每个联合教区的济贫院都要设立济贫院学校,由济贫院院长管理或聘用一名独立的校长管理,聘用教师为孩子们上课。比如,1849 年 519 个联合济贫教区济贫院学校共聘用男教师 284 人,支付工资 7423 英镑;聘用女教师 423 人,支付工资 7009 英镑②。

最初济贫院学校聘用的教师知识水平往往很低,甚至是文盲,这是因为"在绝大多数情况下,新联合教区提供的薪水太低不足以吸引有能力的人"③。济贫法学校巡察官在其报告中不止一次抱怨济贫院学校教师知识水平的低下。1868 年,济贫法学校巡察官鲍耶(Bowyer)报告说东米德兰教区济贫院学校的绝大部分教师不具备适合其岗位的高级资格,对经文和算术只是熟悉一些;1871 年巡察官布朗先生(T.B.Browne)说,他了解到济贫官任命那些完全不适合教师岗位的人员作为济贫院教师的案例,"我发现一位 13 岁的女孩被聘为济贫院学校教师,不是由于她的知识才能,而是由于她是市政官的女儿……小型学校里经常聘用水平低下的教师。"④ 1892 年,一位学校巡察官说,"(在我的巡察区里)所有,或几乎所有联合教区的济贫院学校里孩子们的数量如此的少,以致于济贫官很难在教师空缺时引导有能力的教师提交申请,很快这些学校由于这些孩子们被送到院外更好的学校接受教育而消失。"⑤ 可见,在规模较小的济贫院学校,很难招到合格的教师,而最终结果是

① Ivy Pinchbeck & Margaret Hewitt, *Children in English Society*, Vol. II, *From the Eighteenth Century to the Children Act 1948*, Routledge 2005, p.501.

② M.A.Crowther, *The Workhouse System, 1834—1929: The History of an English Social Institution*, The University of Georgia Press, 1982, p.127.

③ Ivy Pinchbeck & Margaret Hewitt, *Children in English Society*, Vol. II, *From the Eighteenth Century to the Children Act 1948*, Routledge 2005, p.502.

④ W.Chance, *Children under the Poor Law: Their Education Training and After-care*, Swan Sonnenschein Co., 1897, p.47.

⑤ Local Government Board, *Twenty-first Annual Report of Local Government Board, 1891—1892*, Her Majesty's Stationary Office, 1892, p.188.

这些学校被放弃。

除此之外，济贫院学校教师的工作环境亦不尽如人意，他们的工作经常受制于济贫院院长，这让具有教育抱负的教师难以忍受。学校巡察官莫兹利（J.R.Mozley）报告，通常情况下，"尽管济贫院学校教师在某些方面的地位要低于济贫院院长，但在教育和习得方面经常比院长要有发言权，他自身也经常感觉到其地位要优于院长，这一点是自然的，也不是有意冒犯"，事实上如果他经常这样"冒犯"济贫院院长的话，他最终将会被迫辞职[①]。

最初济贫院学校的设施非常简陋，孩子们的学习生活非常单调。为此，学校巡察官莫兹利建议济贫官应当改善济贫院学校的设备，以丰富孩子们的学习和娱乐活动，"建议为这里的男孩子和女孩子配置娱乐设备，如足球、板球球棒、板球三柱门、板球、跳蝇、绕环等；为婴儿配置成箱的积木；为孩子们配置一个能够阅读的图书馆，以及为所有年龄的孩子提供一定数量的图画书；配置能够教授歌唱的器材和音乐教材等；在大型的学校配置脚踏风琴；在教室和活动室悬挂画有动物或大幅风景的图画；能够为孩子们每周提供一次从济贫院到院外较远地方的远足机会……"[②]。同时，莫兹利还注意到济贫院学校儿童的劳动教育。在他的巡察报告中，曾提到科克茅斯联合教区（Cockermouth U-nion）的弗林比（Flimby）济贫院学校的劳动教育。该校拥有一片较好的花园，在男教师的指导下，男孩们用石头堆起一座座假山；同时该校还进行音乐教育，通常是在课后男教师教授男孩子拉小提琴，"尽管琴声并不悦耳，但考虑到演奏小提琴的难度，这一活动非常值得肯定"[③]。

另一位巡察官戴维（J.S.Davy）记录了梅德维济贫院学校出色的体育运

---

① Local Government Board, *Third Annual Report of Local Government Board*, *1873—1874*, Her Majesty's Stationary Office, 1874, p.261.

② Local Government Board, *Fifth Annual Report of Local Government Board*, *1875—1876*, Her Majesty's Stationary Office, 1876, p.145.

③ Local Government Board, *Seventeenth Annual Report of Local Government Board*, *1887—1888*, Her Majesty's Stationary Office, 1888, p.92.

动。他在 1889 年的巡察报告中写道,"我很高兴地报告,梅德维济贫院学校的男孩子们在查塔姆(Chatham)教区 14 岁以下男子足球联合会挑战杯比赛中第二次获胜。这次比赛共有 20 多支球队参赛,竞争非常激烈。我得知,这群男孩获胜与他们超强的耐力不无关系。他们的板球俱乐部在竞赛中也是非常成功的。这些学校是一所大型城市济贫院的组成部分……相信他们抚养的男孩子们非常健康,能够参加公平的足球比赛……"①

　　济贫院学校教育的效果,是当时英国社会非常关注的。首先是在工作技能方面,1861 年的议会调查表明,因工作技能原因重返济贫院的女孩为12.6%,而男孩则为 5.7%;由于其他原因重返济贫院的女孩为 13.3%,而男孩则为 8.6%②。关于男孩的技能培训,学校巡察官在其报告中涉及较多的是裁缝、制鞋、园艺、农艺、木工等③。由于女孩重返济贫院的比例较高于男孩,故巡察官对女孩的技能培训的关注要多于男孩。对此,巡察官莫兹利承认,对女孩工作技能培训的不足是济贫院学校教育的一大缺陷。在 1875 年的巡察报告中,莫兹利强调,"由济贫官统计的分布在我的巡察区的 38 所学校的 1109名男孩中,只有 51 人,或者不足 5%的男孩从业不好;而 1008 人,或 90.9%的男孩从业状况很好。在 1170 名女孩中,987 人,或 84%的女孩从业状况很好;98 人,或者 8%的女孩,从业状况非常糟糕……然而,我坦率地承认,对女孩(技能培训的)效果不如男孩好……绝大多数的就业是面向男性的,而面向女性的工作仅有一项,即家务劳动。"④另一名巡察官克拉特巴克(Caspar Clutterbuck)1884 年在其巡察报告中谈到济贫院学校在培训女孩厨艺的状况,"举

---

①　Local Government Board, *Nineteenth Annual Report of Local Government Board, 1889—1890*, Her Majesty's Stationary Office, 1890, p.110.

②　W.Chance, *Children under the Poor Law: Their Education Training and After-care*, Swan Sonnenschein Co., 1897, p.71.

③　W.Chance, *Children under the Poor Law: Their Education Training and After-care*, Swan Sonnenschein Co., 1897, pp.73-75.

④　Local Government Board, *Fourth Annual Report of Local Government Board, 1874—1875*, Her Majesty's Stationary Office, 1875, pp.193-194.

例来说,在一所济贫院(学校)里,厨艺无论如何不能被视为一项普通的家务……她们不会点火,也不知道如何使用平底锅、烤架等工具。换言之,他们不能摆脱完全无知的状态而去适应被要求的新岗位,一旦教师大发雷霆时她们就不知所措了。这一缺陷,或多或少地贯穿于济贫院学校所有技能培训的始终。"[1]

当然,济贫院学校对女孩的技能培训也在不断地进步中。莫兹利在1887年的报告中大加赞扬索恩联合教区济贫院学校的女孩技能培训,"这里的3到4名女孩在1887年做了13件礼服、17件男孩内衣、33件女孩内衣、14双长筒袜,以及54件用作手巾的衣物等……"[2]巡察官拜厄姆·戴维斯(Byam Davies)在1894年的报告中强调,在东米德兰教区济贫院学校,"关于女孩的培训,没有必要告诉她们应该被教什么,因为她们在缝纫和家务方面得到很好的指导……"[3]

济贫院学校的教育效果还体现在儿童的知识教育上。尽管从整体上看济贫院学校教师的知识水平逊色不少,但对贫困儿童的知识教育成果上,学校巡察官的报告却不止一次地加以赞许。巡察官拜厄姆·戴维斯在1881年的报告中认为其巡察区内济贫院学校"写作和算术毫无疑问从总体上是非常好的",而且"少数几所学校除了最简单的科目进步很大外……我很惊奇,也很高兴地看到他们展示出来的地理知识,甚至其中一两所学校还展现了英国历史知识,而在其他大部分学校孩子们甚至不知道大不列颠岛上的主要城镇和河流"[4]。巡察官克拉特巴克在1884年报告中叙述了济贫院学校的阅读教

---

① Local Government Board, *Fourteenth Annual Report of Local Government Board*, 1884—1885, Her Majesty's Stationary Office, 1885, p.54.

② Local Government Board, *Seventeenth Annual Report of Local Government Board*, 1887—1888, Her Majesty's Stationary Office, 1888, p.91.

③ Local Government Board, *Twenty-fourth Annual Report of Local Government Board*, 1894—1895, Her Majesty's Stationary Office, 1895, p.76.

④ Local Government Board, *Eleventh Annual Report of Local Government Board*, 1881—1882, Her Majesty's Stationary Office, 1882, p.137.

育,"有一些学校,特别是在威尔士地区,阅读教育是非常棒的;学生的阅读充满活力、吐字清晰,且具有知识性……在大多数学校,为背诵做出的努力非常值得称赞,尽管这些努力仅取得了部分成功……我认为某些贫困学生(以伯肯黑德地区的学校为例)的背诵勇敢地挑战了我们公立学校某些最好的朗诵……而且,我很高兴地说,今年在更高标准上测试通过的数量毫无疑问地增加了,在几个案例中'专门科目'取得了标志性地成功。在农业知识和绘画熟练程度上,来自赫里福德联合教区的学生获得了表扬,而南肯辛顿的学生也是合格的,在比例上远远超过了临近的学校。"①

　　莫兹利自 1881 年开始在其巡察区内对济贫院学校儿童的阅读、写作和算术三科按照当时英国教育部制定的通行标准进行测试,测试结果是令人满意的。比如,1881 年测试的结果是,在接受测试的 5261 名学生中,阅读合格的为 4848 人,占 92%;写作合格的为 4072 人,占 77%;算术合格的为 3641 人,占 70%②。1892 年测试的结果是,在接受测试 5262 名学生中,阅读合格的为 4971 人,占 94%;写作合格的为 4586 人,占 87%;算术合格的为 4263 人,占 81%③。然而,自 1882 年开始,越来越多的济贫院儿童被送往公立初等学校接受教育,济贫院学校日益减少④。在 1898 年的报告中,莫兹利指出,"从严格意义上来说,74 个拥有济贫院学校的联合教区已经减少到 2 个,即布莱克本(Blackburn)和普雷斯顿(Preston)",故济贫院学校至 19 世纪末"已近乎消失"⑤。

---

① Local Government Board, *Fourteenth Annual Report of Local Government Board*, *1884—1885*, Her Majesty's Stationary Office, 1885, p.52.

② Local Government Board, *Eleventh Annual Report of Local Government Board*, *1881—1882*, Her Majesty's Stationary Office, 1882, p.104.

③ Local Government Board, *Twenty-second Annual Report of Local Government Board*, *1892—1893*, Her Majesty's Stationary Office, 1893, p.103.

④ W.Chance, *Children under the Poor Law*: *Their Education Training and After-care*, Swan Sonnenschein Co., 1897, p.79, note. 1.

⑤ Local Government Board, *Twenty-eighth Annual Report of Local Government Board*, *1898—1899*, Her Majesty's Stationary Office, 1899, p.183.

第二,区域和隔离学校(District and Separate Schools)

区域学校是为了克服济贫院学校简陋的办学条件而设的一种较大规模的济贫法学校。它与济贫院学校的主要区别是它的日常管理完全由地方政府事务部任命的校长负责,完全独立于济贫院和济贫官。"隔离学校"附属于济贫院,但完全是由一位独立的校长负责日常管理,一般认为其对贫困儿童的教育和培训效率等同于区域学校①,这里笔者不再单独详述。学校巡察官克拉特巴克认为,区域学校或隔离学校一个最大的特点是它将贫困儿童与成人贫民完全隔离开来,使儿童免受成年贫民的影响,"'贫民习气',或者说济贫院'环境'(对儿童的影响)使(济贫院学校)教师的努力陷于无效,这一影响可以归结为成人的影响。为了消除这种影响,我们必须使(济贫法学校)同济贫院完全分隔开来,并通过立法阻止那些一无是处的父母对其孩子的任何影响"②。

学校巡察官鲍耶(Bowyer)是地区学校的积极倡导者。1852年起,他就开始倡导各地的济贫院学校合并成一个较大规模的区域性济贫学校。1861年,济贫法中央当局鼓励各地采用这一体制,但被地方济贫官连续抵制了15年。1867年《首都济贫法》(The Metropolitan Poor Act)授权伦敦联合教区采用"区域学校体制"。③ 至1896年,英格兰和威尔士共有11家区域学校,基本上位于伦敦大都会区(the Metropolitan),分别是伦敦中央区(Central London)、南都会区(South Metropolitan)、北萨里(North Surrey)、法纳姆和哈特利—温特尼(Farnham and Hartley Wintney)、东南索普郡(South-east Shropshire)、雷丁和沃金汉姆(Reading and Workingham)、西伦敦(West London)、福雷斯特—盖特(Forest Gate)、沃耳索尔和西布朗维奇(Walsall and West Bromwich)、肯辛顿和

---

① W.Chance, *Children under the Poor Law : Their Education Training and After-care*, Swan Sonnenschein Co., 1897, p.82.

② Local Government Board, *Fifth Annual Report of Local Government Board, 1875—1876*, Her Majesty's Stationary Office, 1876, p.156.

③ W.Chance, *Children under the Poor Law : Their Education Training and After-care*, Swan Sonnenschein Co., 1897, p.83, note. 2.

切尔西(Kensington and Chelsea)、首都收容区(培训船"埃克斯茅斯"号)①。

区域学校或隔离学校教师由受过大学教育的具有一定文凭的人士担任,其薪水来源于议会拨款,而不是济贫官。②英国议会自1846年就开始拨付专款为济贫法学校的教育和培训所需要的教师支付薪水,这一款项由英国政府的教育委员会(Council of Education)监督使用,而教育委员会并不认可微小的济贫院学校,故得不到议会拨款的支持,由此巡察官鲍耶1871年无不遗憾地指出"在倡导济贫院学校合并成(大型的)区域学校24年后,在我的巡察区里终于组建了一所区域学校(即沃耳索尔和西布朗维奇区域学校)"③。负责巡察伦敦大都会区济贫法学校的巡察官温德姆·霍尔盖特(Wyndham Holgate)对其巡察区内区域学校的师资水平非常满意。霍尔盖特在1875年巡察报告中谈道,"我经常发现,(区域学校的)教师都有在教育委员会所要求的学校读书的经历,都获得了教育委员会所颁发的高级证书,这是一个教区学校或普通济贫院学校教师不可能做到的。令我印象很深的是,我们学校的现有教师都认识到,孩子们的一生与他们个人的教育能力紧密相关。我发现这些学校的教育水平取得了很大的进步,在知识水平、道德、幸福度和智力方面表现出了最好的结果。教师们在课余时间参与到孩子们的游戏活动和道德监管中,不再认为一到下课时间他们的教育责任就结束了(如教育委员会的学校一样)。我尽可能地要求区域学校的管理者们要注意到这一点。"④1894年的报告中,霍尔盖特进一步强调,"为济贫法学校寻得合格的教师不是一件容易的事。我很高兴地看到在都会区大部分学校的工资水平在地方政府事务部的要求下

---

① Thomas Mackay, *A History of English Poor Law*, Vol.III.1834—1898, P.S.King & Son,1904, p.430.

② Local Government Board, *Sixth Annual Report of Local Government Board*, 1876—1877, Her Majesty's Stationary Office,1877,p.96.

③ Thomas Mackay, *A History of English Poor Law*, Vol.III.1834—1898, P.S.King & Son,1904, p.429.

④ Local Government Board, *Fifth Annual Report of Local Government Board*, 1875—1876, Her Majesty's Stationary Office,1876,pp.171-172.

都有实质性的提高,目的就是为了引导教师们在求职时获得高级证书、不错的口碑和被认可的地位。最近,一位女士获得了格顿学院学历证书,被我巡察区内最大的一所学校聘为助教。"①

在优越的师资条件下,区域学校能够为贫困儿童开设丰富的文化课程、技能训练。在南都会区域学校、肯辛顿和切尔西区域学校,为孩子们开设了地理、文法、诗词和歌唱等文化课、园艺实验课、绘画、游泳,为男孩子开设了木工、裁缝、管子工、面包师等技能训练,并配有阅览室和娱乐设备。在西伦敦区域学校,男童学校开设了绘画、经文、地理、制图、实验、背诵、演唱、文法、作文、信件写作等文化课程;女童学校开设了演唱、实验、缝纫、文法、地理、经文、背诵、作文、急救、体能训练、纸带编织、藤编、烹饪等课程;男童和女童兼收学校开设阅读、书写、算术、实验、英文、背诵、地理、演唱、绘画等课程②。

区域学校或隔离学校能够确保有效地对贫困儿童实施工作技能训练,是其区别于济贫院学校的一大优势。在区域学校对贫困儿童实施的工作技能训练,主要包括对男孩开展乐手、水手、木工、铁匠、机工、制鞋、裁缝、农艺、园艺等行业的技能训练,以及对女孩开展厨艺、缝纫、洗衣等家政事务的训练③。学校巡察官塔夫内尔(Tufnell)1870年指出,"微小的(济贫院)学校没有能力将木工、铁匠、机工等行业引入进来,一方面它们对男孩子训练程度不可能使其找到工作,另一方面也无力承担行业技师的薪水。"④换言之,只有大型的区域学校或隔离学校能够对贫困儿童开展有效的技能训练,因为这些学校的经费来源于议会的拨款。

---

① Local Government Board, *Twenty-fourth Annual Report of Local Government Board, 1894—1895*, Her Majesty's Stationary Office, 1895, p.73.

② W.Chance, *Children under the Poor Law: Their Education Training and After-care*, Swan Sonnenschein Co., 1897, pp.100-101.

③ W.Chance, *Children under the Poor Law: Their Education Training and After-care*, Swan Sonnenschein Co., 1897, pp.86-91.

④ W.Chance, *Children under the Poor Law: Their Education Training and After-care*, Swan Sonnenschein Co., 1897, p.86.

克拉特巴克在 1876 年巡察报告中介绍了位于新港联合教区卡里昂隔离学校出色的技能训练情况。首先是声乐训练,孩子们能够演唱门德尔松等作曲家的部分作品;第二是乐器合奏训练,组建了一支包括 24 名男孩的乐团,能够演奏高难度的音乐;第三是缝纫训练,主要是面向女孩子,该校女孩子的衣服、男孩子的衬衫,以及所有的缝补工作都由她们完成;第四,体育运动,主要是开展有计划的体育训练和球类运动,该校男孩子经常进行板球和足球运动;第五,园艺和农艺训练,主要是在该校近 14 英亩的农地上开展的,并养有 5 头奶牛,主要是由男孩子进行劳作,而女孩子则负责挤奶;第六,其他劳动训练,每个女孩都要从事刷洗和洗衣工作,有些女孩能够从事做饭和熨烫工作,年龄稍大的女孩则能够从事所要求任何一项家政工作。①

所有的大型区域学校或隔离学校都设有游泳池,而且冬天提供温水,以保证全年能够开展游泳训练。巡察官温德姆·霍尔盖特不止一次提到大都会区各区域学校开展游泳训练的情况。在 1876 年的巡察报告中,他提及了北索尔区域学校为女孩子开展游泳训练的情况②;在 1884 年的报告中,霍尔盖特称都会区各区域学校和隔离学校举行的游泳测试中,672 名男孩和 212 名女孩通过了测试③。巡察官莫兹利亦非常重视济贫法学校的游泳训练。1878 年称,在柯克代尔(Kirkdale)学校,400 个男孩中有 100 多人学会了游泳④;1879年他在巡察报告中记述了斯温顿(Swinton)学校开展游泳训练的情况,"萨顿先生告诉我,男孩和女孩中分别有 40—50 人会游泳,在他圣诞节举行的游泳

①　Local Government Board, *Sixth Annual Report of Local Government Board*, *1876—1877*, Her Majesty's Stationary Office, 1877, p.87.

②　Local Government Board, *Sixth Annual Report of Local Government Board*, *1876—1877*, Her Majesty's Stationary Office, 1877, p.89.

③　Local Government Board, *Fourteenth Annual Report of Local Government Board*, *1884—1885*, Her Majesty's Stationary Office, 1885, p.58.

④　Local Government Board, *Eighth Annual Report of Local Government Board*, *1878—1879*, Her Majesty's Stationary Office, 1879, p.xliv.

测试赛中表现最好的男孩和女孩都游了很长一段距离,他估计在 2.25 英里左右"①;在 1894 年的报告中,莫兹利特别称赞了斯温顿学校的游泳训练,他说,"男孩子们不仅会游泳,而且还会勇敢地潜水,他们甚至被教授如何去营救溺水的人,在救起之后如何进行心肺复苏……我曾提起一个年龄较大的斯温顿男孩,他在学校里学过游泳(3 年前离开学校),去年秋天他在曼彻斯特营救一位跌入深水池的小男孩,因此得到皇家慈善协会的表彰"②。

谈到区域学校的教育和技能效果,北萨里区域学校管理委员会主席温赖特(Wainwright)这样评论,"技能训练是完全而彻底的。每个男孩被教授一门手艺,除非学会了该门手艺,否则他不会被送到校外从业。我们因真正娴熟的教学而在雇主中树立了良好的声望,以致于我们在(为这里的孩子)寻求合适的职位时没有遇到多少困难。至于女孩……我们在家政工作中的青年女佣的系统训练一直是相当令人满意的。一个非常重要的情况是,我们收到的招聘女佣申请是我们能提供数量的两倍。"③

隔离学校的教育效果亦受到巡察官的赞许。巡察官戴维在 1895 年的巡察报告中肯定了布赖特隔离学校,"在布赖特的这些学校,主管不仅有能力,而且是经常尽其所能培养孩子们,济贫官亦很少干预。大量的女士到这儿寻求教师职位,远远超出了学校所需,学校委员会对求职者进行了严格的选拔。大约一半的男孩参加了军队或海军乐团,其中的很多人到内勒厅被训练成乐手。这些事实唯一的可能解释是孩子们受到了精心的技能训练,使他们能够比独立劳动者的孩子更加胜任工作,以便他们能够养活自己。"④

---

① Local Government Board, *Ninth Annual Report of Local Government Board*, *1879—1880*, Her Majesty's Stationary Office, 1880, p.210.

② Local Government Board, *Twenty-fourth Annual Report of Local Government Board*, *1894—1895*, Her Majesty's Stationary Office, 1895, p.67.

③ W.Chance, *Children under the Poor Law: Their Education Training and After-care*, Swan Sonnenschein Co., 1897, p.102.

④ Local Government Board, *Twenty-fifth Annual Report of Local Government Board*, *1895—1896*, Her Majesty's Stationary Office, 1896, p.174.

第三,"茅舍之家"

所谓"茅舍之家"(Cottage Homes),是指用来专门安置贫民儿童的场所,其建筑样式犹如茅舍,故名。这些建筑与它的附属场所,如教堂、传染病医院、教室、游泳池、操场和农场,共同被栅栏圈围在一起,并拥有一个共同的出口,从而形成一个封闭的救助贫困儿童的场所。每栋茅舍都由带薪监护员监管,并充当贫困儿童的养育员。①

以马斯顿—格林(Marston Green)"茅舍之家"为例,它位于距离伯明翰7英里的乡村,1879年底建成,1880年1月伯明翰济贫院的儿童开始入住。这里共有14栋茅舍,7栋为男童居住,7栋为女童居住,每栋茅舍能容纳30名儿童居住,每栋茅舍包括一楼的餐厅、娱乐室、起居室、厨房、后厨房、洗澡间、厕所和洗衣室,2处卧室和3处集体宿舍位于二楼。它拥有一所传染病医院,包括2个男病区和2个女病区;有一栋用作校舍的建筑,包括儿童教室和1间婴儿教室;有一栋拥有3层楼的供监护员居住的建筑;还有一排用作技能培训的建筑,主要培训木工、裁缝、制鞋、印刷等技能;另外还拥有面包房、杂货店、仓库和游泳池等②。

为了能够使儿童得到家庭般的温暖,"茅舍之家"在管理体制上力图模仿家庭关系,男孩子居住的茅舍由已婚夫妇作为监护员,充当"爸爸""妈妈",其中男方还要担当从业技能培训员的角色;女孩子居住的茅舍由单身女性或寡妇充当监护员,称之为"妈妈",希望借此加深孩子们与监护人的感情。比如,班斯特德(Banstead)"茅舍之家"主要是为了安置肯辛顿和切尔西学区的贫困儿童,共有20栋茅舍,其中10栋专门安置7岁以上的男童,另外10栋安置女童和婴儿。每栋男童茅舍居住着36名孩子,由一对夫妇充当他们的"爸爸"

① W.Chance, *Children under the Poor Law : Their Education Training and After-care*, Swan Sonnenschein Co., 1897, p.135.

② Constance Meyerstein, " The Education of Children Under the Poor Law ", *Charity Organisation Review*, Vol.12, No.140 (SEPTEMBER 1896), pp.382-389.

和"妈妈"，"爸爸"负责从业技能培训，而"妈妈"则负责做饭和内务；每栋女童茅舍则居住着 24 名孩子，由一位"妈妈"监护，这里年龄较大的女童除了照看婴儿外都要接受洗衣、做饭和家务的培训①。

在济贫法委员会看来，"茅舍之家"的这种体制对救助贫民儿童有三大优势，即贫民监护员可以直接监护贫困儿童；可以更好地对儿童进行从业技能培训和体育锻炼；可以对贫困儿童进行更精心的养育②。然而，对于这种体制的有效性，一些济贫学校巡察官和监护人却持怀疑态度。巡查官鲍耶认为，马斯顿—格林"茅舍之家"建在远离城市的乡村，主要是为了"使儿童能够免受伯明翰烟雾弥漫空气的影响和济贫院近 2000 个成年贫民恶习的腐蚀"，而事实上，这里每个养育 30 个孩子的"家庭"，无论对"爸爸""妈妈"，还是对孩子们来说，彼此都很难建立真正的家庭关系。③而一位监护人在寄给《泰晤士报》的信中说，在法扎克利（Fazakerley）的"茅舍之家"亦存在类似的问题④。这里共安置了约 600 名贫困儿童，每位"爸爸"或"妈妈"监护着 30 名儿童，负责孩子们的日常起居。然而，"爸爸"或"妈妈"却经常更换，以及儿童也是经常性反复出入，故监护人和儿童之间很难建立起相对稳固的亲密关系。

对此，巡察官温德姆·霍尔盖特谈到，为了保证这种体制教育的有效性，需要精挑细选那些聪明睿智的监护人作为"爸爸""妈妈"，这些人不仅"要有宗教信仰，要有坚定的意志和友善，要有勤劳、节俭和整洁的习惯，以获得'家庭'对他们和'家'的爱"，而且还要防止"孩子们在'家'中出现情绪，致使他们失去独立的精神并拒绝面对生活的挑战而不能通过诚实的辛勤劳动获取每

---

① Local Government Board, *Tenth Annual Report of Local Government Board*, *1880—1881*, Her Majesty's Stationary Office, 1881, pp.192-193.

② W.Chance, *Children under the Poor Law：Their Education Training and After-care*, Swan Sonnenschein Co., 1897, p.136.

③ Local Government Board, *Ninth Annual Report of Local Government Board*, *1879—1880*, Her Majesty's Stationary Office, 1880, pp.205-206.

④ Anony., "Pauper Children and Cottage Homes", *The British Medical Journal*, Vol.2, No.1766 (Nov.3, 1894), p.1002.

天的面包"①。巡察官克拉特巴克亦强调,"茅舍之家"应该成为一个"具有良好秩序、充满爱意和有条不紊的家",应该置于一个"睿智的、友善的'爸爸'"和一个"充满爱心的'妈妈'"的管理之下,在这里孩子们能够养成"忠顺、克己和勤奋的习惯"②。

　　实际上,作为一种救助和关爱贫民儿童的方式,各地的茅舍之家在运行过程中表现不一。比如,在巡察官温德姆·霍尔盖特看来,肯特郡伊勒姆联合教区的茅舍之家可以说是非常成功的。在 1888 年的巡察报告中,霍尔盖特说道,"改良后的茅舍之家已经运行数周了,这里有 50 多个孩子,属于肯特郡伊勒姆联合教区。我真诚地相信它会成功。济贫官在离济贫院 3 英里的村子里购置了一块 2 英亩的土地,建起了 2 栋双层茅舍,大一点的安置年龄稍大的儿童,小一点的那栋安置婴儿。此处茅舍坐落在风景怡人的地方,孩子们去附近的初等学校上学非常近便。孩子们由一对已婚夫妇作为养父母进行照顾,丈夫平时在花园里劳作,妻子收拾家务,并且有一名称职的护士作为助理负责看护婴儿。这一很好的项目运行以来遇到的唯一的困难是带薪工作人员的数量。如此少的孩子居住在这儿,从年龄、体力和文化层次上能够达到从业技能培训要求的孩子就更少了,估计仅有五分之一的孩子。时间将会证明,在仅有两名教练和一名助理的条件下能否开展除微小家务之外的厨艺、洗衣、裁缝和园艺的培训。"③

　　而在 1892 年的报告中,霍尔盖特对于这家机构的担心就全部消除了。"他们在这儿工作已经三年多了,比其他济贫法机构越来越接近农业人口的生活,我越来越有信心认可他们的价值观了……生活环境越来越趋同于那些

---

① Local Government Board, *Eleventh Annual Report of Local Government Board*, 1881 — 1882, Her Majesty's Stationary Office, 1882, pp.205–206.

② Local Government Board, *Sixteenth Annual Report of Local Government Board*, 1886 — 1887, Her Majesty's Stationary Office, 1887, p.105.

③ Local Government Board, *Eighteenth Annual Report of Local Government Board*, 1888 — 1889, Her Majesty's Stationary Office, 1889, pp.151–152.

普通乡村,孩子们每天上午和下午到邻近的乡村初等学校上学,中午回到茅舍吃午饭。星期天,他们到主日学校,并到教区教堂参加祈祷。所有的孩子们,无论男孩,还是女孩,都足够老成和强壮,在茅舍中能够协助养父母处理一些家务。年龄较长的女孩照看婴孩,并帮助裁衣、做饭和洗衣服。年龄较长的男孩,除了做力所能及的家务之外,还接受种植培训,在近 2 英亩的农场上劳作,生产出足够供茅舍消费的菜蔬……这里实际上没有任何疾病出现,孩子们的行为举止总体上是非常好的,来自乡村初等学校的反馈是令人满意的。所以说,与三年前相比,这里对孩子的养育及其表现有了显著的进步。"①

而"分散之家"(Isolated Homes,Scattered Homes)则是由"茅舍之家"演变而来,是由谢菲尔德济贫委员会最先创立。在这种体制下,贫民儿童不再集中居住,而是在谢菲尔德不同的郊区租用民居分散居住,每处民居也是由一位带薪女士充当"妈妈",在居所条件上模仿普通劳工家庭,孩子们到邻近的公立初等学校上学。至 1896 年,谢菲尔德全市共有 9 处"分散之家",每处共收纳了 15—28 名儿童。②相比于"茅舍之家","分散之家"有效避免了贫民儿童与社会群体的彻底隔离,"使他们能够与那些非贫民儿童结成伙伴,提供了更自由、更健康、更丰富多彩的生活"。③

第四,寄养制

所谓寄养制(the Boarding-out System),即地方济贫当局按照一定的程序将孤儿或遗弃儿送至英国普通家庭收养,并向收养人支付一定的补助。寄养制于 1868 年首次授权地方济贫当局实施,1889 年 5 月地方政府事务部颁布了两部寄养条例予以规范。这两部条例分别是《联合教区儿童寄养条例》

---

① Local Government Board, *Twenty-first Annual Report of Local Government Board*, *1891—1892*, Her Majesty's Stationary Office, 1892, pp.185-186.

② Thomas Mackay, *A History of English Poor Law*, Vol.III.1834—1898, P.S.King &Son, 1904, p.436.

③ W.Chance, *Children under the Poor Law: Their Education Training and After-care*, Swan Sonnenschein Co., 1897, p.160.

(The Boarding of Children in Unions)和《寄养条例》(The Boarding-out Order)，前者主要授权首都之外各联合教区济贫官可在本教区内寄养儿童；后者主要是规范济贫官将儿童寄养至本教区外的行为①。

　　按照新的寄养规定，在本联合教区内寄养的，济贫官可以通过"寄养委员会"(the Boarding-out Committee)决定寄养事项，亦可以自主决定；而将儿童送至本教区外寄养的，必须由"寄养委员会"决定寄养事项。"寄养委员会"成员不少于3人（至少1人为女性），其中1人为专职秘书，负责与当地联合教区济贫官及地方政府事务部的联系。对成员资格最重要的要求是，任何人不能通过儿童寄养获取金钱上的利益。寄养委员会主要负责为贫困儿童寻找适宜的寄养家庭，其权限需要得到地方政府事务部的书面授权。每一名成员需要签署书面协议，承诺遵守相关寄养条例的所有规定。② 至 1896 年 6 月 1 日，英格兰和威尔士共有 150 个寄养委员会负责将儿童寄养至联合教区之外的事务，58 个寄养委员会负责将儿童寄养至各地联合教区之内的事务③。为了监管各地寄养委员会的履职工作，地方政府事务部 1885 年设立寄养巡查官，第一任巡查官由梅森女士(Miss M.H.Mason)担任。

　　当寄养儿童事务发生时，济贫官和寄养委员会双方的具体职能是这样的④：济贫官方面，确定每周为每名寄养儿童向寄养家庭提供的生活补助数额；确定补助款的支付方式，如汇寄等；确定寄养儿童的衣物费用；确定寄养儿童接受学校教育的花费；确定寄养儿童生病时的治疗、药物和额外营养品的费用；确定当寄养儿童不幸死亡时的丧葬费。而寄养委员会方面，为寄养儿童寻

---

①　Thomas Mackay, *A History of English Poor Law*, Vol.III.1834—1898, P.S.King &Son, 1904, p.433.

②　W.Chance, *Children under the Poor Law : Their Education Training and After-care*, Swan Sonnenschein Co., 1897, p.182.

③　W.Chance, *Children under the Poor Law : Their Education Training and After-care*, Swan Sonnenschein Co., 1897, p.192.

④　W.Chance, *Children under the Poor Law : Their Education Training and After-care*, Swan Sonnenschein Co., 1897, pp.182—183.

找合适的寄养家庭;定期到寄养家庭探视寄养儿童;执行地方政府事务部制定的寄养条例;就寄养事务定期向济贫官提交书面报告。

　　关于寄养的儿童,《寄养条例》做出了详细的规定。首先,只有孤儿和弃儿才有资格被寄养;第二,济贫官不能把 2 名以上的儿童同一时间寄养在同一个家庭,除非寄养的儿童是兄弟姐妹,但也不能超过 4 名;第三,济贫官不能把儿童寄养在已经居住有被寄养儿童的同一个居所,也不能把儿童寄养在有多名被寄养儿童的家庭;第四,济贫官不能把儿童寄养在接受贫困救助的家庭,也不能寄养在一年内曾经接受过救助的家庭;第五,任何儿童不能被寄养在距离寄养委员会成员家庭最近的道路 5 英里远的任何家庭,以便于寄养委员会成员前去探视;第六,寄养委员会成员需要每六周前往收养家庭探视一次寄养儿童,探视完毕该成员需要就收养家庭条件向寄养委员会提交书面报告,寄养委员会需要在一季度内向济贫官提交多个书面报告;第七,任何儿童不能被寄养在离学校 2 英里远的家庭,学校校长需要在一个季度内向济贫官提交一次关于寄养儿童就学的书面报告。[①]

　　为了进一步保护寄养儿童,一名寄养委员会秘书休·欧文(Hugh Owen)向地方政府事务部就 1889 年《寄养条例》提出如下补充建议[②]:

　　第一,除特殊情况外,任何儿童不应与其亲属一同寄养。

　　第二,任何儿童不应被寄养在任何有男主人夜间工作的家庭;每个收养家庭的养父母都应有很好的户外工作,而不是在家闲居。

　　第三,选择收养家庭需要特别注意的是,每个家庭都应有得体的居室,特别是卧室需要合理地按性别区分。7 岁以上的儿童坚决不允许与已婚夫妇同居一室。

---

　　① W.Chance, *Children under the Poor Law:Their Education Training and After-care*, Swan Sonnenschein Co., 1897, pp.185-188.

　　② Local Government Board, *Nineteenth Annual Report of Local Government Board*, 1889—1890, Her Majesty's Stationary Office, 1890, p.46.

第四，任何儿童不应被寄养在将卧室出租给成年人的家庭。

第五，需要重视寄养地初等学校校长的季度报告；如果校长在报告中对收养家庭提出两次警告，寄养儿童应当撤出该家庭，或被送至其他收养家庭，或撤回至原教区。

第六，需要密切关注寄养儿童是否被提供良好的着装。如果寄养儿童没有合适的着装，且由济贫官每个季度支付给收养父母的修补和更新费用低于10 先令的话，该儿童就不应当被寄养。任何类似"济贫院制服"的着装更应该避免。

对于寄养儿童及其收养他们的家庭，寄养委员会负有探视和监管的职责。对此，寄养巡查官梅森女士强调，"（为寄养儿童）遴选一个家庭毫无疑问是至关重要的事情。每次不恰当的遴选都是不可原谅的，体现出对儿童的漠不关心和缺乏判断力。然而，遴选寄养家庭不是唯一重要的事情，随之而来应是开展监管，去信任遴选出的最好的养父母……对儿童的身体状况时常开展精细的检查是确定儿童是否受养父母待见的唯一方式。"[1] "寄养体制的目标是将儿童交给值得信任的人去亲自抚养。由养父母，而不是寄养委员会，去实际看护儿童。所以，委员会监管的目标，不是要亲自去照顾儿童，而是要看养父母是否正在这样做，看看他们是否真的值得信任。监管的频度不能保证儿童受到养父母的关怀。（养父母）因害怕责难或在撤回儿童的威胁下而对儿童施加关切，是不可能的。只有时常（对寄养儿童）开展精细的检查才能够确保养父母是否忠于职责，是否真正喜爱其收养的儿童。"[2] 这里所说的"精细的检查"，是指寄养委员会成员要亲自查验寄养儿童的身体。

为了能够更好地查验儿童的身体状况，梅森女士早在 1885 年就已经指

---

[1]　Local Government Board, *Twenty-first Annual Report of Local Government Board*, *1891—1892*, Her Majesty's Stationary Office, 1892, pp.195-196.

[2]　Local Government Board, *Nineteenth Annual Report of Local Government Board*, *1889—1890*, Her Majesty's Stationary Office, 1890, pp.198-199.

出,男性委员不适合作为监管收养家庭的探视员,"一些寄养委员会全部或主要是由绅士组成,而绅士却不能够对儿童的身体健康、清洁和着装问题开展精细的检查,这一工作只能由女士能够做到。"对于这一问题,梅森女士后来又进一步作出了解释,"我必须再次注意到男士探视儿童的无效性……坦白地说,男士不可能去掀起女孩的衬裙、不可能去脱掉女孩的袜子,也不可能去查看女孩的肩部,等等。但是,如果不这样检查,就像我曾经说过的,不可能确定儿童是否受到优待,只能去猜测……没有证据的猜测必然是最有害的。我曾遇到过儿童受到虐待的例子,而济贫官却报告说是儿童状态良好……"①

同时,梅森女士也强调了对收养家庭突然性巡查的重要性。在她看来,只有突然造访,才能够查验到寄养儿童的真实生活状态:"巡查访问的全部价值取决于其是否真正具有突然性。据我发现,几分钟的时间足够使养母们将上等的毛毯和干净的床单铺到孩子们的床上。而养母们也亲自告诉过我,再有长一点的时间,她们能够从邻居家的孩子那儿借来新衣服。如果某地寄养儿童的数量过多而不可能一天完成巡查的话,我的到来就众所周知了。我有时在第二天就会发现,其余的孩子都已经洗过澡,并且穿上了好看的衣服,房间也进行了打扫,在我面前一切井然有序。"②

寄养体制救助贫民儿童是否取得了成功? 当时地方政府事务部给予了很高的评价。1886 年在地方政府事务部的年度报告中这样说道,"尽管在调查报告中对寄养儿童及其收养家庭的条件提到一些不好的案例,但总体上来看,目前收集到的关于寄养儿童的证据、寄养委员会委员们对孩子们福利的兴趣,以及养父母对孩子们的温情,对我们来说都为寄养体制的成功运行提供了令

---

① Local Government Board, *Twenty-third Annual Report of Local Government Board, 1893—1894*, Her Majesty's Stationary Office, 1894, p.166.

② Local Government Board, *Seventeenth Annual Report of Local Government Board, 1887—1888*, Her Majesty's Stationary Office, 1888, p.112.

人满意的证据。"①梅森女士亦对寄养体制的成功运行非常满意。她在1895年的巡查报告中强调,"我依然坚持我在每一次年度报告中所说的意见,它(寄养体制)在所有救助体制中是无与伦比的,其他的体制不具备它能够提供的优势。""在寄养体制下,孩子们过上了平常的生活,能够融入社会,按照他们所处阶层的生活习惯成长。他们学会了关心自己,熟悉了金钱价值观、食物和衣物等各种经济的需要,熟悉了居室的布置,等等。最重要的是,他们建立起了友谊关系,或者说至少熟悉了他们在日后生活中或多或少能够求助的人。"②

实际上,每一种救助体制都有其独特的优势,亦有其失败的案例。截至1894年,英格兰和威尔士48个联合教区共寄养了3215名儿童,这些儿童中由于各种原因返回济贫院或济贫学校的有481人(其中约有30人后来又重新被寄养)③。以伦敦大都市区为例(如表1.3),自寄养体制实施以来,伦敦各联合教区共寄养儿童1887人,其中返回教区济贫院或济贫学校的有313人;各区实施的效果不尽一致,如在帕丁顿教区,寄养体制的实施被认为是最成功的,梅森女士给予其很好的评价,"在我的1891—1892报告中,我曾说'关于帕丁顿教区儿童的报告,我是最满意的,因为该区的济贫官对每个最微小的细节都给予了考虑和处理。我认为,对于他们的工作,我看不出任何的不足。'实际上,我记得该区对我提出的每一个建议都给予执行……调查结果完全证明了我的观察。帕丁顿(寄养)儿童返回济贫院或济贫学校的数量与其他教区相比是极少的,这里的儿童所寄养的家庭都是令人满意的。"④

---

① Local Government Board, *Sixteenth Annual Report of Local Government Board*, 1885—1886, Her Majesty's Stationary Office, 1887, p.xxxvi.

② Local Government Board, *Twenty-fifth Annual Report of Local Government Board*, 1895—1896, Her Majesty's Stationary Office, 1896, p.232.

③ W.Chance, *Children under the Poor Law: Their Education Training and After-care*, Swan Sonnenschein Co., 1897, p.216.

④ Local Government Board, *Twenty-fourth Annual Report of Local Government Board*, 1894—1895, Her Majesty's Stationary Office, 1895, p.83.

表 1.3 伦敦各联合教区儿童寄养状况①
(截至 1894 年)

联合教区	儿童寄养开始年度	寄养儿童总数	返回联合教区儿童数量
贝斯内尔·格林 (Bethnal Green)	1871	?	27
坎伯威尔 (Camberwell)	1893	7	——
切尔西 (Chelsea)	1890	16	1
圣·乔治 (St.George's)	1870	273	62
哈克尼 (Hackney)	1894	9	——
汉普斯特德 (Hampstead)	1877	35	3
霍尔本 (Holborn)	1884	141	?
伊斯灵顿 (Islington)	1889	111	13
肯辛顿 (Kensington)	寄养体制停止实施		
郎伯斯 (Lambeth)	1882	127	23
伦敦城 (City of London)	1889	38	6
圣·马里波恩 (St.Marylebone)	1885	37	9
帕丁顿 (Paddington)	1881	138	5
圣·潘克拉斯 (St.Pancras)	1882	334	50
波普勒 (Poplar)	1871	117	27

---

① W.Chance, *Children under the Poor Law: Their Education Training and After-care*, Swan Sonnenschein Co., 1897, pp.214—215.

续表

联合教区	儿童寄养开始年度	寄养儿童总数	返回联合教区儿童数量
圣·萨维尔（St.Saviour's）	1891	84	11
肖迪奇（Shoreditch）	1883	40	12
旺兹沃斯（Wandsworth）	1876	239	36
怀特查佩尔（Whitechapel）	1876	122	27
伍尔维奇（Woolwich）	1890	19	1
合计	——	1887	313

第五,海外移民

组织英国儿童移民加拿大始自 19 世纪 60 年代后期。这一时期,英格兰和威尔士的济贫院及济贫院学校收纳的贫民儿童从 40000 人增加到 60000 人,至 1871 年受到济贫救助的儿童达到 400000 人;另外,还有大量的流离于济贫法体制之外的贫困儿童成为半流浪者,以乞讨为生,并参与到一些违法犯罪活动中,给英国社会造成了不小的压力。在这种情况下,"将儿童送至海外开启新的生活,将会防止他们成年后成为犯罪分子、贫困者或社会动荡的参与者"。[1]由此,移民海外成为英国济贫法当局救助儿童特别是孤儿和遗弃儿童的一种重要方式。

将英国贫民儿童移民加拿大的积极倡导者和组织者是玛丽亚·赖伊（Maria Rye）和安妮·麦克弗森（Annie Macpherson）。这两位女士虽从未相识和合作,但在 1868—1870 年却分别创建了慈善移民团体,倡导和组织英国贫

---

① Roy Parker, *Uprooted : The Shipment of Poor Children to Canada, 1867—1917*, The Policy Press, 2008, pp.7-8.

民儿童移民加拿大，"开启了将儿童移民加拿大的大门"①。她们组织移民加拿大的贫民儿童主要有两个来源，一是由各联合教区的济贫官推荐的儿童，一是"从各大城镇的胡同和街道上征召的贫民儿童"②。当麦克弗森将第一批儿童移民运抵安大略省贝克维尔时，受到当地人的热烈欢迎，许多没有儿女的家庭都急切地想收养来自英国的贫民儿童。③

赖伊和麦克弗森的行动得到当时济贫法委员会（Poor Law Board）的有力支持。济贫法委员会批准了她们的每一次移民安排，并鼓励各地济贫官充分利用赖希和麦克弗森"积极的善行"和"令人满意的安排"，因为她们"不仅对儿童远涉重洋的旅途进行了合理的布置，而且对到达殖民地后儿童的生活予以支持"，由此 1870 和 1871 年先后有 146 名和 461 名贫民儿童（主要是孤儿）移民加拿大④。1871 年地方政府事务部组建后，继续批准各地济贫官利用公共资金遴选贫民儿童移民加拿大，"对远赴加拿大的整个旅程安排、到达加拿大后儿童的接收及接下来在当地农场主或其他居民家庭中的安置负有重要的责任"⑤。

1874 年，地方政府事务部派遣巡查官安德鲁·多伊尔（Andrew Doyle）跟随当年移民加拿大的儿童一同前去加拿大调查儿童移民状况，于 1875 年提交了长达 48 页的调查报告。在报告中，多伊尔描述了儿童移民的生活和工作状

---

① Roy Parker, *Uprooted: The Shipment of Poor Children to Canada, 1867—1917*, The Policy Press, 2008, pp.19-23.

② Local Government Board, *Fourth Annual Report of Local Government Board, 1874—1875*, Her Majesty's Stationary Office, 1875, p.xxxii.

③ Ivy Pinchbeck and Margaret Hewitt, *Children in English Society*, Vol.Ⅱ: *From the Eighteenth Century to the Children Act 1948*, Routledge 2005, p.564.

④ Ivy Pinchbeck and Margaret Hewitt, *Children in English Society*, Vol.Ⅱ: *From the Eighteenth Century to the Children Act 1948*, Routledge 2005, p.565.

⑤ Local Government Board, *Fourth Annual Report of Local Government Board, 1874—1875*, Her Majesty's Stationary Office, 1875, p.xxxii.

况①。英国儿童移民到达加拿大后,就被安置在接收中心,在随后的几天内陆续被送往各地收养的家庭和工厂。不满 8 岁的幼童一般都会被比在英国家庭条件还要好的家庭收养,并被作为家庭的一员进行抚养。而年龄稍大一些的儿童就没有那么幸运了,他们没有经过任何的培训就作为童工进入工厂,他们工作的厂区有的远离居民区,薪酬很低,得不到移民团体有效的监管;有的在恶劣的条件下超负荷工作,却得不到任何薪酬,迫使很多人逃离其最初的工作地点。麦克弗森在志愿者协助下曾尝试过对这些务工儿童进行实地监管,而赖伊只是通过向雇主写信的方式询问儿童的状况。所以说,多伊尔指出,"(移民)儿童受到加拿大人的剥削,其工作的条件很差,不像这个工资报酬比英格兰高得多的国家所应该有的条件",显然这一点"将对儿童形成严重的伤害,并对这个可能会做得更好的移民体制构成持久的损害"②。为此,多伊尔强调,如果贫民儿童移民加拿大的体制要持续下去的话,地方政府事务部不仅仅需要对经远洋航行到达后的儿童进行系统的管理和控制,而且还要"确保对儿童在加拿大接下来的去向进行恰当的调查,对儿童的工作状况或收养他们的加拿大定居者的家庭开展例行监管"③。

多伊尔的调查报告在英国国内引起了强烈的反响。巡察官温德姆·霍尔盖特在其向地方政府事务部提交的报告中表达了对贫民儿童移民加拿大体制的不满,"移民加拿大作为为孤儿和遗弃贫民儿童提供一个美好未来的手段在前面数个报告中被广泛讨论过。对于支持这一运动的政策,以及被赖伊女士和其他慈善家送往加拿大的那些儿童命运,存有各种各样的观点。我本人的观点是,总体上来说(移民加拿大)这一体制得不到实施者热心支持。那些

---

① Ivy Pinchbeck and Margaret Hewitt, *Children in English Society*, *Vol. II*: *From the Eighteenth Century to the Children Act 1948*, Routledge 2005, pp.566-567.

② Ivy Pinchbeck and Margaret Hewitt, *Children in English Society*, *Vol. II*: *From the Eighteenth Century to the Children Act 1948*, Routledge 2005, p.568.

③ Local Government Board, *Fourth Annual Report of Local Government Board*, *1874—1875*, Her Majesty's Stationary Office, 1875, p.xxxii.

挑选出来的儿童,在身体上和智力上都是最优秀的群体,在其自己的国家同样会有一个美好的未来,而实施这一体制的人却不会考虑如何为这些儿童提供美好的生活,无论他们的体力和智力如何。"[1]由此,对组织贫民儿童移民加拿大加以系统地规范,就提上了日程。

经过长期协商,1888年地方政府事务部与加拿大政府就贫民儿童移民的接收和监管问题达成协议,加拿大政府同意自1888年开始每年巡查由志愿机构组织移民至该国的全部贫民儿童生活状况[2]。与此同时,地方政府事务部亦在国内对组织贫民儿童移民加拿大予以规范,并制定了如下规则:第一,"济贫官必须在每一次移民业务中获取由组织儿童远赴加拿大人员的书面保证,并保留在国内;当贫民儿童到达加拿大后,渥太华的农业部(负责巡查移民儿童的加拿大政府部门 —笔者注)需要立即制定一个包括儿童的姓名和年龄、安置儿童人员的姓名与地址的报告,同时将包括类似信息的报告通报给儿童来源教区的济贫官。"第二,"济贫官收到上述报告后应立即制作一个复本上交地方政府事务部。"第三,"组织儿童移民的人士应当注意济贫官的提醒,即确定每一名儿童是新教徒,还是天主教徒。如果是新教徒,应当被安置在具有新教信仰的家庭;如果是天主教徒,就应被安置在天主教家庭。"第四,"儿童在赴加拿大之前,应接受至少6个月的职业培训。"第五,"济贫官应当指导医疗官亲自为每一名即赴加拿大的儿童做身体检查,书面报告他们身体和精神上的健康状况,并根据其各方面状况确定他们是否适合移民加拿大。健康报告和确定移民的许可必须提交给地方政府事务部。"第六,"当济贫官对组织移民的人士有理由能为儿童在加拿大找到合适家庭感到满意时,他必须提

---

① Local Government Board, *Eighth Annual Report of Local Government Board, 1878—1879*, Her Majesty's Stationary Office, 1879, p.152.

② Ivy Pinchbeck and Margaret Hewitt, *Children in English Society, Vol.II: From the Eighteenth Century to the Children Act 1948*, Routledge 2005, p.574.

供这样的证据。"①

　　加拿大政府的第一份巡查报告 1888 年 12 月 12 日由殖民事务部通报给地方政府事务部,该报告主要包括新不伦瑞克(New Brunswick)、魁北克、蒙特利尔、渥太华、金斯顿(Kingston)、多伦多、汉米尔顿(Hamilton)、安大略省伦敦城、温尼伯(Winnipeg)等地的移民官员对 1886 年 4 月至 1887 年底 300 余名移民加拿大的贫民儿童开展的巡查状况,该报告表明除了 29 名儿童没有被追踪到外,其余全部儿童生活状况良好②。1892 年,地方政府事务部对来自加拿大的 1891 年巡查报告作出了如下评论,"据报告,总体上孩子们都非常满足,都受到很好的照顾,收养他们的家庭越来越多地受到了赞许。尽管许多案例中孩子们的特征、性格或习惯上有些不完美,相比之下却很少有养父母表示最终要放弃收养。这些报告表明,在有些案例中孩子们与他们的养父母越来越亲密了;在另外一些例子中,养父母展现出无私的感情,致力于继续收养孩子们并改善他们的生活……报告中有 5 个收养家庭的表现不是很好,其中 2 个家庭中孩子们据说没有'很好的适应','没有得到很好的对待或充分的喂养'。移民官员们报告有 8 名孩子的身体或精神状况不是很好,其中 1 个孩子因为生病已经返回英格兰了。"③可见,加拿大移民官员对移民至加拿大各地的英国贫民儿童进行了有效的追踪和巡查,其在收养家庭中的生活状况受到密切关注。

　　由于进行了有效的规范和巡查,将贫民儿童移民加拿大的救助活动持续到第一次世界大战爆发。至 20 世纪之交,共有 7000 名济贫院儿童

---

　　①　Local Government Board, *Memorandum of Conditions upon which the Local Government Board Assent to the Emigration of Orphan and Deserted Pauper Children to Canada*, April, 1888. In W.Chance, *Children under the Poor Law: Their Education Training and After-care*, Swan Sonnenschein Co., 1897, pp.403-404.

　　②　Local Government Board, *Eighteenth Annual Report of Local Government Board, 1888—1889*, Her Majesty's Stationary Office, 1889, p.xcvii, 175-202.

　　③　Local Government Board, *Twenty-first Annual Report of Local Government Board, 1891—1892*, Her Majesty's Stationary Office, 1892, p.lxxxiv.

移民海外,主要是加拿大;其后至 1914 年,共有 5842 名济贫院儿童移民加拿大①。

综上所述,在济贫法体制下,英国政府及各联合教区对贫民儿童实施了院内和院外兼顾的救济体系。院内救济方面,在济贫法委员会及地方政府事务部的监管和指导下,各地联合教区突破济贫院体制,创新、创建各类学校及其他济贫机构或救助手段教育、培训和寄养贫民儿童,对不同年龄段的贫民儿童实施区别性救助,在提供必要的生活保证的基础上进一步提升贫民儿童的识字水平、就业能力和自给能力。"济贫机构所给予的教育和培训的目标,如同其他的学校教育,就是要使孩子们在以后的生活中能够自食其力。"②所以,年龄稍长的贫民儿童在各类济贫机构受到一定时期的识字教育和就业培训之后,往往被济贫官安置在外就业或做学徒,而其后重返济贫院的则为少数(见表 1.4),由此说明这些新型的院内救济措施在一定时期和范围内对贫民儿童的救济取得了较好的效果,使其在 20 世纪前期成为英国现代儿童福利制度形成的一个重要的基础条件和有效补充。

表 1.4　济贫机构儿童外出就业(或学徒)数量一览表(1883—1895)③

年度	1883	1884	1885	1886	1887	1888	1889	1890	1891	1892	1893	1894	1895
安置数量	1206	1211	1134	1168	1090	1122	1336	1335	1204	1162	1093	1203	1237
重返济贫院数量	30	33	20	24	28	22	16	14	12	16	16	15	18

---

① Ivy Pinchbeck and Margaret Hewitt, *Children in English Society*, *Vol. II*: *From the Eighteenth Century to the Children Act 1948*, Routledge 2005, p.579.

② W.Chance, *Children under the Poor Law*: *Their Education Training and After-care*, Swan Sonnenschein Co., 1897, p.256.

③ W.Chance, *Children under the Poor Law*: *Their Education Training and After-care*, Swan Sonnenschein Co., 1897, p.349.

第二节　19 世纪中期以来英国儿童健康状况

近代英国社会对儿童健康问题的普遍关注始于 20 世纪之交的布尔战争。布尔战争中英国国民体质的拙劣表现,刺激了英帝国的民族主义情绪,引发了对未来"英国与对手的角逐中可能遭遇军事及经济失败的恐惧",使得国民健康问题成为英国社会和政治领域的重要议题①。基于英国的国民体质问题,笔者追根溯源,根据英国学者的研究成果和英国政府的官方文献,探讨 19 世纪中期以来英国儿童的营养与健康状况。

一、国民体质问题:英帝国的惊恐

1870 年以来,英国社会贫困、健康、教育、儿童保护等问题丛生并日益复杂,其中贫困和失业使许多家庭步履维艰,成为导致英国国民尤其是儿童营养不良、体质不佳的重要原因。据当时调查显示,伦敦人口的 30.7%、约克城人口的 28%处于贫困状态,南安普敦、沃灵顿、斯坦利和雷丁四城市的贫困人口比例为 16%,其中幼儿及学龄儿童的情况较差,雷丁 45%的 5 岁以下的幼儿及 47%的 14 岁以下儿童生活在贫困之中。②及至 20 世纪初,受各种因素影响,英国婴儿死亡率平均为 127.3‰,约克郡贝特利市贫困家庭儿童死亡率高达 172.5‰。③

英国对国民体质问题的关注始于 20 世纪之交布尔战争时期。1902 年 1 月,一位身份显赫的军队指挥官弗雷德里克·莫里斯爵士(Sir Frederick Maurice)在《当代评论》(Contemporary Review)发表了一篇名为《到哪儿寻得合格

① Pat Thane, *Foundations of the Welfare State* (2nd edition), Longman 1996, p.56.
② Janet Roebuck, *The Making of Modern English Society from 1850*, Scribners 1973.p.73.
③ Pat Thane, *Foundations of the Welfare State* (2nd edition), Longman 1996, p.56.

的士兵?》一文,将布尔战争期间英国兵源体质低下的事实暴露在英国社会面前①。由此,英国社会突然发现,那些为英帝国提供主要兵源的下层成年男性的体质令人堪忧,"一个令人震惊的事实是,40—60%愿意服兵役的男性被发现在体质上已经不适宜参军了"②。所以,1903年军队医疗服务主管威廉·泰勒爵士(Sir William Taylor)在一份备忘录中写道,"由弗雷德里克·莫里斯爵士和其他学者撰写的文稿引起了媒体和医学界极大的关注。他们要求人们密切注意这样一个现实,即这个国家的相当一部分年轻男子,特别是生活在城镇中的,由于体质上的缺陷,已经不能适宜服兵役了"③。

　　早在1899年,一位记者写道,"曼彻斯特超过40%的志愿者因体质问题而被拒绝入伍"④。一份来自1901年军队招募部门的材料显示,当年志愿参军的12000人中,31%的志愿者因各种疾病和身体缺陷而被拒绝⑤。1902年弗雷德里克·莫里斯爵士撰文称,"近两年来,每5个志愿参军的男子中,只有2个适宜在军队中服役,并成为合格的士兵","约有60%的应征者体质上达不到成为合格士兵的要求"⑥。这位指挥官在1903年关于征兵问题的一

————————————

　　① Deborah Dwork, *War is Good for Babies and Other Young Children? A History of the Infant and Child Welfare Movement in England, 1898—1918*, Tavistock Publications Ltd 1987, p.15.

　　② Inter-Departmental Committee on Physical Deterioration, *Report of the Inter-Departmental Committee on Physical Deterioration, Vol.I.Report and Appendix*, His Majesty's Stationary Office, 1904, p.2.

　　③ Inter-Departmental Committee on Physical Deterioration, *Report of the Inter-Departmental Committee on Physical Deterioration, Vol.I.Report and Appendix*, His Majesty's Stationary Office, 1904, p.95.

　　④ Bernard Harris, *The Health of the Schoolchild:A History of the School Medical Service in England and Wales*, Open University Press, 1995, p.15.该书第2章专门就这一时期英国舆论对国民体质的讨论进行了详细论述。

　　⑤ The Royal Commission on Physical Training (Scotland), *Report of the Royal Commission on Physical Training (Scotland), Vol.I:Report and Appendix*, His Majesty's Stationary Office, 1903, p.22.

　　⑥ Inter-Departmental Committee on Physical Deterioration, *Report of the Inter-Departmental Committee on Physical Deterioration, Vol.I.Report and Appendix*, His Majesty's Stationary Office, 1904, p.95.

篇文章中进一步论道，"当今应征志愿者群体的健康不仅糟糕，而且日益恶化"①。

著名社会活动家 B.西博姆·朗特里（B.Seebohm Rowntree）认真研究了 20世纪之交英国军队应征者的体质状况②。他发现，1897—1901 年约克、利兹和谢菲尔德三地 3600 名应征参军的志愿者中，950 名即 26.5%的志愿者因体质达不到要求而被拒绝，另外 760 名即 29%荻准入伍的志愿者则被希望其体质和健康水平在经过几个月军旅生活后能够达到参军标准。而 950 名被拒绝参军的志愿者中，因胸围、体重、身高等指标不达标的为 297 名；患有各种疾病的为 290 名；视力缺陷的为 149 名；肢体畸形的为 110 名；牙齿退化的为 99名；智力和听力缺陷的分别为 3 名和 2 名。朗特里进一步从英国政府征兵年度报告中发现了 1896—1900 年英国全国因各种体质问题被拒绝参军的志愿者数量（如表 1.5）。据此，朗特里对英帝国的命运表达出自己的忧虑，"因此，工业竞争条件整体上的变化和效率问题即智力和体力上的，已是极端重要的一个问题"。

表 1.5　1896—1900 年英国经体检受拒志愿者参军数量一览表③

数量与比例 \ 年份		1896	1897	1898	1899	1900
体检人数		54574	59986	66501	68059	88402
因疾病被拒	数量	11251	12630	13969	13501	13788
	占比（%）	20.6	21.0	21.0	19.8	16.9
因身体缺陷初拒	数量	11781	10183	9318	8892	9317
	占比（%）	21.6	17.0	14.0	13.1	11.1

① Bernard Harris, The Health of the Schoolchild: A History of the School Medical Service in England and Wales, Open University Press, 1995, p.15.
② B.Seebohm Rowntree, Poverty: a study of town life, Macmillan 1901, pp.216–221.
③ B.Seebohm Rowntree, Poverty: a study of town life, Macmillan 1901, p.219.

续表

数量与比例	年份	1896	1897	1898	1899	1900
被拒总人数	数量	23032	22813	23287	22393	23105
	占比(%)	42.2	38.0	35.0	32.9	28.0

威廉·泰勒爵士进一步从英国政府征兵年度报告中发现 1893—1902 年全国因各种体质问题被拒绝参军以及参军后两年内被遣返的志愿者数量(如表 1.6)。据统计,10 年间英国参加征兵体检的志愿者共 679703 人,其中 234914 人在当时体检时就因体质问题不适合参军而被拒,占 34.6%;在体检通过的人员中,5849 人在入伍后的 3 个月内被遣返,占 0.9%;而 14259 人,则在入伍 2 年内被遣返,占 2.1%,故在志愿参军的 679703 人中,共有 37.6%的人员最终因体检不合格而不适宜服兵役。除此之外,还有大批的男子在没参加体检之前因明显的体质问题而被拒绝入伍,而这一数据尚未统计,因此就有了莫里斯爵士对因体质问题而不能服兵役的志愿者占 60%的估算[1]。

表 1.6 1893—1902 年英国经体检参军前后受拒(遣返)志愿者数量一览表[2]

年份	体检人数	体检受拒数量	体检受拒占比(%)	参军后3月内遣返数量	3月内遣返占比(%)	参军后2年内遣返数量	2年内遣返占比(%)
1893	64110	25999	40.6	342	0.5	962	1.5
1894	61985	24705	39.9	369	0.6	770	1.2

---

① Inter-Departmental Committee on Physical Deterioration, *Report of the Inter-Departmental Committee on Physical Deterioration*, *Vol.I.Report and Appendix*, His Majesty's Stationary Office, 1904, p.96.

② Inter-Departmental Committee on Physical Deterioration, *Report of the Inter-Departmental Committee on Physical Deterioration*, *Vol.I.Report and Appendix*, His Majesty's Stationary Office, 1904, p.96.

续表

年份	体检人数	体检受拒数量	体检受拒占比（%）	参军后3月内遣返数量	3月内遣返占比（%）	参军后2年内遣返数量	2年内遣返占比（%）
1895	55698	22548	40.5	368	0.7	952	1.7
1896	54574	22698	41.6	413	0.8	999	1.8
1897	59986	22370	37.3	575	1.0	997	1.7
1898	66502	22983	34.6	387	0.6	983	1.5
1899	68087	22071	32.4	433	0.6	1003	1.5
1900	84402	23105	27.4	640	0.8	1514	1.8
1901	76750	21522	28.0	1014	1.3	3825	4.9
1902	87609	26913	30.7	1308	1.5	2254	2.5
1893—1902	679903	234914	34.6	5849	0.9	14259	2.1

在参军体检中被发现的各种体质问题，威廉·泰勒爵士也作了详细地统计（如表1.7）。这一统计包括1891—1902共12年的数据，尽管在很多指标上纵向来看是呈下降趋势，但却充分暴露了志愿者受拒的体质问题没有发生太大的变化。比如，胸围不达标的比例列历年之最，其次是视力缺陷问题，再者是体重和身高不符合参军的要求。这些体格上的问题显然属于个体发育问题，很大程度上反映了志愿者的体力不足，与上述朗特里的调查结果基本一致。其他体质问题中，牙齿的缺失和退化值得关注，而这一问题一般来说不应是青年男性所具有的健康问题，故将这一问题列入参军体检的重要内容，反映了当时人们已经注意到牙齿的健康能够间接影响到士兵的战斗力。

表 1.7　1891—1902 年体检中被拒参军的各类体质问题分布一览表①

每千人中的比例(‰)

年代 体质问题	1891	1892	1893	1894	1895	1896	1897	1898	1899	1900	1901	1902
胸围不达标	93.03	95.90	108.55	110.27	126.38	139.64	89.44	73.88	65.84	59.84	49.88	56.72
视力缺陷	40.35	42.35	41.51	42.90	39.88	40.72	41.15	42.64	41.99	36.42	35.84	39.23
体重不达标	32.47	27.62	39.99	39.61	36.58	35.95	45.58	34.82	33.84	28.52	25.15	21.72
身高不达标	26.76	32.71	33.24	28.67	28.72	28.77	24.86	21.79	20.21	15.18	13.56	11.59
身体瘦弱	18.40	9.87	9.47	5.00	3.57	4.44	4.45	5.49	5.82	4.94	3.36	3.91
静脉疾病	16.39	16.24	17.11	15.84	15.85	15.72	15.42	15.74	14.22	11.69	13.98	12.30
心脏疾病	16.06	13.87	17.74	19.62	20.71	18.76	17.67	17.26	15.69	13.15	16.74	17.33
下肢缺陷	15.57	17.09	14.40	17.44	18.16	18.14	18.12	17.72	13.98	10.53	10.35	12.27
精索静脉曲张	12.93	11.85	12.85	14.25	12.28	13.07	13.07	12.20	12.16	11.21	13.89	12.59
扁平足	11.04	9.83	12.45	14.71	13.16	17.81	16.79	12.24	12.31	9.02	11.66	12.44
牙齿缺失或退化	10.88	14.56	15.33	16.26	17.95	19.75	24.16	26.34	25.29	20.02	26.70	49.26

需要强调的是,上述所有不合格志愿者大部分来自城市的贫困阶层,因贫困和疾病导致了体质下降迅速成为社会关注的焦点,成了关系到全民族命运的大事②。所以说,布尔战争对英帝国的影响不仅仅体现在英国"战胜相对弱小的布尔农民的困难"上,更重要的是,它暴露了英国社会的深层次社会问题,即"参军志愿者的体质适应性问题至少从克里米亚战争以来就已经成为一个问题,当时却很少有人放在心上,直到布尔战争结束后这一问题才在报纸上有了充分的时间和空间获得了广泛的关注和讨论"③。朗特里通过对约克

---

① Inter-Departmental Committee on Physical Deterioration, *Report of the Inter - Departmental Committee on Physical Deterioration*, *Vol.I.Report and Appendix*, His Majesty's Stationary Office, 1904, p.97.

② 关于 19 世纪末 20 世纪初英国贫困与国民体质下降问题,郭家宏先生作过论述,参阅其文《19 世纪末期英国贫困观念的变化》,《学海》2013 年第 1 期。

③ Pat Thane, *Foundations of the Welfare State* (2nd edition), Longman 1996, p.55.

城的贫困调查在英国历史上首次基于"为了维持家庭成员各项身体效能（physical efficiency）而需要的最低的必要收入"评估工人的贫困问题，而这一最低收入只能用于包括食物、房租等维持身体效能的"绝对"事项，不能用于其他的任何支出，否则将"牺牲身体效能"，从而导致体质下降①。这里，"朗特里直接将（工人的）健康低下和发育不良问题与由工资收入决定的生活条件相关联"，故"住房条件恶劣、衣不遮体和营养不良"直接导致了许多城镇工人身体效能低下，并反映在上述征兵的体检数据中②。

所以，英国社会各界惊呼，"我们英格兰的国民——这个国家的脊柱——原来长期生活在营养不良和健康不佳状态"③。在这种形势下，英国政府分别于 1902 年和 1903 年组建了"苏格兰体育锻炼问题皇家委员会"[Royal Commission on Physical Training (Scotland)]、"体质下降问题跨部门委员会"，调查英国国民的体质问题，进而追溯至英国婴幼儿和学校儿童的健康问题，将布尔战争之前英国社会业已关注和讨论英国儿童的健康问题，迅速提升为政治领域里的重要议题。

综上所述，布尔战争在英国儿童史上是一个重要的里程碑，它将长期隐藏在英国社会里的儿童健康问题完全暴露出来，为英国政府的政治干预提供了良机。那么在布尔战争前后，英国儿童的健康到底是一个什么状况呢？笔者将分别从婴幼儿和学校儿童两大儿童群体展现 19 世纪中期以来至 20 世纪初英国儿童健康状况。

二、婴幼儿死亡：英国社会性"灾难"

婴幼儿死亡问题，是 19 世纪中后期英国社会最为关注的婴幼儿群体的健

---

① B.Seebohm Rowntree, *Poverty: a study of town life*, Macmillan 1901, pp.viii, 133-134.

② Deborah Dwork, *War is Good for Babies and Other Young Children? A History of the Infant and Child Welfare Movement in England, 1898—1918*, Tavistock Publications Ltd 1987, p.15.

③ 丁建定：《英国社会保障制度史》，人民出版社 2015 年版，第 219 页。

康问题。英国学者根据英国政府和地方当局的统计资料发现，自 19 世纪中期以来英国的婴幼儿死亡率居高不下。1874 年，英国社会科学协会卫生分部的主席莱昂·普莱费尔（Lyon Playfair）宣称婴儿死亡率是当时"最敏感的卫生晴雨表"①。现代英国学者 F.B.史密斯（F.B.Smith）对 19 世纪中期以来英国婴幼儿死亡率作了深入研究。他指出，"这个国家以翔实可靠的证据表明，自 19 世纪 40 年代以来，英格兰和威尔士具有记录的死亡人口中，1 岁以下婴儿约占 1/4，5 岁以下婴幼儿占近乎一半。"②不仅是 1 岁以下婴儿的死亡率居高不下，1—5 岁的婴幼儿的死亡率亦在较高的水平上。对此，笔者将探讨 19 世纪中期以来英国 5 岁以下婴幼儿的死亡率问题及其导致这一灾难的社会性因素。

（一） 19 世纪中期至 20 世纪初英国 5 岁以下婴幼儿死亡率

英国登记总署（Registrar General）1904 年在其年度报告中称，"尽管英国人口的平均死亡率从 1851—1860 年的 22.2‰下降到 1891—1900 年的 18.2‰，但婴儿死亡率仍然保持在 153‰左右，没有下降。"③ 20 世纪初公共卫生专家乔治·纽曼指出，尽管在过去近 50 年中，英格兰和威尔士的卫生条件和生活水平有了很大的进步，但"1 岁以下婴儿死亡率依旧保持在原有的很高的水平上，其中 6 个新生儿中就有 1 个死亡"④。根据米切尔（B. R. Mitchell）和菲莉丝·迪恩（Phyllis Deane）对英国登记总署统计数据的汇编，笔者整理出 1839—1900 英格兰和威尔士、1855—1900 年苏格兰地区的 1 岁以下婴儿死亡率的年度分布表（表 1.8）。

---

① Anthony S.Wohl, *Endangered Lives：Public Health in Victorian Britain*, J.M.Dent Sons Ltd, 1983, p.10.

② F.B.Smith, *The People's Health, 1830—1910*, Croom Helm Ltd, 1979, p.65.

③ Anthony S.Wohl, *Endangered Lives：Public Health in Victorian Britain*, J.M.Dent Sons Ltd, 1983, p.11.

④ George Newman, *Infant Mortality：A Social Problem*, E.P.Dutton Company, 1907, p.6.

表 1.8 1839—1900 年英国 1 岁以下婴儿死亡率(‰)①

年度	英格兰和威尔士	苏格兰
1839—1840	153	—
1841—1845	147	—
1846—1850	161	—
1851—1855	156	125(1855 年数据)
1856—1860	150	118
1861—1865	151	120
1866—1870	157	122
1871—1875	153	127
1876—1880	144	118
1881—1885	139	118
1886—1890	145	121
1891—1895	151	126
1896—1900	156	129

　　由上表可以看出,自 19 世纪 40 年代至 20 世纪之交,英格兰和威尔士 1 岁以下婴儿死亡率长期在 140‰以上。而苏格兰地区自 1855 年有统计数据以来,1 岁以下婴儿的死亡率也在 118‰以上。英格兰和威尔士地区 1899 年甚至达到有统计以来的峰值 163‰,苏格兰地区的峰值出现在 1897 年,为 138‰②。可见,无论是英格兰和威尔士,还是苏格兰,自有统计以来至 1900 年,婴儿死亡率不但没有下降,而且长期维持在一个很高的水平上。具体到婴

---

① B.R.Mitchell and Phyllis Deane, *Abstract of British Historical Statistics*, Cambridge University Press, 1962, pp.36-37.

② B.R.Mitchell and Phyllis Deane, *Abstract of British Historical Statistics*, Cambridge University Press, 1962, p.37.

儿死亡人数上,在英格兰和威尔士地区,1841 年为 75507 人,1861 年为 106428 人,1881 年为 114976 人,1901 年上升为 140648 人①。从这一数字可以看出,19 世纪 60 年代至 20 世纪之交,英格兰和威尔士每年死亡的婴儿人数达到了 10 万人以上,这一巨大的人口损耗,在当时最为发达的工业化国家是无法想像的。

就具体区域而言,据英国公共卫生专家阿瑟·纽斯豪姆(Arthur Newsholme)1889 年统计,包括伦敦、布里斯托尔、曼彻斯特和卡迪夫在内的英格兰和威尔士 28 个城镇的 1 岁以下婴儿死亡率 1877—1886 年为 142‰—218‰不等,1887 年为 142‰—214‰不等,其中莱斯特(Leicester)和普雷斯顿(Preston)从 1877 年至 1887 年均在 200‰以上,普雷斯顿在 1887 年达到 218‰②。也就是说,具体到某个城镇,1 岁以下婴儿死亡现象可能会更严重。伯明翰、布莱克本(Blackburn)、莱斯特、利物浦、伦敦、曼彻斯特、普雷斯顿、索尔福德等城镇中的大型中央街区在 19 世纪最后 10 年的婴儿平均死亡率均在 220‰以上③。而乔治·纽曼的统计则表明,在 19 世纪后期伦敦婴儿死亡率亦均高于英格兰和威尔士地区的平均死亡率(见表 1.9)。

表 1.9　1851—1900 年伦敦与英格兰和威尔士地区婴儿死亡率(‰)对比表④

年度\地区	1851—1860	1861—1870	1871—1880	1881—1890	1891—1900
伦敦	155	162	158	152	160
英格兰和威尔士	154	154	149	142	154

① F.B.Smith,*The People's Health*,*1830—1910*,Croom Helm Ltd,1979,p.66.
② Arthur Newsholme,*The Elements of Vital Statistics*,Swan Sonnenschein Co.1889,p.104.
③ Anthony S.Wohl,*Endangered Lives*:*Public Health in Victorian Britain*,J.M.Dent Sons Ltd,1983,p.11.
④ George Newman,*Infant Mortality*:*A Social Problem*,E.P.Dutton Company,1907,p.3.

表 1.10 1841—1900 年英格兰和威尔士地区儿童死亡率(‰)统计表①

年度 性别(年龄)	1841— 1850	1851— 1860	1861— 1870	1871— 1880	1881— 1890	1891— 1900
男(0—4)	71.3	72.7	73.5	68.5	61.6	62.7
男(5—9)	9.2	8.5	8.2	6.7	5.4	4.3
男(10—14)	5.1	4.9	4.5	3.7	3.0	2.4
女(0—4)	61.2	63.1	63.7	58.4	52.0	52.8
女(5—9)	8.9	8.4	7.8	6.3	5.3	4.4
女(10—14)	4.9	5.1	4.5	3.7	2.8	2.6

　　5 岁以下幼儿亦是这一时期较为脆弱的儿童群体,其死亡率亦处于一个较高的水平上(见表 1.10、表 1.11)。在统计幼儿死亡率时,英国登记总署在英格兰和威尔士、苏格兰地区对男童和女童分别进行了统计,但统计年度和年龄区间又大有不同。英格兰和威尔士地区统计的年龄区间为 0—4 岁,最早统计时间是 1838 年,从表 1.10 可以看出,1841—1900 年英格兰和威尔士地区的 5 岁以下幼儿死亡率虽然整体上呈下降趋势,但是要远远高于同期其他年龄段的儿童(不含 1 岁以下婴儿)。而苏格兰地区的统计始于 1860 年,年龄区间为 1—4 岁,表 1.11 对苏格兰地区 1860—1902 年幼儿死亡率的统计,尽管在年度、年龄区间方面与英格兰和威尔士有所不同,但呈现出的规律却基本一致。

---

① B.R.Mitchell and Phyllis Deane, *Abstract of British Historical Statistics*, Cambridge University Press, 1962, pp.38-41.

表 1.11　1860—1902 年苏格兰地区儿童死亡率(‰)统计表①

年度 性别(年龄)	1860—1862	1870—1872	1880—1882	1890—1892	1900—1902
男(1—4)	37.4	35.2	29.5	27.5	22.8
男(5—9)	9.1	9.8	7.8	5.7	4.3
男(10—14)	5.2	5.4	4.3	3.5	2.8
女(1—4)	37.4	35.3	28.8	27.1	21.5
女(5—9)	8.8	9.3	7.3	6.0	4.8
女(10—14)	5.2	5.8	4.7	4.0	3.2

表 1.12　1871—1905 年英格兰和威尔士地区儿童死亡率(‰)统计表②

年度 年龄	1871— 1875	1876— 1880	1881— 1885	1886— 1890	1891— 1895	1891— 1900	1900— 1905
0—1	153	145	139	145	151	156	138
1—2	59	58	53	53	52	49	41
2—3	28	27	23	22	21	19	16
3—4	19	17	15	14	14	13	11
4—5	14	13	12	10	10	9	8

　　19 世纪中期以来英国婴幼儿死亡率在不同年龄段却有不同的表现,即存在年龄差异。乔治·纽曼将 5 岁以下婴幼儿进一步分为 0—1、1—2、2—3、3—4、4—5 岁等 5 个年龄区间进行研究(见表 1.12),使我们注意到 5 岁以下

---

① B.R.Mitchell and Phyllis Deane, *Abstract of British Historical Statistics*, Cambridge University Press, 1962, pp.42-43.

② George Newman, *The Building of A Nation's Health*, Macmillan 1939, p.314.

婴幼儿中的高危群体。从表1.5可以看出,0—1岁婴儿和1—2岁幼儿两个群体是婴幼儿中死亡率最高的两个群体。我们也注意到,在19世纪后30年,尽管婴儿死亡率一直居高不下,但是1—5岁幼儿的死亡率却稳步下降,其中1—2、2—3岁幼儿下降的幅度比3—5岁幼儿更为显著。

　　19世纪中期以来英国婴幼儿死亡率还存在着较为严重的城乡差异,婴儿死亡率表现得尤为突出,上述城镇婴儿死亡率普遍偏高的事实亦恰恰说明了这一点。"婴儿死亡主要发生在(英格兰)北部和北米德兰地区,而从威尔士至塞弗恩河口一线以下的诸郡则死亡率最低",而这一差异正是包括采矿区和棉纺织工业区在内的工业区与农业区之间的差异①。对此,乔治·纽曼以3个乡村郡(赫特郡、威尔特郡、多塞特郡)、5个拥有采矿业和制造业的工业郡(斯坦福尔德郡、莱斯特郡、兰开郡、约克郡西区、达累姆)和3个大城镇(普雷斯顿、布莱克本、莱斯特)作为样本比较1889—1991年间1岁以下婴儿各年龄段的死亡人数②。他发现每10万名婴儿中,在3个月时乡村郡的死亡人数为5180人,工业郡为7949人,大城镇为9126人;而在近1岁时,乡村郡死亡人数为9717人,工业郡为16919人,大城镇为21803人。这一比较表明,工业郡和大城镇在上述两个年龄段的婴儿死亡人数普遍高于乡村郡,大城镇的近1岁婴儿死亡率甚至是乡村郡的两倍还要多。

　　为了进一步证明婴儿死亡率的这种城乡差异,当代学者对1861—1901年苏格兰地区的斯凯岛(Isle of Skye)和基尔马诺克(Kilmarnock)的婴儿死亡率进行了比较③。斯凯岛属于乡村郡英弗尼斯郡(Inverness Shire),而基尔马诺克则是艾尔郡(Ayrshire)的工业区。经过比较,发现40年间两地总体婴儿死亡率具有明显的差异,基尔马诺克远高于斯凯岛,即斯凯岛婴儿死亡人数为

　　①　George Newman, *Infant Mortality:A Social Problem*, E.P.Dutton Company,1907,pp.22-23.

　　②　George Newman, *Infant Mortality:A Social Problem*, E.P.Dutton Company,1907,p.39.

　　③　Eilidh Garrett, "Urban-rural Differences in Infant Mortality:A View from the Death Registers of Skye and Kilmarnock", in Eilidh Garrett, Chris Galley, Nicola Shelton and Robert Woods, *Infant Mortality:A Continuing Social Problem*, Ashgate Publishing Limited,2006,pp.123,148.

1791 人,死亡率为 101‰;而基尔马诺克同一时期婴儿死亡人数为 5040 人,死亡率为 132‰。对于上述这种城乡差异现象,乔治·纽曼论道,"英格兰和苏格兰婴儿死亡率的(地区)分布使我们相信,从更广泛的意义上来说,这里可能存在城镇和乡村条件的差异,某种程度上有助于研究婴儿死亡的原因"①。

同时,19 世纪中期以来英国婴幼儿死亡率还具有阶级差异。F.B.史密斯研究后发现,"无论是在大城市、城镇,还是在乡村,父母越穷困潦倒,其子女就越脆弱"②。据查德威克统计,1839 年巴斯(Bath)"农业和其他行业劳动者、手工业人和佣人"家庭 5 岁以下婴幼儿死亡率为 1/2,"绅士和专业人士"家庭的为 1/11;1840 年曼彻斯特劳工阶级 5 岁以下儿童死亡率甚至高于 57%③。1861 年,普雷斯顿"上层阶级"5 岁以下儿童死亡率为 18‰,"中产阶级"5 岁以下儿童死亡率为 36—37‰,而"工业阶级"的则为 62—64‰④。1899 年,利物浦上层阶级居住区的 5 岁以下儿童死亡率为 136‰,下层阶级居住区的 5 岁以下儿童死亡率为 274‰,个别贫民区的甚至达到了 509‰⑤。

上述关于婴幼儿死亡率的差异,特别是城乡差异和阶级差异,有助于进一步探讨 19 世纪中期以来婴幼儿死亡率居高的社会成因。正是这些差异,可以见证不同地区不同阶层的婴幼儿由于其所处的卫生、饮食和生活环境上的差别而导致其命运迥异。

(三) 19 世纪中期以来英国婴幼儿死亡率居高的社会性因素

为什么 19 世纪中期以来英国婴幼儿的死亡率居高不下? 英国公共卫生

---

① George Newman, *Infant Mortality:A Social Problem*, E.P.Dutton Company,1907, p.35.

② F.B.Smith, *The People's Health*, *1830—1910*, Croom Helm Ltd,1979, p.68.

③ Edwin Chadwick, *Report on the Sanitary Condition of the Labouring Population of Great Britain* [1842], M.W.Flinn (ed.), Edinburgh University Press,1965, pp.228,223.

④ Hugh R.Jones, "The Perils and Protection of Infant Life", *Journal of the Royal Statistical Society*, No.1,1894, p.57.

⑤ F.B.Smith, *The People's Health*, *1830—1910*, Croom Helm Ltd,1979, p.69.

专家自 19 世纪中期以来一直在不停地反思和研究,从不同的角度阐述了导致这一灾难的社会条件和基本原因。

1842 年查德威克在《大不列颠劳动人口卫生状况的调查报告》中指出,在曼彻斯特卫生状况最差的街区 1000 名新出生的儿童中,在 5 岁以前死亡的达到 570 人还多;而利兹卫生条件最差的街区,5 岁以下儿童的死亡率亦基本如此[1]。这里,查德威克没有指出 5 岁以下儿童死亡率居高的具体原因,而是将其笼统地归因于其生活环境的恶劣卫生状况。而这一恶劣的卫生状况即"空气不良的环境"是与"贫困有关的疾病(热病、霍乱、痨病、小儿腹泻)"密切相关的[2]。所以,查德威克的论述为后人进一步考察婴幼儿死亡率偏高的原因提供了方向上的重要指引。

恩格斯在《英国工人阶级状况》一书中分析了工人阶级幼儿死亡率居高的原因。在他看来,"小孩的娇嫩的身体最不能抵抗(城市)恶劣生活条件的不利影响",容易患上各种儿童疾病。恩格斯发现,"曼彻斯特和利物浦的流行病所引起的死亡率,一般说来比农业区高两倍;在城市患神经系统疾病的比农村多四倍,患胃病的比农村多一倍多,同时,在城市因肺部疾病死亡的人数和农村比较是 2.5∶1。在城市,因天花、麻疹、百日咳和猩红热而死亡的幼儿比农村多三倍,因脑水肿而死亡的多两倍,因痉挛而死亡的多九倍。"[3]同时,"妻子和丈夫都外出工作,结果孩子完全没有人照顾,他们或者被锁在家里,或者交给别人照看",由此导致他们的幼儿"死于各种各样的不幸事件",如"被车压死"、"被马踩死"、"摔死、淹死或烧死",甚至"因烧伤或被开水烫伤而致死"[4]。另外,"在家里干活并且要

---

① Edwin Chadwick, *Report on the Sanitary Condition of the Labouring Population of Great Britain* [1842], Edinburgh University Press, 1965, pp.244-245.
② 毛利霞:《从隔离病人到治理环境:19 世纪英国霍乱防治研究》,中国人民大学出版社 2018 年版,第 86 页。
③ 《马克思恩格斯文集》(第 1 卷),人民出版社 2009 年版,第 420—421 页。
④ 《马克思恩格斯文集》(第 1 卷),人民出版社 2009 年版,第 422 页。

照顾自己的或别人的孩子的妇女们"经常给孩子们吃一种鸦片制剂（即戈弗雷强心剂），"使他们安睡，或者如许多人所认为的，使他们强壮起来"，实际上却导致孩子们"变得面色苍白，精神萎靡，身体虚弱，大部分不到两岁就死了"①。

1859—1865 年间时任枢密院公共卫生事务主管的约翰·西蒙（Sir John Simon）认识到，导致婴幼儿死亡率两个主要原因是"公共卫生条件恶劣和妇女就业问题"。通过对婴儿死亡率高达 180—220‰的考文垂（Coventry）、诺丁汉（Nottingham）、布莱克本、沃尔弗汉普顿（Wolverhampton）、默瑟（Merthyr）和阿伯加文尼（Abergavenny）等工业城镇的调查，西蒙坚信过多的婴儿死亡与妇女工厂就业存在着必然的联系，因为工厂妇女产后哺乳期过早地抛开子女而去工作，"将他们交给无情的护工、食用（经常是受污染的）人造食物，以及被经常喂服各种保持安静的镇定剂"。而在乡村，亦大量存在妇女在哺乳期过早去田里耕作而抛开新生儿的现象。所以，西蒙认为，上述现象导致"任意忽视婴儿、私生儿增多、弑婴、寄养婴儿、不适当喂养，以及为了使婴儿保持安静而经常喂服大量致命鸦片"。如何解决因妇女在哺乳期过早地参加工作而忽视婴儿的现象，西蒙给出的建议是"立法控制（镇定性）药物销售，并建立工厂式看护（婴幼儿）中心"。②

1889 年阿瑟·纽斯豪姆将婴儿大量夭折的原因归结为 8 个方面，分别为受妇女健康状况影响而导致的早产和先天性缺陷、父母酗酒和遗传性疾病的影响、母亲的忽视与育儿经验不足、妇女哺乳期就业对新生儿的影响、不适宜的食物和不恰当的喂养方式、突发性或嗜杀性暴力、婴幼儿丧葬保险的消极影响，以及私婚生育的影响③。纽斯豪姆简要分析了这些因素对婴儿死亡的影

① 《马克思恩格斯文集》（第 1 卷），人民出版社 2009 年版，第 417—418 页。

② Royston Lambert: *Sir John Simon(1816—1904) and English Social Administration*, Macgibbon & Kee, 1963, p.336.

③ Arthur Newsholme, *The Elements of Vital Statistics*, Swan Sonnenschein Co.1889, pp.106-108.

响程度。其中,他认为母亲的忽视与育儿经验不足是导致产业工人家庭婴儿死亡的一个最重要的因素,特别是妇女在哺乳期抛开新生儿前去工厂工作是忽视婴儿的突出表现;而不恰当的喂养则是造成婴儿死亡的一个主要原因,"很大一部分死亡案例源于腹泻和消化性疾病"。突发性或嗜杀性暴虐所导致的婴儿死亡亦不在少数,"1858—1886 年,死于他杀的婴儿死亡率男婴为百万分之 183,女婴为百万分之 189"。另外,英国政府为每名参保的 5 岁以下幼儿提供的 6 英镑丧葬保险金,亦在一定程度使"参保的婴幼儿死亡率远高于未参保的婴幼儿"。

1893 年利物浦南部皇家医院(Royal Southern Hospital, Liverpool)医生休·R.琼斯(Hugh R.Jones)在研究中将婴幼儿死亡原因归结为四个方面,即第一,由早产、先天性畸形和遗传性疾病导致的产前原因;第二,由肮脏的环境所导致的传染性疾病和呼吸性疾病;第三,由无知和职业等社会性因素所导致的对儿童的忽视,以及由此引发的腹泻、痉挛(convulsion)和身体器官的萎缩(atrophy);第四,犯罪性暴力和故意忽视[1]。

乔治·纽曼对婴儿死亡原因的研究非常细致,在 1907 年出版的著作《婴儿死亡率:一个社会问题》中分析了致命性疾病、产前因素、妇女就业、家庭和社会条件等方面对儿童死亡的影响程度。纽曼指出,婴儿死亡的高发期发生在出生后最初三个月内,这一期间夭折的婴儿约占婴儿死亡人数的 48%,"早产和发育不成熟"是主要致命性因素;而三个月之后,急性肺炎和流行性腹泻则是致命性疾病[2]。关于产前因素对婴儿死亡的影响主要体现于婴儿母亲的身体条件,纽曼研究的结论是,近一半因发育不成熟而死亡婴儿的母亲具有"显著的健康不良和体质虚弱",80% 的因早产、先天性缺

---

[1]　Hugh R.Jones, "The Perils and Protection of Infant Life", *Journal of the Royal Statistical Society*, No.1, 1894, p.72.

[2]　George Newman, *Infant Mortality:A Social Problem*, E.P.Dutton Company, 1907, p.60.

陷或虚弱而死亡的婴儿的母亲具有"流产、堕胎和早产"经历①。关于妇女就业对婴儿死亡的影响，纽曼归纳为三个方面，即工厂劳动及恶劣的工厂环境对妇女身体造成的伤害；工厂劳动时间长和工作繁重对孕妇造成的紧张和压力；因在工厂劳动而使妇女无法哺育新生子女②。显然，妇女工厂劳动对婴儿死亡的影响主要间接体现于妇女或孕妇受到的身体伤害上，所以纽曼承认，"统计结果并不能完全支持妇女的工厂就业是导致婴儿高死亡率的主要原因这一观点"③。而家庭和社会条件方面，主要表现于城市化而导致的工人住房拥挤、酗酒和非婚生育等方面对婴儿生存的影响④。

基于上述研究，不难发现，英国城镇地区是婴幼儿死亡的高发区，而城镇中工人生活的贫民区则是婴幼儿高死亡率的最核心地区。正如纽曼所指出的，1845—1905年英国婴幼儿死亡高发区域具有两个共同的特征，即"城市化和工业化"⑤。这些地区，婴幼儿死亡基本上都可以归因于因工厂妇女身体健康状况而导致的婴儿早产、发育不成熟或先天性缺陷，或者是后来各类疾病的传播、母亲哺乳缺位、家庭暴虐、非婚生育等因素。

需要强调的是，19世纪中期以来，英国婴幼儿罹患疾病最常见当属流行性腹泻。由于这种疾病夏季爆发频率较高，故又称"夏季腹泻"。流行性腹泻是导致2岁以下婴幼儿死亡的主要急性传染性疾病，英格兰和威尔士地区约75%登记在册的婴儿死亡，以及伦敦地区78%的婴儿死亡都归因于这一疾病⑥。而这种疾病的发生，与母亲的喂养方式密切相关。

流行性腹泻自19世纪中期以来对英国民众特别是5岁以下儿童造成严

---

① George Newman, *Infant Mortality: A Social Problem*, E.P.Dutton Company, 1907, p.88.
② George Newman, *Infant Mortality: A Social Problem*, E.P.Dutton Company, 1907, p.131.
③ George Newman, *Infant Mortality: A Social Problem*, E.P.Dutton Company, 1907, p.136.
④ George Newman, *Infant Mortality: A Social Problem*, E.P.Dutton Company, 1907, pp.177-220.
⑤ George Newman, *The Building of A Nation's Health*, Macmillan 1939, p.315.
⑥ eorge Newman, *Infant Mortality: A Social Problem*, E.P.Dutton Company, 1907, p.139.

重的健康威胁。根据英国登记总署的统计,在英格兰和威尔士地区,1861—1870 年死亡病例中流行性腹泻的致死率为 43.2‰,1871—1880 年的致死率为 42.7‰[1]。在包括伦敦、利物浦、莱斯特、加迪夫、德比、布莱德福德、布莱克本等英格兰和威尔士 28 个大城镇中,1877—1886 年每百万人口中腹泻致死人数从 430 到 2390 不等,其中超过 1000 人的有 16 个城镇[2]。而休·R.琼斯 1893 年的研究则表明,在因腹泻致死的人群口,婴儿所占比例高于78%;因腹泻致死的婴儿死亡率长期保持着高位,如 1881 年为 10.65‰、1882 年为 12.01‰、1883 年为 11.18‰、1884 年为 19.57‰、1885 年为 9.86‰、1886 年为 18.27‰、1887 年为 15.90‰、1888 年为 9.33‰、1889 年为 13.85‰、1890 年为 13.42‰[3]。

公共卫生专家爱德华·巴拉德(Edward Ballard)1880—1887 年主持了对莱斯特及其他英格兰大城镇的详细调查,他发现流行性腹泻的发病人群主要集中于 5 岁以下儿童中,尤其是 2 岁以下婴儿,而 3 个月以内的婴儿的发病率则较低[4]。阿瑟·纽斯豪姆的研究表明,腹泻是导致大城镇婴儿死亡的主要原因之一,如 1880 年在因腹泻致死的 29519 个病例中,18440 个是 1 岁以下婴儿,占 62.5%;25998 个是 5 岁以下儿童,占 88.1%;在 1 岁以下死亡的婴儿中,3 个月以内的占 29.5%[5]。而且,19 世纪后期城镇腹泻致死婴儿的比率比乡村要高得多,乡村地区仅为 6‰,城镇地区则为 20—30‰(如利物浦、威根、沃林顿)、30—40‰(如曼彻斯特、索尔福德、布莱克本、伯恩利、伯里、博尔

---

① Local Government Board: *Diarrhoea and Diphtheria: Supplement in Continuation of the Report of the Medical Office for 1887*. Her Majesty's Stationary Office, 1889, p.11.

② Arthur Newsholme, *The Elements of Vital Statistics*, Swan Sonnenschein Co.1889, p.189.

③ Hugh R.Jones, "The Perils and Protection of Infant Life", *Journal of the Royal Statistical Society*, No.1, 1894, pp.20, 22.

④ Local Government Board, *Diarrhoea and Diphtheria: Supplement in Continuation of the Report of the Medical Office for 1887*.p.23.

⑤ Arthur Newsholme, *The Elements of Vital Statistics*, Swan Sonnenschein Co.1889, p.189.

顿），甚至是 40‰以上（如普雷斯顿）①。

　　为什么婴儿是流行性腹泻的易感人群？早在 19 世纪后期，英国学者就认为，"绝大多数（不是全部）腹泻致死病例都能够直接追溯到受污染的食物"，即很大程度上是"对婴儿的不恰当喂养"，具体来说"由于母亲的无知和忽视，婴儿被喂食了受污染的牛奶或其他食物"②。1889 年，利物浦健康医疗官助理霍普医生调查了当地 718 个腹泻致死婴儿病例，发现完全使用母乳喂养的病例仅有 30 个，而完全没有使用母乳喂养的病例则高达 391 个，同时使用母乳和其他食物喂养的病例为 297 个③。其中，463 个 6 个月以下的死亡婴儿中，仅有 23 个完全使用母乳喂养，其他的全部或部分使用"人造食物"（artificial diet）喂养④。换言之，在因腹泻致死的婴儿中，兼食母乳和"人造食物"婴儿的死亡率是完全食用母乳婴儿的 15 倍，而完全食用"人造食物"婴儿的死亡率则是完全食用母乳婴儿的 22 倍⑤。可见，食用非母乳食物的婴儿更容易患有腹泻，且致死率非常高。而在那些城镇贫困工人家庭中，"可以确定的是，母乳喂养家庭急剧减少"，甚至有人断言，在某些地区，"母乳喂养正趋于绝迹"⑥。

　　在喂养婴儿的替代性食物中，牛奶是年轻妈妈们常用的食物。"几乎所有的家庭，尤其是那些有婴幼儿的家庭，对牛奶具有更多的需求。"⑦ 然而，自

---

① George Newman, *Infant Mortality: A Social Problem*, E.P.Dutton Company, 1907, p.174.

② Hugh R.Jones, "The Perils and Protection of Infant Life", *Journal of the Royal Statistical Society*, No.1, 1894, p.20.

③ Hugh R.Jones, "The Perils and Protection of Infant Life", *Journal of the Royal Statistical Society*, No.1, 1894, p.21.

④ "Artificial Feeding And Infantile Diarrhœa", *The British Medical Journal*, Vol.2, No.1492 (Aug.3, 1889), p.255.

⑤ Inter-Departmental Committee on Physical Deterioration, *Report of the Inter-Departmental Committee on Physical Deterioration*, Vol.I.Report and Appendix, His Majesty's Stationary Office, 1904, p.50.

⑥ Inter-Departmental Committee on Physical Deterioration, *Report of the Inter-Departmental Committee on Physical Deterioration*, Vol.I.Report and Appendix, His Majesty's Stationary Office, 1904, p.51.

⑦ John Burnett, *Liquid Pleasures: A Social History of Drinks in Modern Britain*, Routledge 1999, p.35.

19世纪以来英国牛奶的安全性非常糟糕,使英国婴幼儿的健康遭到更为严重的威胁,饮食牛奶不仅容易使婴幼儿患上腹泻,而且还导致了其他疾病的发生。首先牛奶掺假泛滥,"在利润的驱使下,奶农、批发商和零售商竞相掺假",除了"供奶牛饮用的水"以稀释牛奶之外,"掺入面粉以增加牛奶的黏稠度,掺入煮沸的胡萝卜汁以提高牛奶的香味,用石灰漂白牛奶,甚至掺入动物的脑髓",这样的牛奶价格较低,成为穷人们的首选,但是"很难被婴儿的胃所消化",显然不适宜婴儿食用①。而且,城镇工人家庭食用的牛奶更多的是易保存的且价格低廉的罐装炼乳(Condensed Milk)②。人们普遍认为,食用"炼乳或稀释牛奶与面包混合物"的婴儿比食用母乳的婴儿更易患上各种疾病,尤其是"开盖后的炼乳容易遭到各种蝇虫的感染",是夏季腹泻、胃炎和肠炎等疾病的主要诱因,而这些疾病则"是1/3以上的死亡婴儿的主要死因"③。

除了掺假之外,英国牛奶"还受到各种污物与致病细菌的严重污染",在污染牛奶的病菌中,最致命的是牛结核病菌,这种病菌可以通过鲜奶传播给人类,从而使人类患上结核病④。由于"英国人更喜欢新鲜的、没有经过任何杀菌处理的鲜奶",饮食牛奶使奶源性结核病在婴幼儿中大量传播,并导致了更多的儿童死亡。⑤英国学者阿特金斯估计,"1850—1950年间,(英国)至少50万(也有可能是80万)的人口死亡可以直接归因于牛结核病,特别是那些把

---

① 参阅魏秀春《英国食品安全立法与监管史研究(1860—2000)》,中国社会科学出版社2013年版,第108—111页。

② John Burnett, *Plenty and Want:A Social History of Food in England from 1815 to the Present Day*, Routledge, 1989, p.124.

③ John Burnett, *Liquid Pleasures:A Social History of Drinks in Modern Britain*, Routledge 1999, p.38.

④ 关于19世纪英国牛奶携带结核病菌的历史状况,请参阅魏秀春《19世纪后期以来英国牛奶安全监管的历史困境与政策分析》,《史学月刊》2013年第10期。

⑤ 参阅魏秀春《牛奶安全与婴儿健康:20世纪初叶英国婴儿奶站的发展》,《世界近现代史研究》第九辑,社会科学文献出版社2012年版。

牛奶作为主要饮食的未成年儿童"①。

综上所述，导致 19 世纪中期以来英国婴幼儿死亡率居高不下的因素涉及英国社会的方方面面，各方面都不是孤立存在的。以工厂妇女而言，在 1904 年公布的官方调查中，她们在怀孕和哺乳期间的就业问题成为重要关注点，"人们普遍认为，母亲的工厂就业对其后代（的健康）产生了恶劣的影响，包括直接和间接上的"，但这种影响恶劣到什么程度，人们的观点则各异，比较具有代表性的观点是"已婚妇女外出工作是（婴幼儿）所有痛苦的真正根源，其子女出生之后非常虚弱，却又被施于不恰当喂养，被交给没有任何能力的人进行看护"②。显然，对于工厂妇女的责难是非常片面的。工厂妇女对子女的关爱之心不会逊于中上层女性，然而她们对子女的责任却受制于她们所处的经济与社会环境，上述所有与其有关的不利于婴幼儿成长的因素，是当时英国的社会与经济条件使然，而医疗条件的匮乏则又加剧了这些因素。所以，19 世纪中期以来英国婴幼儿死亡率居高不下是英国社会性"灾难"，是英国工业化完成后暴露出的重大社会问题之一。基于此，当英国社会和英国政府认识到婴幼儿恶劣的健康状况时，他们就开始行动起来，致力于改善英国妇女及其年幼子女的营养与健康水平。

三、学校儿童的健康：英国社会的调查

早在布尔战争之前，就已经有许多医学人士注意到英格兰学校儿童的健康问题，有的甚至进行了专门调查和研究。比如，1880 年，伯明翰医生普利斯特利·史密斯（Priestley Smith）调查了当地初等学校和技工学院的 2000 余名

---

① P.J.Atkins，"Milk Consumption and Tuberculosis in Britain，1850—1950"，in *Order and Disorder：The Health Implications of Eating and Drinking in the Nineteenth and Twentieth Centuries*，edited by Alexander Fenton，Tuckwell Press Ltd，2000，p.87.

② Inter-Departmental Committee on Physical Deterioration，*Report of the Inter-Departmental Committee on Physical Deterioration*，Vol.I.Report and Appendix，His Majesty's Stationary Office，1904，p.49.

学生,发现这些学生中存在严重的近视问题;1884 年 J.克莱顿·布朗(J. Crichton Browne)向伦敦教育当局提交报告称当地初等学校的儿童精神压力过大;接下来,弗朗西斯·沃纳医生分别在 1888—1891 年间和 1892—1894 年间共计调查了英格兰 100000 名学校儿童精神和体质状况,这是 19 世纪后期英国所进行的对学校儿童的最大规模的调查[1]。布尔战争之后,英国政府亦于 1902—1905 年相继就学校儿童就业问题、苏格兰体育锻炼问题、国民体质下降问题和初等学校儿童的医疗与饮食问题开展了 4 次官方调查,运用了大量的材料充分揭示了 20 世纪初英国学校儿童存在比较严重的健康问题,这里笔者试以沃纳的调查和英国政府的 1902 年"苏格兰体育锻炼问题皇家委员会"、1903 年"体质下降问题跨部门委员会"的调查为例进行说明。

　　首先,沃纳的调查结果显示英格兰学校儿童的健康状况不容乐观。在他的调查中,3522 名儿童严重营养不良,7391 名儿童精神呆滞(或迟钝),2929 名儿童患有各类视力缺陷,244 名儿童患有佝偻病,诸多的儿童还具有肢体残疾等其他身体发育上的缺陷或疾病(如表 1.13)。而且,1888—1891 年调查的 50000 名儿童中,营养低下的占 4%—6%,精神呆滞的占 6%—14%;在受调查的伦敦学校儿童中,239 人身体残疾,占 0.47%[2]。这一调查结果受到英国政府的重视,1902 年成立的"苏格兰体育锻炼问题皇家委员会"认为其提供了"广泛的、精确的、有价值的"关于英格兰学校儿童"营养、精神和体质条件"方面的统计资料,具有特别重要的价值,成为其调查苏格兰学校儿童体质状况的重要基础[3]。

---

①　Board of Education, *Annual Report for 1908 of the Chief Medical Officer of the Board of Education*, His Majesty's Stationary Office, 1910, p.4.

②　The Royal Commission on Physical Training (Scotland), *Report of the Royal Commission on Physical Training (Scotland)*, Vol.I: *Report and Appendix*, His Majesty's Stationary Office, 1903, pp. 51, 55.

③　The Royal Commission on Physical Training (Scotland), *Report of the Royal Commission on Physical Training (Scotland)*, Vol.I: *Report and Appendix*, His Majesty's Stationary Office, 1903, p.22.

表 1.13 弗朗西斯·沃纳英格兰学校儿童身体状况调查表①

疾患或缺陷	1888—1891 年 50000 名儿童		1892—1894 年 50000 名儿童		合计
	男孩 26857 名	女孩 23143 名	男孩 26287 名	女孩 23713 名	
整个身体及其组成部分的形式、比例和大小方面的缺陷	3616	2235	2308	1618	9777
肢体运动和平衡方面的非正常神经性症状	3413	2074	2853	2015	10355
营养低下（偏瘦、脸色苍白、纤弱）	1030	973	749	770	3522
神经性呆滞（或迟钝）	2216	1463	2077	1635	7391
视力缺陷	836	637	764	692	2929
佝偻病	157	39	39	9	244
其他缺陷或病症（如低能、口齿不清、跛腿、四肢残疾、畸形足、失明等）	303	204	157	147	811

　　第二，"苏格兰体育锻炼问题皇家委员会"的调查揭示了苏格兰地区学校儿童的健康问题。皇家委员会选取了爱丁堡和阿伯丁地区各 600 名学校儿童作为调查对象。爱丁堡是苏格兰的政治中心，虽然不是工业中心和主要港口，人口却增加很快，被选作诸如格拉斯哥这一类城市的代表；阿伯丁则是苏格兰北部重要的城市，作为居民身体条件比较健康地区的代表。皇家委员会认为对这两个城市的调查，能够基本反映出苏格兰全境学校儿童体质的基本面貌。

　　调查结果显示，爱丁堡学校儿童的健康状况比阿伯丁要糟糕得多。如表

---

　　① The Royal Commission on Physical Training (Scotland), *Report of the Royal Commission on Physical Training (Scotland)*, *Vol. I: Report and Appendix*, His Majesty's Stationary Office, 1903, pp. 47-50.

1.14 所示,爱丁堡学校儿童患有各类疾病的比率总体上要高于阿伯丁。就爱丁堡而言,来自贫困片区的学校儿童,体重和身高等指标都低于其他片区,而结核性腺体疾病的发生率却高于富裕片区;而且,在受调查的 299 名男生和 298 名女生中,分别有 259 名和 294 名都具有某些缺陷或疾病。除了受到调查的学校儿童外,皇家委员会还发现,爱丁堡初等学校分别有 700 名“尚未证实的”肺结核病例、1300 名“尚未证实的”心脏病病例、15000 名喉部疾病病例和 12000 名耳部疾病病例,阿伯丁的相应病例分别为 458 名、250 名、7580 名和 2250 名,而两地的学校儿童总数则分别为 30000 名和 25000 名。调查委员会特别强调,在上述患病儿童中,爱丁堡总计有 10500 名儿童、阿伯丁总计有 5708 名儿童需要就医治疗。可见,爱丁堡和阿伯丁两地学校儿童患有各类疾病的人数占有相当大的比重,他们需要受到“更好的医疗监护”。所以,皇家委员会指出,需要建立一种“充分的医疗检查体制”,不仅可以及时地治疗上述缺陷或疾病,而且还能够“获取到最有价值的信息,以查明国民体质的真相,和用来改善体质或阻止体质下降的手段”。①

表 1.14　爱丁堡、阿伯丁和英格兰学校儿童各类疾病比率对比表(1903)②

	爱丁堡(%)	阿伯丁(%)	英格兰(%)（基于沃纳的调查）
腺体病变(多数是结核性)	18.5	3.0	—
鼻喉疾病	52.54	30.0	—
肺病	3.0	1.8	—
心脏疾病	4.33	1.0	0.001

①　该段数据和引文,除另有注明,均来自 The Royal Commission on Physical Training (Scotland), *Report of the Royal Commission on Physical Training (Scotland)*, *Vol.I: Report and Appendix*, His Majesty's Stationary Office, 1903, pp.24–28.

②　The Royal Commission on Physical Training (Scotland), *Report of the Royal Commission on Physical Training (Scotland)*, *Vol.I: Report and Appendix*, His Majesty's Stationary Office, 1903, pp. 26–27.

续表

	爱丁堡(%)	阿伯丁(%)	英格兰(%) (基于沃纳的调查)
骨胳疾病	2.17	3.0	——
关节疾病	0.17	0.2	——
干扰视力的眼折射疾病	31.67	23.9	——
眼睛和眼睑疾病	15.5	12.2	3.92
引发听力缺陷的耳朵疾病	42.04	14.0	——

第三,英国政府的调查还发现苏格兰和英格兰学校儿童的健康问题在很大程度上是由营养不良导致的。

苏格兰的调查显示,"对于那些食物和生活环境存在缺陷的阶层,不可否认存在着个体身体素质下降的情况",而"缺少适当的营养"则是导致这一状况的重要原因之一①。爱丁堡学校儿童营养不良的比例竟高达29.83%,阿伯丁为9%;相应地,爱丁堡学校儿童平均身高则比阿伯丁低1.35英寸,体重比阿伯丁儿童轻4.97磅②。而营养无疑与饮食是分不开的。苏格兰学校巡视官斯库格尔先生对皇家委员会说他"经常看见那些饿着肚子来上学的儿童"③。爱丁堡学校委员会主席史蒂文森女士亦注意到,当地许多学校儿童的

---

① The Royal Commission on Physical Training (Scotland), *Report of the Royal Commission on Physical Training (Scotland), Vol.I: Report and Appendix*, His Majesty's Stationary Office, 1903, pp.25, 29.

② The Royal Commission on Physical Training (Scotland), *Report of the Royal Commission on Physical Training (Scotland), Vol.I: Report and Appendix*, His Majesty's Stationary Office, 1903, p.24.

③ The Royal Commission on Physical Training (Scotland), *Report of the Royal Commission on Physical Training (Scotland), Vol.II: Minutes of Evidence and Index*, His Majesty's Stationary Office, 1903, p.71, para.1753-1756.

早餐和午餐受到父母的忽视,致使他们经常饥肠辘辘①。格拉斯哥学校委员会的官员指出,许多工人家庭主妇已经不再烹饪具有营养的餐饭了,即"麦粥、肉汤和土豆"这些有营养的食物从穷人的餐桌上消失了,而代之以"面包、火腿、果酱和黄油,并配以茶水"。这位官员曾对一所学校做过调查,在一个班30余人中,14位女生的早餐是面包和茶水,9位女生的午餐是面包和茶水,其他女生午餐则食用汤水和土豆,而该班所有女生的晚餐均是茶水;在男生中,早餐是面包和茶水的有5位,午餐是面包和茶水的有4位,晚餐是面包和茶水的占据大部分,仅有4位喝了麦粥。②另一位来自格拉斯哥贫困片区学校的校长亦深有感触,工人家庭中食用干面包和茶水已经成为常态,不再食用麦粥、蔬菜和汤类了,人们选择"更为简单的方式",即"到小店买上一块面包和茶水"即可充当三餐③。

当苏格兰调查报告公布后,学校儿童的饮食问题迅速引起社会舆论的热议。《英国医学学报》于1903年4月4日刊发了名为"教育中的食物因素"的文章,强调食物对学校儿童的重要性。文章指出,学校儿童中常见的精神疾病、肌肉无力、慢性病和消化不良都"可以归因于在饮食中无论在数量上还是质量上食物都经常达不到身体发育以及脑力和体力活动所必需的要求",故目前的主要问题就是"我们英国人作为一个民族是否充分认识到饮食在教育中的重要性……当正在成长的一代在体力上出现缺陷的时候,正是(我们)考

①　The Royal Commission on Physical Training (Scotland), *Report of the Royal Commission on Physical Training (Scotland), Vol. II: Minutes of Evidence and Index*, His Majesty's Stationary Office, 1903, p.95, para.2390–2395.

②　The Royal Commission on Physical Training (Scotland), *Report of the Royal Commission on Physical Training (Scotland), Vol. II: Minutes of Evidence and Index*, His Majesty's Stationary Office, 1903, p.592.

③　The Royal Commission on Physical Training (Scotland), *Report of the Royal Commission on Physical Training (Scotland), Vol. II: Minutes of Evidence and Index*, His Majesty's Stationary Office, 1903, pp.583–584.

虑饮食中究竟是哪一部分不充分而导致这种结果的时间了"①。《曼彻斯特卫报》亦于4—6月间刊发了以"国家体育锻炼:一场公开的讨论"为题的一组文章,一致认同苏格兰调查报告中关于饮食与体育锻炼存在直接关系的阐述。比如,政治活动家温斯顿·丘吉尔写道,"良好的食物必须是任何体育锻炼体系的基石";长期在曼彻斯特贫民区主持"男孩俱乐部"(lads Club)的社会活动家拉塞尔亦主张"低劣的体质缘于饮食","没有恰当的饮食,体育锻炼毫无价值";医学专家阿瑟·纽兹豪姆亦承认,"只有儿童获得良好的饮食,体育锻炼才能发挥效用。"②

"1904年调查报告"进一步证实了英国贫困学校儿童恶劣的饮食状况。所有证人都承认,"不恰当、不充足的食物"是导致国民体质下降的"首要"因素。许多证人列举了工业化对工人子女的成长带来的消极影响,如男性工人"对休闲的渴望"使得很大一部分收入不再用于购买食物,而外出工作的女工已经不谙厨艺,成为"糟糕的妻子和母亲";经济因素的考虑使得工人家庭经常购买一些廉价、劣质和过期的食物;而过度饮用茶水给工人子女亦带来一些消化系统疾病、泌尿系统疾病等疾患③。教育部医疗巡视官艾克尔兹医生(Dr.Alfred Eichholz)估计伦敦地区大约有16%的初等学校儿童(即122000名)处于经常性的饥饿状态中,在其调查的朗伯斯区一所公立学校中约有33%的儿童在每年秋冬季六个月的时间里需要接受食物援助④。艾克尔兹对

① "The Food Factor in Education", *British Medical Journal*, 4 April 1903, pp.797−799, 800.

② Deborah Dwork, *War is Good for Babies and other Young Children: A History of the Infant and Child Welfare Movement in England, 1898—1918*, Tavistock Publications Ltd 1987, pp.169−170.男孩俱乐部(Lads Club),即19世纪后期在英国兴起的旨在鼓励男孩开展户外运动的一种社区组织,后来也面向女孩开放。

③ Inter−Departmental Committee on Physical Deterioration, *Report of the Inter−Departmental Committee on Physical Deterioration*, Vol.I.Report and Appendix, His Majesty's Stationary Office, 1904, pp.39−43, paras.216−233.

④ Inter−Departmental Committee on Physical Deterioration, *Report of the Inter−Departmental Committee on Physical Deterioration*, Vol.I.Report and Appendix, His Majesty's Stationary Office, 1904, p.66, paras.332−333.

这些儿童的食物作了如下描述,"他们的早餐通常是面包和茶水,午餐仅是花一个铜币在当地炸鱼铺买点鱼干解决,而这里的铺子用来煎炸的鱼干是最低劣的,且使用恶臭的棉籽油,然后再辅以从小贩车轮下捡来的腐烂的水果。①"显然,这样的食物无法满足学校儿童的营养需求。正如苏格兰教育部门的官员所言,学校儿童的饮食问题"极端重要",解决这一问题需要"更为系统性的"措施②。

本 章 结 语

综上所述,英国儿童的健康问题成为英国社会和政治领域里的重要议题,是与布尔战争中英国国民体质的拙劣表现分不开的。人们追根溯源,发现英国国民体质的恶化源于其儿时营养的匮乏而导致的健康水平的低下。所以,为了改善英国儿童的营养与健康状况,19世纪后期20世纪初志愿组织首先开启了英国儿童福利运动,各项儿童福利措施进而由英国地方当局和地方教育当局广泛推行,最终由英国政府立法确认并实现制度化。这些儿童福利制度,虽然脱胎于英国济贫法体系,但却是一种完全不同于传统济贫法体系的国民医疗照顾与救助服务新模式。

在济贫法体系下,"济贫制度所提供的救济只能在贫困成为现实的情况下才能领取,这使得济贫制度所提供的救济具有一定的消极性",致使其越来越不能适应19世纪末20世纪初日益严重的社会问题③。所以,以济贫为主

---

① Inter-Departmental Committee on Physical Deterioration, *Report of the Inter-Departmental Committee on Physical Deterioration*, *Vol. I. Report and Appendix*, His Majesty's Stationary Office, 1904, p.57, para.290.

② The Royal Commission on Physical Training (Scotland), *Report of the Royal Commission on Physical Training* (*Scotland*), *Vol. II: Minutes of Evidence and Index*, His Majesty's Stationary Office, 1904, p.9, para.123–124, 126, 133.

③ 丁建定:《英国济贫法制度史》,人民出版社2014年版,第263页。

的济贫法制度主要目的是解决儿童的贫穷问题，其对儿童的救助仅限于儿童群体中的贫民儿童，主要指向这些贫民儿童的生活和就业问题，而对于19世纪后期以来广大儿童的生活福利问题，特别是日益突出的下层儿童的营养和健康问题则无能为力。在这种情况下，如何维护英国儿童的基本生存保障，仅依靠济贫法制度显然是无法做到的。所以，英国政府适应社会发展的需要突破济贫法的束缚，制定保护儿童的专门法令，建立了现代英国儿童福利制度，这就是以营养和健康为核心内容的英国婴幼儿福利制度和学校儿童福利制度。

第二章　英国婴幼福利制度的
形成与发展

　　20 世纪前期的英国婴幼福利制度是以 19 世纪后期发展起来的健康访问制为基础建立起来的。

　　作为一项儿童福利，健康访问制是 19 世纪后期以来志愿组织和地方当局为降低婴儿死亡率而采取的一种预防性医学措施，最先由志愿组织发起，主要目标是教育与指导新生儿的母亲正确喂养婴儿及改善居所卫生环境；而作为健康访问制的实施机构，儿童福利中心则以健康访问活动为基础建成了一套维护婴幼儿及其母亲健康的婴幼福利制度，为孕妇、产妇和 5 岁以下婴幼儿提供多种健康福利服务，由地方当局广泛推行，成为现代英国儿童福利制度的重要基础。目前国内学者对以健康访问制和儿童福利中心为主体的英国婴幼福利制度研究尚不多见，故笔者结合英国政府档案文献和英国学者的研究成果，试对 1862—1948 年间旨在降低婴儿死亡率和维护婴幼儿健康的英国婴幼福利制度作一探讨。

第一节　英国健康访问制的形成

　　在前一章，笔者指出，婴幼儿死亡率问题是 19 世纪中后期英国社会最为关注的儿童健康问题。这一儿童群体的健康问题是英国健康访问制形成的重要起源之一。由志愿组织首先发起的健康访问主要指向婴幼儿的哺育过程，其访问的规范模式后由哈德斯菲尔德城的市政当局确定下来，为其制度化并在全英推行奠定了基础。

一、英国健康访问制的肇始

早在 1839 年由英国"全国登记总署"发布的第一份报告指出，在英格兰和威尔士平均每 5 个儿童在 5 岁之前就有 2 人死亡[1]。据 20 世纪初英国公共健康专家乔治·纽曼统计，1845—1900 年英格兰和威尔士的婴儿死亡率都在 140‰以上，其中 1845—1854 年婴儿死亡率达到了 145‰[2]。在纽曼的另一统计中，1851—1900 年英格兰和威尔士的婴儿死亡率均为 142—154‰，而同期在伦敦地区却高达 150‰以上（如表 2.1）。"在整个 19 世纪，1 岁以下的婴儿是处于危险的最大群体。自 19 世纪 40 年代以来……婴儿的死亡率在贫困阶层中最高，在富裕阶层最低，在所有阶层非婚生子女中最高。[3]"如此高的婴儿死亡率却发生在人口总体患病率及死亡率不断下降的 19 世纪后期以来的英国社会，令人深思。

表 2.1　1851—1905 年英格兰和威尔士人口出生率与死亡率对比表[4]

	英格兰和威尔士			伦敦地区		
	人口出生率（‰）	人口死亡率（‰）	婴儿死亡率（‰）	人口出生率（‰）	人口死亡率（‰）	婴儿死亡率（‰）
1851—1860	34.1	22.2	154	33.6	23.7	155

① Fraser Brockington, "The Health Visitor in Great Britain", *Canadian Journal of Public Health*, No.1, 1950, pp.15-22.

② George Newman, *Infant Mortality: A Social Problem*, E.P.Dutton Company, 1907, p.21.

③ F.B.Smith, *The People's Health*, 1830—1910, Croom Helm Ltd, 1979, p.65.

④ George Newman, *The Health of the State* (2nd Edition), Headley Brothers, 1907, p.111.

续表

	英格兰和威尔士			伦敦地区		
	人口出生率(‰)	人口死亡率(‰)	婴儿死亡率(‰)	人口出生率(‰)	人口死亡率(‰)	婴儿死亡率(‰)
1861—1870	35.2	22.5	154	35.4	24.4	162
1871—1880	35.4	21.4	149	35.4	22.5	158
1881—1890	32.5	19.1	142	33.2	20.5	152
1891—1900	29.9	18.2	154	30.2	19.6	160
1901—1905	28.4	16.0	138	28.4	16.5	141

　　在这种情况下,婴儿高死亡率意味着英国新生人口的严重损耗,引起英国社会的警觉。是什么原因导致了新生儿的大量死亡呢? 在 1876—1901 的年度报告中,全国登记总署将其归为三个方面,即早产、体弱及其他先天性缺陷;腹泻、传染性肠炎、痢疾、英国霍乱、肠胃炎、消化不良、胃粘膜炎及其他胃部疾病等腹泻性疾病;支气管炎和急性肺炎等呼吸疾病,其中致死率最高的尤属腹泻性疾病,如 1899 年 1 岁以下死亡婴儿中的 1/4 是由腹泻性疾病导致的,在当年 163‰的死亡率中占到 41.7‰。[1]乔治·纽曼进一步将致死原因概括为早产和先天性缺陷、传染性腹泻以及呼吸道疾病[2],并认为导致这些疾病的因素主要有“母亲的体质”、“不适宜的食物”以及“婴儿管理不善及着凉”,所以纽曼指出,“婴儿高死亡率暴露出妈妈(的身体)及人们居家生活环境的恶劣状况”,这不仅仅是由“贫困”、“住房条件和外部环境”引起的,而是与社会生活“更为密切的”“更为个人化”的因素[3]。麦克勒里亦指出,婴儿的高死亡率

---

① G.F.McCleary,*The Early History of the Infant Welfare Movement*,H.K.Lewis Co.Ltd,1933,pp.22-23.

② George Newman,*Infant Mortality:A Social Problem*,E.P.Dutton Company,1907,p.56.

③ George Newman, *The Health of the State* (2nd Edition),Headley Brothers,1907,pp.122,110.

也不能完全归咎于城镇妇女的就业,如诺福克和索福克等乡村郡 1900 年因早产导致的婴儿死亡率也非常高,但"这些地方的已婚妇女却很少去工厂做工",而相比之下,死亡率较低的兰开郡和约克郡西区却有大量的妇女在工厂做工①。所以,当代英国学者指出,当时英国社会,特别是公共健康领域的主流观点认为,造成婴儿死亡的一个重要原因是婴儿喂养中"母亲的无知"(maternal ignorance)②。也就是说,当时人们的观点是,造成婴儿死亡的源头在于他们的"妈妈",故降低婴儿死亡率的预防性措施就是要从改善"妈妈"孕育、生产和喂养新生儿的条件和方式入手,即"确保妇女身体的健康、婴儿哺乳与看护方式的进步,以及更好的婴儿喂养方式"③。而实现目标的第一步就是要充分的了解婴儿从孕育到成长的具体状况,对婴幼儿的"健康访问"由此应运而生。

据目前掌握的资料,英国健康访问大规模开展的历史最早可以追溯至 1862 年,最初是对"贫困且生活条件恶劣地区"的"卫生访问"(sanitary visiting)④。是年,在曼彻斯特外科医生托马斯·特纳的倡导下,曼彻斯特和索尔福德的志愿者成立了"曼彻斯特和索尔福德女士卫生改革协会"(Manchester and Salford Ladies' Sanitary Reform Association),后又更名为"曼彻斯特和索尔福德女士健康协会"。作为"曼彻斯特和索尔福德卫生协会"(Manchester and Salford Sanitary Association)的附属组织,女士健康协会的主要宗旨是"普及卫

---

① G.F.McCleary, *The Early History of the Infant Welfare Movement*, H.K.Lewis Co.Ltd, 1933, p.31.

② Harry Hendrick, *Child Welfare: England 1872—1989*, Routledge 1994, p.97.关于 19 世纪后期以来英国社会对于婴儿高死亡率原因的讨论,笔者已在第一章第二节中详细阐释。

③ George Newman, *Infant Mortality: A Social Problem*, E.P.Dutton Company, 1907, p.123.

④ Geoffrey Rivett, *From Cradle to Grave: Fifty Years of the NHS*, King's Fund Publishing, 1998, p.23.据麦克勒里记载,健康访问活动的首倡者当属约翰·本内尔·戴维斯医生(John Bunnel Davis, 1780—1824),1816 年其在伦敦城(the City of London)建立了"贫病儿童全科医疗所"(the Universal Dispensary for Sick Indigent Children),倡导当地"仁慈女士"应当探访前来就诊的孩童并记录他们的健康状况。戴维斯医生的建议是否得到了实施,我们不得而知。参阅 G.F.McCleary, *The Maternity and Child Welfare Movement*, P.S.King & Son Ltd., 1935, p.42.

生知识,提升人们的体质、社会性、道德性和宗教性",主要活动方式最初是由
"上层女士"散发以健康知识为主题的小册子和传单,但这种方式并没有取得
预期的效果,于是协会开始雇用"受人尊重的工人妇女","逐家逐户拜访相对
贫困的阶层,寻找机会向他们传授(卫生知识)并帮助他们"①。而女士健康
协会之所以雇佣"受人尊重的工人妇女",最主要的考虑是因为健康协会这些
"上层女士"自认为无法直接与广大的工人家庭沟通,故希望借助受过教育的
工人女性完成她们的使命。这些被雇佣的工人妇女,就是最初的"健康访问
员"(Health Visitor),而她所从事的活动就是"健康访问",而这一活动最初的
对象就是普通的工人家庭,其主要活动就是对工人家庭特别是贫困家庭开展
健康教育,特别是对婴幼儿及其年轻妈妈们进行健康指导。

　　由女士健康协会开启的"健康访问"率先在曼彻斯特和索尔福德地区开
展起来。曼彻斯特和索尔福德地区被划分为若干区域,每个区域拥有一名女
主管和一名健康访问员。女主管是由健康协会的志愿者担任,而后者则被支
付微薄报酬,负责入户访问工作。关于健康方问的工作细节,健康协会的时任
主席哈迪女士是这样描述的:访问员必须在女主管的指导下逐家逐户访问,
"她们随身携带石碳粉(carbolic powder),向受访家庭解释其用途,并将其放在
受访户可以接受的地方;提醒受访家庭注意户内的各种恶臭味、空气的不流
通,以及各种不清洁的物品;指导妈妈们正确地喂养孩子及给孩子们穿戴合适
的衣物;如受访户有人生病,应通过个人协助提高患者的身心舒适度,并向主
管报告";在所有受访家庭,访问员"必须倡寻清洁、节约和禁酒的重要性"②。
同时,作为健康访问活动的一种延伸,健康协会还在每个区域每周举办一次
"妈妈课堂"(Mothers' Meetings),传授的主要内容涉及"个人和家庭清洁、节
俭、家居通风、疾病预防、儿童看护、饮食、洗刷、婴儿的穿衣及其裁剪和缝补"

---

① 　Deborah Dwork, *War is Good for Babies and other Young Children: A History of the Infant and Child Welfare Movement in England, 1898—1918*, Tavistock Publications Ltd 1987, p.125.

② 　"A Model Ladies' Health Society", *The British Medical Journal*, Jan.20th, 1906, pp.151-152.

等与儿童健康有关的话题，而参加者则是由访问员通过家访邀请而来①。1884 年，"曼彻斯特犹太女士访问协会"（Manchester Jewish Ladies Visiting Association）亦开始在曼彻斯特的犹太人社区开展了健康访问活动②。需要强调的是，女士健康协会的这些活动，最初完全是志愿者团体的一种独立的慈善活动，至 1890 年在曼彻斯特和索尔福德地区"拥有 11 位分别工作和生活在 11 个不同区域的付酬访问员"③。

女士健康协会的健康访问活动引起当地市政当局的关注。经过协商，1890 年曼彻斯特市政当局同意与女士健康协会在当地合作开展健康访问，并向其中 6 位访问员支付薪水；而对访问员的监督和指导责任，则由协会转移到当地的"健康医疗官"④。总体来说，地方政府的合作有利于健康访问的可持续发展，即对于健康协会而言，它"提供了成熟的监督功能，以及相当大的额外资金支持"；对于市政当局而言，它"以纳税人的少量付出确保了健康工作者数量的大幅增加"⑤。这种做法很快也被索尔福德市政当局所采纳。

实际上，曼彻斯特市政当局与健康协会合作，具有自身更深层次的考虑，特别是当 1894 年由詹姆斯·尼维（James Niven）接任健康医疗官时，逐步将当地的健康访问体制塑造成以"母婴保健指导"为主要内容的健康访问，以符合市政当局降低婴儿死亡率的目标。关于这种体制，《英国医学学报》在 1906 年初曾刊文详细介绍了其具体内容和程序⑥。比如，访问对象上，访问员被要

---

① G.F.McCleary, *The Early History of the Infant Welfare Movement*, H.K.Lewis Co.Ltd, 1933, p.86.

② Janet Lane-Claypon, "Report on Infant Welfare Work in Lancashire", in *Supplement in Continuation of the Report of the Medical Officer of the Local Government Board for 1913—1914*, His Majesty's Stationery Office, 1914, pp.144-147.

③ Deborah Dwork, *War is Good for Babies and other Young Children: A History of the Infant and Child Welfare Movement in England, 1898—1918*, Tavistock Publications Ltd 1987, p.125.

④ Celia Davies, "The Health Visitor as Mother's Friend: A Woman's Place in Public Health, 1900—1914", *Social History of Medicine*, No.01, 1988, pp.39-59.

⑤ G.F.McCleary, *The Early History of the Infant Welfare Movement*, H.K.Lewis Co.Ltd, 1933, p.87.

⑥ "A Model Ladies' Health Society", *The British Medical Journal*, Jan.20th, 1906, pp.151-152.

求造访其负责区域内的所有育有新生儿的家庭,直至婴儿满一周岁。访问的具体内容上,主要是了解婴儿"是否被恰当喂养和穿衣",确认居所的清洁、通风和卫生程度,并将过度拥挤、排水不畅,且存有结构性缺陷的房屋上报给当地的卫生当局;在人工喂养的家庭,还要调查婴儿奶瓶的种类,以及奶瓶清洁的方式。而且,针对容易导致婴幼儿死亡的夏季腹泻,市政当局和健康协会对访问员作了专门培训,要求其调查所有可能导致婴儿易患腹泻的各种环境因素,就腹泻的原因与补救措施向受访家庭提供咨询与帮助,并调查"食物入户前的特征与状况"以及"入户后可能导致食物被污染的任何环境"。与此同时,访问员还被要求查看受访家庭住所内外环境的清洁程度,以及房屋内外墙面的卫生程度,必要时将劝说房客刷白墙面,石灰和刷子统一由访问员保存,并免费提供给房客使用。据尼维记载,在他任内,曼彻斯特地区有 8984 处房屋和院落"被彻底地清洁和刷白"。

曼彻斯特和索尔福德地区的健康访问活动很快被其他地方当局所效仿,尽管健康访问员在各地的称呼有所不同,但都是由女性充任,都是为贫困家庭提供妇幼保健和护理服务。圣—海伦斯、谢菲尔德、切斯特菲尔德、伯明翰走在最前列,至 1905 年共有 50 余个城镇雇用了"健康访问员"或"卫生巡视员"(Sanitary Inspector)实施健康访问①。其中,1892 年白金汉郡议事会雇用了 3 名由当地"技术教育委员会"培训的专职健康访问员②;1897 年,利物浦市政当局任命了两名女性巡视员开展健康访问工作,至次年增加到了 8 名,利物浦由此成为兰开郡第一个任命当局健康访问员的郡城镇③;1904 年,伍斯特郡卫

---

① G.F.McCleary,*The Early History of the Infant Welfare Movement*,H.K.Lewis Co.Ltd,1933,pp. 88-89.

② Deborah Dwork,*War is Good for Babies and other Young Children:A History of the Infant and Child Welfare Movement in England,1898 — 1918*,Tavistock Publications Ltd 1987,p.126.

③ Janet Lane-Claypon,"Report on Infant Welfare Work in Lancashire",in *Supplement in Continuation of the Report of the Medical Officer of the Local Government Board for 1913—1914*,His Majesty's Stationery Office,1914,pp.144-147.

生官员向议会证实,当地地方当局已经雇用了 5 名"女性健康使者"(Lady Health Missioners)"走访住所和学校,指导家长如何对婴幼儿喂食、穿衣和养育",且已经持续了 6 年多①。而在不少地方开办的婴儿奶站,健康访问亦成为各地奶站运行过程的重要环节。所谓婴儿奶站,是 20 世纪初叶一些英国地方当局和志愿团体为了保障婴幼儿健康而开办的旨在向当地贫穷家庭提供廉价优质"洁净"奶的福利机构②。为了更好地说服和指导父母使用洁净牛奶喂养她们的孩子,地方当局便派遣健康访问员或"女士巡视员"(Lady Inspector)深入到她们的住所宣传或提供咨询和协助。巴特西城健康医疗官麦格利里曾谈到,多数英国奶站在当地健康医疗官指导下派遣健康访问员定期前往奶站婴儿家中为其提供"医学监护"(Medical Supervision)服务,通过这种"有价值的工作",妈妈们"在自己家中受到的影响以及受指导的效果比其他任何地方要强得多"③。格拉斯哥奶站在健康访问方面做得比较周到,1906—1908 年格拉斯哥奶站先后雇用了 3 位专职女医师,到奶站婴儿家中为其称量体重,监管婴儿发育状况④。由上可以看出,20 世纪之交,健康访问已经成为英国地方当局普遍接受和采用的维护婴儿健康的重要手段。

二、"哈德斯菲尔德计划"与健康访问制度化模式的形成

在各地推行的过程中,健康访问日益形成一套行之有效旨在改善婴儿健康状况、降低婴儿死亡率的儿童福利制度,其中尤以"哈德斯菲尔德计划"最

---

① Inter-Departmental Committee on Physical Deterioration, *Report of the Inter-Departmental Committee on Physical Deterioration*, Vol.II, *List of Witnesses and Minutes of Evidence*, His Majesty's Stationary Office, 1904, p.262.

② 参阅魏秀春:《牛奶安全与婴儿健康:20 世纪初叶英国婴儿奶站的发展》,《世界近现代史研究》第九辑,社会科学文献出版社 2012 年版。

③ C.F.McCleary, "The Public Supply of Pure or Specially Prepared Milk for the Feeding of Infants", *The Lancet*, August 18, 1906, pp.422-423.

④ Angus H.Ferguson, Lawrence T.Weaver and Malcolm Nicolson, "The Glasgow Corporation Milk Depot 1904—1910 and its Role in Infant Welfare: an end or a means", *Social History of Medicine*, Vol.19, Issue 3, December 2006, pp.443-460.

为典型。

　　哈德斯菲尔德市政当局是 20 世纪初英国婴儿福利运动积极的参与者和推动者。哈德斯菲尔德城"为了促进婴儿福利开展了最为充分的家庭访问活动",即"受到良好组织且最为完备的"健康访问体制①,英国学者称其为"哈德斯菲尔德计划"。当地的"健康委员会"主席本杰明·布罗德本特和健康医疗官莫尔医生共同推动了这一计划的创立与实施。本杰明·布罗德本特是 20 世纪初英国著名的社会活动家,出身于哈德斯菲尔德毛纺织业工厂主家庭,积极参与和推动儿童福利制度建设,被誉为"儿童之友",1897 年当选为哈德斯菲尔德"健康委员会"主席,1905 年当选为哈德斯菲尔德市长。莫尔医生 1901—1930 年任职为哈德斯菲尔德健康医疗官,任职期间始终致力于婴儿健康福利活动,以降低当地的婴儿死亡率。

　　作为英国著名的工业城市之一,哈德斯菲尔德自 19 世纪后期以来经历了比较严峻的婴儿死亡率偏高的形势。19 世纪 80 年代当地的平均婴儿死亡率为 167‰,19 世纪 90 年代上半期的平均婴儿死亡率为 156‰,下半期的为 140‰,而出生率则由 1880 年的 31.2‰降为 1900 年的 22.8‰②。所以,如何大幅降低当地的婴儿死亡率,成为哈德斯菲尔德市政当局亟待解决的社会问题。1901 年莫尔担任健康医疗官后,精心调查了当地的婴儿死亡率问题,收集英国以及欧洲大陆的大量关于婴儿福利的材料,从而提出降低婴儿死亡率的具体举措,汇总成《关于婴儿死亡率的报告》于 1904 年 5 月提交给当地的"健康委员会",得到时任委员会主席本杰明·布罗德本特的支持③。莫尔医生在报告中提出了一揽子具体建议,包括对于婴儿出生 48 小时之内能够向健

　　①　G.F.McCleary,*The Early History of the Infant Welfare Movement*,H.K.Lewis Co.Ltd,1933,pp.90—91.

　　②　Hilary Marland,"A Pioneer in Infant Welfare:the Huddersfield Scheme,1903—1920",*Social History of Medicine*,Vol.6,Issue 1,1993,pp.25—50.

　　③　G.F.McCleary,*The Early History of the Infant Welfare Movement*,H.K.Lewis Co.Ltd,1933,pp.90—91.

康医疗官报备的家庭奖励 1 先令；雇用两名专职女性健康访问员；建立一处婴儿护理所，首批对 25 名婴儿实施为期 12 个月的实验性白昼护理；建立奶站，向 1 岁以下的婴儿供应洁净奶，等等。而这些建议并没有完全被健康委员会采纳，最终提交给市政当局的方案只包括婴儿出生报备、雇用女性健康访问员和建立婴儿奶站的建议，而在最终实施时，建立奶站的构想亦被放弃了①。所以，1905 年 10 月开始实施的"哈德斯菲尔德计划"仅包括婴儿出生报备和健康访问两项内容。然而，就是这两项内容的开展，却对现代英国婴儿福利制度产生了深远的影响，形成了英国现代儿童健康访问制度的基本模式。

第一，"哈德斯菲尔德计划"首开通过议会立法实施婴儿出生强制报备之先河，为英国制定与实施全国性的出生报备法提供了基础。

婴儿出生强制报备被认为是"哈德斯菲尔德计划"的关键环节，因为它能够使当地公共健康部门及时准确地"知道去访问谁"②。"哈德斯菲尔德计划"最初实行鼓励政策，对于婴儿出生 48 小时之内能够向健康医疗官报备的家庭奖励 1 先令；同时争取英国议会立法，授权哈德斯菲尔德城在本地强制实行出生报备。1906 年 11 月，英国议会通过了《哈德斯菲尔德市政法》（Huddersfield Corporation Act），授权哈德斯菲尔德市政当局在 5 年有效期内强制要求本地居民在婴儿出生 48 小时之内必须向健康医疗官报备，及时报备的将得到 1 先令的奖励，无故拖延报备的将惩以 20 先令的罚金。上述做法取得了显著的效果，在"哈德斯菲尔德计划"实施的前三个月内，当地 521 名新出生婴儿，报备的有 240 名，占 46%；而 1906 年法令实施后，仅 1907 年 3 月新出生的 172 名婴儿，报备的达 158 名，占 92%，其中 120 名被认为适合进行健康

---

① Hilary Marland, "A Pioneer in Infant Welfare: the Huddersfield Scheme, 1903—1920", *Social History of Medicine*, Vol. 6, Issue 1, 1993, pp.25—50.

② Deborah Dwork, *War is Good for Babies and other Young Children: A History of the Infant and Child Welfare Movement in England, 1898—1918*, Tavistock Publications Ltd 1987, p.138.

访问①。

英国社会对哈德斯菲尔德强制报备的做法寄予厚望,"当希望哈德斯菲尔德所建议的旨在确保及时进行出生报备的实验性立法取得成功之时,人们无不认为(未来)在英格兰和威尔士实施类似规定的可能必须取决于哈德斯菲尔德(的行动)是否产生有益影响的清晰证据"②。就在1906年法令生效后不久,1907年初议员罗伯特·塞西尔将关于婴儿出生报备的议案作为私法提交给议会并获得通过,这就是英国第一部《出生报备法》。塞西尔最初提议仿照1906年法令,规定婴儿出生后48小时之内强制报备,后来地方政府事务部将报备时间改为婴儿出生36小时之内③。需要强调的是,1907年法令是一部许可性法令,允许地方当局在取得地方政府事务部的同意之后实施强制出生报备。哈德斯菲尔德在1906年法令年满5年后不再寻求延长其有效期,转而实施1907年法令,进一步巩固了婴儿出生强制报备制度。

第二,"哈德斯菲尔德计划"雇用具有医学专业背景的女性作为健康访问员,且与志愿组织亲密合作,提高了健康访问的能力与效果。

当"哈德斯菲尔德计划"正式实施时,健康访问在英国已经有40余年的历史了,英国社会对访问员职业资格的要求亦在不断地提高,曼彻斯特和索尔福德市政当局所雇用的工人阶层女性访问员不再适应地方当局对访问员日益提高的资格要求,即"她不仅要通过她的知识和技能完成她的职责,而且更重要的是,还需要她的热心肠、说服力和人格(与妈妈们建立起友谊)"④。也就是说,至20世纪初,健康访问员至少需要拥有一定的医学或健康教育背景,而

---

① Hilary Marland, "A Pioneer in Infant Welfare: the Huddersfield Scheme, 1903—1920", *Social History of Medicine*, Vol. 6, Issue 1, 1993, pp.25-50.

② "Infant Mortality and Birth Notification", *The Lancet*, May 5, 1906, p.1263.

③ Deborah Dwork, *War is Good for Babies and other Young Children: A History of the Infant and Child Welfare Movement in England, 1898—1918*, Tavistock Publications Ltd 1987, p.139.

④ Celia Davies, "The Health Visitor as Mother's Friend: A Woman's Place in Public Health, 1900—1914", *Social History of Medicine*, No.01, 1988, pp.39-59.

且还要能够成为"妈妈之友"（Mother's Friend）。所以，在"哈德斯菲尔德计划"的制定者看来，哈德斯菲尔德健康访问员职责"不是去填写表格或收集资料，而是要婴儿活下来"，所以健康访问员必须是"医学女性"，即具有医学教育或实践背景的女性，同时还"必须要有妈妈心肠"，"必须明白父母对婴儿福利的责任"①。在这种背景下，1905 年哈德斯菲尔德市政当局雇用的两位健康访问员"尽管没有公共健康的专业文凭，但都拥有医院和公共健康领域的实践经验"，也就是说她们都具有"医学资格"，因而市政当局赋予她们"助理医疗官"（Assistant Medical Officer of Health）的头衔，为她们支付的报酬是每年 105 英镑②。

哈德斯菲尔德的健康访问主要是由两名助理医疗官与当地的志愿者组织"公共健康同盟"共同完成的。"公共健康同盟"，全名"哈德斯菲尔德城区公共健康同盟"（Huddersfield and District Public Health Union），于 1905 年 6 月成立，由布罗德本特兼任第一届主席，拥有 100 余名女性志愿者，其主要宗旨是"组织每家每户的访问，传播婴儿喂养和护理知识"③。具体的访问程序是这样的，即当健康医疗官收到婴儿出生的报备信息后，助理医疗官随即造访新生婴儿家庭，向其提供婴儿看护的建议，并发放育儿健康手册，接下来公共健康同盟的"女士协助者"（Lady Helpers）将经常性地探访该家庭的育婴状况，直至婴儿满一周岁。根据《英国医学学报》1907 年 12 月 7 日的报道，我们可以对公共健康同盟的"协助"访问有一个比较清晰的勾勒④。首先公共健康同盟将哈德斯菲尔德全域划分为若干个区域（District），这些区域与哈德斯菲尔

---

① Hilary Marland，"A Pioneer in Infant Welfare：the Huddersfield Scheme，1903—1920"，*Social History of Medicine*，Vol. 6，Issue 1，1993，pp.25-50.

② Hilary Marland，"A Pioneer in Infant Welfare：the Huddersfield Scheme，1903—1920"，*Social History of Medicine*，Vol. 6，Issue 1，1993，pp.25-50.

③ Hilary Marland，"A Pioneer in Infant Welfare：the Huddersfield Scheme，1903—1920"，*Social History of Medicine*，Vol. 6，Issue 1，1993，pp.25-50.

④ "Infantile Mortality：The Huddersfield Scheme"，*The British Medical Journal*，December 7th，1907，pp.1658-1659.

德的行政区划（Ward）基本重合，每个区域每年估计有 150 名新生儿。然后，公共健康同盟每周将市政当局更新的婴儿名单信息送至区域女主管手中，由女主管将访问任务分配给本区域"协助者"，每位"协助者"平均需要访问 15—20 个婴儿家庭。"协助者"将对每名婴儿进行持续访问和观察，而当婴儿出现疾患，又无执业医生坐诊时，"协助者"需要及时将婴儿"送至公共卫生部门寻求援助"，或者"要求助理医疗官作一次（健康）访问"。

由上可以看出，助理医疗官和公共健康同盟的"协助者"都是哈德斯菲尔德的健康访问员，而助理医疗官则在婴儿出生时作首次访问，并在需要时随时造访，为婴儿健康提供医学上的建议与帮助。这种安排，大大提高了健康访问的效率，强化了访问的目的性。1906 年 10 月，公共健康同盟发布的报告称，"在 1245 名新生儿中，其中 558 名已经给予访问，且由 40 名女士实施了 1529 次访问（平均每名女士访问了 14 名婴儿，而每名婴儿则受到 38 次访问）。"而至 1907 年底，哈德斯菲尔德有 1500 余名婴儿受到访问，其中 904 名受到经常性的例行访问，总共实施访问达 6000 余次，平均每名访问员访问了 15 名婴儿，实施了 60 次访问员。①而在其他地区仅由地方当局的访问员所实施的健康访问显然是非常有限的，比如赫尔城即使在第一次世界大战后当地 11 名健康访问员每年访问婴儿的数量仅有 500—1000 人，"访问的次数非常少，与每一位母亲交流的时间相当简短"②。而且，"哈德斯菲尔德计划"这种访问模式，对于市政当局来说是也相当节约的，每年的成本仅包括助理医疗官的薪酬和健康手册的印刷费，还不到 400 英镑③。

第三，"哈德斯菲尔德计划"的实施使莫尔"天赋人权"的婴儿福利思想

---

① Hilary Marland, "A Pioneer in Infant Welfare: the Huddersfield Scheme, 1903—1920", *Social History of Medicine*, Vol. 6, Issue 1, 1993, pp.25—50.

② Jane Lewis, "The Social History of Social Policy: Infant Welfare in Edwardian England", *Journal of Social Policy*, Vol.9, Issue 4, 1980, pp.463—486.

③ "Infantile Mortality: The Huddersfield Scheme", *The British Medical Journal*, December 7th, 1907.

得以强化。

　　"哈德斯菲尔德计划"实践了莫尔的婴儿福利思想①。首先，他认为，每名新生儿来到世界上，都拥有与生俱来的"基本的自然权利"，即"存活达到能够决定自己命运，以及在受到危及生命的外部环境威胁时能够合理自我保护的年龄"。由于他毫无选择地被带到这个世界上，他自然获得这一"原始权利"。第二，上述权利直接来自于"他的母亲和父亲"，间接受益于他所生活的"社会"或"国家"，而"一般来说来自于父母的直接权利却不能否定从社会组织获得的间接权利"，故获得"来自于父母和国家"的保护，使其"免受死亡因素的打击"是"每个来到这个世界上儿童的基本的自然权利"，是"完全不可剥夺的"。第三，"放纵外部环境和可预防因素致死这一无助的个体（即儿童），显然是一种犯罪行为"，而"当婴儿死亡时，他本身是无任何过失的，却暴露出他的无助和世态炎凉"。由此，上述婴儿福利思想将天赋人权思想应用于婴幼儿这一群体，充分体现了当时英国社会对婴儿生存权和社会价值的觉醒。

　　植根于上述思想的"哈德斯菲尔德计划"的成功实施，进一步丰富了英国妇女儿童的福利思想，即"预防婴儿过早的死亡显然是与预防孕育婴儿的妇女的死亡密不可分的"，因为"过多地孕育婴儿的产妇死亡也就意味着难产婴儿过多地死亡以及在出生后几周内婴儿的过多地死亡"。也就是说，婴儿福利是与妇女福利不可分离的。健康访问既是婴儿的健康福利，也是妇女的健康福利。

三、哈德斯菲尔德计划的历史地位

　　曼彻斯特和索尔福德女士健康协会开启了健康访问体制，并与地方当局合作共同开展健康访问。而其他地方当局的效仿，则催生了"哈德斯菲尔德计划"。哈德斯菲尔德计划在20世纪初英国地方当局推行的健康访问体制中独具特色，在有效地推动了当地婴儿福利制度的发展的同时，为英国健康访

① S.G.Moore，"Infantile Mortality and the Relative Practical Value of Measures Directed to its Prevention"，Lecture I.，*The Lancet*，April 22nd，1916，pp.849–853.

问的制度化奠定了基本模式。

而且,"哈德斯菲尔德计划"始终坚持婴儿健康至上的原则,以"挽救婴儿生命"为目标。为此,哈德斯菲尔德健康委员会采纳了莫尔医生的建议,以"母乳喂养"作为健康访问的基本原则,要求访问员向婴儿家庭提供的首要建议必须是"如果你爱你的孩子,想为他做得更好,就以母乳喂养他吧!(因为以牛奶为食的婴儿第一年的死亡率为 50%,而以母乳为食的婴儿则为 7%)"。①这是因为,莫尔医生坚信母乳喂养是提高婴儿健康的主要手段,即"生活在不清洁环境中的婴儿,如果受母乳喂养,且得到母亲无微不至地照顾,就比那些以牛奶喂养并被母亲忽视的婴儿有着更大的存活机会"②。这里需要强调的是,在健康访问实施过程中,无论是助理医疗官,还是公共健康同盟"协助者"的访问是"为了婴儿健康而实施的访问","不涉及任何馈赠和慈善","不给予任何形式的救济物",而受访家庭如果需要其他形式的援助,将由其他志愿机构介入③。总而言之,哈德斯菲尔德计划"避免了与提供经济援助有关的政治争议",坚持健康访问的主要职能是健康教育,并且与志愿组织合作,使其"廉价而易于推行"④,为全国性健康访问制度的建立提供了可借鉴的模式。

第二节　英国儿童福利中心的形成

英国儿童福利中心,全称为"妇女与儿童福利中心"(The Maternity and

---

① "Infantile Mortality: The Huddersfield Scheme", *The British Medical Journal*, December 7th, 1907.

② S.G.Moore, "Infantile Mortality and the Relative Practical Value of Measures Directed to its Prevention", Lecture I., *The Lancet*, April 22nd, 1916, pp.849-853.

③ "Infantile Mortality: The Huddersfield Scheme", *The British Medical Journal*, December 7th, 1907.

④ "Infantile Mortality: The Huddersfield Scheme", *The British Medical Journal*, December 7th, 1907.

Child Welfare Centre),诞生于20世纪初,旨在应对19世纪中期以来英国居高不下的婴儿死亡率问题,在改善和保障孕产妇、婴幼儿身体健康及生命安全等方面发挥了重要作用,是20世纪英国儿童福利制度的重要组成部分。

一、英国儿童福利中心的发端

英国儿童福利中心的发端亦是源于19世纪后期英国社会对于婴幼儿健康问题的关注。随着19世纪后半叶英国社会贫困、失业等问题丛生并日益复杂化,英国国民尤其是作为"国家及民族未来"的儿童群体幼时夭折及体质下降现象日益突出。至20世纪初,英国婴儿死亡率平均仍为127.3‰,而在约克郡贝特利市,贫困家庭儿童死亡率更是高达172.5‰。[1]而在兰开郡,1902—1904年各城镇的婴儿死亡率均居高不下,其中伯恩利(Burnley)高达208‰,普雷斯顿为176‰,索尔福德为173‰,利物浦为172‰,布莱克本、曼彻斯特均为169‰,均远远高于全国婴儿平均死亡率[2]。与此同时,英格兰和威尔士婴儿出生率问题,却持续降低。1871—1875年间及1896—1900年间,英格兰及威尔士的婴儿出生率从35.5‰降至29.3‰。[3] 而在哈德斯菲尔德地区,出生率则由1880年的31.2‰降至1900年的22.8‰。[4]显然,这一时期持续降低的婴儿出生率与居高不下的新生儿死亡率,均意味着新生人口的严重损耗,长远来看必将危及英国的帝国事业。

如上文所述,造成婴儿死亡的源头在于他们的"妈妈",故降低婴儿死亡率的预防性措施就是要从改善"妈妈"孕育、生产和喂养新生儿的条件和方式

---

① Pat Thane, *Foundations of the Welfare State* (2nd edition), Longman 1996, p.53.

② Arthur Newsholme, "Third Report on Infant Mortality Dealing with Infant Mortality in Lancashire", in *Supplement in Continuation of the Report of the Medical Officer of the Local Government Board, 1913—1914*, His Majesty's Stationery Office, 1914, p.4.

③ G.F.McCleary, *The Maternity and Child Welfare Movement*, P.S.King & Son Ltd., 1935, p.6.

④ Hilary Marland, "A Pioneer in Infant Welfare:the Huddersfield Scheme, 1903—1920", *Social History of Medicine*, Vol.6, Issue 1, 1993, pp.25-50.

入手,特别是婴儿出生后最初几个月的护理,尤其是新生儿喂养的方式,则对维护新生儿的生命安全更为重要。毋庸置疑,婴儿死亡与妊娠生产条件欠佳及新生儿护理不当是密切相关的。1901年,仅因妊娠早产,英格兰和威尔士婴儿死亡人数就高于19.9‰。[①] 所以,对新生儿妈妈产前产后给予正确的指导以及对新生儿健康状况给予持续的监测和关爱越发显得紧迫。20世纪初,随着健康访问在许多地区的开展,各地区纷纷进行维护婴幼儿健康的探索,这就是儿童福利中心的建立。

儿童福利中心的原型是"婴儿咨询中心"(the Infant Consultation)和"妈妈学校"(the School for Mothers),这两个机构都是由志愿者最先创立,前者的主要任务最初是就如何维持婴儿健康向妈妈们提供医学建议,后者的主要任务就婴儿的养育问题向妈妈们提供指导[②]。英国第一家婴儿咨询中心于1906年由艾瑞克·普里查德在伦敦马里波恩(Marylebone)成立,1907年在伦敦圣·潘克拉斯区成立了第一家"妈妈学校"。在运行过程中,两个机构的职能日益融合,逐渐合二为一,组建为"儿童福利中心"。麦克勒里认为,英国这些儿童福利中心的出现深受法国产科医生皮埃尔·布丁(Pierre Budin)的影响。1892年,皮埃尔·布丁教授在巴黎夏利特医院建立了首个婴儿医护咨询中心,制定了多项制度以保障其工作顺利开展。皮埃尔·布丁教授主张母乳喂养,坚持医院应在婴儿断奶时,定量提供消毒灭菌瓶装牛奶,以保证为婴儿提供足量并适量的安全食物。因此,提供消毒灭菌奶,成为此类咨询中心工作的重要组成部分。此外,布丁还主张婴儿每次到院检查,应称量体重并做好记录,以了解婴儿成长发育状况。其工作的核心思想是"儿童在2岁之前应当置于系统的医学监护之下,而婴儿妈妈需要在中心的指导下有步骤地维护自身及其孩子的健康"。皮埃尔·布丁所创立的此类育儿指导中心迅速在法国

---

① G.F.McCleary,*The Maternity and Child Welfare Movement*,P.S.King & Son Ltd.,1935,p.49.
② J.E.Lane-Claypon,*The Child Welfare Movement*,G.Bell Sons Ltd.,1920,p.38.

盛行,这一理念也被包括英国在内的欧洲国家广泛接受。①

英国的这些儿童福利中心成立后,在运行上初步形成了自己的模式。首先在场所上,儿童福利中心一般由 3 个房间组成,分别作为医生检查室、儿童等候室和儿童换衣室,这些房间需要保持通风以及冬天时需要通暖,咨询室需要充足的光线,而工作人员都身着白色制服,有些福利中心还为儿童备有饼干。在开放时间上,有些中心是在上午开放,但大部分中心是在下午开放;在问询程序上,在接受医学检查和问询前,婴儿首先被脱去衣服称量体重,这样做一方面是为了更精确地掌握婴儿体重的变化,一方面也是为了让妈妈们"更加细心地为孩子清洁",对于这个问题虽有争议,但这样做"至少能让孩子有一天能比其他时间更为干净,或许能让妈妈们在其他时间效仿这一天"。而且,福利中心还为每一名前来检查和咨询的儿童建立健康记录卡,该记录卡包括儿童家庭住址、家庭状况和每次检查的信息,以便日后入学时学校医疗官能够调阅;同时还给予每位孩子的妈妈一张健康卡,主要内容包括孩子的体重和医生的指导建议,以便健康访问员探视时能够及时看到。另外,在检查频度上,一般是新生儿出生 2—3 天内要求每周都要接受检查,随着年龄的增长,逐渐延长到两周、一个月直至一个季度。② 另外,一些比较大的儿童福利中心还为孕妇提供产前检查服务、为妈妈及其孩子提供健康食品或洁净牛奶,以及提供牙齿保健服务;同时,还为儿童提供药物和日托服务、为 2—5 岁儿童提供微小疾病的治疗服务,以及为产妇生产提供床位服务等③。

许多儿童福利中心最初为儿童及其妈妈们提供餐食服务。1906 年伦敦切尔西地区开办了一个小型的饭店,以 1 便士的价格专门为儿童及妈妈们提

---

① G.F.McCleary, *The Maternity and Child Welfare Movement*, P.S.King & Son Ltd., 1935, pp. 39-40.

② J.E.Lane-Claypon, *The Child Welfare Movement*, G.Bell Sons Ltd., 1920, pp.44-47.

③ J.E.Lane-Claypon, *The Child Welfare Movement*, G.Bell Sons Ltd., 1920, pp.52,69.

供价值 5 便士的餐食,包括肉类、蔬菜和布丁;圣·潘克拉斯区的"妈妈学校"从一开始就为儿童及其妈妈们提供餐食服务。随后建立的儿童福利中心亦纷纷开办"妈妈餐厅",更多的福利中心只为孕妇、哺乳妈妈和学龄前儿童提供牛奶;1912 年曼彻斯特的奶妈学校以极低的价格出售炼乳甚至获得到 500 镑的收益①。作为儿童福利中心的一部分,婴儿奶站的开办使各地为婴幼儿提供洁净牛奶实现了常态化,圣海伦斯(St.Helens)于 1899 年在全英开设了第一家婴儿奶站,利物浦亦于 1901 年开办了婴儿奶站②;此后,莱恩的阿什顿(Ashton-under-Lyne)、达金菲尔德(Dukinfield)在 1901 年,巴特西城在 1902 年,利斯(Leith)、布莱德福德在 1903 年,伯恩利、格拉斯哥和邓迪(Dundee)在 1904 年,莱斯特、朗伯斯(Lambeth)和伍尔维奇(Woolwich)在 1906 年,都柏林在 1907 年相继由当地市政当局开办了婴儿奶站③。

需要强调的是,"儿童福利中心活动的开展从一开始就与家庭健康访问紧密联系在一起,后来发现,如果没有健康访问,福利中心的工作将陷入困境。家庭健康访问的工作在很多方面被证实发挥了很大的作用,即访问员的工作能确保中心医生的建议在那些家庭条件困难的儿童家中得到切实执行,能使妈妈们认识到定期到中心检查的重要性"④。20 世纪初英国公共卫生专家 J·E·雷恩—克里培恩亦强调了这一点,"市政健康访问员和婴儿福利中心工作上的合作是人们所期望的。健康访问员应当将婴儿们介绍到福利中心来,并服务于婴儿咨询的工作。如果没有这种合作,婴儿访问和福利中心的工作将会完全失败,因为健康访问员无法获得她访问婴儿的医疗建议,婴儿福利

---

① G.F.McCleary,*The Maternity and Child Welfare Movement*,P.S.King & Son Ltd.,1935,p.43.

② Janet Lane-Claypon,"Report on Infant Welfare Work in Lancashire" in *Supplement in Continuation of the Report of the Medical Officer of the Local Government Board for 1913—1914*,His Majesty's Stationery Office,1914,pp.144-147.

③ G.F.McCleary,*The Early History of the Infant Welfare Movement*,H.K.Lewis Co.Ltd,1933,p.72.

④ G.F.McCleary,*The Maternity and Child Welfare Movement*,P.S.King & Son Ltd.,1935,p.42.

中心也无法保障婴儿们的健康"①。地方政府事务部在 1914 年的备忘录中亦强调,"只有当儿童福利中心的工作一直与家庭健康访问的体制联系在一起,并由此自然发展时,福利中心的工作才能会令人满意"②。可见,健康访问活动是儿童福利中心的重要职能之一,健康访问员成为当时儿童福利中心职能的重要实施者。各地儿童福利工作开展的好坏在很大程度上以其雇用的健康访问员的数量来体现。比如,1914 年前儿童福利开展较好的伯明翰、利物浦、曼彻斯特和谢菲尔德等城市,雇用的访问员数量分别为 37、26、30 和 18 名③。

二、20 世纪初各地儿童福利中心的建立

建立儿童福利中心,开展婴幼儿健康服务的一个重要条件就是要解决"为谁服务""访问谁"的问题,即需要像哈德斯菲尔德城那样,强制实施婴儿出生报备制度。为了解决这一问题,根据 1906 年《哈德斯菲尔德市政法》的基本精神,地方政府事务部酝酿制定全国性的出生报备法令。在酝酿过程中,地方政府事务部大臣约翰·伯恩斯(John Burns)将出生报备的时间从出生后 48 小时内报备改为出生后 36 小时,而且还特别增加了医护人员主动报备的责任,即当孩子出生时,如果孩子的父亲不在场,负责接生的助产士或其他医务人员有责任将出生的信息报告至当地的健康医疗官,否则将受到最高不超过 20 先令的罚金④。这一规定,曾经引起了医学界部分人士的强烈反对,试

---

① Janet Lane-Claypon, "Report on Infant Welfare Work in Lancashire" in *Supplement in Continuation of the Report of the Medical Officer of the Local Government Board for 1913—1914*, His Majesty's Stationery Office, 1914, pp.144-147.

② Local Government Board, "Memorandum on Health Visiting and on Maternity and Child Welfare Centres, by the Medical Officer of the Board", in *Supplement Containing the Report of the Medical Officer for 1914—1915 of Forty-fourth Annual Report of the Local Government Board*, 1914—1915, His Majesty's Stationery Office, 1914, pp.1-2.

③ Local Government Board, *Report of the Medical Officer for 1913 — 1914*, *Supplement of Forty-third Annual Report of the Local Government Board*, 1913 — 1914, His Majesty's Stationery Office, 1914, p.xxv.

④ *Notification of Births Act*, 1907, Section.1(1)(3).

图阻挠法案的通过,《英国医学学报》的编辑评论称"把这一新的责任称之公民义务,简直荒唐之极"①。而早在法案的讨论阶段,哈德斯菲尔德市长布罗德本特在写给《英国医学学报》的信中就表示,现实中婴儿的父亲在孩子出生时绝大多数是在家的,故报备的责任是由他们承担的,"或许只有不到1%的报备责任由医务人员承担"。布罗德本特进一步指出,如果医学界因为其微弱的责任而阻挠这一事关婴儿生死法案的通过,"无异于是对婴儿的谋杀,而放任婴儿死掉(显然)是要受到谴责的"。②事实上,"并不是所有地方上(医学)职业组织都敌视这一法案,也不是所有医学媒体的报告(对这一法案)如此有争议",大多数社会团体和地方当局对"哈德斯菲尔德计划"所采取的婴儿出生及时报备的做法持肯定态度,由此推动了1907年法令的通过及实施③。

1907年8月英国议会通过了全国性的《出生报备法》。1908年《儿童法》(The Children Act,1908)进一步确认了婴儿出生报备制度,特别是那些被他人领养的婴儿,要求领养人须在接收婴儿的48小时内报备婴儿出生信息,包括婴儿的姓名、性别、出生日期和地点、接收婴儿人员的姓名、安置婴儿的住所以及交送婴儿人员的姓名和住址,而地方当局需要及时派遣"婴儿保护访问员"(Infant Protection Visitor)探询那些被领养婴儿的健康和生存状况,即将婴儿健康服务扩大到"婴儿生命保护"④。

至1913年,98个大城镇中,74个实施了1907年法令;111个小城镇中,67个实施了1907年法令,所有的都会自治市(Metropolitan boroughs)在地方政府事务部的指令下全部实施了1907年法令;与此同时,87个大城镇、67个小城

① "Early Notification of Births Act", *The British Medical Journal*, August 30, 1907, pp.540-541.

② Benjamin Broadbent, "The Early Notification of Births Bill", *The British Medical Journal*, August 10, 1907, pp.364-365.

③ Deborah Dwork, *War is Good for Babies and other Young Children: A History of the Infant and Child Welfare Movement in England, 1898—1918*, Tavistock Publications Ltd 1987, p.142.

④ *The Children Act*, 1908, Section. 1, 2.

镇和 27 个首府自治市(共 28 个首府自治市)不同程度地开展了健康访问活动,而这些访问活动大多数是与 1907 年法令相联系的①。1912—1914 年是地方当局实施 1907 年法令的集中时期,该法令由此涵盖了英格兰和威尔士 80% 的人口,而 1915 年《出生报备扩大法》(Notification of Births Extension Act)亦强制性地将出生报备制度扩大至其余 20% 的人口②。

　　出生报备制度在全国的推行,为各地建立儿童福利中心、开展婴儿健康福利服务奠定了基础。至 1914 年 6 月,许多城镇和城市市区已经实施了《出生报备法》,建立了不同形式的儿童福利中心,为儿童提供医学监护服务,并开展健康访问服务。在兰开郡,所有的郡城镇都已经实施了《出生报备法》,并接管了当地的健康访问工作,而儿童福利中心的工作多数是由志愿组织承担的,比如曼彻斯特市政当局在 1908 年从女士健康协会手中接管了健康访问工作,女士健康协会将工作的重点转向了儿童福利中心,它以"曼彻斯特妈妈学校"的名义开办了 4 家儿童福利中心;博尔顿(Bolton)亦于 1908 年开办了第一家儿童福利中心,该中心与城镇议事会合作至 1914 年共开办了 4 家独立的儿童福利中心,并冠以"博尔顿妈妈学校"之名;索尔福德市政当局效仿曼彻斯特于 1909 年开始接管女士健康协会的健康访问工作,当地的女士健康协会亦是把重点转向了儿童福利中心,先后开办了 2 家儿童福利中心;沃林顿(Warrington)开办了 2 家儿童福利中心;弗内斯的巴罗(Barrow-in-Furness)是兰开郡最后一个实施《出生报备法》并开展健康服务的郡城镇③。

　　在兰开郡的自治市镇,"18 个自治市镇中已有 12 个市镇实施了《出生报备法》,并开展婴儿福利工作。""莱恩的阿什顿(Ashton-under-Lyne)、埃克尔

---

①　Deborah Dwork, *War is Good for Babies and other Young Children:A History of the Infant and Child Welfare Movement in England*,*1898—1918*,Tavistock Publications Ltd 1987,p.163.

②　J.E.Lane-Claypon,*The Child Welfare Movement*,G.Bell Sons Ltd.,1920,pp.13.

③　Janet Lane-Claypon,"Report on Infant Welfare Work in Lancashire",in *Supplement in Continuation of the Report of the Medical Officer of the Local Government Board for 1913—1914*,His Majesty's Stationery Office,1914,pp.144-147.

斯(Eccles)、兰开斯特和利夫(Leigh)已经开办了婴儿福利中心。在兰开斯特和利夫,婴儿福利中心完全是由当地卫生健康部门的健康医疗官和健康访问员运行的。其他自治市镇,市镇当局和志愿组织的亲密合作已经形成一种模式,健康医疗官和健康访问员都在支持婴儿福利中心的工作。在这两种模式中,市镇当局无一例外地都承担了志愿组织的花费。""9 个自治市镇(即作者调研过的市镇)共雇用了 13 名全职健康访问员,其中 7 个只承担了婴儿福利工作,另外 6 个还兼顾着学校儿童的健康工作。"① 伯恩利于 1908 年 2 月 5日开始实施《出生报备法》,任命了 3 位训练有素的护士作为健康访问员,成立了由当地女性志愿者团体"社会服务联盟"(League of Social Service)运行的儿童福利中心,加上一所已于 1904 年 10 月开放的市政婴儿奶站,当地婴幼儿健康服务初具规模。在伯恩利儿童福利中心,志愿者们举办了"妈妈学校",由健康访问员与妈妈们交谈,为妈妈们提供育儿建议和指导,并为婴儿称量体重;市政奶站则在"社会服务联盟"的建议下向贫困婴儿家庭免费提供洁净牛奶,其他家庭则需要每周交纳 1 先令 6 便士。另外两个自治市镇科恩(Colne)和尼尔森(Nelson)分别于 1908 年和 1911 年实施了《婴儿报备法》,并开展了婴儿福利工作。②

　　在兰开郡的城镇辖区,1908—1914 年相继实施了《出生报备法》,婴儿福利工作亦随即在 16 个城镇辖区展开,"几乎所有的婴儿访问都是由区议事会开展,只有奥勒尔(Orrell)的婴儿访问是在当地健康医疗官的监管下由志愿组织开展的。在阿瑟顿(Atherton),婴儿福利中心,连同婴儿咨询,是由当地卫

---

① 　Janet Lane-Claypon, "Report on Infant Welfare Work in Lancashire", in *Supplement in Continuation of the Report of the Medical Officer of the Local Government Board for 1913—1914*, His Majesty's Stationery Office, 1914, pp.144-147.

② 　Monckton Copeman, "An Investigation into the Causes of Infant Mortality in the County Borough of Burnley and the Adjoining Boroughs of Colne and Nelson", in *Supplement in Continuation of the Report of the Medical Officer of the Local Government Board for 1913—1914*, His Majesty's Stationery Office, 1914, pp.71-74.

生部门的健康医疗官主持开展工作的；在斯温顿、彭德尔伯里（Pendlebury），婴儿福利中心是在市政健康访问员和一些女性助手的协助下（由志愿组织）开展工作的。布赖尔菲尔德（Brierfield）的婴儿福利中心是（由志愿组织）与当地卫生办公室合作开办的。几个地区的区议事会共雇用了 17 名健康访问员，其中 7 个专职婴儿福利工作，5 个是区议事会的全职官员并承担学校儿童的健康工作，5 个是区议事会的兼职工作人员同时在其他时间主要承担护理工作。"①

其他地区，如谢菲尔德开办了一家市政婴儿咨询中心，每年花费 250 镑；而伯明翰则开办了 5 家市政婴儿咨询中心，另外还有很多由志愿者开办的儿童福利中心；布莱德福德开办了一家市政婴儿咨询中心和一家婴儿奶站，雇用了 3 名全职医疗官和 13 名护士，还将投资 14000 英镑再建一家拥有 20 个床位的中央婴儿福利中心，为学龄前儿童提供门诊服务②。至 1915 年，伦敦汉普斯特德、肯辛顿、斯特普尼和伍尔维奇等 4 个自治市共有 15 家儿童福利中心，其中 1 家由市政当局举办，其他均为志愿组织开办③。至 1918 年 7 月 1 日，英格兰和威尔士地区共建立了 1278 家儿童福利中心，其中地方当局建立了 700 家，志愿组织建立了 500 家④。

三、英国婴幼儿福利的初步形成

在 20 世纪初，英格兰和威尔士各地地方当局和志愿组织举办儿童福利中

---

① Janet Lane-Claypon, "Report on Infant Welfare Work in Lancashire", in *Supplement in Continuation of the Report of the Medical Officer of the Local Government Board for 1913—1914*, His Majesty's Stationery Office, 1914, pp.144-147.

② Local Government Board, *Report of the Medical Officer for 1913—1914*, *Supplement of Forty-third Annual Report of the Local Government Board*, 1913—1914, His Majesty's Stationery Office, 1914, p.xxv.

③ Lara V. Marks, *Metropolitan Maternity: Maternal and Infant Welfare Services in Early Twentieth Century London*, Atlanta, GA, 1996, p178.

④ Local Government Board, *Forty-eighth Annual Report of the Local Government Board*, 1918—1919, His Majesty's Stationery Office, 1919, p.63.

心、任命健康访问员为婴幼儿提供健康服务,是各地为了应对当地居高不下的婴儿死亡率而主动采取的预防性措施。志愿组织最先行动起来,当地方当局认识到婴幼儿健康问题的紧迫性时,或者主动与当地志愿组织合作,或者效仿其他地区开展婴幼儿福利服务。

地方政府事务部亦认识到婴幼儿健康问题的严峻形势,其首席医疗官阿瑟·纽斯豪姆1910年、1913年和1914年先后提交了3份关于婴儿和儿童死亡率问题的研究报告。地方政府事务部还制定了《出生报备法》在全国推行,为各地健康措施的施行创造了前提条件,纽斯豪姆在其研究报告中亦注意到并且肯定了许多地方当局正在施行的措施。纽斯豪姆在1910年的报告中指出,"该报告所列的统计数据强调了对婴儿死亡进行更详细调查的重要性,并将其作为采取行政措施的依据。这一点,在一些地区已经开展了,而其他地区除因传染性疾病导致的死亡外还没有开始关注。""目前的证据可以得出这样的结论,即婴儿死亡率能够通过对助产士进行充分的培训和帮忙而大幅降低。这一方式,特别适用于挽救婴儿在其出生时和出生不久后的生命。""经验已经表明健康访问员所做工作的价值,即在现有条件下,健康访问员的工作几乎是影响婴儿妈妈育儿的必不可少的援助。""实施《出生报备法》是迅速提供上述援助的必要前提。我希望在乡村各地区及大城镇都能够普遍实施这一法令。"同时,纽斯豪姆认为各地的卫生当局是"命悬一线人民大众的守卫者",故那些婴儿死亡率比较高的郡辖区的卫生当局需要采取紧急措施,"为了避免更多的婴儿死亡,以下行政郡及其辖区内的卫生当局需要被紧急要求完全履行他们的首要责任",为此纽斯豪姆详细列出了这些郡辖区的名单。①

1914年地方政府事务部向英格兰和威尔士的郡议事会和卫生当局发布

---

① Arthur Newsholme, "Report on Mortality during the First Five Years of Life, dealing with the Statistics of Sanitary Areas (grouped) and of Administrative Counties of England and Wales", in *Supplement in Continuation of the Report of the Medical Officer of Local Government Board*, *1909—1910*, His Majesty's Stationery Office, 1910, pp. 76—77.

了《关于健康访问和妇女与儿童福利中心备忘录》，重点推介了健康访问和婴儿福利工作。"经验表明，通常大约有四分之一被访问的（新生儿）妈妈能够被说服前去福利中心。因此，对于大多数妈妈及其婴儿来说，当前唯一被给予所需卫生建议的机会是由家庭（健康）访问提供的。福利中心只能在妈妈们及其婴儿无需行走很长路程就可以到达的地方建立，这一现实进一步证明了健康访问的重要性。然而，英格兰和威尔士很大一部分人口所住的区域，实质上是乡村。如果这些地区的出生率很小且妈妈们及其婴儿不愿意接受福利中心服务的话，那么在这些地区开办福利中心的尝试是不现实的。在这些地区，当前开展必需的监管只能由不断增加的健康访问来提供。""目前，几乎所有人口超过 2 万地区的卫生当局已经实施了健康访问体制，这一工作也已经由相当多的更小地区的卫生当局开展了。许多郡议事会也开启了郡一级的健康访问体制。""无论福利中心的工作是由卫生当局开展还是由志愿组织开展，都应当由健康医疗官进行指导，这才最具有实质性意义。只有这样，健康访问和福利中心工作的紧密合作才能得到保证。"①由此可见，地方政府事务部已经实质上认可了各地方当局和志愿组织已经开展的婴儿健康福利工作，并把其作为婴儿福利的重要内容在英格兰和威尔士全面推广。

地方政府事务部亦认识到当前地方当局儿童福利工作的局限性，认为应该进一步扩大受益者的儿童年龄范围。"直到目前，地方当局在婴儿福利工作方面，关注更多的是 1 岁以内的儿童。然而，这一方面需要在更全面的基础上开展。很明确的是，儿童福利工作应该在儿童出生前直到其入学这一更长的时期继续进行。""相应地，扩大现有的工作需要在两个方向上进行。第一个方向，有必要采取进一步措施确保能够改善产前和产时的条件；另一个方

---

① Local Government Board, "Memorandum on Health Visiting and on Maternity and Child Welfare Centres, by the Medical Officer of the Board", in *Supplement Containing the Report of the Medical Officer for 1914—1915 of Forty-fourth Annual Report of the Local Government Board*, 1914—1915, His Majesty's Stationery Office, 1914.

向,就是要为 1 岁及其以上年龄的儿童继续提供福利服务。"同时,地方政府事务部在下发给地方当局的通知中亦进一步明确了婴幼儿福利工作的内容。"家庭(健康)访问工作是地方政府事务部非常重视的一项工作。在进一步推动该项工作时,必须要做的第一步是……应当任命足够多的健康访问员。""需要明确的是,无论如何,大城镇地方当局需要将(婴儿)咨询中心扩大为妇女儿童中心,能够为孕妇、产妇及其婴儿、幼儿提供建议和治疗。""安排医疗官员主管儿童福利中心是必需的,以及在福利中心候诊的工作人员参与到家庭访问工作中来亦是必需的。由医疗官员负责的详细记录必须保存着,特别是关于儿童的记录,当他们入学时,学校医疗官能够获取他们的健康信息。"①

　　所以说,在地方政府事务部看来,各地举办的儿童福利中心及其婴幼儿福利服务在降低婴儿死亡率和维护婴幼儿及其母亲健康方面发挥了重要作用,具有可推广性,下一步就是需要从立法上将其制度化了。从这一角度来说,20世纪初英国婴幼儿福利初步形成了。

第三节　英格兰和威尔士婴幼
福利制度的确立

　　英国婴幼儿福利制度化的重要标志就是以健康访问和儿童福利中心的各项福利职能能够在立法上获得国家的认可和推行。在第一次世界大战之前,虽然英格兰和威尔士的许多地方当局和志愿组织已经成功推行对婴幼儿的健康访问,并通过儿童福利中心对婴幼儿及其母亲实施了产前产后一系列医学监护和关照措施,但是英国政府将这些福利措施制度化却经历了较为长期的过程。

---

　　① Local Government Board, *Supplement Containing the Report of the Medical Officer for 1914—1915 of Forty-fourth Annual Report of the Local Government Board, 1914—1915*, His Majesty's Stationery Office, 1914, pp.15-16.

一、英格兰和威尔士健康访问的制度化

首先,就健康访问而言,1907 年《出生报备法》虽然为各地实施健康访问提供了可能,但该法令却没有使地方当局获得任命健康访问员的权力,也未能够向地方当局开展健康访问工作提供资金支持。为此,在地方政府事务部的努力下,英国议会于 1908 年首先通过了《伦敦郡议事会一般权力法》(London County Council General Powers Act),首先使伦敦获得了雇用健康访问员的权力。地方政府事务部试图把这一权力扩大到英格兰和威尔士的其他地区,约翰·伯恩斯因此于 1910 年 7 月向议会提出《健康访问员议案》(Health Visitors Bill),力主地方当局能够根据 1907 年法令任命健康访问员,并使用公共资金向健康访问员支付薪酬,不幸的是这一议案却遭到议会下院的否决①。地方政府事务部并没有因此而气馁,推动财政部于 1914 年同意资助地方当局开展婴儿福利服务,但仍然没有"明确的议会立法"授权地方当局使用公共资金开展婴儿福利工作。②直至 1915 年,地方政府事务部终于通过《出生报备扩大法》解决了这一问题,即任何地方当局"为了护理孕妇、哺乳期妈妈及其年幼的孩子,必要时都可以实施 1875—1907 年《公共卫生法》或 1891 年《公共卫生(伦敦)法》赋予卫生当局的权力",而"实施这些权力所产生的任何费用"都可以由地方当局支付③。显然,实施 1907 年法令和 1915 年法令必然与婴儿福利服务相联系,而大多数地方当局实施出生报备法,也正是因为能够"使他们已经开展的健康访问项目合理化"④。换言之,地方当局由此使自己业已开展的健康访问工作开始步入制度化轨道。

---

① Celia Davies,"The Health Visitor as Mother's Friend:A Woman's Place in Public Health, 1900—1914",Social History of Medicine,No.01,1988,pp.39-59.

② J.E.Lane-Claypon,The Child Welfare Movement,G.Bell Sons Ltd.,1920,p.14.

③ Notification of Births Extension Act,1915,Section.2.

④ Deborah Dwork,War is Good for Babies and other Young Children:A History of the Infant and Child Welfare Movement in England,1898—1918,Tavistock Publications Ltd 1987,p.142.

而健康访问制度化的关键步骤则是 1918 年《妇女儿童福利法》的制定与实施。1918 年法令旨在进一步推动妇女和儿童的健康福利工作,即明确规定所有实施 1907 年《出生报备法》的地方当局,"都可以在地方政府事务部的批准下,为了维护孕妇、哺乳期妈妈及其不满 5 周岁且尚未达到教育部认定入学年龄的儿童的健康",而开展一系列的妇女和儿童福利工作①。这一法令"至少从中央政府的观点来看","确认了妇女和儿童福利在公共健康政策领域的重要性","体现了公共健康领域的国家责任"②。

1918 年法令通过的第二日,即同年 8 月 9 日发布的 4 号通知中,地方政府事务部要求地方当局组建"妇女和儿童福利委员会"具体开展妇女和儿童福利工作,并对这些福利工作作了具体的规定和安排,实际上是中央政府对 1918 年法令的实施细则。而且,地方政府事务部在这一通知中凸显了健康访问在妇女儿童福利工作中的首要地位,并对关于健康访问员的一系列问题进行了详细的规定。

第一,关于健康访问员的职能。地方政府事务部规定,"访问和监管本区域所有需要关照的学龄前儿童";"访问已经在产前中心(Ante-natal Centre)就诊的孕妇,或期望受到访问的孕妇";"调查流产和幼儿死亡案例";"在福利中心接受包括已经受到家访的妇女和儿童的咨询,为她们提供医学和卫生建议"。③同时,地方政府事务部规定,根据 1908 年《儿童法》设立的"婴儿保护访问员"与健康访问员,"应是同一人"④。换言之,健康访问员的职能还应包括"婴儿生命保护"。关于健康访问员的工作量,地方政府事务部建议每人每

① *Maternity and Child Welfare*, 1918, Section. 1. in J. E. Lane-Claypon, *The Child Welfare Movement*, G. Bell Sons Ltd., 1920, pp.242-244.

② Harry Hendrick, *Child Welfare: England 1872—1989*, Routledge 1994, pp.102-103.

③ Local Government Board, *Circular: Maternity and Child Welfare*, August 9, 1918, Section.12. in J.E.Lane-Claypon, *The Child Welfare Movement*, G. Bell Sons Ltd., 1920, pp.244-259.

④ Local Government Board, *Circular: Maternity and Child Welfare*, August 9, 1918, Section.18.

年需要访问 400 名婴儿①。

第二，关于健康访问员的职业资格和薪酬。一名合格的健康访问员需要具有"医学学位"，"受过充分的护士工作培训"，拥有"中央助产士委员会颁发的合格证书"，"或由地方政府事务部批准设立的协会颁发的健康访问员证书，且受过护理方面的培训"，"或先前在地方当局开展的类似活动中执行过（上述）职能"。另外，胜任健康访问职责的卫生巡视员亦可以兼职健康访问员，结核病护士（Tuberculosis Nurse）、校园护士（School Nurse）和智力缺陷访问员（Mental Deficiency Visitor）必要时亦可以执行健康访问员的职责。一般来说，一名全职健康访问员的薪酬不能低于每年 120 英镑。②关于健康访问员的薪酬来源，至 1914 年在全国 195 个区域工作 470 名有薪健康访问员中，350位由地方当局全额支付薪酬，38 位地方当局仅支付部分薪酬，82 位访问员的薪酬来自于与地方当局合作的慈善组织③。

第三，针对多数郡议事会任命乡村巡回护士（District Nurses）为健康访问员的现实，地方政府事务部同意郡议事会此种安排，一个重要的条件是这些巡回护士必须得到健康访问员工作的专门指导和培训。在地方政府事务部看来，乡村巡回护士充任健康访问员的优势在于她们在当地为众人所知，其建议容易被接受。巡回护士在地方上一般隶属于"郡护理协会"（County Nursing Association），故地方政府事务部要求郡议事会必须与护理协会充分合作，将这些巡回护士置于一个机构的监管之下。④

第四，针对个别地方当局使用志愿访问员的情况，地方政府事务部要求这

① Local Government Board, *Circular：Maternity and Child Welfare*, August 9, 1918, Section.12.

② Local Government Board, *Circular：Maternity and Child Welfare*, August 9, 1918, Section. 13,14.

③ Lara V.Marks, *Metropolitan Maternity：Maternal and Infant Welfare Services in Early Twentieth Century London*, Atlanta, GA, 1996, p.171.

④ Local Government Board, *Circular：Maternity and Child Welfare*, August 9, 1918, Section. 15,16.

些地方当局必须将这些志愿访问员置于"受过培训的官方(访问员)"的监督之下(如哈德斯菲尔德计划)。另外,志愿访问员可以在福利中心充当助手,"监管稍为年长的孩子"。①

第五,关于护士兼职健康访问员,地方政府事务部同意"在传染病流行的时候"专业护士可以"在工作之余"兼做健康访问员的工作。为了保证在必要时能够雇用到专业护士充当健康访问员,地方政府事务部同意地方当局可以向本地"护理协会"支付预约费(retaining fee),而专业护士履行健康访问职责的费用则要一事一结。②

第六,关于开展健康访问等福利活动的费用,地方政府事务部同意将在每一财政年度向地方当局所开展的妇女和儿童福利工作提供"不超过其成本1/2 的资金援助",其中包括健康访问员的薪酬。同时,对"志愿机构所开展的经由地方政府事务部批准的,以及与地方当局的公共健康工作和地方教育当局的学校医疗服务保持合作的妇女和儿童福利工作",提供资金支持。③ 1919年地方政府事务部被改组成为卫生部,在其发布的 11 号通知中卫生部进一步确认了向地方当局和志愿机构的妇女和儿童福利工作提供资金支持的规定。④

由上可以看出,从 1907 年《出生报备法》到 1918 年《妇女儿童福利法》,地方当局和志愿机构的健康访问活动逐步被地方政府事务部所确认,形成全国性的健康访问制度。特别是地方政府事务部及卫生部对包括健康访问在内的儿童福利工作的资金支持,进一步加速了健康访问在全国范围的推广。

而作为健康访问的执行者,健康访问员的职业化亦是健康访问制度化的重要标志,故健康访问员的资格认定至关重要。地方政府事务部关于健康访问员资格的上述规定,即是地方当局、志愿机构在健康访问实践中不断探索的结果,

① 　Local Government Board, *Circular:Maternity and Child Welfare*, August 9,1918,Section.17.
② 　Local Government Board, *Circular:Maternity and Child Welfare*, August 9,1918,Section.21.
③ 　J.E.Lane-Claypon, *The Child Welfare Movement*, G.Bell Sons Ltd.,1920,pp.259-261.
④ 　Ministry of Health, *Circular No.5:Maternity and Child Welfare*, July 15,1919,Section.2.

健康访问员逐步从最初的普通女性发展到具有医学教育或实践背景的专业女性，而"（健康访问员）从女士志愿者向有薪职业者的转变则被承认是公共健康体制的一部分"①。可见，在健康访问制度化前后，健康访问员亦经历了一个职业化的过程。

健康访问员的主要从业者为女性，但在从业资格上，开展健康访问的地方当局最初并没有统一的标准。像曼彻斯特和索尔福德等第一批开展健康访问的地方当局，主要是雇用了工人阶层中的女性；有些地方当局雇用了受过专门培训的上层"女士"；另一些地方当局则强调医学背景，雇用女医生、受过专门培训的护士以及助产士。②而"哈德斯菲尔德计划"的经历表明，具有医学教育背景或实践经历的健康访问员应是健康访问员的理想人选，故关于健康访问员的资格认定和培训问题逐步提上了日程。

1919 年是健康访问员正式职业化的开始，卫生部由此将健康访问发展成一种职业。这一年卫生部与教育部联合制定了《健康访问员培训条例》（Health Visitors Training Regulations），规定了健康访问员培训标准化课程，并向开展此类培训的学校或机构提供资金支持③。同年，卫生部专门出台了《卫生部关于健康访问员培训的通知》对健康访问员的培训和资格认定提出了统一要求④，即"只有那些受过良好教育的女性，且在教育部根据新的培训条例（即上述《条例》）批准的培训机构里修完有效的专门培训课程，才能被任命为承担健康访问等职能的有薪岗位。"也就是说，那些由地方当局任命的并支付全额薪酬的健康访问员必须持有"教育部培训条例中认可的资格证书"。对于培训的期限，卫生部也做出规定，即"先前没有受到任何培训的候选人必须修完两

---

① Deborah Dwork, *War is Good for Babies and other Young Children: A History of the Infant and Child Welfare Movement in England*, 1898—1918, Tavistock Publications Ltd 1987, p.142.

② George Rosen, *A History of Public Health*, MD Publications Inc., 1958, p.377.

③ W. M. Frazer, *A History of English Public Health*, 1834—1939, Harrison Sons Ltd., 1950, p.453.

④ Ministry of Health: *Circular by the Ministry of Health on the Training of Health Visitors*, July 14, 1919, Section. 8, 9, 10, 15, 18.

年的培训课程"；"而对于那些受过全职培训的护士、具有健康访问经历的女性，或拥有大学学位或同等学术经历……的女性，只需要修完一年的培训课程"。同时，卫生部对于几种特殊情况也做出规定，即对于那些儿童福利中心的志愿访问员，"在修完正式的培训课程后无需持有资格证书"；对于那些仅需支付半额薪酬的健康访问员，地方当局仅须"按照其意愿及健康医疗官旨在提高效率的目标开展（被教育部门）认可的课程培训"；对于那些在该通知下达之后新近任命的"仅有助产士或卫生巡视员资格证书而无健康访问丰富工作经历"的健康访问员，卫生部对其薪酬不予提供资金支持；而对于那些被郡议事会任命为健康访问员的乡村巡回护士，卫生部不强制对其作培训要求，但建议郡议事会"应当为所有被任命为健康访问员的巡回护士提供跟随那些有丰富经验的健康访问员进行不少于三个月实习的机会"。

1925年2月9日发布的557号通知中，卫生部要求地方当局必须对现任健康访问员适时进行一定时间的培训，卫生部将资助"为期2—4周的脱产培训"或以"系列讲座和短期业余指导课程"为形式的培训①。1925年，卫生部根据其制定的健康访问员培训要求，认定皇家卫生研究院（Royal Sanitary Institute）为中央考试机构，其颁发的资格证书为地方当局任命健康访问员的唯一职业资格依据②。自1928年4月1日起，由地方当局任命的专职健康访问员必须持有皇家卫生研究院颁发的资格证书。自此以后，皇家卫生研究院每年都会举办资格证考试，并向通过者颁发健康访问员资格证书③。这样，英国健康访问员具有了统一的职业资格。

为了确保健康访问员受到专业的培训，皇家卫生研究院早在1908年就启

---

① Ministry of Health, *Sixth Annual Report of the Ministry of Health*, 1924—1925, His Majesty's Stationery Office, 1925, p.16.

② W.M.Frazer, *A History of English Public Health*, 1834—1939, Harrison Sons Ltd., 1950, p.233.

③ 由苏格兰卫生部认可的苏格兰皇家卫生研究院在苏格兰地区举办资格证考试，其颁发的健康访问员资格证在英格兰和威尔士地区通用。参见 Ministry of Health: *Sixteenth Annual Report of the Ministry of Health*, 1934—1935, His Majesty's Stationery Office, 1935, p.131.

动了健康访问员和校园护士职业资格考试。1909 年，教育部紧接着开设了健康访问员培训和资格认定课程。1919 年后，大量的健康访问员培训机构在英格兰和威尔士建立起来了，如"妇女国王学院"（King's College for Women）、"贝德福德妇女学院"（the Bedford College for Women）、"利物浦卫生学校"（Liverpool School of Hygiene）、"巴特西技术学院"（Battersea Polytechnic）、南威尔士大学学院（University College of South Wales）等。①至 1932 年，由卫生部认可的培训机构发展到英格兰 14 家、威尔士 1 家和苏格兰 2 家②。卫生部在 20 世纪 30 年代每个财政年度都向这些机构提供资金支持，如 1930—1931 年为 2783 英镑，1931—1932 年为 3837 英镑，1932—1933 年为 3176 英镑，1933—1934 年为 2944 英镑，1934—1935 年为 2353 英镑，1935—1936 年为 2920 英镑，1936—1937 年为 3274 英镑，1937—1938 年为 3536 英镑，1938—1939 年为 3709 英镑③。对这些培训机构，卫生部每年都定期派遣官员前去巡查，评估其培训项目。

1918 年《妇女儿童福利法》确立了健康访问在英国妇女儿童福利中的基础性地位，是健康访问制度形成的重要里程碑。在英国政府的推动下，地方当局成为妇女儿童福利工作的主体，至 1938 年在英格兰和威尔士分别有 365 个

---

① George Rosen, *A History of Public Health*, MD Publications Inc., 1958, p.378.

② Ministry of Health, *Thirteenth Annual Report of the Ministry of Health*, 1931—1932, His Majesty's Stationery Office, 1932, p.77.

③ 笔者根据《英国卫生部年度报告》（Annual Report of the Ministry of Health, 1930—1931, 1931—1932, 1932—1933, 1933—1934, 1934—1935, 1935—1936, 1936—1937, 1937—1938, 1938—1939）"妇女儿童福利"篇相关数据整理而成，Ministry of Health, *Twelfth Annual Report of the Ministry of Health*, 1930—1931, His Majesty's Stationery Office, 1931, p.79; *Thirteenth Annual Report of the Ministry of Health*, 1931—1932, p.77; *Fourteenth Annual Report of the Ministry of Health*, 1932—1933, His Majesty's Stationery Office, 1933, p.71; *Fifteenth Annual Report of the Ministry of Health*, 1933—1934, His Majesty's Stationery Office, 1934, p.129; *Sixteenth Annual Report of the Ministry of Health*, 1934—1935, His Majesty's Stationery Office, 1935, p.131; *Seventeenth Annual Report of the Ministry of Health*, 1935—1936, His Majesty's Stationery Office, 1936, p.32; *Eighteenth Annual Report of the Ministry of Health*, 1936—1937, His Majesty's Stationery Office, 1937, p.18; *Nineteenth Annual Report of the Ministry of Health*, 1937—1938, His Majesty's Stationery Office, 1938, p.15; *Twentieth Annual Report of the Ministry of Health*, 1938—1939, His Majesty's Stationery Office, 1939, p.38.

和 44 个地方当局推行妇女儿童福利①。健康访问由此获得了前所未有的发展,在 20 世纪前期成为全国各地一致推行的儿童健康服务。

第一,英国政府对推行健康访问制的支持力度不断加大,地方当局日益重视健康访问工作。

根据地方政府事务部及卫生部发布的关于妇女儿童福利工作的通知,英国政府对于地方当局和志愿组织的儿童福利工作将予以资金支持。卫生部对地方当局的经费补助,主要是视他们提供的儿童福利服务规模大小而定。从表 2.2 可以看出,在整个 20 世纪 20 年代,英国政府不断加大对儿童福利的资金投入,对英格兰和威尔士地方当局的补助基本呈逐年增长趋势,在大多数年份都非常接近地方当局总开支的 1/2,1921—1922 年度甚至远远超出了地方当局总开支的一半。另据统计,1918—1929 年卫生部对地方当局妇女儿童福利工作的经费补助中,16% 的资金用来支持健康访问,明显高于对其他福利活动的支持力度②。在中央政府的鼓励下,地方当局健康访问的支出在所有儿童福利开支中占据相当大的比例,在已有的统计数据中英格兰基本维持在 30% 左右,威尔士则在 1925 年前维持在 40% 左右。

表 2.2　20 世纪 20 年代英格兰和威尔士地方当局健康访问支出一览表③

单位:英镑

	英格兰				威尔士			
	妇女儿童福利支出总额	卫生部补助经费	健康访问支出	健康访问开支占总额的比例(%)	妇女儿童福利支出总额	卫生部补助经费	健康访问支出	健康访问开支占总额的比例(%)
1919—1920	945638	155073	301130	31.8	—	4400	—	—

① Ministry of Health,*Nineteenth Annual Report of the Ministry of Health*,*1937—1938*,His Majesty's Stationery Office,1938,pp.9,193.

② J.Lewis,*The Politics of Motherhood*:*Child and Maternal Welfare in England*,*1900—1939*,Croom Helm Limited,1980,p.105.

③ 笔者根据《英国卫生部年度报告》(Annual Report of the Ministry of Health,1921—1922,1922—1923,1923—1924,1924—1925,1925—1926,1928—1929,1930—1931)"(英格兰)公共健

续表

	英格兰				威尔士			
	妇女儿童福利支出总额	卫生部补助经费	健康访问支出	健康访问开支占总额的比例(%)	妇女儿童福利支出总额	卫生部补助经费	健康访问支出	健康访问开支占总额的比例(%)
1920—1921	1420038	673924	430696	30.3	62607	38128	31126	49.7
1921—1922	1380312	891996	420399	30.4	95685	50639	31199	32.6
1922—1923	1208229	594542	362011	30.0	67897	39859	28764	42.4
1923—1924	1183984	579159	349742	29.5	67587	32040	28399	42.0
1924—1925	1242817	592594	—		73893	36845	28844	39.0
1925—1926	—	651022	—		—	41909	—	
1926—1927	1585972	—	—		—	—	—	
1927—1928	1534561	—	—		104456	—	31845	30.5
1928—1929	1642188	779209	—		55502	—	—	
1929—1930	1771372	—	452346	25.6	123175	—	32630	26.5
备注	1924—1925 年度英格兰地方当局健康访问支出占地方当局妇女儿童福利工作支出总额的比例与 1923—1924 年度基本持平。参阅 Ministry of Health, *Seventh Annual Report of the Ministry of Health*, *1925—1926*, His Majesty's Stationery Office, 1926, p.20.							

第二，经过 20 世纪 20 年代的发展，地方当局的健康访问工作实现常态化，访问的对象已经从婴儿扩大到所有不满 5 岁的学龄前儿童。

康"篇和"威尔士健康委员会"篇相关统计数据整理而成，Ministry of Health, *Third Annual Report of the Ministry of Health*, *1921—1922*, His Majesty's Stationery Office, 1922, p.12-13, 134; *Fourth Annual Report of the Ministry of Health*, *1922—1923*, His Majesty's Stationery Office, 1923, pp.12, 125; *Fifth Annual Report of the Ministry of Health*, *1923—1924*, His Majesty's Stationery Office, 1924, pp.14-15, 137; *Sixth Annual Report of the Ministry of Health*, *1924—1925*, His Majesty's Stationery Office, 1925, pp.14-15, 148-149; *Seventh Annual Report of the Ministry of Health*, *1925—1926*, His Majesty's Stationery Office, 1926, pp.20, 170-171; *Tenth Annual Report of the Ministry of Health*, *1928—1929*, His Majesty's Stationery Office, 1929, pp.53, 202; *Twelfth Annual Report of the Ministry of Health*, *1930—1931*, His Majesty's Stationery Office, 1931, pp.75, 270. 根据 1929 年《地方政府法》第 85 条规定，自 1930 年 4 月 31 日起，英国政府停止对地方当局妇女儿童福利工作的补助。

　　健康访问工作常态化的重要前提之一就是地方当局需要维持一支基本稳定的健康访问员队伍。20 世纪 20 年代，卫生部着力推行健康访问员的职业化，并且对健康访问员的薪酬提供补助，由此地方当局就拥有了相对固定的专职和兼职健康访问员（见表 2.3）。由地方当局雇用的访问员绝大多数都训练有素，且持有皇家卫生研究院颁发的资格证。在整个 20 世纪 30 年代，地方当局对不满 5 岁的学龄前儿童基本实现了从孕育、出生到幼年各阶段的常态化访问，这就意味着健康访问员的访问对象包括孕妇（expectant mothers）、1 岁以下的婴儿及 1—5 岁儿童（见表 2.3）。就访问规模来说，以 1 岁以下婴儿为例，1931—1938 年英格兰首次访问的数量已经接近或超过当年报备婴儿的数量；从当年的访问总量来看，受到首次访问的婴儿是经常得到多次访问的，由此至少可以看出健康访问是不间断的，而对 1—5 岁儿童的访问规模亦可以说明这一点。

表 2.3　1931—1938 年英格兰和威尔士地方当局健康访问工作一览表①

	年份	出生报备总量	访问员数量		专职访问员数量		健康访问次数				
			地方当局	志愿组织	地方当局	志愿组织	访问孕妇		访问 1 岁以下婴儿		访问 1—5 岁儿童总量
							首次访问量	访问总量	首次访问量	访问总量	
英格兰	1931	582055	2680	2267	1872	527	159621	430538	583100	3073067	3814437
	1932	571012	2708	2327	1900	470	164145	450179	566438	3161344	4088100
	1933	543623	2737	2276	1911	498	167949	470694	531985	3097044	4169414
	1934	559918	2809	2289	1935	478	172112	483565	542514	3044096	4200438
	1935	563981	2901	2294	2020	479	180815	518565	546500	3075286	4141477
	1936	577394	3115	2165	2088	476	179713	543285	551463	3033104	4367418
	1937	591079	3320	2030	2267	454	203379	583552	558425	3088851	4434984
	1938	602866	3451	2022	2452	425	189916	540501	567411	3095592	4536368

---

　　① 笔者根据《英国卫生部年度报告》（Annual Report of the Ministry of Health，1933—1934，1934—1935，1935—1936，1936—1937，1937—1938，1938—1939）附录"（英格兰）妇女儿童福利

续表

年份	出生报备总量	访问员数量		专职访问员数量		健康访问次数				
		地方当局	志愿组织	地方当局	志愿组织	访问孕妇		访问1岁以下婴儿		访问1—5岁儿童总量
						首次访问量	访问总量	首次访问量	访问总量	
1931	43349	199	265	130	54	11188	30225	41308	213499	246951
1932	42066	201	272	128	55	11899	32435	39706	228723	249988
1933	40189	201	270	128	55	11733	34980	38855	219859	267886
1934	40709	204	273	133	56	12096	37558	38929	222025	262544
1935	40299	208	281	137	57	13000	39013	38145	209686	265938
1936	39679	217	283	143	57	13460	42218	37802	208326	274715
1937	38341	222	283	142	56	13693	44089	36461	214392	291432
1938	38963	221	284	144	58	10895	36933	36527	206064	279030

（威尔士）

各地的健康访问工作,有的是由地方当局单独开展的,有的是由地方当局与志愿组织合作开展的。从整体上来说,英格兰和威尔士已经基本形成了地方当局与志愿组织合作开展健康访问的格局,可见"哈德斯菲尔德计划"推行的模式得到普遍认可。志愿机构雇用了大量的志愿访问员,与地方当局合作开展健康访问,大大提高了健康访问的效率和规模。表2.3中可以看出,英格

工作"和"威尔士妇女儿童福利工作"相关统计数据整理而成:Ministry of Health, *Fifteenth Annual Report of the Ministry of Health*, *1933 — 1934*, His Majesty's Stationery Office, 1934, pp.298-300, 376-378; *Sixteenth Annual Report of the Ministry of Health*, *1934—1935*, His Majesty's Stationery Office, 1935, pp.291-293, 337-339; *Seventeenth Annual Report of the Ministry of Health*, *1935 — 1936*, His Majesty's Stationery Office, 1936, pp.242-244, 291-293; *Eighteenth Annual Report of the Ministry of Health*, *1936—1937*, His Majesty's Stationery Office, 1937, pp.246-248, 304-306; *Nineteenth Annual Report of the Ministry of Health*, *1937—1938*, His Majesty's Stationery Office, 1938, pp.241-243, 294-296; *Twentieth Annual Report of the Ministry of Health*, *1938—1939*, His Majesty's Stationery Office, 1939, pp.240-243, 288-290.

兰地区志愿组织所属的专职和兼职健康访问员在总量上接近于地方当局,而威尔士地区则前者超过后者。尽管在实际工作中志愿组织多数情况下只是发挥辅助性作用,但作为健康访问工作的重要力量,在1929年之前亦得到卫生部的经费支持。

第三,伦敦地区健康访问的发展,可以成为英格兰地区健康访问活动的一个缩影。

伦敦地区推行妇女儿童福利工作的地方当局包括伦敦市平民议事会(Common Council of the London City)和28个首府自治市议事会(Metropolitan Borough Councils)。1908年《伦敦郡议事会一般权力法》使伦敦地方当局最先获得任命健康访问员的权力,而在此之前,伦敦地方当局的健康访问活动就已经开始了。比如,汉普斯特德(Hampstead)早在1902年就任命了当地的第一名健康访问员,至1935年拥有4名健康访问员;伍尔维奇(Woolwich)和肯辛顿(Kensington)的健康访问活动开始于1904和1905年,至1935年分别拥有11名和8名健康访问员①。

至1934年底,伦敦地区地方当局雇用的专职健康访问员有209名,志愿组织雇用的专职访问员有124名,而此时整个英格兰志愿组织的专职访问员才478名(见表2.3),也就是说伦敦地区的专职志愿访问员几乎占到1/4。而志愿组织对伦敦地区健康访问工作如此高的参与度,一个重要的原因,是因为第一次世界大战期间及以后"健康工作领域公众兴趣的广泛传播和具有奉献精神人们的热情使首都地区的志愿协会与机构如雨后竹笋一样涌现",引导着人们积极投入到伦敦的儿童福利工作中②。一般情况下,志愿组织的访问员承担某一指定地区的健康访问工作,而与地方当局的合作渠道主要是通过

①　Lara V.Marks, *Metropolitan Maternity:Maternal and Infant Welfare Services in Early Twentieth Century London*, Atlanta,GA,1996,pp.171-172.汉普斯特德、伍尔维奇、肯辛顿,以及下文的斯特普尼(Stepney)都是伦敦地区的自治市。

②　Ministry of Health, *Sixteenth Annual Report of the Ministry of Health*, 1934—1935, pp.84-85.

当地的健康医疗官,即由健康医疗官亲自或委派地方当局的健康访问员参与志愿组织的活动。在斯特普尼(Stepney),健康访问活动于 1904 年最先是由志愿组织开展起来的,地方当局直到 1909 年才任命健康访问员,然而当地的健康访问员数量却增加很快,至 1935 年已经拥有 11 名市政健康访问员和 15 名志愿健康访问员,形成了由地方当局和志愿组织共同合作的健康访问体制。这种由地方当局与志愿组织联合开展的健康访问体制深刻影响着当地人的生活。

汉普斯特德、肯辛顿、斯特普尼和伍尔维奇等 4 个自治市健康访问的对象具有明显的倾向性,即当地贫困家庭 0—4 岁的儿童,如 1909 年肯辛顿的健康访问仅服务于当地周收入低于 40 先令的家庭,而这一群体在当地贫困人口中占据多数①。所以,每个自治市健康访问的规模取决于当地贫困人口的数量。从表 2.4 中可以看出,在 20 世纪 20 年代贫困人口较多的伍尔维奇和斯特普尼受到访问的婴儿数量远远高于汉普斯特德和肯辛顿,如 1926—1930 年,伍尔维奇受到访问的婴儿比例为 91%,而肯辛顿则为 69%。

而且,伦敦地区亦非常注重健康访问的质量,为了达到教育的目的,健康访问员对于同一家庭往往需要开展多次访问,以保证其新生儿能够健康成长。在肯辛顿,一般情况下,婴儿出生 10—20 天内,健康访问员进行首次访问,对妈妈们开展育儿指导,并赠送指导手册,3 个月后将进行回访,确认那些妈妈们是否遵循了上述指导。而对于那些"比较无知和没有(育儿)经验"以及"较为脏乱和更为忽视(子女)"的家庭,健康访问员需要进行多次回访。至 1926 年,当地需要多次回访的婴儿占初始访问婴儿数量的 25—50%。当然,肯辛顿地方当局亦非常重视对 1—5 岁儿童的访问,即 2 岁时,访问 3 次;3 岁和 4 岁时,访问 2 次;5 岁时,访问 1 次。②

---

① Lara V.Marks, *Metropolitan Maternity: Maternal and Infant Welfare Services in Early Twentieth Century London*, Atlanta, GA, 1996, p.174.

② Lara V.Marks, *Metropolitan Maternity: Maternal and Infant Welfare Services in Early Twentieth Century London*, Atlanta, GA, 1996, pp.176-177.

表 2.4　1908—1938 年伦敦自治市至少受到健康访问员
1 次访问的婴儿的数量与比例①

伦敦自治市	年度	每名健康访问员访问婴儿的数量	受到健康访问员访问婴儿的数量占当地婴儿出生总量的比例（%）
汉普斯特德	1921—1922	2012	77
	1924—1925	1659	73
	1926—1930	3975	78
	1931—1935	4144	87
	1936—1938	2480	79
肯辛顿	1921—1925	10638	69
	1926—1930	9084	69
	1931—1935	8679	76
	1936—1938	4831	73
斯特普尼	1912—1915	8914	28
	1921—1925	21036	89
	1926—1930	20717	92
	1931—1935	17611	101
伍尔维奇	1908—1910	8863	60
	1911—1915	6392	45
	1918—1920	5563	62
	1921—1925	12651	89
	1926—1929	8451	91
	1931—1935	9786	97
备注	1.汉普斯特德和肯辛顿 1911—1915 年没有统计数据；2.斯特普尼和伍尔维奇 1936—1938 年没有统计数据。		

①　Lara V.Marks, *Metropolitan Maternity：Maternal and Infant Welfare Services in Early Twentieth Century London*, Atlanta, GA, 1996, p.174.

二、英格兰和威尔士儿童福利中心及其他婴幼福利的制度化

健康访问的主要目的是指导与教育婴幼儿家长如何正确哺育和抚养子女,是其他妇女儿童福利工作的基础。紧接下来,针对孕妇和婴幼儿的各项福利性服务相继展开,其中服务内容最为广泛的便是"儿童福利中心"。儿童福利中心主要面向"每一位孕妇、哺乳的妈妈和婴幼儿",向他们提供健康方面的咨询,而且还可以为那些接受福利中心服务且负担不起私人医生诊疗的妇女和儿童"安排治疗"[1]。除了儿童福利中心之外,其他福利性服务还包括助产士服务、日托婴幼机构(Day Nursery)、家庭护理、儿童专科医院,以及食品与牛奶供给等。这些儿童健康服务无不是以健康访问作为基础的,而这一基础地位则是在地方当局开展儿童福利工作过程逐渐形成的。以哈德斯菲尔德为例,1920—1921 年间当地共有 796 位孕妇向健康医疗官报备,医疗官派遣健康访问员对每一位报备的孕妇进行访问,确定其健康状况。如果确定孕妇需要就医的话,医疗官便派遣家庭医生登门诊断和治疗。如果孕妇不适合居家分娩的话,孕妇将会被转到当地一家拥有 12 个床位的医院产房等待分娩,这家医院是公益性的,对孕妇生产的收费视其家庭经济条件而定。同时,地方当局还雇用护工向那些有迫切需要的产妇家庭提供包括洗衣和清洁等家政服务,还向生病的婴儿派遣由两名护士提供的专业护理服务。当然,哈德斯菲尔德也建立了婴儿福利中心,1921 年共提供了 2170 次健康咨询服务。另外,当地亦于 1916 年开办了一家小型的日间托儿所,每年需要花费 100 英镑。[2]

所有上述妇幼福利服务,在 1918 年《妇女儿童福利法》实施后都逐步实现了制度化,构成了 20 世纪前期英国儿童福利制度的主要内容。在 1918 年

---

[1]　Ministry of Health, *First Annual Report of the Ministry of Health, 1919—1920*, His Majesty's Stationery Office, 1920, p.44.

[2]　Hilary Marland, "A Pioneer in Infant Welfare: the Huddersfield Scheme, 1903—1920", *Social History of Medicine*, Vol. 6, Issue 1, 1993, pp.25-50.

8月9日发布的4号通知中,地方政府事务部对儿童福利中心的工作安排和服务职能、其他的妇幼福利服务都进行了说明。关于儿童福利中心,地方政府事务部指出,"中心的主要价值在于提供医疗,特别是卫生保健服务。无论孩子是否生病,母亲们都应当带领孩子到中心来咨询,并称量体重。目前医生的日程很满,不可能在许多中心定期坐诊,但是医生如果不是每次咨询都能在中心坐诊的话,可以努力确保两周一次,或者说在规模较小的中心里,一个月一次。""在条件允许的地方,每位健康访问员的片区都应有一家福利中心。在福利中心开放的时间里,健康访问员应该到中心来,监管一下她的家访建议是否得到了采纳。"①

而且,在1918年法令实施细则中,地方政府事务部扩大了对地方当局和志愿组织实施妇女儿童福利服务的资金支持领域。在此之前,地方政府事务部已经对许多妇女儿童福利服务提供了资金支持,如助产士巡视员的工资和经费;儿童福利中心护士和健康访问员的工资和经费;为贫困孕妇分娩提供助产士服务,以及为助产士服务能力不足的地区提供助产士服务;贫困孕妇分娩时提供医生援助;为儿童福利中心提供经费,支持其开展医疗监管、为孕妇和哺乳期妇女以及她们的婴幼儿提供建议,以及为在中心需要治疗的妇女和婴幼儿提供医疗服务;为地方当局提供经费,以便其能够为分娩时出现严重情况的孕妇,或在产后出现严重情况的妇女及其婴儿,以及需要住院治疗的婴儿提供医院治疗服务。1918年法令实施后,地方政府事务部进一步扩大了支持领域,如5岁以下幼儿的医院治疗;为那些在家中不能够安全或便利实施生产的孕妇提供妇产床位;为孕妇分娩期间提供家政服务;为孕妇、哺乳期妇女和5岁以下幼儿提供食品服务;托儿所和日托服务;居家康复服务;为寡妇的幼年子女、遭遗弃的未婚妈妈提供住所;为孕妇、哺乳期妇女和5岁以下婴幼儿的健康开展的实验性工作等。②卫生部组建后,继承了地方政府事务部的上述职

① Local Government Board, *Circular: Maternity and Child Welfare*, August 9, 1918, Section.23, 24.

② Local Government Board, *Forty-eight Annual Report of the Local Government Board*, His Majesty's Stationery Office, 1919, pp.61–62.

责,而且原属于教育部门管辖的面向 5 岁以下婴幼儿母亲的由"妈妈学校"发展而来、具有教育性功能的儿童福利中心也于 1919 年 10 月 1 日划归卫生部管辖①。

所以,1918 年法令后英格兰和威尔士各地的儿童福利服务进一步推广开来,儿童福利中心及其他妇幼福利机构广泛建立。截止到 1920 年 3 月 31 日,英格兰和威尔士共有儿童福利中心 1754 家,日托婴幼机构 221 家,妇产医院 89 家共 1360 个床位②。就儿童福利中心而言,1917 年共有 950 家;1918 年为 1133 家,较 1917 年增加了 183 家;1919 年为 1412 家,较 1918 年增加了 89 家;1920 年增加到了 1754 家,较 1919 年共增加了 342 家,增长的幅度远远超过了往年,主要是地方当局兴办的儿童福利中心大幅增加,从 1919 年的 793 家增加到了 1920 年的 1061 家③。而日托婴幼机构主要分布在城镇地区,主要由志愿组织举办,1920 年伦敦都会自治市共有 78 家,郡城镇共有 85 家,具有独立功能的郡辖区有 45 家,由郡议事会管辖的区域只有 13 家④。而且,《1929 年地方政府法》终结了英国济贫法制度,将原来由济贫法委员会管理的与妇女儿童有关的医疗机构划归地方当局管理,如截止 1930 年 12 月 31 日之前,根据《1929 年地方政府法》的规定划归地方当局管理的妇产机构有 506 家,共包括 3782 张床位;儿童医院有 144 家,共包括 2908 张床位;"康复之家"(Convalescent Homes)有 380 家⑤。

Ministry of Health, *First Annual Report of the Ministry of Health, 1919—1920*, His Majesty's Stationery Office,1920,p.49.

②   Ministry of Health, *First Annual Report of the Chief Medical Offcier, 1919 — 1920*, His Majesty's Stationery Office,1920,p.44.

③   Ministry of Health, *First Annual Report of the Ministry of Health, 1919—1920*, His Majesty's Stationery Office,1920,p.49.

④   Ministry of Health, *First Annual Report of the Ministry of Health, 1919—1920*, His Majesty's Stationery Office,1920,p.50.

⑤   Ministry of Health, *Twelfth Annual Report of the Ministry of Health, 1930—1931*, His Majesty's Stationery Office,1931,pp.81-82.

三、20 世纪 30 年代英格兰和威尔士婴幼福利服务的发展

至 1939 年 4 月 1 日,英格兰共有 363 个地方当局开展妇幼福利服务,包括伦敦以外的所有郡议事会、所有的郡城镇和都市城镇、153 个非郡城镇、51 个城市辖区和 3 个乡村辖区①。至 1938 年底,在英格兰由地方当局向妇女和儿童提供的额外营养补助也有了大幅增长,供给的奶粉和流质牛奶由 1937 年 6600000 加仑增加到 1938 年 7800000 加仑。②而且,英格兰儿童福利中心已经达到了 3261 家,威尔士增加到 324 家(见表 2.5),其他各类妇幼福利机构和服务也有了大幅增加,受益的婴幼儿及其母亲的数量也相应地迅速增长。

表 2.5　1931—1938 年英格兰和威尔士各地儿童福利中心工作一览表③

	年份	出生报备总量	儿童福利中心数量		参加儿童福利中心的儿童数量		
			地方当局	志愿组织	1 岁以下婴儿首次参加数量	占当年出生婴儿的百分比(%)	5 岁以下儿童总量
英格兰	1931	582055	1914	837	314220	56	6745282
	1932	571012	2034	749	318166	57.8	7223254
	1933	543623	2055	765	305465	58.3	7476231

---

①　Ministry of Health, *Twentieth Annual Report of the Ministry of Health*, *1938—1939*, His Majesty's Stationery Office, 1939, p.34.

②　Ministry of Health, *Twentieth Annual Report of the Ministry of Health*, *1938—1939*, His Majesty's Stationery Office, 1939, p.39.

③　笔者根据《英国卫生部年度报告》(Annual Report of the Ministry of Health, 1933—1934, 1934—1935, 1935—1936, 1936—1937, 1937—1938, 1938—1939)附录"(英格兰)妇女儿童福利工作"和"威尔士妇女儿童福利工作"相关统计数据整理而成:Ministry of Health, *Fifteenth Annual Report of the Ministry of Health*, *1933—1934*, His Majesty's Stationery Office, 1934, pp.298, 376 ; *Sixteenth Annual Report of the Ministry of Health*, *1934—1935*, His Majesty's Stationery Office, 1935, pp.291, 337; *Seventeenth Annual Report of the Ministry of Health*, *1935—1936*, His Majesty's Stationery Office, 1936, pp.242, 291 ; *Eighteenth Annual Report of the Ministry of Health*, *1936—1937*, His Majesty's Stationery Office, 1937, pp.246, 304 ; *Nineteenth Annual Report of the Ministry of Health*, *1937—1938*, His Majesty's Stationery Office, 1938, pp.241, 294 ; *Twentieth Annual Report of the Ministry of Health*, *1938—1939*, His Majesty's Stationery Office, 1939, pp.240, 288.

续表

| 年份 | 出生报备总量 | 儿童福利中心数量 | | 参加儿童福利中心的儿童数量 | | |
		地方当局	志愿组织	1岁以下婴儿首次参加数量	占当年出生婴儿的百分比（%）	5岁以下儿童总量
	1934	559918	2091	793	312004	57.8	7561687
	1935	563981	2185	808	325699	59.9	8123146
英格兰	1936	577394	2238	813	336824	60.5	8333356
	1937	591079	2318	827	357121	62.6	8904030
	1938	602866	2433	828	385129	66.2	9874558
	1931	43349	278	4	24708	60.3	428500
	1932	42066	286	5	25318	63.5	453638
	1933	40189	288	5	24353	64	452489
	1934	40709	297	5	25471	65.8	488213
威尔士	1935	40299	305	5	25450	66.5	534755
	1936	39679	312	5	26011	69.2	555689
	1937	38341	312	5	24753	67.8	545643
	1938	38963	319	5	26621	71.7	583774

在产前诊所方面，如表2.6所示，至二战前夕英格兰由地方当局和志愿组织创办的产前诊所大幅增加，由1931年的1193家，发展到1938年的1676家。前来产前诊所就诊的孕妇逐年增加，至1938年已达到当年备案生育孕妇的60.6%，累计1510445人。威尔士地区的产前诊所也有一定的发展，主要由地方当局创办，前来就诊的孕妇至1938年已达到当年备案生育孕妇的50.3%，累计69178人。

表 2.6　1931—1938 年英格兰和威尔士各地产前诊所工作一览表①

	年份	产前诊所数量		就诊孕妇		
		地方当局	志愿组织	当年数量	占当年备案生育孕妇比例	累计数量
英格兰	1931	995	198	197269	33.89	704722
	1932	1060	217	222077	38.89	793815
	1933	1090	250	229549	42.23	842503
	1934	1130	266	241144	43.07	931878
	1935	1207	284	273423	48.48	1092400
	1936	1279	289	282035	48.85	1238967
	1937	1307	285	320319	54.19	1408315
	1938	1389	287	365250	60.60	1510445
威尔士	1931	60	—	7203	16.6	24175
	1932	74	—	8589	20.4	28013
	1933	77	—	8756	21.8	29461
	1934	97	—	11964	29.4	39465
	1935	104	1	14656	36.4	48308
	1936	103	1	15914	40.1	55264
	1937	108	1	17353	45.3	62816
	1938	119	1	19615	50.3	69178

① 笔者根据《英国卫生部年度报告》(Annual Report of the Ministry of Health,1933—1934, 1934—1935,1935—1936,1936—1937,1937—1938,1938—1939)附录"(英格兰)妇女儿童福利工作"和"威尔士妇女儿童福利工作"相关统计数据整理而成:Ministry of Health, *Fifteenth Annual Report of the Ministry of Health*,*1933—1934*,His Majesty's Stationery Office,1934,pp.298,376 ; *Sixteenth Annual Report of the Ministry of Health*,*1934—1935*,His Majesty's Stationery Office,1935,pp. 291,337;*Seventeenth Annual Report of the Ministry of Health*,*1935—1936*,His Majesty's Stationery Office,1936,pp.242,291 ; *Eighteenth Annual Report of the Ministry of Health*,*1936—1937*,His Majesty's Stationery Office,1937,pp.246,304 ; *Nineteenth Annual Report of the Ministry of Health*,*1937—1938*,His Majesty's Stationery Office,1938,pp.241,294 ; *Twentieth Annual Report of the Ministry of Health*,*1938—1939*,His Majesty's Stationery Office,1939,pp.240,288.

表 2.7 　1931—1938 年英格兰和威尔士各地妇产之家与医院工作一览表①

	年份	地方当局创办的妇产机构			根据《1929年地方政府法》转由地方当局管理的妇产机构			志愿组织创办的妇产机构			由地方当局送往其他机构分娩的孕妇数量
		机构数量	床位数量	生产孕妇数量	机构数量	床位数量	生产孕妇数量	机构数量	床位数量	生产孕妇数量	
英格兰	1931	87	1272	22021	481	3680	42793	121	1904	30773	—
	1932	86	1334	23703	437	3933	47755	107	1852	34439	—
	1933	88	1391	25282	401	3926	51146	112	1928	36964	—
	1934	90	1474	26708	383	4131	56875	121	2005	39564	11125
	1935	90	1558	28957	363	4223	63838	131	2133	42051	12442
	1936	89	1632	29377	362	4484	73043	136	2173	42568	13932
	1937	92	1706	30940	342	5059	88228	124	2166	43479	14238
	1938	91	1796	33711	338	5369	97779	129	2274	45882	16935
威尔士	1931	5	46	815	45	169	784	8	52	674	261
	1932	5	46	822	44	170	883	8	53	885	235
	1933	5	46	870	43	170	1139	7	52	915	310
	1934	6	61	1180	42	185	1440	7	53	1068	546
	1935	7	71	1205	40	178	1868	10	70	1160	736
	1936	7	71	1283	40	196	2162	10	70	1114	757
	1937	7	75	1224	39	223	2531	13	129	1427	802
	1938	7	75	1347	39	242	3176	13	128	1500	1046

---

① 笔者根据《英国卫生部年度报告》(Annual Report of the Ministry of Health, 1933—1934, 1934—1935, 1935—1936, 1936—1937, 1937—1938, 1938—1939)附录"(英格兰)妇女儿童福利工作"和"威尔士妇女儿童福利工作"相关统计数据整理而成: Ministry of Health, *Fifteenth Annual Report of the Ministry of Health, 1933—1934*, His Majesty's Stationery Office, 1934, pp.298-299, 376-377; *Sixteenth Annual Report of the Ministry of Health, 1934—1935*, His Majesty's Stationery Office, 1935, pp.291-292, 337-338; *Seventeenth Annual Report of the Ministry of Health, 1935—1936*, His Majesty's Stationery Office, 1936, pp.242-243, 291-292; *Eighteenth Annual Report of the Ministry of Health, 1936—1937*, His Majesty's Stationery Office, 1937, pp.246-247, 304-305; *Nineteenth Annual Report of the Ministry of Health, 1937—1938*, His Majesty's Stationery Office, 1938, pp.241-242, 294-295; *Twentieth Annual Report of the Ministry of Health, 1938—1939*, His Majesty's Stationery Office, 1939, pp.240-241, 288-289.

妇产之家和妇产医院（Maternity Homes and Hospitals）是英国妇幼福利服务的重要机构之一，主要是"向那些分娩状况复杂的孕妇和家庭条件恶劣不足以保证安全分娩的妇女"提供住院分娩服务①。如表 2.7 所示，在第二次世界大战前夕英格兰和威尔士地区的妇产之家或妇产医院也有较大的发展，形成了以地方当局创办或管理的妇产机构为主体，以志愿组织创办的妇产机构为补充的妇产服务体系，妇产床位和受益的孕妇数量逐年增加，而且在一些妇产机构不发达的地区，地方当局亦向孕妇提供了送往其他医疗机构分娩的服务。

表 2.8　1931—1938 年英格兰和威尔士各地儿童医院工作一览表②

	年份	地方当局创办的儿童医院			根据《1929 年地方政府法》转由地方当局管理的儿童医院			由志愿组织创办，并交给地方当局使用的儿童医院			由地方当局送往其他机构就诊的儿童数量
		机构数量	床位数量	住院儿童数量	机构数量	床位数量	住院儿童数量	机构数量	床位数量	住院儿童数量	
英格兰	1931	23	424	2044	172	3589	22787	61	1176	10392	—
	1932	23	494	2265	160	3838	25225	51	1052	10483	—
	1933	22	426	2278	156	3710	27449	57	1122	10674	—
	1934	22	507	2450	155	3312	25091	53	1098	9310	2354
	1935	25	474	2963	159	3731	28373	63	1101	9282	2448

---

① Ministry of Health, *Tenth Annual Report of the Chief Medical Offcier*, *1928—1929*, His Majesty's Stationery Office, 1929, p.58.

② 笔者根据《英国卫生部年度报告》（Annual Report of the Ministry of Health, 1933—1934, 1934—1935, 1935—1936, 1936—1937, 1937—1938, 1938—1939）附录"（英格兰）妇女儿童福利工作"和"威尔士妇女儿童福利工作"相关统计数据整理而成：Ministry of Health, *Fifteenth Annual Report of the Ministry of Health*, *1933—1934*, His Majesty's Stationery Office, 1934, pp.299, 377 ; *Sixteenth Annual Report of the Ministry of Health*, *1934—1935*, His Majesty's Stationery Office, 1935, pp.292, 338；*Seventeenth Annual Report of the Ministry of Health*, *1935—1936*, His Majesty's Stationery Office, 1936, pp.243, 292 ; *Eighteenth Annual Report of the Ministry of Health*, *1936—1937*, His Majesty's Stationery Office, 1937, pp.247, 305 ; *Nineteenth Annual Report of the Ministry of Health*, *1937—1938*, His Majesty's Stationery Office, 1938, pp.242, 295 ; *Twentieth Annual Report of the Ministry of Health*, *1938—1939*, His Majesty's Stationery Office, 1929, pp.241, 289.

续表

年份	地方当局创办的儿童医院			根据《1929年地方政府法》转由地方当局管理的儿童医院			由志愿组织创办,并交给地方当局使用的儿童医院			由地方当局送往其他机构就诊的儿童数量
	机构数量	床位数量	住院儿童数量	机构数量	床位数量	住院儿童数量	机构数量	床位数量	住院儿童数量	
英格兰 1936	24	426	2608	152	3786	29327	58	1089	8545	3055
1937	23	425	2017	148	3890	33313	53	956	8136	3951
1938	24	442	2430	145	3889	32403	56	1126	8694	4277
威尔士 1931	—	—	—	24	276	1088	—	—	—	135
1932	—	—	—	25	238	1096	—	—	—	152
1933	—	—	—	25	1096	1193	—	—	—	121
1934	—	—	—	29	307	1178	—	—	—	84
1935	—	—	—	28	287	1298	—	—	—	70
1936	—	—	—	28	292	1517	—	—	—	95
1937	—	—	—	28	312	1630	—	—	—	100
1938	—	—	—	29	332	1614	—	—	—	82

在儿童医院方面,如表 2.8 所示,在第二次世界大战前夕英格兰地区的儿童医院有了较大的发展,形成了以地方当局创办或管理的儿童医院为主体,以志愿组织创办并交与地方当局使用的儿童医院为补充的儿童医疗体系,医院床位和受益的儿童数量大幅增加,而且在一些儿童医院不发达的地区,地方当局亦向部分婴幼儿提供了送往其他医疗机构就诊的服务。威尔士地区的儿童医院主要是根据《1929 年地方政府法》转由地方当局管理的儿童医院,其发展程度比英格兰地区要逊色得多。

在康复机构方面,如表 2.9 所示,在第二次世界大战前夕英格兰地区为孕妇、哺乳期妇女和婴幼儿提供康复服务的"康复之家"有了较大的发展,形成了以志愿组织创办的"康复之家"为主体,地方当局创办的"康复之家"为辅助的妇幼康养体系。威尔士地区康复机构的发展落后，不存在类似英格兰地区由地方当局或志愿组织创办的"康复之家"。

表 2.9　1931—1938 年英格兰"康复之家"工作一览表①

| 年份 | 为孕妇、哺乳期妇女和 5 岁以下儿童提供住院康复的机构 | | 康复机构床位数量 | | 住院人数 |
	地方当局	志愿组织	地方当局	志愿组织	
1931	17	52	306	564	6673
1932	17	52	268	802	8066
1933	18	48	305	759	9121
1934	20	48	337	607	6920
1935	19	46	361	630	7392
1936	18	52	332	659	7277
1937	16	51	268	605	7285
1938	18	47	328	671	8098

（表最左侧合并单元格为"英格兰"）

　　"母婴之家"是第二次世界大战前主要由志愿组织创办的专门为婴儿及其母亲提供住院服务的福利机构。如表 2.10 所示，在第二次世界大战前夕英格兰地区的"母婴之家"有了较大的发展，主要是由志愿组织创办，地方当局亦创办了少许类似机构。从 1934 年起，该类机构还向部分孕妇提供了分娩服务。

---

① 笔者根据《英国卫生部年度报告》(Annual Report of the Ministry of Health, 1933—1934, 1934—1935, 1935—1936, 1936—1937, 1937—1938, 1938—1939)附录"（英格兰）妇女儿童福利工作"相关统计数据整理而成: Ministry of Health, *Fifteenth Annual Report of the Ministry of Health, 1933—1934*, His Majesty's Stationery Office, 1934, pp.299; *Sixteenth Annual Report of the Ministry of Health, 1934—1935*, His Majesty's Stationery Office, 1935, pp.292; *Seventeenth Annual Report of the Ministry of Health, 1935—1936*, His Majesty's Stationery Office, 1936, pp.243; *Eighteenth Annual Report of the Ministry of Health, 1936—1937*, His Majesty's Stationery Office, 1937, pp.247; *Nineteenth Annual Report of the Ministry of Health, 1937—1938*, His Majesty's Stationery Office, 1938, pp.242; *Twentieth Annual Report of the Ministry of Health, 1938—1939*, His Majesty's Stationery Office, 1939, pp.241.

表 2.10　1931—1938 年英格兰和威尔士各地"母婴之家"工作一览表①

年份	为婴儿及其母亲提供住院服务的机构		服务机构床位数量		住院人数			产妇分娩床位	使用分娩床位的产妇数量
	地方当局	志愿组织	地方当局	志愿组织	孕妇	婴儿及母亲	婴儿		
英格兰 1931	5	128	119	2451	2014	1231	2025	—	—
1932	4	126	107	2245	2110	1188	2221	—	—
1933	4	119	107	2204	1859	1039	2041	—	—
1934	5	116	109	2231	2146	1222	2057	266	824
1935	6	106	110	2052	1919	916	2154	251	747
1936	4	101	116	1999	2001	844	1934	198	767
1937	4	104	116	2093	2142	887	2179	226	832
1938	4	91	84	1859	2828	985	1179	285	955
威尔士 1931	—	2	—	35	—	—	—		
1932	—	2	—	33	—	—	—		
1933	—	2	—	33	—	—	—		
1934	—	2	—	33	54	—	—		
1935	—	2	—	33	49	—	—		
1936	—	2	—	37	49	—	—		
1937	—	2	—	37	49	—	—		
1938	—	2	—	37	55	—	—		

---

① 笔者根据《英国卫生部年度报告》（Annual Report of the Ministry of Health, 1933—1934, 1934—1935, 1935—1936, 1936—1937, 1937—1938, 1938—1939）附录"（英格兰）妇女儿童福利工作"和"威尔士妇女儿童福利工作"相关统计数据整理而成：Ministry of Health, *Fifteenth Annual Report of the Ministry of Health, 1933—1934*, His Majesty's Stationery Office, 1934, pp.299-300, 378；*Sixteenth Annual Report of the Ministry of Health, 1934—1935*, His Majesty's Stationery Office, 1935, pp.292, 339；*Seventeenth Annual Report of the Ministry of Health, 1935—1936*, His Majesty's Stationery Office, 1936, pp.243, 293；*Eighteenth Annual Report of the Ministry of Health, 1936—1937*, His Majesty's Stationery Office, 1937, pp.247, 306；*Nineteenth Annual Report of the Ministry of Health, 1937—1938*, His Majesty's Stationery Office, 1938, pp.243, 296；*Twentieth Annual Report of the Ministry of Health, 1938—1939*, His Majesty's Stationery Office, 1939, pp.242, 290.

日托婴幼机构在英格兰地区发展较为迅速。日托机构主要是向那些因母亲全天外出工作而无法得到照看的婴幼儿提供看护服务。如表 2.11 所示，在第二次世界大战前夕，形成了以志愿组织创办的日托机构为主体，地方当局创办的日托机构为辅助的托养体系，为 5 岁以下的婴幼儿提供日托服务。

表 2.11　1931—1938 年英格兰各地日托婴幼机构工作一览表①

	年份	日托婴幼机构数量		为 5 岁以下儿童提供服务的日托机构场地数量	
		地方当局	志愿组织	地方当局	志愿组织
英格兰	1931	21	84	944	3043
	1932	19	83	738	2988
	1933	18	82	718	2832
	1934	19	83	751	3089
	1935	18	84	862	3063
	1936	21	85	1014	3201
	1937	23	83	987	3222
	1938	21	83	942	3349

① 笔者根据《英国卫生部年度报告》(Annual Report of the Ministry of Health, 1933—1934, 1934—1935, 1935—1936, 1936—1937, 1937—1938, 1938—1939) 附录“(英格兰) 妇女儿童福利工作”相关统计数据整理而成：Ministry of Health, *Fifteenth Annual Report of the Ministry of Health, 1933—1934*, His Majesty's Stationery Office, 1934, p.300 ; *Sixteenth Annual Report of the Ministry of Health, 1934—1935*, His Majesty's Stationery Office, 1935, p.293; *Seventeenth Annual Report of the Ministry of Health, 1935—1936*, His Majesty's Stationery Office, 1936, p.244 ; *Eighteenth Annual Report of the Ministry of Health, 1936—1937*, His Majesty's Stationery Office, 1937, p.248 ; *Nineteenth Annual Report of the Ministry of Health, 1937—1938*, His Majesty's Stationery Office, 1938, p.243 ; *Twentieth Annual Report of the Ministry of Health, 1938—1939*, His Majesty's Stationery Office, 1939, p.242.

英国儿童福利机构还向孕妇、产妇、患有产褥热的产妇和 5 岁以下儿童提供家庭护理服务。这一服务主要由志愿组织承担，部分地方当局参与其中。如表 2.12 所示，1931—1938 年英格兰地区由志愿组织和地方当局雇用开展家庭护理的护士数量每年都在 3000 人以上，护理案例最高达 90000 例以上；威尔士地区的家庭护理服务比较落后，主要由志愿组织承担，且雇用的护士数量至 1938 年都没有达到 50 人，开展的护理服务案例仅达到 1190 例。

表 2.12　1931—1938 年英格兰和威尔士各地家庭护理工作一览表①

	年份	雇用护士数量（为孕妇、5 岁以下儿童护理，为产妇护理，为患有产褥热及产褥期发热的产妇护理）		护理案例数量
		地方当局	志愿组织	
英格兰	1931	54	2293	73655
	1932	60	2573	90634
	1933	66	2552	84555
	1934	49	2702	88944
	1935	47	2807	72729
	1936	52	2954	75088
	1937	61	3045	79954
	1938	51	2555	65370

①　笔者根据《英国卫生部年度报告》（Annual Report of the Ministry of Health, 1933—1934, 1934—1935, 1935—1936, 1936—1937, 1937—1938, 1938—1939）附录"（英格兰）妇女儿童福利工作"和"威尔士妇女儿童福利工作"相关统计数据整理而成：Ministry of Health, *Fifteenth Annual Report of the Ministry of Health, 1933—1934*, His Majesty's Stationery Office, 1934, pp.300, 378 ; *Sixteenth Annual Report of the Ministry of Health, 1934—1935*, His Majesty's Stationery Office, 1935, pp.293, 339; *Seventeenth Annual Report of the Ministry of Health, 1935—1936*, His Majesty's Stationery Office, 1936, pp.244, 293 ; *Eighteenth Annual Report of the Ministry of Health, 1936—1937*, His Majesty's Stationery Office, 1937, pp.248, 306 ; *Nineteenth Annual Report of the Ministry of Health, 1937—1938*, His Majesty's Stationery Office, 1938, pp.243, 296 ; *Twentieth Annual Report of the Ministry of Health, 1938—1939*, His Majesty's Stationery Office, 1939, pp.242, 290.

续表

年份	雇用护士数量（为孕妇、5 岁以下儿童护理，为产妇护理，为患有产褥热及产褥期发热的产妇护理）		护理案例数量
	地方当局	志愿组织	
1931	—	26	265
1932	—	27	274
1933	—	29	301
1934	—	30	360
1935	3	37	871
1936	3	37	746
1937	4	30	838
1938	4	44	1190

（威尔士）

　　需要强调的是，在英国婴幼福利服务发展过程中，卫生部多次考虑过与学校医疗服务体系的融合问题。健康访问制服务对象是 0—5 岁婴幼儿，学校医疗服务对象是学龄儿童，两者在体制上存在着直接联系，比如学校医疗中的校园护士，与健康访问员同样持有健康访问员资格证，故卫生部在 1933—1934 年度报告中建议健康访问员与校园护士在人员上可以实现统一，以此"工作上可以进行更好地分配，并减少（因工作）来回奔波花费的时间和精力"①。而且，校园护士在职能上也有家访的职责，即"说服家长让他们的孩子接受治疗，以便能够得到专业化的医学看护"②。在 1934—1935 年度报告中，通过对伦敦地区妇女儿童福利工作的调查，卫生部发现在伦敦地区的自治市健康访问等儿童福利服务与学校医疗服务体系归属于不同的地方当局管辖，

　　①　Ministry of Health, *Fifteenth Annual Report of the Ministry of Health*, 1933—1934, His Majesty's Stationery Office, 1934, p.78.
　　②　参阅魏秀春《20 世纪英国学校健康服务体系探析》,《世界历史》2017 年第 4 期。

而在郡自治市两者则归属于同一个地方当局。卫生部认为,由同一个地方当局管辖儿童福利体系与学校健康服务体系"非常自然地便于(对儿童)持续地监护";同时,通过健康医疗官同时担任"学校医疗官",以及健康访问员与校园护士在人员上的"逐渐融合",婴幼福利体制与学校医疗服务体制就可以实现其工作人员的相互流动①。卫生部的上述建议虽然在第二次世界大战前并未实现,但却代表着未来的发展方向,即英国婴幼福利制度与学校儿童福利制度的融合。

四、第二次世界大战期间英格兰和威尔士婴幼福利服务

第二次世界大战期间,尽管英格兰和威尔士地区婴幼儿福利受到战争的严重冲击,但各地方当局仍然在努力维持各项福利机构的正常运行(见表2.13)。

如表2.13所示,至1944年,英格兰和威尔士产前诊所为1941家,当年生育妇女的76%在福利当局的安排下前来这些诊所就诊或受到产前照顾;当年开放的婴儿福利中心为3932家,1岁以下婴儿第一次前来婴儿福利中心问询或就诊的达531492名,而1岁以上的婴幼儿则达731291名;获得健康访问员资格证的访问员数量仍然正在增加,当年共有321人通过考试获得了健康访问员资格证,故健康访问员继续她们的工作,1岁以下婴儿受到健康访问员首次访问的为715279名,占当前出生婴儿的96%,而1—5岁婴幼儿则得到4483013次访问②。

---

① Ministry of Health, *Sixteenth Annual Report of the Ministry of Health*, *1934—1935*, His Majesty's Stationery Office, 1935, p.86.

② Ministry of Health, *Summary Report of the Ministry of Health for the year ended 31ˢᵗ March*, *1945*, His Majesty's Stationery Office, 1945, pp.21-22.

表 2.13　1943—1944 年英格兰和威尔士婴幼福利机构及工作一览表①

	英格兰	威尔士	1944 年合计	1943 年合计
至 1944 年末地方当局婴儿福利中心开放数量	2735	338	3073	2994
至 1944 年末志愿组织所属婴儿福利中心开放数量	853	6	859	831
至 1944 年末地方当局产前诊所开放数量	1539	153	1692	1687
至 1944 年末志愿组织所属产前诊所开放数量	249	—	249	252
1944 年由地方福利当局安排在产前诊所受到私人全科医生诊疗或受其照顾的产前妇女数量（占当年备案生育妇女的 76.2%）	552513	31369	583882	542177
至 1944 年末地方当局产后诊所开放数量	371	2	373	793
至 1944 年末志愿组织所属产后诊所开放数量	54	—	373	793
1944 年健康访问员首次家访的 1 岁以下婴儿的次数（占当年备案出生婴儿的 96%）	670752	44527	715279	661629
1944 年健康访问员家访 1—5 岁婴儿次数	4195178	287835	4483013	4519091
至 1944 年末前往婴儿福利中心问询或就诊的 1 岁以上婴儿数量	684783	46508	731291	702236
至 1944 年末前往婴儿福利中心问询或就诊的 1 岁以下婴儿数量	492086	39406	531492	469324

① Ministry of Health, *Summary Report of the Ministry of Health for the year ended 31ˢᵗ March*, *1945*, His Majesty's Stationery Office, 1945, p.21.

第四节　苏格兰地区婴幼福利
制度的形成与发展

1907 年前,苏格兰地区的婴幼福利没有统一的政策,各个地方当局为了维护儿童健康自行其事,有的地方当局建立了婴儿奶站,为婴儿及哺乳期妇女提供洁净牛奶;有的地方当局效仿英格兰城镇任命了健康访问员开展健康访问工作;有的通过其他方式开展婴幼福利。1907 年《出生备案法》颁布后,有些地方当局实施出生备案制度,统计关于婴儿出生与死亡的信息,并为婴幼儿提供医学监护服务。①格拉斯哥是苏格兰地区开展婴幼福利比较早的城市之一。1904 年 6 月,格拉斯哥市政当局开办了第一家婴儿奶站;1906 年始,格拉斯哥市政当局就任命了女性访问员,定期访问奶站婴儿,并在当地妇产医院的主持下,对新生儿进行家庭访问;1906 年 10 月开办了第一家婴儿咨询中心,1907 年 5 月开办了第二家咨询中心,为新生儿提供咨询和医学检查;1907 年冬天,开办了第一家食物供给站,为哺乳期妇女提供低至 1 便士的营养餐;至1907 年底,由志愿组织支持的 77 名健康访问员已经对 405 名婴儿开展了健康访问;1908 年 1 月,格拉斯哥实施《出生备案法》,当年全城备案的新生儿占出生总数的 86%,这一数字至 1910 年达到了 98.8%;1908 年志愿组织"格拉斯哥婴儿健康访问员协会"(Glasgow Infant Health Visitors' Association)成立,共有 20 个分支机构和 350 余名志愿健康访问员,与市政当局合作开展健康访问;1910 年 8 月关闭了婴儿奶站,由市政当局任命的健康访问员与志愿组织充分合作,进一步完善健康访问职能,指导婴儿母亲科学喂养,并鼓励她们携

---

① 　Local Government Board for Scotland, *Twenty-fifth and Final Annual Report of the Local Government Board for Scotland*, *1919*, His Majesty's Stationery Office, 1920, p.xii.

带婴儿到婴儿咨询中心开展例行医学检查;至1914年,格拉斯哥已经有14家婴儿咨询中心,由女性医生每周坐诊,当年前来咨询和检查的婴儿就达5742人次,其中2247人次为首次,3495人次为复次;1914年婴儿咨询中心的10名护士共开展了32422次健康访问,其中13308次为首次,19114次为复次,而"格拉斯哥婴儿健康访问员协会"的访问员则访问了2935名婴幼儿[①]。

然而,像格拉斯哥这样的婴幼福利措施在1915年前仅是个别地方当局的主动行为,没有在苏格兰地区形成规模性的婴幼儿福利服务。直至1915年,苏格兰地区的地方当局仅任命了48名健康访问员;由志愿组织建立的儿童福利中心仅存在于少数大城镇,并志愿开展健康访问工作;由志愿组织举办的日托机构主要存在于妇女就业比较集中的产业地区;妇产医院和儿童医院仅存在于大城镇[②]。只有到了1915年《出生报备扩大法》的实施,苏格兰地区地方当局从法律上具有了开展婴幼福利服务的统一政策。

根据1915年《出生报备扩大法》第3条第1款的规定,在苏格兰地方政府事务部的批准下,苏格兰地方当局具有举办妇产服务和婴幼福利的权力[③]。根据这一规定,苏格兰地方政府事务部于1916年3月14日发布了指导备忘录。备忘录确立了婴幼福利服务的目标是维护孕妇、哺乳期妇女和5岁以下儿童的身体健康;确认了志愿组织举办和参与婴幼福利机构的重要地位;规定了儿童福利中心的职能和服务领域,提出了与学校委员会合作以便5岁以下儿童可以到学校诊所就诊;规定了地方当局举办经过苏格兰地方政府事务部批准的婴幼福利服务项目可以得到中央政府的资助。同时,苏格兰地方政府事务部还向地方当局确认,经过其批准并在儿童福利中心医疗官的许可下,地方当局可以向确有困难的孕妇或哺乳期妇女提供包括牛奶在内的食物、衣物

---

① A.K.Chalmers, *The Health of Glasgow, 1818—1925*, Glasgow Authority of the Corporation, 1930, pp.203—204, 207—209, 221, 224.

② Local Government Board for Scotland, *Twenty-fifth and Final Annual Report of the Local Government Board for Scotland, 1919*, His Majesty's Stationery Office, 1920, pp.xix-xx.

③ *Notification of Births(Extension) Act*, 1915, Section3(1)(b).

及其他物品援助。①

1918 年《妇女儿童福利法》同样授权苏格兰地方当局开展妇产服务和婴幼福利工作。同年,在该法令颁布之前,苏格兰地方政府事务部向地方当局先后发布了关于推动妇产服务和婴幼福利工作的两个通知。第一个是 1918 年 2 月 28 日发布的《妇产服务与儿童福利》的通知,鼓励地方当局为当地患有产前或产后并发症的妇女提供医疗服务,"我部门毫不怀疑医疗界将会同你们开展富有同情心的合作,相信各类相关机构将会欢迎任何建议,以便能够更充分利用专门设备以治疗此类病人,特别是那些在孕期和分娩时出现的更为严重和复杂的病例……如果事实表明需要提供额外的医院床位,他们会乐意考虑由地方当局为实现这一目的而提出的任何建议"②。第二个是 5 月 24 日发布的关于妇产服务和儿童福利项目的通知,修订了由苏格地方政府事务部资助的妇产服务和儿童福利项目名录,这些项目分别为助产士巡查、专职健康访问员和兼职护士开展的健康访问工作、助产接生服务、分娩医生服务、妇产护士服务、儿童福利中心的医疗服务、托儿所和日托机构服务、妈妈及年轻妇女的培训服务、由地方当局或志愿医院提供的产妇住院治疗或分娩服务、产妇家庭分娩条件提升服务、由地方当局或志愿医院提供的在康复机构治疗的服务、收容寡妇和未婚妇女的婴幼儿及遗弃孩童的儿童之家、地方当局开展的维护妇女及其婴幼儿健康的试验性工作、特殊孩童的食物供给、志愿组织举办的妇产服务和儿童福利工作、出生备案工作、各类福利机构的成本支出等③。这些名录实际上构成了 20 世纪前叶苏格兰婴幼福利制度的主要内容。

---

① Local Government Board for Scotland, *Twenty-second Annual Report of the Local Government Board for Scotland*, *1916*, His Majesty's Stationery Office, 1917, pp.xxxii–xxxiv.

② Local Government Board for Scotland, *Circular No. 1*: *Maternity Service and Child Welfare*, in Local Government Board for Scotland, *Twenty-fourth Annual Report of the Local Government Board for Scotland*, *1918*, His Majesty's Stationery Office, 1919, p.1.

③ Local Government Board for Scotland, *Circular No. II*: *Maternity Service and Child Welfare Schemes*, in Local Government Board for Scotland, *Twenty-fourth Annual Report of the Local Government Board for Scotland*, *1918*, His Majesty's Stationery Office, 1919, pp.2–6.

在苏格兰地方政府事务部的激励下，1915 年后苏格兰地区的基础妇产服务和婴幼福利发展起来了，但是受资金和场所限制，妇产医院、儿童医院和康复机构等妇幼福利机构仍然没有广泛建立起来。1916 年，苏格兰地方政府事务部批准了已经开展婴幼福利服务的 15 个自治市和 4 个郡辖区，并向这些地方当局支付了 338 英镑 8 先令 10 便士的补助金①；1917—1919 年，苏格兰地方政府事务部共批准了 102 个地方当局的婴幼福利项目（见表 2.14），仅在 1917—1918 年就向各地方当局的婴幼福利项目提供了 13651 英镑 18 先令 5 便士的资助②。至 1919 年 6 月 30 日，苏格兰地区地方当局任命的专职健康访问员为 163 人、兼职健康访问员 137 人、志愿健康访问员 800 人，专职健康访问员主要集中在工业和人口集中的地区，在人口较为分散或稀少的地区雇用护士作为兼职健康访问员，而人数众多的志愿健康访问员的工作则是专职访问员工作有力的补充；由苏格兰地方政府事务部批准创办的儿童福利中心共有 121 家，主要职能向婴幼儿及其母亲提供常见轻微疾病的治疗以及开展健康访问工作，福利中心雇用了专职医生，各地的健康医疗官和个体全科医生也被吸纳到福利中心进行坐诊；日托婴幼机构共有 27 家，包括由地方当局创办或管理的 21 家和由志愿组织创办的 6 家，最初由志愿组织创办的日托机构因受资金限制多数移交给地方当局管理③。

1919 年苏格兰地方政府事务部被改组为苏格兰卫生委员会（Scottish Board of Health，1919—1928）。苏格兰地方政府事务部在推动和监管苏格兰地区妇产服务和婴幼福利方面做出了开拓性贡献，其工作直接推动了苏格兰地区妇产服务和婴幼福利的全面开展，为孕妇、哺乳期妇女和 5 岁以下婴幼儿

① Local Government Board for Scotland，*Twenty-second Annual Report of the Local Government Board for Scotland*，*1916*，His Majesty's Stationery Office，1917，p.xxxiii.

② Local Government Board for Scotland，*Twenty-fourth Annual Report of the Local Government Board for Scotland*，*1918*，His Majesty's Stationery Office，1919，p.xix.

③ Local Government Board for Scotland，*Twenty-fifth and Final Annual Report of the Local Government Board for Scotland*，*1919*，His Majesty's Stationery Office，1920，pp.xx-xxiv.

提供看护、医疗和指导性建议,苏格兰地区婴幼福利制度由此形成了。苏格兰地方政府事务部撤销后,苏格兰卫生委员会和苏格兰卫生部(Department of Health for Scotland. 1929 年成立)继续推动和监管苏格兰地区妇产服务和婴幼福利。

表 2.14　获批举办妇产服务和婴幼福利项目的苏格兰地方当局(1917—1919)①

地方当局	1917	1918	1919
自治市 (Burghs)	36 个:艾尔德里、阿洛厄、阿尔瓦、埃尔、班科里、布莱尔高里、博内斯、克莱德班克、科弗和基尔克雷根、达尔基思、多勒、邓迪、爱丁堡、埃尔金、福弗尔、霍伊克、因弗雷里、因弗伯维、欧文、柯金蒂洛赫、劳伦斯柯克、利思、洛赫盖利、米尔盖维、马瑟尔堡、纽波特、佩斯利、皮布尔斯、珀斯、佩尼库克、彼得黑德、格拉斯哥港、伦弗鲁、罗斯塞、斯通黑文、蒂利库特里	30 个:阿伯丁、阿马代尔、邦尼里格、巴克黑文、科肯齐和塞顿港、考登比斯、克里夫、邓弗里斯、福尔柯克、加拉希尔斯、古罗克、格里诺克、哈丁顿、海伦斯堡、亨特利、杰德堡、凯尔索、基尔马诺克、拉纳克、林利斯哥、梅尔罗斯、米尔波特、莫尼菲斯、马瑟韦尔、普雷斯顿潘斯、拉瑟格伦、塞尔柯克、斯特灵、斯特兰拉尔、特拉尼特	18 个:巴尔黑德、比加、布里金、本恩泰兰、坎贝尔敦、科特布里奇、邓巴顿、邓弗姆林、戴萨特、格兰奇茅斯、汉密尔顿、金霍恩、柯科迪、拉纳克、莱斯利、马金什、泰波特、威肖
郡辖区 (County Districts)	6 个:克拉克曼南郡郡区,金卡丁郡的劳伦斯柯克、下迪赛德、塞洛斯、斯通黑文、上迪赛德	9 个:邓巴顿郡东区、邓巴顿郡西区、法夫郡邓费姆林区、法夫郡柯克迪区、哈丁顿郡西区、拉纳克郡低地区、拉纳克郡高地区、伦弗鲁郡低地区、伦弗鲁郡高地区	3 个:法夫郡的圣安德鲁区、拉纳克郡的中部区、拉纳克郡的高地区
覆盖人口	1044705 人,占苏格兰总人口的 22%	818373 人,占苏格兰总人口的 17%	472798 人,占苏格兰总人口的 10%

　　至 20 世纪 20 年代,随着各地方当局在经费和人员上的持续投入,苏格兰

---

① Local Government Board for Scotland, *Twenty-third Annual Report of the Local Government Board for Scotland*,1917, His Majesty's Stationery Office,1918,p.ix; *Twenty-fourth Annual Report of the Local Government Board for Scotland*,1918, His Majesty's Stationery Office, 1919, pp.xvi-xvii; *Twenty-fifth and Final Annual Report of the Local Government Board for Scotland*,1919, His Majesty's Stationery Office,1920,p.xxiv.

婴幼福利获得了快速发展,1928年苏格兰地方当局开展各项妇产服务和婴幼福利的总支出达到了280369英镑,至1929年底苏格兰地区的妇产服务和婴幼福利项目已经覆盖苏格兰地区93%的人口①。从事婴幼福利服务的健康访问员已达591名,其中133名为专职访问员,65名为地方当局和教育当局共同雇用的致力于婴幼福利服务、结核病治疗和学校儿童健康的专职访问员,393名乡村巡回护士作为兼职访问员。这些访问员在1926年共开展了786341次访问;1927年开展了773294次访问;1928年开展了843448次访问,每个专职访问员平均2000多次。纳入婴幼福利项目管理的儿童福利中心达到198家,主要职能是为婴幼儿及其母亲提供医疗检查,并指导妇女科学看护和喂养其幼年子女。这些福利中心中,51家能够治疗牙齿、眼睛、耳朵、鼻子、喉咙及皮肤方面的轻微疾病,1927年共治疗13812人次,1928年治疗了18099人次;35家福利中心能够提供紫外线检查和治疗服务,1928年共治疗了2915个病例,治疗次数达到61694次。② 同时,为孕妇、哺乳期妇女和5岁以下婴幼儿提供牛奶等营养性食物的福利项目主要集中在较大的城镇。比如,在格拉斯哥,为妇幼提供营养性食物的福利项目开始于1920年1月,1924年共有2839个家庭初次申请免费或半价新鲜牛奶,涵盖了1250名孕妇和哺乳期妇女、3263名5岁以下儿童,而复次申请的为30483个家庭,为此共订购新鲜牛奶1345624品脱,价值13650英镑8先令9便士,因各类健康原因获得市政当局资助的共有48875人,分别为孕妇2446人、哺乳期妇女9087人、1岁以下婴儿为7736人和1—5岁幼儿29606人;奶粉方面,共分发了18739包奶粉,其中11971包为全价提供,206包为优惠价提供,6562包为免费提供,因各类健康原因获得市政当局资助的共有1660人,为此市政当局支付了411英镑7先

---

① Department of Health for Scotland, *First Annual Report of the Department of Health for Scotland*, *1929*, His Majesty's Stationery Office, 1930, pp.56,71.

② Department of Health for Scotland, *First Annual Report of the Department of Health for Scotland*, *1929*, His Majesty's Stationery Office, 1930, pp.56,68,69.

令 3 便士;营养餐方面,共为 126415 人提供了营养餐,每餐为 3.5 便士,价值 1679 英镑 10 先令 6 便士①。

这一时期,苏格兰地区的婴幼福利服务日益趋向成熟,贯穿于婴幼儿出生前后的各个阶段,即出生前孕妇的产前监护、出生时助产士或医生的接生服务以及住院分娩服务和产后护理、1 岁内婴儿的健康监护和学龄前儿童的健康监护。以 1928 年前后为例,笔者梳理各个阶段的婴幼福利服务如下②:

第一,出生前孕妇的产前监护。产前医学检查和指导性建议的获取,主要是在儿童福利中心进行;孕妇的家庭监护主要是由健康访问员承担;孕妇患病治疗需要到儿童福利中心或妇产医院的产前病区。产前医学监护对降低孕妇发病率与死亡率、新生儿死亡率是至关重要的。据对 1924—1928 年爱丁堡地区孕产妇死亡率的分析表明,没有参加产前监护的孕产妇的死亡率是参加产前监护的 2 倍,而没有参加产前监护的孕产妇生育的婴儿在其生命的 2—3 天内的死亡率呈上升趋势。1928 年苏格兰地区参加产前检查和咨询的孕妇为 14944 人,其中到妇产医院产前病区进行治疗的为 2611 人,在儿童福利中心进行治疗的为 5067 人,接受家庭医生治疗的为 297 人;获得健康访问员家庭访问的孕妇有 11116 人,访问员为此共进行了 25275 次监护性访问。另外,孕妇若身体虚弱和营养不良,在当地医疗官员的批准下,将会免费或廉价获得牛奶等营养性食物供给。

第二,出生时的福利服务。首先是助产士接生服务。至 1929 年 3 月 31 日,苏格兰地区从业的助产士共有 4750 名。1928 年间,由助产士参与接生的新生儿占当年出生人数的三分之一,平均每个助产士接生的新生儿为 18 个。其中 18% 的新生儿在出生时出现紧急状况,医生进行了紧急干预和治疗,由

① A.K.Chalmers, *The Health of Glasgow, 1818—1925*, Glasgow Authority of the Corporation, 1930, pp.252-256.

② Department of Health for Scotland, *First Annual Report of the Department of Health for Scotland, 1929*, His Majesty's Stationery Office, 1930, pp.56-70.以下四个阶段的婴幼福利服务数据材料,除特别注明外,均出自该文献。

此产生的费用由地方当局支付。在格拉斯哥,1928 年近一半的新生儿是由助产士参与接生的,其中接生数量为 200—300 人的助产士有 3 名,接生数量为 100—200 人的有 26 名,50—100 人的有 48 名,50 人以下的有 160 名。在邓迪,由助产士参与接生的新生儿超过当地新生儿总量的 40%,平均每个助产士接生的新生儿为 71 个,其中有一位助产士甚至接生了 217 个。

住院分娩服务方面,1928 年苏格兰地区共有 7 家"妇产之家"和 14 家妇产医院,其中 11 家是由地方当局管理,共有 169 个床位。按照职能分工,妇产医院主要负责具有复杂状况的孕妇分娩以及孕产妇的产前和产后并发症的治疗;而"妇产之家"主要负责普通孕妇的分娩,但是由于妇产医院床位的短缺,"妇产之家"往往还要接收一些具有复杂状况的孕妇。1928 年,上述地方当局管理的妇产机构共接收了 2534 位孕妇分娩,其中 1326 位为正常分娩;另外,共有 553 位产前检查和治疗的孕妇、232 位堕胎孕妇和 771 位具有异常状况的孕妇。

康复服务方面,1928 年间由地方当局管理的康复机构共接收了 677 位产妇、663 名 1 岁以下儿童和 951 名 1—5 岁儿童。其中,绝大多数产妇是由于产后身体虚弱需要进行产后康复,而多数儿童是由于身体虚弱或患有佝偻病。

产后监护方面,主要是由健康访问员在产妇分娩后赴其居所进行健康监护,同时儿童福利中心亦对前来为新生儿进行健康检查的产妇开展产后健康监护。1928 年,儿童福利中心共为 19157 位产妇开展了产后健康监护服务。

家庭协助方面,实施这一服务的仅限于苏格兰少数几个地方当局。所谓家庭协助,即孕妇在分娩期间经个人申请由地方当局雇用劳务人员为其提供家政服务。格拉斯哥市政当局自 1924 年以来就开展了这一服务项目,通常价格为每天 5 先令,对于贫困家庭或存在其他特殊情况的家庭经市政当局和苏格兰卫生委员会的批准可以低至每天 1 先令,主要服务内容为每天上午 8 点至下午 6 点为服务家庭清洁房间、做饭、洗衣和照看儿童,为此市政当局选聘了 30—40 名妇女作为服务人员①。1928 年,由格拉斯哥市政当局雇用的 36 名服务人员共为 132 个家庭平均服务了 12.5 天。

第三,1 岁以内婴儿的健康监护。地方当局要求健康访问员对新生儿在第一个月内每周访问一次,探视其健康状况;在接下来的两个月内每两周访问一次;其后直至 1 岁,每月一次。1928 年,75507 名 1 岁以内婴儿共获得 477028 次健康访问,平均每名婴儿受访 6 次,这些婴儿超过当年出生婴儿数量的 80%;26419 名 1 岁以内婴儿被送往儿童福利中心进行健康检查 199645 次。而且,为了使婴儿得到充分的母乳喂养,哺乳期妇女若奶水不足,地方当局将会为其提供免费或廉价牛奶等营养性食物供给。另外,自 1918 年 11 月 1 日以后,苏格兰地区对新生儿眼炎(Ophthalmia Neonatorum)进行强制性筛查,严重者将被送往医院治疗。1928 年共筛查出 1292 名眼炎病例,154 名病例送往医院治疗,4 名被认为明显丧失了视力。

第四,1—5 岁学龄前儿童的健康监护与看护。1928 年苏格兰地区健康访问员对 1—5 岁学龄前儿童共进行了 341145 次健康访问,比 1927 年增长了 14%,其中 86252 次为首次访问;前往儿童福利中心开展健康检查的 1—5 岁学龄前儿童为 14711 名,接受健康检查 164644 次。至 1929 年苏格兰地区获准成立的日托机构共有 24 家,另外还有 20 家得到地方当局资助的游乐中心和幼儿园。1928 年,接受日托机构和游乐园服务的儿童共有 210267 名,其中 59118 名为 1 岁以下儿童,151149 名为 1—5 岁儿童。同时,苏格兰卫生部门投入专门经费资助地方当局对患有麻疹和百日咳的 5 岁以下儿童进行治疗。自 1925 年以来到 1929 年 5 月 15 日,共投入 10000 英镑,对 6468 名麻疹患儿和 5999 名百日咳患儿进行了住院治疗。需要强调的是,至 1928 年,苏格兰地区只有三分之一的 1—5 岁儿童得到上述婴幼福利项目的健康监护。

20 世纪 30 年代苏格兰婴幼福利服务逐步实现了地区和人口全覆盖,至

① A.K.Chalmers, *The Health of Glasgow*, *1818—1925*, Glasgow Authority of the Corporation, 1930, pp.249-250.

1938 年苏格兰所有地方当局已经全部开展了妇产服务和婴幼福利工作。健康访问员已经达到了 1163 名,其中 507 名为地方当局雇用的专职访问员,656 名为兼职乡村巡回护士,健康访问员同时也兼任学校护士。纳入婴幼福利项目管理的儿童福利中心达到了 272 家,其中 17 家由志愿组织创办且与地方当局合作开展福利服务,96 家同时面向学龄前儿童和学校儿童服务,许多福利中心能够提供常见轻微疾病的治疗。同时,在拉纳克郡还有 18 家备用的儿童福利中心,这些机构与大型福利中心相联系,主要面向人口稀少地区。[1]这一时期,健康访问员及包括儿童福利中心在内的各类妇幼福利机构开展了卓有成效的工作,进一步完善了苏格兰地区的婴幼福利制度(见表 2.15、表 2.16)。

表 2.15　1925—1937 年苏格兰地区的妇产服务统计一览表[2]

	1925	1926	1927	1930	1931	1932	1933	1934	1935	1936	1937
登记出生数量	104137	102449	96672	94578	9220	91000	86546	88836	87928	88928	87810
接生	医生(%)										
	54	50	50	51	51	49	48	46	44	43	42
	助产士(%)										
	34	38	39	36	30	29	28	25	25	24	24
	机构(%)										
	12	12	11	13	19	22	24	29	31	33	34

---

① Department of Health for Scotland, *Tenth Annual Report of the Department of Health for Scotland, 1938,* His Majesty's Stationery Office, 1939, p.74.

② Department of Health for Scotland, *Sixth Annual Report of the Department of Health for Scotland, 1934,* His Majesty's Stationery Office, 1935, p.160; *Seventh Annual Report of the Department of Health for Scotland, 1935,* His Majesty's Stationery Office, 1936, p.164; *Eighth Annual Report of the Department of Health for Scotland, 1936,* His Majesty's Stationery Office, 1937, p.152; *Ninth Annual Report of the Department of Health for Scotland, 1937,* His Majesty's Stationery Office, 1938, p.160; *Tenth Annual Report of the Department of Health for Scotland, 1938,* His Majesty's Stationery Office, 1939, p.190.

续表

	1925	1926	1927	1930	1931	1932	1933	1934	1935	1936	1937
产前中心	首次就诊数量										
	9103	13255	10480	19081	24574	29099	28987	31269	30908	31154	31446
	就诊总量										
	29744	39863	44658	60209	81780	105995	108079	120793	128081	138837	143385
	在产前中心治疗数量										
	1991	4512	8437	7190	10043	4358	13500	14378	14623	15494	4737
	在妇产医院产前病区治疗和家庭医生治疗数量										
	1382	2856	3432	3497	4583	4358	4306	3970	4420	4434	4737
健康访问员产前访问	首次访问数量										
	9685	9602	9293	14335	18040	14329	20756	18957	24410	25109	26102
	访问总量										
	17521	23283	24902	33293	44158	46920	53386	57295	61527	65712	67768
地方当局妇产机构	床位数										
	148	—	169	191	245	241	—	—	320(353)*	396(355)*	431(366)*
	分娩量										
	2426	2447	3441	3281	3789	4065	4710	5399	5847(3518)*	6241(4049)	7159(4470)
	产前病例										
	1005	613	726	873	844	952	856	2082	1144	1283	1464
	堕胎量										
	27	189	190	299	319	258	271	1018	299	414	414
康复之家	入住产妇数量										
	355	1063	602	718	607	663	528	567	785	728	625
家庭协助	17	101	170	207	290	280	282	269	254	280	282
产后及其他咨询	36742	13696	15828	16082	20914	24320	26582	28837	29256	29281	29386

备注：* 分别为婴幼福利服务项目下妇产医疗机构床位或分娩数，以及由地方当局管理的其他医疗机构妇产床位或分娩数（括号内）。

表 2.16　1925—1937 年苏格兰地区的婴幼福利服务统计一览表①

		1925	1926	1927	1930	1931	1932	1933	1934	1935	1936	1937
婴儿		出生数量										
		104137	102449	96672	94578	92220	91000	86546	88836	87928	88928	87810
		死亡率(%)										
		91	83.1	88.7	83.0	81.8	86.2	81.1	77.7	77	82.3	80.3
1—5岁儿童		数量										
		391428	373654	377000	341013	329407	333400	330900	327000	32167	320400	318000
		死亡率(%)										
		12	10.8	10.9	10.1	9.8	10.2	8.0	9.0	6.8	7.6	6.9
家庭访问		首次访问										
	1岁内	77425	75975	72695	76335	78310	78206	80984	78593	74738	75062	72517
	1—5岁	45000	26312	76517	71048	82509	99372	99375	99407	109599	129552	133996
		访问总量										
	1岁内	500401	469186	449666	463739	492996	512945	520350	537773	529172	534928	553878
	1—5岁	227000	293872	298726	326979	364496	374189	384498	406983	414301	438233	444201
福利中心就诊		首次就诊量										
	1岁内	22840	27220	30426	27224	30779	32032	33459	34476	32573	32585	34504
	1—5岁	11533	12821	14886	17083	18769	19478	18947	19320	19864	20606	20273
		就诊总量										
	1岁内	189731	156915	150658	206352	251817	260388	244446	253851	276804	276720	299956
	1—5岁	150548	238221	221099	175132	204540	195510	190652	187228	186536	193844	191262

　　①　Department of Health for Scotland, *Sixth Annual Report of the Department of Health for Scotland, 1934*, His Majesty's Stationery Office, 1935, p.160; *Seventh Annual Report of the Department of Health for Scotland, 1935*, His Majesty's Stationery Office, 1936, p.164; *Eighth Annual Report of the Department of Health for Scotland, 1936*, His Majesty's Stationery Office, 1937, p.152; *Ninth Annual Report of the Department of Health for Scotland, 1937*, His Majesty's Stationery Office, 1938, p.161; *Tenth Annual Report of the Department of Health for Scotland, 1938*, His Majesty's Stationery Office, 1939, p.191.

续表

	1925	1926	1927	1930	1931	1932	1933	1934	1935	1936	1937
儿童医院与康复之家诊疗数量	1849	2316	2132	2636	2385	2813	2375	2427	2618	3067	2923

第二次世界大战期间,尽管受到战争的影响,但苏格兰地区婴幼儿福利仍在努力运行。截止 1945 年 6 月 30 日,苏格兰地方当局的妇产机构仍有 2149 个床位;有 146 家战时托儿所,能够容纳 6596 名婴幼儿;还有 25 家特殊托儿班,能够容纳近 1024 名 2—5 岁儿童①。

本 章 结 语

自 1862 年志愿组织发起健康访问活动,至 1907 年《出生报备法》的实施,是以健康访问制为基础的英国婴幼福利发展的初始阶段,这一阶段主要是志愿组织和地方当局为了降低当地的婴儿死亡率而采取的自觉行动,英格兰和威尔士地区最先行动起来,苏格兰地区诸如格拉斯哥等少数大城市紧随其后。在地方政府事务部的推动下,1915 年《出生报备扩大法》等法令的实施,开展强制出生报备,为健康访问及各类婴幼福利项目在各地的全面开展准备了前提条件。苏格兰地方政府事务部也以《出生报备扩大法》为契机,推动苏格兰各地方当局开办妇产服务和婴幼福利项目。

1918 年《妇女儿童福利法》以许可性法令形式出现,正式授予地方当局开展健康访问及其他婴幼福利的权力,英国婴幼福利制度由此日益制度化,婴幼

① Department of Health for Scotland, *Summary Report by the Department of Health for Scotland for the Year ended 30th June 1945*, His Majesty's Stationary Office, 1945, pp.5-6.

福利开始贯穿于婴儿出生前、婴儿出生时、1岁以内的婴儿以及1—5岁幼儿等各个时期。为了维护婴幼儿及其母亲的健康,以健康访问为基础,地方当局开办了儿童福利中心及其他妇产和婴幼福利项目,为婴幼儿孕育、出生、成长提供健康支持和服务。20世纪20—30年代,英格兰和威尔士、苏格兰卫生主管部门向地方当局和志愿组织开展的婴幼福利提供了系统性的政府资助,充分说明英国婴幼福利制度已经形成。正如吴必康先生所言,两战时期英国"社会经济形势恶化,失业更严重",迫使英国执政各党在政策上向民生问题倾斜①,英国婴幼福利在这一时期得以快速发展,对于维护婴幼儿健康和战后英国社会稳定发挥了重要作用。

英国婴幼福利的发展,为"工人阶层妇女和中产阶层妇女"造就了健康访问员职业,并促进了助产士和护士职业的发展。从此以后,健康访问员、助产士和护士作为公共健康部门的雇员、训练有素的有薪官员、健康医疗官的助手和"妈妈之友",通过"自身的知识和技能"以及"热心肠"、"说服力"和"人格魅力"大显身手②,大大提高了妇女在公共健康领域的社会地位。

英国婴幼福利的发展还进一步见证了英国福利国家进程中志愿组织与政府的合作关系。所谓志愿组织,就是"由那些对一项事业给予无偿服务的人组成的运转这项事业的团体"③。健康访问的发起者"曼彻斯特和索尔福德女士健康协会"就是这样一种志愿组织。在婴幼福利发展过程中,一个又一个这样的志愿组织参与进来,承担了政府的部分责任,在英格兰和威尔士、苏格兰地区逐渐形成与地方当局合作开展健康访问的格局,深受民众欢迎。

最后需要强调的是,以健康访问为基础的婴幼福利初衷是降低婴儿死亡率,维护婴幼健康。这里涉及问题是,英国婴幼福利达到了降低婴儿死亡率的

---

① 吴必康:《英国执政党与民生问题:从济贫法到建立济贫国家》,《江海学刊》2011年第1期。

② Celia Davies,"The Health Visitor as Mother's Friend:A Woman's Place in Public Health,1900—1914",*Social History of Medicine*,No.01,1988,pp.39-59.

③ 周真真:《charity概念在英国的历史流变及其社会意蕴》,《世界历史》2018年第1期。

目标了吗？地方当局的健康官员经常性会将婴儿死亡率的降低几乎全部归功于健康访问等儿童福利,如哈德斯菲尔德的健康医疗官莫尔 1927 年宣称"自哈德斯菲尔德计划推行以来,婴儿死亡率出现了大幅降低,约有 30% 的降幅,拯救了 2354 名'未来的公民'"①。然而,卫生部显然有着清醒的认识,在其第一年度(1919—1920)报告中是这样表述的,"1919 年英格兰和威尔士婴儿死亡率降到了新低,即 89‰。往年的最低纪录分别是 1916 年的 91‰ 和 1912 年的 95‰。这一最新纪录无疑归功于多方面的因素,包括有利的气候条件、工薪阶层收入的相对提高,以及出生率的持续下降,当然(当前开展的)妇女儿童福利工作无疑也对这一新低做出了实质上的贡献,所以这在很大程度上鼓励了(我们的)进一步努力。"②应该说,这一说法非常客观地评价了健康访问等婴幼福利工作的作用。值得一提的是,1946 年《国民健康服务法》对健康访问作了重新定义,即"每一个地方健康当局有责任向当地家庭提供由健康访问员开展的居家访问,就婴幼儿、病人,以及孕妇或哺乳妈妈的护理,以及预防疾病的必要措施提供建议"③,健康访问因此发展成为向所有国民提供的一项健康福利服务。所以,1946 年后健康访问不仅成为地方当局的法定责任,而且还使访问对象扩大到所有需要关照的群体,健康访问员前去居民家中"为病人的护理和预防传染病的措施提供建议",是英国国民健康服务体系的重要组成部分④。

实际上,评估英国婴幼福利在多大程度上降低了婴儿死亡率已经不重要了。一个重要的历史事实是,英国婴幼儿福利制度的不断发展,0—5 岁儿童

① Hilary Marland, "A Pioneer in Infant Welfare: the Huddersfield Scheme, 1903—1920", *Social History of Medicine*, Vol. 6, Issue 1, 1993, pp.25-50.

② Ministry of Health, *First Annual Report of the Ministry of Health, 1919—1920*, His Majesty's Stationery Office, 1920, p.44.

③ 1946 年《国民健康服务法》(National Health Service Act, 1946),第 24 条第 1 款。

④ Geoffrey Rivett, *From Cradle to Grave: Fifty Years of the NHS*, King's Fund Publishing, 1998, p.24.

成为最大的受益者,得到英国社会前所未有的关心和爱护,这是因为人们越来越认识到,"儿童正变得越来越少,亦越来越珍贵,故要付出更大的努力确保他们自出生后就受到最好的护理。只有这样,他们才有可能活下来,才能成长为健康的、适应能力强的男人和女人,才能为这个国家做出最大的贡献"①。目前我国正处于儿童福利制度建设的关键历史时期,随着二胎和三胎政策实施,如何使新生人口得到更大程度上的关爱和保护,英国婴幼福利制度的形成与发展可以为我们提供更多的思考。

---

①　M.Penelope Hall,*The Social Services of Modern England*,Routledge & Kegan Paul Limited, 1952,p.147.

第三章　英国校餐制度的
形成与发展

英国校餐制度,即英国学校供餐制度,是 20 世纪英国学校健康服务体系的重要组成部分。所谓英国学校健康服务体系,即英国学校医疗服务体系及与之相关的学校供餐计划,是前国民健康服务体系(National Health Service,NHS)时代英国学校儿童医疗救护的主要来源。英国学校健康服务体系的建立,缘于 20 世纪初英国学校儿童的健康问题,是在"国家儿童观"的推动下,通过一系列的教育立法和制度建设而实现的,其根本目的是为学校儿童能够充分接受义务教育提供健康保障①。结合英国档案文献与国内外学者的研究成果,基于英国儿童福利观的进步,本章将主要讨论英国校餐制度建立的基本进程、福利化校餐制度的确立及其重要的历史功绩。

---

① 英国历史上,尽管学校供餐和学校医疗最初是分别实施的,但是两者都属于公共健康领域,其产生的社会根源、推动力量和服务对象基本一致,且都是在教育部门的主导下建立和实施的,都通过 1944 年《教育法》实现了全面福利化。1945 年学校医疗体系更名为"学校健康服务"体系。故学校供餐计划作为解决学校儿童营养不良问题的重要举措,英国政府和英国学者一般将其纳入学校健康服务体系中论述。参见 Board of Education, *Annual Report of the Chief Medical Officer of the Board of Education, 1908—1920*, His Majesty's Stationery Office, 1910—1921; Bernard Harris, *The Health of the Schoolchild: A History of the School Medical Service in England and Wales*, Open University Press, 1995.

第一节　20世纪初英国校餐制度的肇始

20世纪英国校餐制度是在"国家儿童"思想的影响下,在英国志愿组织和地方当局的推动下建立的。"国家儿童"思想为校餐制度及其以后学校医疗计划的建立奠定了思想基础,而志愿组织和地方当局主动开展学校供餐的行动则为校餐制度提供了可推广的供餐模式,并推动了学校供餐立法的酝酿,最终形成了1906年的《教育(供餐)法》。

一、国家儿童观的确立

英国学校供餐的启动和推进,是建立在一定的儿童福利思想基础之上的,这就是积极保护儿童的国家社会责任观,即"国家儿童"观。如第一章所述,在20世纪初对儿童健康问题的广泛讨论中,英国社会幡然发现,长期处于营养不良和健康不佳状态的贫困儿童,无法充分接受国家所授予的免费义务教育。费边社会主义者的社会福利思想认为,从社会有机体的理论出发,要提高国民效率,必须保证国民的最低生活标准,而享受这种最低标准的文明生活是每个公民的天赋权利,故政府有责任、有义务采取各种手段,组织各种社会服务来实现这一目标[1]。为此,费边社会主义者强调,"为使所有的儿童特别是最贫困儿童能够受到充分的教育,国家必须采取措施帮助他们顺利接受教育"[2]。在布尔战争前后,英国工会认为,贫困儿童应当由国家财政资金供养,政府的社会服务政策应当进行扩展;而工党认为,如果能使完全的供餐成为免费教育体制的一部分,工党则乐观其成[3]。这样一种观点也为自由改革

---

[1]　陈晓律:《从亚当·斯密到凯恩斯——简评英国福利思想的发展》,《世界历史》1990年第5期。

[2]　丁建定:《英国社会保障制度史》,人民出版社2015年版,第222页。

[3]　F.Le Gros Clark, *Social History of the School Meals Service*, The National Council of Social Service, 1948, p.7.

派人士所认同,约翰·戈斯特爵士由此提出了"国家儿童"观。

"国家儿童"这一术语来自戈斯特爵士的著作《国家儿童:政府如何促进他们的健康和活力》一书。在该书中,戈斯特爵士全面阐释了他的儿童福利思想。他首先指出,该书的目标就是要使英国社会认识到"忽视国家儿童体质条件的危险"。在他看来,儿童是未来的英国人民,"他们的条件和能力不仅决定着我们这个国家的幸福,而且还决定着帝国在世界上的影响力","除非儿童的身体健康得到优先的关爱,否则他们的性格和智慧将得不到恰当的发展",所以戈斯特爵士认为,养育儿童固然首先是父母的责任,但也是国家的责任。换言之,儿童是"国家"的一部分,故与儿童的父母一样,国家也有抚养儿童的责任。这种责任包括三个方面,其一,"确保儿童的权利不被其父母所忽视或侵犯";其二,"通过建议或其他手段,尽一切可能帮助父母履行其(抚养子女的)责任";其三,"当(儿童的)父母因死亡或没有能力履行其责任时,国家需要扮演父母的角色"。①

这里,戈斯特爵士特别强调儿童的健康对于国家的重要性。他从三个方面进行了阐述。首先是出于公共安全的需要,即"保护公共健康",当时很多疾病是具有传染性的,故身体虚弱或营养不良的人很容易受到感染,而健康的儿童可免于感染疾病,因此"社会有权利限制个体随心处置自己身体的自由,从而有必要阻止他成为社会群体疾病或体质危险的来源";第二是基于疾病对公共经济的影响,"特别是传染病不仅是危险的,而且它们的防治也是非常的昂贵,使全体人民遭受金钱上的损失",即国家对源于孩提时代身体欠佳成年人的救济开支是巨大的,而在儿童时代就使其保持一个健康的身体可以减少国家的公共开支,故维护儿童健康将能够抵消其在成年后患病而被治疗的费用;第三是国家利益方面,患病对经济的影响是巨大的,"病人对社会来讲显然会遭受金钱上的损失,因为他们在患病期间将被给予供养、穿衣和住宿,

---

① Sir John E.Gorst, *The Children of the Nation:How Their Health and Vigour Should be Promoted by the State*, Methuen & Co., 1907, pp.1-2.

别人将付出劳动来护理他们,而他们自己对社会则毫无贡献",因此"每一位儿童都应被抚养成健康的男人或女人,使其对国家是一种力量,而不是负担"。换言之,"当贫困或忽视而导致家长无法履行其责任时,儿童有权利求助于国家",国家因此需要使用公共资金为他们提供"食物、衣服、住宿和护理",直至其成年。在戈斯特看来,国家之所以负有抚养儿童的责任,是因为那些衣不蔽体、食不果腹的贫困儿童若受到国家无微不至的关心和照料,势必会成长为社会有用之材,否则就是整个社会永久的负担,即许多"身心不健全的男人和女人将填满我们的医院、监狱、济贫院和养老院"。这种"社会主义"色彩的政策,遭到不少保守派人士的强烈反对,诬蔑其将会"破坏父母的责任"。为此,戈斯特反驳道,这种视"父母责任"重于"面包之于饥饿"的论调只能为逃避社会责任寻找借口,不是一个文明社会所应有的行为。①

　　戈斯特的这一"国家儿童"观,集中反映了 20 世纪初英国社会对贫困儿童权益的关切,是儿童社会价值的进一步提升,为"左翼自由党人、激进托利党人……正统慈善家和社会理论家"所认同;也反映了 20 世纪初人们对儿童社会价值的认识已不再"模糊",普遍认为儿童"在法律、立法、社会、医学、心理、教育和政治上",都是值得社会"投资"的对象②。正如《英国医学学报》1904 年 10 月 1 日的一篇文章说道:"来自剑桥郡的约翰·戈斯特爵士在食不果腹学校儿童问题上的评论已经激发了公众的情绪,使这一问题从个人兴趣发展成为雪片般的信件和文章(所共同关注的事情)。所以这些言论的最终结论是,如果政府坚持对儿童实施强制教育,它也就有责任看到学校儿童正在身体上遭遇到与精神上一样的痛苦。"③

　　所以,戈斯特的思想是其时代共识的反映,如当时著名的公共健康专家乔

---

　　①　Sir John E.Gorst,*The Children of the Nation:How Their Health and Vigour Should be Promoted by the State*,Methuen & Co.,1907,pp.5-9.

　　②　Harry Hendrick,*Child Welfare:England,1872—1989*,Routledge 1994,pp.42-84.

　　③　Anonymity,"The Problem of Feeding School Children",*British Medical Journal*,Vol.2,No.2283(Oct.1,1904),p.850.

治·纽曼亦说道,"儿童是人类之父,今天的儿童就是明天的民族。如果我们想要培育一个强壮的种族,我们必须首先育养健康的儿童。"①《泰晤士报》在1913年10月7日的头版文章中亦论道,"国家的儿童就是国家的机遇",而"因为(工人家庭的)儿童亦是国家的儿童,故国家需要赋予这些儿童像他们的母亲那样所能够施予的所有关怀"②。为此,"费边妇女协会"(Fabian Women's Group)宣称,"儿童需要茁壮成长,是这个国家的集体利益",故"国家必须赋予每个儿童所需的足够资助,以使他们能够维持最低限度的健康和舒适"③。工人妇女对这一观念亦具有较为深刻的领会,"儿童是这个国家的资产,而其母亲则是这个国家的脊梁",故"国家应当协助喂养这些母亲,并维持她们的健康",只有这样,她们才能"生育强壮的男孩和女孩",从而有助于壮大英帝国的力量④。工人政党组织"社会民主同盟"(Social Democratic Federation)在1892、1896和1899年三次向伦敦学校委员会递交请愿书,要求向失业家庭的儿童提供餐食⑤。

所以,国家儿童观的产生,适应了当时迫在眉睫的儿童健康问题的需要。时至20世纪,英国的社会问题无论从类型上还是严重程度上都超过以往任何一个历史时期,曾经作为"百病良方"的济贫法再也不可能从根本上有效地解决这些接踵而至的社会问题了。⑥就儿童健康问题而言,贫困固然是其产生的一个重要原因,但也不能忽视其它因素,如住房拥挤、环境污染、食品安全状况低下,以及父母的"无知和冷漠"等⑦,因此必须从儿童自身需要出发,突破原

---

① Sir George Newman, *The Health of the State* (2nd Edition), Headley Brothers, 1907, p.134.

② Pember Reeves, *Round about a Pound a Week*, G.Bell and Sons 1914, p.223.

③ Pember Reeves, *Round about a Pound a Week*, G.Bell and Sons 1914, pp.227,228.

④ Margaret Llewelyn Davies (ed.), *Maternity: Letters from Working Women*, Virago, 1978 (first published 1915 by G.Bell & Sons, London), pp.154,129.

⑤ John Cooper, *The British Welfare Revolution, 1906–14*, Bloomsbury Academic, 2017, p.45.

⑥ 丁建定:《英国社会保障制度史》,人民出版社2015年版,第227页。

⑦ Inter-departmental Committee on Physical Deterioration, *Report of the Inter-departmental Committee on Physical Deterioration, Vol.I Report and Appendix*, His Majesty's Stationary Office, 1904, pp.44–56.

有济贫法制度下的被动救助方式,重新认识与调整国家与社会之间的关系,制定出适应社会发展的制度化保障儿童的方式与手段,即英国儿童福利制度。而国家儿童观视儿童具有独立于父母的社会权利,显然为英国儿童福利的发展奠定了重要的思想与舆论基础。

二、志愿组织和地方政府事务部的供餐行动

英国校餐制度的形成基于"国家儿童"的儿童福利思想,但在"国家儿童"观提出前后,英国社会的学校供餐行动就已经出现了,这就是志愿组织和地方政府事务部的供餐行动。

志愿组织的慈善行动在19世纪后期20世纪初为贫困学校儿童提供廉价饮食方面发挥了重要作用。志愿组织的供餐行动最早可以追溯到19世纪60年代。在伦敦地区,成立于1864年2月的志愿组织"贫困儿童午餐联合会"(Destitute Children's Dinner Society)最先为威斯敏斯特地区贫民学校的儿童提供校餐服务。该组织在1869年10月至1870年4月间先后开办了58家餐厅,最初通常每周一次供餐,最多每周两次,向每位就餐的儿童收费1便士①。至1889年,伦敦地方教育当局的调查报告称当时伦敦地区有6家较大的志愿组织在冬季为初等学校儿童提供每周四天的供餐服务,其中为7493名儿童提供免费早餐,为其他895名儿童提供收费1/2到1/4便士不等的早餐服务;为26585名儿童提供免费午餐,另外4434名儿童收费1便士,8567名儿童收费1/2便士②。至20世纪初,伦敦学校午餐联合会(London Schools Dinner Association)、G.R.希姆斯先生 *Referee* 基金(Mr.G.R.Sims Referee Fund)、贫困儿童午餐联合会、东朗伯斯教师学校午餐协会(East Lambeth Teachers' Schools Dinner Association)、索思沃克儿童免费餐食基金(Southwark Children's Free Meals Fund)等5家较大的志愿组织每年共花费6100英镑在伦敦地区开展校

---

① M.E.Bulkley, *The Feeding of School Children*, G.Bell Sons Ltd., 1914, pp.3-4.
② Helen Bosanquet, *Social Work in London, 1869—1912*, E.P.Dutton Company, 1914, p.250.

餐服务①。其他地区亦纷纷效仿，如黑斯廷斯在 1882 年，伯明翰和盖茨黑德在 1884 年，卡莱尔在 1889 年类似志愿组织相继建立，并开展供餐活动②。

　　据跨部门委员会调查，伦敦地区主要有 5 家志愿组织，与当地的教育当局合作，每年的救助费用达 6100 英镑。其中"东朗伯斯教师学校午餐协会"与一家"免费餐基金会"合作，开展食物救助达 12 年之久。其救助的食物主要包括 1 品脱蔬菜汤、1 片面包和 1 片蛋糕，总价值为 1 便士，无力支付餐费的，则授予免费餐。格拉斯哥市政厅自筹经费专门开展了"贫困儿童餐桌"计划，对贫民家庭进行详细排查，鼓励他们为子女申请救助，故"在格拉斯哥没有儿童是饿着肚子上学的"。伯明翰的午餐援助长达 20 年，常年救助的儿童有 2500 名，其运作方式具有典型性，即当地的志愿组织与教育当局合作，由教育当局免费提供场地，志愿组织组建救助中心，聘用专职人员加工餐食，主要供应肉汤、面包和果酱。由志愿组织、学校校长和班主任三方共同遴选受助儿童，确保救助的是那些迫切需要的儿童。救助方式一般是由儿童到救助中心就餐，遇到恶劣天气时由志愿者将热餐直接送达学校。除了午餐外，伯明翰志愿组织还向当地二十余所学校的约 2.5% 的儿童免费供应早餐，主要包括可可饮料、牛奶和面包。③

　　在 1906 年《教育（校餐供给）法》颁布之前，在伦敦地区至少有 158 家志愿组织，而在整个英格兰则有 360 家志愿组织自主开展校餐服务，这些志愿组织绝大多数是由学校教师组织的④。至 1905 年，志愿组织的校餐服务在英格

---

① Inter-departmental Committee on Physical Deterioration, *Report of the Inter-departmental Committee on Physical Deterioration*, *Vol.I Report and Appendix*, His Majesty's Stationary Office, 1904, pp.67-68.

② M.E.Bulkley, *The Feeding of School Children*, G.Bell Sons Ltd., 1914, p.12, note. 2.

③ Inter-Departmental Committee on Physical Deterioration, *Report of the Inter-Departmental Committee on Physical Deterioration*, *Vol.I Report and Appendix*, His Majesty's Stationary Office, 1904, pp.67-69.

④ Louise Stevens Bryant, *School Feeding: its history and practice at home and abroad*, J.B.Lippincott Company, 1913, p.16.

兰城镇地区有所扩大，即"71 个郡城镇中有 55 个，137 个自治市镇中的 38 个，55 个城市区中的 22 个"都有志愿组织为学校儿童提供校餐，但在郡议事会管辖地区则没有类似的志愿行动①。

　　然而，不能不看到，志愿组织出于节约经费的需要希望那些受救助儿童的家长能够支付供餐的成本费，但事实上许多家庭"1/4 个便士都支付不起，何况 1 便士呢"，无奈之下只好免费供餐。②然而，志愿组织显然没有更多的资金来满足众多饥饿儿童的免费供餐需求。例如，1904 年伯明翰需要供餐的饥饿学校儿童有 4500 人，要满足这些儿童每个上学日一顿餐食的需求，至少需要 4500 英镑，而为这些儿童供餐的主要志愿组织"伯明翰免费餐食协会"（Birmingham Free Dinners Association）的筹款能力是每年 300 镑左右（包括当地教师 75 镑的捐赠），而要筹措 4000—5000 英镑根本没有任何希望③。所以说，仅仅依靠志愿组织的救助，难以长期满足饥饿儿童的营养需要。在伦敦，营养不良的学校儿童占当地学校儿童的 10—15%，而 158 个志愿组织仅为 30000 名学校儿童在每年冬天供餐 4 个月，这一数量不到当地常年处于饥饿状态的 122000 名学校儿童的 1/4；在曼彻斯特，尽管当地的志愿组织发展较好，但是受其供餐的儿童不及饥饿儿童的 1/5；在布莱德福德，有 6000 名学校儿童在入学体检中被认定为营养不良，而受志愿组织供餐的只有 2000 名④。

　　所以说，政府的营养干预遂成为必要，而英国政府及其地方当局的学校供餐事实上从 19 世纪后期业已开始，不过当时只是经济萧条时期的临时措施。比如，在伦敦盖茨黑德（Gateshead）1884 年经济不景气的时期当地学校委员会

---

　　①　John Cooper, *The British Welfare Revolution*, *1906-14*, Bloomsbury Academic, 2017, p.45.

　　②　John Hurt, "Feeding the hungry schoolchild in the first half of the twentieth century", in Derek J.Oddy and Derek S.Miller, eds., *Diet and Health in Modern Britain*, Croom Helm, 1985, p.179.

　　③　Louise Stevens Bryant, *School Feeding: its history and practice at home and abroad*, J.B.Lippincott Company, 1913, pp.39-40.

　　④　Louise Stevens Bryant, *School Feeding: its history and practice at home and abroad*, J.B.Lippincott Company, 1913, pp.37-38.

曾为学校儿童提供餐食,而且这一措施在其后经济萧条时期多次实施①。

英国政府却试图在济贫法框架内解决学校儿童的供餐问题。戈斯特和"全国教师联盟"（National Union of Teachers）领导人之一、自由党议员托马斯·麦克纳马拉（Thomas Macnamara）共同发起了一场为贫困儿童供给校餐的公众运动,获得了劳工运动和教师的支持。其后,戈斯特和麦克纳马拉造访了全国的主要工业中心,联合工会领导人和社会主义者共同宣传上述主张。②1905年在教育部内部已经形成一种意见,即学校供餐应当成为一种"医疗和教育措施",而且起草了一个法案文件,并在教育部门内部进行讨论③。1905年4月,戈斯特和麦克纳马拉等改革派人士造访了伦敦朗伯斯区的约翰娜街道学校（Johanna Street School）。这个学校距离议会所在地仅10分钟步行路程,据证人所言这里90%以上的儿童因营养不良或疾病存有身体缺陷而影响到正常的学习,且15%的儿童患有湿疹,戈斯特等人造访时发现了这里儿童糟糕的健康状况,其中有20名男童因严重的营养不良而不能从事有效的学习④。这一结果被提交到议会下院,地方政府事务部迫不及待地承诺将要求各地的济贫官更好地关心和救助贫困学校儿童。

1905年地方政府事务部颁布了《救济（学校儿童）条例》,对救助饥饿儿童设置了苛刻的条件和要求,如济贫官只能救助那些有劳动能力且没有参加院内救济的成年男子的子女,寡妇以及不与丈夫一起生活的妇女的子女不在救助之列;任何提供餐食救济所需资金只能通过贷款解决且救助后要向受救助的儿童家庭追讨相关费用;在存在慈善组织的地区,济贫官应优先安排慈善

① John Cooper, *The British Welfare Revolution*, 1906-14, Bloomsbury Academic, 2017, p.45.

② John Cooper, *The British Welfare Revolution*, 1906-14, Bloomsbury Academic, 2017, p.46.

③ F.Le Gros Clark, *Social History of the School Meals Service*, The National Council of Social Service, 1948, p.7.

④ Bentley B.Gilbert, "Sir John Eldon Gorst and the Children of the Nation", *Bulletin of the History of Medicine*, No.03, 1954, pp.243-251.

组织提供饮食①。教育部亦向各地的地方教育当局（Local Education Authority，LEA）发布通知，要求教育当局与当地济贫机构合作共同实施上述条例，实际上教育当局却遭到济贫机构诸多刁难。在伦敦，依据该条例得到救助的饥饿儿童非常少，富勒姆（Fulham）和旺兹沃斯（Wandsworth）联合教区向济贫官提交的饥饿学校儿童的名单，其中绝大多数被济贫机构认为不符合营养不良的特征②；在布里斯托尔，教育当局提交的 129 份申请餐食的学校儿童名单中，济贫官认为只有 12 份符合餐食救助的条件③；在乔尔顿教区（Chorlton）教育当局提交 1295 份申请名单中，只有 219 份被认定符合条件，而在索尔福德 1086 份申请中，只有 175 份得到济贫官的批准④，等等。由此可见，教育当局认定的饥饿儿童，很难在济贫法制度框架下得到济贫官的认可。与此同时，在许多地区，饥饿儿童的父亲因担心被剥夺选举权而拒绝接受济贫机构提供的餐食救助⑤。

所以说，上述"1905 年条例"的苛刻规定造成了济贫官将贫困作为认定饥饿儿童的首要条件。当济贫官发现很多学校儿童的营养不良不完全是由贫困所致之后，就拒绝救济这些儿童；而曾经积极救援的志愿组织发现他们的职能被贫民官取代后，就将救济的重点转移到其他方面了⑥。在布莱德福德，从 1905 年 9 月 1 日至 1906 年 3 月 23 日当地济贫官与教育当局合作共为学校儿

---

①　Local Government Board，*Thirty-fifth Annual Report of the Local Government Board，1905—1906*，His Majesty's Stationery Office，1906，pp.320—322.

②　M.E.Bulkley，*The Feeding of School Children*，G.Bell Sons Ltd.，1914，p.41，note. 3.

③　Local Government Board，*Thirty-fifth Annual Report of the Local Government Board，1905—1906*，His Majesty's Stationery Office，1906，p.480.

④　Local Government Board，*Thirty-fifth Annual Report of the Local Government Board，1905—1906*，His Majesty's Stationery Office，1906，p.504.

⑤　M.E.Bulkley，*The Feeding of School Children*，G.Bell Sons Ltd.，1914，p.42.

⑥　Ivy Pinchbeck and Margaret Hewitt，*Children in English Society*，Vol. II：*From the Eighteenth Century to the Children Act 1948*，Routledge 2005，p.635.

童提供了 101932 份餐食，且向每个儿童家庭追讨 2 先令 7.75 便士的费用①。而追讨餐食费用的行动则遭到受救助儿童父母的严重抗议，济贫官不得不宣布不再与当地教育当局合作为饥饿儿童提供餐食救助，迫使教育当局全面接管学校供餐工作②。此时是 1907 年 5 月，而《教育（供餐）法》已于 1906 年 12 月 21 日颁布实施，"1905 年条例"实际上已经形同虚设了，地方政府事务部试图在济贫法框架下解决学校儿童营养不良问题的努力归于失败。

三、1906 年《教育（供餐）法》的酝酿与出台

戈斯特爵士作为证人积极参与了 1903 年"体质恶化问题跨部门委员会"的调查，在学校供餐方面主张向那些食不果腹的儿童"以适当的方式提供必要的食物"是"（地方）当局责任的一部分"，而教育部门"有权力、有责任惩处那些虐待（儿童）的父母"，故需要创建"某种例行的学校或（救助）中心供餐体制，要求具备支付能力的家长付费，而没有支付能力的可以享受免费供餐"③。这一主张既突出了政府的担当，亦强调了父母的责任，得到了跨部门委员会的回应。因此，跨部门委员会建议"在应对营养不良儿童问题上，各个地方当局应当有明确的政策"，"在那些贫困人口过于集中使地方慈善资源无法满足需要的地区"，地方当局有权向贫困学校儿童直接供餐，而其他地区应在学校当局的监管下优先利用志愿组织实施供餐④。

在这种状况下，戈斯特等改革派人士决定把推动英国政府建立学校供餐

---

① John Cooper, *The British Welfare Revolution*, *1906 – 14*, Bloomsbury Academic, 2017, pp. 45–46.

② M.E.Bulkley, *The Feeding of School Children*, G.Bell Sons Ltd., 1914, p.43.

③ Inter–Departmental Committee on Physical Deterioration, *Report of the Inter – Departmental Committee on Physical Deterioration*, Vol.I *Report and Appendix*, His Majesty's Stationary Office, 1904, pp.70–72.

④ Inter–Departmental Committee on Physical Deterioration, *Report of the Inter – Departmental Committee on Physical Deterioration*, Vol.I *Report and Appendix*, His Majesty's Stationary Office, 1904, pp.72, 91.

和学校医疗体制作为优先解决的事务,加强了议会活动的力度。经戈斯特爵士和托马斯·麦克纳马拉在议会下院的广泛宣传和发动,至1903年夏议会支持学校供餐的呼声日益强烈,认为义务教育就应当关心儿童的身体,并提供适当的营养①。为此,戈斯特爵士不止一次在议会强调国家干预儿童健康的重要性,全力推动英国政府采纳跨部门委员会的建议。比如,1905年2月14日,他在下院质询时指出,工业社会使得家庭主妇不得不出外出工作,其子女因此得不到很好的照看和喂养,故政府应该很好地担负起喂养学校儿童的责任来,以使他们成长为"健康的男人和女人";如果父母无法喂养他们的孩子,"地方教育当局就应当有权花费一些钱财去供养他们,使之能够受到教育",换言之,"儿童如果得不到恰当的喂养而使他们错过了接受教育的时间,将是对他们最大的虐待"②。后来他在下院又公于表示,他"将在每个场合提请下院关注这一问题。将在讨论爱尔兰预算时提出,在讨论苏格兰预算时提出,在讨论英格兰预算时提出。恳请政府为了民族,为了帝国……不要忽视那个委员会的建议"③。

然而,在学校供餐问题上,英国政府最初并不打算进行直接干预,1905年2月27日,在被问及如何应对跨部门委员会的建议时,内政部官员表示,"其中的一些想法被当作进一步考虑的建议而不是明确的建议提了出来。在掌握比(跨部门)委员会获取得更多的信息前,我不打算采取任何可以实施的步骤"④。

---

① George Newman, *The Building of A Nation's Health*, Macmillan 1939, p.328.

② Parliament Hansard, *House of Commons Debates*, Vol. 141, "King's Speech(Motion for an Address)", 14 February 1905, CXLIII, 142, 145, http://hansard. millbanksystems. com/commons/1905/feb/14/kings-speech-motion-for-an-address-1,2021年11月4日.

③ Parliament Hansard, *House of Commons Debates*, Vol. 141, "King's Speech(Motion for an Address)", 23 February 1905, CXLIII, 1145, http://hansard. millbanksystems. com/commons/1905/feb/23/kings-speech-motion-for-an-address,2021年11月4日.

④ Parliament Hansard, *House of Commons Debates*, Series4 Vol. 141, "Committee on Physical Deterioration— Home Office Action", 27 February 1905, CXLIII, 1316–1317, http://hansard. millbanksystems. com/commons/1905/feb/27/committee - on - physical - deterioration - home, 2021 年11月4日.

地方政府事务部大臣沃尔特·朗（Walter Long）回应，"由（跨部门）委员会提出的建议非常多，与我们这一部门职能相关的建议上，需要通过立法来实施"①；后来沃尔特·朗转任爱尔兰事务首席大臣，但在谈到他主政地方政府事务部时对待跨部门委员会的建议时，他辩护道，地方政府事务部的意见是，"调查报告中提到的很多问题，需要通过立法来处理，行政上的措施要求对（学生健康）不仅由本部门来检查，而且也需要医疗顾问进行检查"，事实上地方政府事务部对学校儿童的健康并"没有采取任何措施"②。教育部政务次官威廉·安森（William Anson）强调，"在教育部现有行政权力范围内的建议分别是第17、18、20、37条。本部门已经考虑了这些建议，已经或正在采取符合调查报告所表明的实际功效的措施。尽管没有相关的立法，本部门也正在采取措施实施第35条建议"③；在3月份的议会质询上，安森表示，"在初等学校喂养儿童，教育部无能为力"，"如果孩子们饿着肚子去上学，学校管理者能够把这些孩子的父母置于济贫法体制下（进行救济），或者运用法律制止对儿童的虐待或忽视"④。

可见上述三个部门均没有对学校供餐问题作出正面回应，尽管教育部门表现积极，但其采取的措施与供餐亦没有太大的关系，却一度把责任推给了济贫机构，甚至认为"如果剥夺父母为孩子提供餐食的责任，如果撕裂家庭生活

---

① Parliament Hansard, *House of Commons Debates*, Series4 Vol. 141, "Local Government Board and Physical Deterioration", 27 February 1905, CXLIII, 1317-1318, http://hansard.millbanksystems.com/commons/1905/feb/27/local-government-board-and-physical, 2021年11月4日。

② Parliament Hansard, *House of Commons Debates*, Series4 Vol. 143, "Civil Services", 22 March 1905, CXLIII, 874. http://hansard.millbanksystems.com/commons/1905/mar/22/civil-services, 2021年11月4日。

③ Parliament Hansard, *House of Commons Debates*, Series4 Vol. 141, "The Education Department and the Physical Deterioration Report", 27 February 1905, CXLIII, 1318, http://hansard.millbanksystems.com/commons/1905/feb/27/the-education-department-and-the, 2021年11月4日。

④ Parliament Hansard, *House of Commons Debates*, Series4 Vol. 143, "Civil Services", 22 March 1905, CXLIII, 875-876. http://hansard.millbanksystems.com/commons/1905/mar/22/civil-services, 2021年11月4日。

让儿童在学校就餐,将会造成严重的社会后果"①。而1905年组建的"医疗巡查与学校喂养跨部门委员会"(Inter-departmental Committee on Medical Inspection and School Feeding)亦认为由政府支持的学校供餐体制"将会破坏家庭活力",而符合实际的解决之道应该是培训工人家庭主妇,建议地方当局设立学校医疗官评估学生的营养状况,对营养不良的学生仍然由志愿组织实施救助②。

　　而由地方政府事务部力推的济贫措施如上文所述已经走入死胡同,地方上的济贫官与地方教育当局由于饥饿儿童的喂养问题争吵不休。由于政府已经介入到了这一问题,所以在这种状况下,"问题已经不是应当是否由地方慈善组织去喂养营养不良儿童的问题了,而是喂养的费用是否来自教育税还是济贫税的问题了"③。换言之,至1906年,学校向饥饿儿童供餐究竟是由地方济贫机构主导,还是由地方教育当局负责,已经成为学校供餐体制必须要解决的瓶颈了。

　　由于英国政府对于上述问题犹豫不决,为了加快学校供餐体制的建立,议会改革派决定通过"个人议案"的形式由议员联署提交议会讨论。1906年,改革派议员威尔森(W.T.Wilson)以个人名义向议会下院提交了学校供餐立法议案,将学校供餐的责任由地方济贫机构移交到地方教育当局。戈斯特爵士、约翰·伯恩斯等9名议员联署提交,1906年2月22日下院一读通过。3月2日二读时,下院一度出现了反对的声音。工党议员特别强调了国民体质恶化的证据以及慈善机构救助能力明显不足,因此需要教育部门建立学校供餐体制;

---

　　① Parliament Hansard, *House of Commons Debates*, Series4 Vol. 143, "Civil Services", 22 March 1905, CXLIII, 876, http://hansard. millbanksystems. com/commons/1905/mar/22/civil - services,2021年11月4日.

　　② John Welshman, "School Meals and Milk in England and Wales,1906—1945", *Medical History*, Vol.41, Issue 01,1997, pp.6-29.

　　③ Harry Hendrick, *Child Welfare:Historical dimensions contemporary debate*, The Policy Press, 2003, p.70.

而一些来自大学的议员则担心这样做会加重公众的负担;代表学校管理者和
教师的议员却认为这一法案会"点亮社会主义的火把",故主张否决这一议
案①。对此,新任教育部大臣奥古斯丁·比勒尔(Augustine Birrell)表达了对
新法案的支持,"这里针对的是饥饿儿童,他们要么被喂养,要么被放弃。如
果是放弃,作为教育部大臣,他不能这么做。儿童只有吃饱饭,才能去接受教
育,每个人都会同意这一点,所以只有去喂养。""哪个机构去喂养? 对他来
说,实施这一步骤的适当机构首先应当是教育当局。关于地方教育当局是否
获得这一权力的问题,如果被授予这一权力,地方教育当局就要尝试为大量准
备接受供餐的儿童提供食物……他很难想像,对于下一代,难道还有比提高当
前儿童的生活标准更为伟大的服务了? 因此,如果法律不允许地方当局在更
大的范围内开展喂养儿童的试验,而仅仅是局限于贫困儿童,那将是令人难过
的。在巴黎,1904 年就提供了 10500000 份餐食……他认为,巴黎能做的,伦
敦就应当能做到。"②议案发起人威尔森再次强调了政府干预的重要性,"没有
人会否认,长期饥饿会导致疾病的出现。他确信饥饿状态会直接使儿童走向
犯罪的道路。按照那些反对政府喂养这些儿童的人士的观点,喂养的责任可
交由慈善机构。实际上这些儿童依赖慈善组织已经很长时间了,他知道很多
这样的例子,即那些由慈善组织喂养的劳动阶级的子女上学时状况比其由父
母喂养好不了多少……当前由大量失业的父亲们去喂养其子女显然不可能,
政府应当明白这些未来的公民应当被喂养。人们常说,国家的儿童是它的最
好资产。如果喂养他们,这笔资产就愈有价值。慈善组织不是向儿童提供餐
食的可靠来源,因此他呼吁政府接受这一法案,每天能够向儿童至少提供一份
良好的餐食。如果这样做了,国家将会受益。从商业的角度来看,这笔餐食的

---

① F.Le Gros Clark, *Social History of the School Meals Service*, The National Council of Social Service, 1948, p.8.

② Parliament Hansard, *House of Commons Debates*, Vol. 156, "Education (Provision of Meals) Bill", 2 March 1906, CXLIII, 1440 - 1441. http://hansard. millbanksystems. com/commons/1906/mar/02/education-provision-of-meals-bill,2021 年 11 月 7 日。

支出是值得投资的,因为儿童不仅能够很好地被武装起来以抵御生活的磨难,而且不久的将来你会发现用于监狱、济贫院、收容院的支出将大大地减少,因此这笔投资具有很好的收益。他推动这个议案的二读,因为他相信这是最好的利益,是国家的福利。"①在教育部和改革派议员的推动下,学校供餐议案二读通过。

学校供餐议案12月13日在经过多处修改后最终在下院以290票绝对优势获得通过。下院三读表决中,来自苏格兰的议员亨利·克雷克(Henry Craik)认为该法案不应当将苏格兰地区包括在内,克雷克曾长期主持苏格兰教育部门的工作,在讨论过程中坚持苏格兰地区的学校供餐问题应该由一个单独的法案来处理,"该议案将基于英格兰的状况和英格兰成文法制定的,忽视了苏格兰的地位……苏格兰不能被迫接受一个主要处理英格兰问题的法案"②。克雷克的意见尽管得到不少苏格兰议员的支持,但是在三读中并没有作出将苏格兰排除出该法案的修改,法案很快被提交到上院进行表决。但是在苏格兰议员的活动下,上院提出,该法案所授权的地区不应当包括苏格兰③。对于这一修改提议,下院要求上院重新考虑,但上院坚持这一提议,21日将法案退回到了下院。由于自由党政府准备尽快通过这一法案,不打算与上院进行长期的斗争,首相坎贝尔—班纳曼(Henry Campbell-Bannerman)决定接受上院的修改④。

由此,这一学校供餐的议案最终以将涉苏格兰条款删除为条件获得上院

①　Parliament Hansard, *House of Commons Debates*, Vol. 156, "Education (Provision of Meals) Bill", 2 March 1906, CXLIII, 1392 - 1393. http://hansard. millbanksystems. com/commons/1906/mar/02/education-provision-of-meals-bill,2021 年 11 月 7 日。

②　Parliament Hansard, *House of Commons Debates*, Vol. 167, "Education (Provision of Meals) Bill", 13 December 1906, CXLIII, 773 (Henry Craik). http://hansard. millbanksystems. com/commons/1906/dec/13/education-provision-of-meals-bill,2021 年 11 月 7 日。

③　John Stewart, " 'This Injurious Measure': Scotland and the 1906 Education (Provision of Meals) Act ", *The Scottish Historical Review*, Vol. 78, No. 205, April 1999, pp.76-94.

④　F.Le Gros Clark, *Social History of the School Meals Service*, The National Council of Social Service,1948,p.8.

通过,并于当月生效,这就是 1906 年《教育(供餐)法》。

第二节　英格兰和威尔士校餐制度的确立和实施

1906 年法令的施行,标志着英格兰和威尔士地区校餐制度正式启动。后来经过数次修正,1906 年法令融入 1921 年《教育法》,学校供餐由此逐步在英格兰与威尔士地区推广开来①。1934 年,教育部决定资助"牛奶进校园计划",使校园奶正式成为英国校餐的一部分,进一步推动了英格兰和威尔士地区校餐制度的发展。

一、英格兰和威尔士校餐制度的启动

1906 年《教育(供餐)法》是一部许可性法令,授予地方当局的是一种权力,而不是责任,是否实施学校供餐,完全由地方当局根据当地实际状况自主决定。为什么它不是一部强制性法令? 据英国学者分析,当时社会舆论要求在全国实施强制性供餐,英国政府为此设计了三个方案,即第一,制定一个强制性在全国普遍实施的法令;第二,法令能够授权教育部在其认为有必要的地区强制性实施;第三,制定可选性法令,授权地方教育当局选择性实施。然而,当时学校营养不良问题并没有严重到要求强制性立法,而且更重要的问题是,关于学校供餐的直接管理责任应当在于地方当局,而不是中央政府,所以在议会中实际上并没有形成强制推行学校供餐的共识,第一和第二个方案便遭到议会的抵制。在这种情况下,为了把握校餐立法的机遇,议会改革派便选择了许可性法令,将供餐的直接责任交给地方教育当局,而不是中央政府。②

---

① 1908 年《教育(苏格兰)法》授予苏格兰地方教育当局实施学校供餐的权力,参见 John Stewart,"The Campaign for School Meals in Edwardian Scotland ",in John Lewrence,Pat Starkey,*Child Welfare and Social Action in the Nineteenth and Twentieth Centuries*：*International Perspectives*,Liverpool University Press,2001,pp.174—194.

② George Newman,*The Building of A Nation's Health*,Macmillan 1939,pp.329-330.

1906 年法令正文共有 7 个条款,其中前四条对当时人们普遍关心供餐机构、供餐费用和儿童父母的权利作了具体的规定。即第一条规定,任何一个教育当局可以在其认为有必要的时候为本地公立初等学校儿童供应餐食,为此它可以组建"学校食堂委员会"（School Canteen Committee）或类似机构,并为它提供土地、建筑、设备和器具的支持,以及配置餐食组织、制作和服务的相关官员和服务人员;第二条是关于餐食费用的规定,根据规定接受餐食的学校儿童父母必须为其支付餐费,当儿童父母拒不支付时,"除非地方当局认为父母不是因个人违约而是受家庭条件制约而无力支付时,地方当局有责任要求儿童父母支付费用"。第三条对"特定情况下由地方教育当局支付餐费的权力"作出规定,即地方教育当局认为本地区初等学校儿童因缺少食物而不能充分接受教育而必须提供校餐时,"如果确定除公共资金外,没有资金能够或资金不足以支付食物的费用",地方教育当局可以向教育部申请,并由教育部批准它们使用部分公共资金购买食物。第四条特别规定了如果儿童父母不能支付餐费用,不影响其包括选举权在内的各项公民权利的行使。[①]

由法令的条文可以看出,1906 年法令实施的基本原则是,学校供餐由地方教育当局主持实施,确保学校儿童尽可能地不再因食物不足而无法充分地接受义务教育。同时,1906 年法令的实施也是有限制条件的,主要有以下三个方面:第一,必须有证据表明当地儿童因为缺乏食物而无法充分地接受教育;第二,当地没有充足的慈善资金可以为饥饿儿童提供餐食救助;第三,地方教育当局在校餐上的开支不能超过当地每镑半便士的税收[②]。而且,在 1907 年 1 月 1 日教育部下发关于该法令实施的指令性文件中,对餐费也作了特别的说明,即地方教育当局原则上必须要求学校儿童的父母支付餐费,这一费用既包括食物本身的费用,也要包括烹饪费和服务费;如果父母不能支付全额,也须要求支付部分费用,而不是免除费用;当然并没有排除免费供餐的可能,

---

① Education（Provision of Meals）Act,1906,Chapter 57,21st December,1906.
② George Newman,*The Building of A Nation's Health*,Macmillan 1939,pp.329-330.

但必须在特殊的条件下,即在恶劣天气或经济萧条时期对于贫困民众的子女,以及暂时失业的个别家庭的子女①。

尽管 1906 年法令对学校供餐作出了上述限制,但在这一问题上,英国政府毕竟走出了第一步。不能不认为,这是一显著的进步。从此以后,英国地方教育当局在推行校餐上就有了法律上的依据。尽管如此,该法令所授予地方教育当局的权力,在最初的几年内没有引起地方当局太大的兴趣。

比如,在伦敦,1907—1908 年教育当局力避征税而把供餐的主要目标集中于志愿捐助上,使得这两年间初等学校 600000 名儿童中至少有 38612 名儿童的饥饿问题没有得到解决。为此,《泰晤士报》专门开辟专栏呼吁志愿捐助以解决学校供餐的费用问题。然而,志愿捐助并没有达到预期目标,1909 年伦敦郡议事会教育委员会不得不实施 1906 年法令征收教育税以筹集供餐费用,伦敦地区数千名饥饿学校儿童的学校供餐才得以实现。②由此,伦敦地区的学校供餐受益儿童的数量从 1906 年的 29000 名学校儿童才发展到 1911 年 41000 名③。

所以,大多数地方教育当局最初并不想利用 1906 年法令开展学校供餐。据当时英国学者的统计,至 1907 年底,共有 41 个地方教育当局实施了 1906 年法令,使用学校公共资金购买了食物,1907—1908 年增加到 85 个地方教育当局,1909—1910 年增加到 96 个,1910—1911 年增加到 123 个。而在供餐规模上,1907—1908 年,除伦敦外,56 个地区共 44000 名儿童享用了约 3000000 份校餐;1908—1909 年 109 个地区约 118000 名儿童享用了 9600000 多份校餐;1909—1910 年,除伦敦外 122 个地区共 119998 名儿童享用了 8760000 多

① Board of Education, Circular 552, January 1st, 1907, in Louise Stevens Bryant, *School Feeding: its history and practice at home and abroad*, J.B.Lippincott Company, 1913, p.307.

② Ivy Pinchbeck and Margaret Hewitt, *Children in English Society*, Vol. II: *From the Eighteenth Century to the Children Act 1948*, Routledge 2005, pp.635—636.

③ F.Le Gros Clark, *Social History of the School Meals Service*, The National Council of Social Service, 1948, p.9.

份校餐。①同时,该学者还列表详细统计了 1907—1910 年间英格兰和威尔士
地区的供餐规模(见表 3.1)。实际上该学者的统计数字,基于上述伦敦地区
的情况,应该包括各个地方教育当局通过使用志愿捐助实施学校供餐的数量。
因此,这些统计数字并不能够完全表明 1911 年之前各地实施 1906 年法令并
在教育部的批准下通过征税筹集公共资金而开展的供餐规模。所以,当代学
者的统计就注意到这一状况,特别列明了志愿捐助的情况。比如,当代学者哈
利·亨德里克的研究表明,至 1911—1912 年,英格兰和威尔士 322 个地方教
育当局中只有 131 个开展了校餐服务,其中仅有 95 个利用 1906 年法令所授
予的征税权使用公共资金购买了食物,19 个使用公共资金用于实施供餐的行
政管理,17 个完全使用了志愿捐助②。

表 3.1　1907—1910 年英格兰和威尔士学校供餐量和受餐儿童数量③

年度	除伦敦外的英格兰和威尔士其他地区		伦敦地区		总计	
	儿童数量	供餐量	儿童数量	供餐量	儿童数量	供餐量
1907—1908	44213	2751326	37979	143962	82192	2985288
1908—1909	117875	9671789	39632	166766	157507	9838555
1909—1910	19998	8766635	55000*	7335609	174998*	16102244
1910	13084	7160201	115000*	9138755	228085*	16298956
标*数字为估计数量,是基于每名儿童消费的校餐平均份数推算而来。						

① Louise Stevens Bryant,*School Feeding:its history and practice at home and abroad*,J.B.Lippincott Company,1913,p.61.

② Harry Hendrick, *Child Welfare:Historical dimensions contemporary debate*,The Policy Press,2003,pp.70-71.

③ Louise Stevens Bryant,*School Feeding:its history and practice at home and abroad*,J.B.Lippincott Company,1913,p.62.

　　而且，在 1906 年法令生效的最初几年里，教育部对各地的实施情况也并未有详细的统计数字。据时任教育部首席医疗官乔治·纽曼估计，1906—1914 年英格兰和威尔士实施学校供餐的地方教育当局数量在其总量的三分之一至二分之一之间，并且很难搞清楚这些地方当局有多少是通过征税筹集的公共资金，还是使用了其他财政手段，但在供餐规模上仅伦敦地区根据 1906 年法令实施的供餐几乎是英格兰和威尔士其他地区的总和。其中，在 1906 年法令生效的第一年基本上是被忽视，其后开展行动的郡城镇有近三分之一，城市区有近一半，城镇约有四分之一，而乡村郡约为六分之一，而且，在乡村郡仅是一些零散的地区采取了行动，从这个角度来讲 1906 年法令在英格兰和威尔士的乡村地区实际上已经形同虚设。①

　　在学校供餐受益儿童数量上，根据乔治·纽曼在其年度报告里的记述，1908—1909 年间，伦敦地区没有确切数字，英格兰和威尔士其他地区约为120000 名；1912—1913 年间伦敦地区为 100000 名，英格兰和威尔士其他地区约为 258000 名，主要是在 1912 年春煤矿大罢工时有了大幅增长；1913—1914 年间，数量出现了大幅下降，伦敦地区降至 85000 名，其他地区降至 225000 名②。为什么供餐的规模会受经济状况的影响？究其原因，很大程度上取决于对受餐儿童的遴选上。教育部对地方教育当局的建议是，受餐儿童的遴选主要依据儿童的体质条件或其家庭的经济条件，但是绝大多数地方教育当局仅是简单地通过学校儿童家庭的贫困程度进行遴选，所以当社会经济萧条时受餐儿童数量就增长，而经济好转时，地方当局就减少供餐数量。在许多地方，如曼彻斯特、莱斯特、伯明翰和西翰姆等地，一般是要求学校儿童家长个人

---

① 　Board of Education, *Annual Report for 1913 of the Chief Medical Officer of the Board of Education*, His Majesty's Stationery Office, 1914, p.244.

② 　Board of Education, *Annual Report for 1913 of the Chief Medical Officer of the Board of Education*, His Majesty's Stationery Office, 1914, pp.244-245.

申请,由校务官员赴儿童家中考察其经济状况,判定该儿童是否有资格享有校餐;像布莱德福德等地区,通常家庭周收入在扣除房租后低于 3 先令的有资格申请学校供餐,在调查贫困状况后由当地专门机构对该家庭的儿童能否享用校餐作出最终决定。一般情况下,由申请到最终享用校餐的间隔时间从 2—3 天到 10 天不等。各地儿童接受的供餐,有的是早餐,有的是晚餐,据统计在供餐的地区中,27% 的地方当局供应早餐,45% 的供应晚餐,28% 的两餐都供应。①

在最早实施 1906 年法令的地区中,最为典型的当属布莱德福德。布莱德福德是英格兰的一个工业城镇,大约有 60000 名学校儿童,早在 1906 年之前该城就已经通过慈善组织和济贫机构开始了学校供餐,但是由于慈善资金有限,并受到济贫体制的限制,学校供餐并没有推广开来。1906 年法令颁布后,布莱德福德地方教育当局决定立即付诸实施。当地首先调查了饥饿儿童数量,发现 1907 年至少有 6000 名饥饿儿童需要接受学校供餐。在实施必要的试验后,布莱德福德教育当局组建了由校长、医疗巡视员、健康访问员和校务员组成的食堂委员会,具体负责组织学校供餐,每个学习日向学校儿童提供早餐和主餐。食堂委员会制定了 17 个菜谱,三周一循环,其中 4 餐由汤、煮果酱或烤果酱或姜味布丁、牛奶和甜酱组成;6 餐为蔬菜系列,没有肉类,但烤布丁和全麦面包含有黄油和肉类成份;另外 6 餐荤素搭配;最后有 1 餐配有鱼、土豆馅饼、嫩豌豆、柠檬汁、牛奶冻和果酱。在所有这些菜谱中,都供应面包和牛奶,还有各种适用于儿童发育的高蛋白食物。这些菜谱中的食物都经过前期的实验,都证明了有利于儿童的发育成长。在受餐儿童的遴选上,布莱德福德有两条途径,通常是教师可以推荐其班级内迫切需要供餐的儿童,另外家长亦可以直接向校长申请。当有家长申请免费供餐时,其子女通常会立即得到餐食,与此同时食堂委员会亦会马上调查其家庭状况,在此基础上确定其付全部

---

① Harry Hendrick, *Child Welfare：Historical dimensions contemporary debate*, The Policy Press, 2003, p.71.

费用、部分费用,还是免费。所有阶层的儿童都可以申请校餐,依据其各自家庭经济状况付费,但实际供餐时并没有任何差别。①

表 3.2　布莱德福德城校餐供给的资金来源(1910—1913)②　单位:英镑

年度	税收筹集	志愿捐助	家庭支付	其他来源(含济贫机构支付)	总额
1910—1911	7186	—	206	196	7588
1911—1912	6279		197	374	6850
1912—1913	7405	—	201	427	8034

可见,在布莱德福德的学校供餐中,地方教育当局在实施 1906 年法令时展现出一定的科学性和福利性。首先考虑到当地饥饿儿童的饥饿现状及其他阶层儿童的营养状况,在供餐食物搭配上注意到其营养价值的合理搭配,这要归因到其在正式供餐前所做的以证实各类食物营养价值的试验性供餐,虽然试验性供餐持续时间不长,但其科学的态度是其他地方教育当局所不及的。另外,在对供餐儿童的遴选上,既考虑到饥饿儿童的食物需求,亦注意到兼顾其他儿童群体的营养需求,即供餐面向全体儿童;既尊重学校教师的推荐,也兼顾家庭的个人申请。在供餐时间上,最初是学校儿童在校学习时供餐,从 1913 年起扩大到假期供餐。而且,布莱德福德的校餐资金基本上是由税收筹集的公共资金,不再使用志愿捐助资金(见表 3.2)。所以,布莱德福德城的校

① Louise Stevens Bryant, *School Feeding: its history and practice at home and abroad*, J.B.Lippincott Company, 1913, pp.46–55.

② Board of Education, *Annual Report for 1910 of the Chief Medical Officer of the Board of Education*, His Majesty's Stationery Office, 1911, p.306; *Annual Report for 1911 of the Chief Medical Officer of the Board of Education*, His Majesty's Stationery Office, 1912, p.320; *Annual Report for 1912 of the Chief Medical Officer of the Board of Education*, His Majesty's Stationery Office, 1913, p.379.

餐供给量在 1910 年就已经仅次于伦敦地区了①,其供餐量和受餐儿童亦位居英格兰和威尔士前列(见表 3.3)。

表3.3　布莱德福德城校餐供给量和受餐儿童人数(1910—1913)②

年度	早餐（在校）	主餐（在校）	在校供餐总量	在校受餐儿童数	儿童在校平均受餐量	假期受餐儿童数
1909—1910	315492	642247	957739	4406	217	—
1910—1911	214342	444879	659221	3939	167	—
1911—1912	259133	523846	782979	4465	175	—
1912—1913	204263	414910	619173	3878	160	3169

　　由上所述,1906 年法令的实施,虽然在区域上仅有少数地方教育当局参与,但在这些根据 1906 年法令实施供餐的地区,教育当局日益渗透到供餐的各个环节中,供餐的资金来源逐渐以公共资金为主,志愿捐助开始退居次要地位(见表 3.4),学校供餐成为一项教育事业的事实已经形成。时人一般认为,受餐儿童的身体发育从学校供餐中获益良多,据对布莱德福德、北汉普顿、谢菲尔德、布莱顿和贝斯纳尔格林(Bethnal Green)等地的调查表明,受餐儿童的体质发生了明显的进步;伦敦地区的教师亦报告"体质进步是最明显的",而

　　①　Board of Education,*Annual Report for 1910 of the Chief Medical Officer of the Board of Education*,His Majesty's Stationery Office,1911,p.313.英格兰和威尔士 1910 年校餐供给前 7 名的地区依次为:伦敦(9138755)、布莱德福德(801881)、伯明翰(483803)、利兹(437627)、曼彻斯特(359030)、泰恩河畔纽卡斯尔(358089)和赫尔河畔金斯顿(302839)。
　　②　Board of Education,*Annual Report for 1910 of the Chief Medical Officer of the Board of Education*,His Majesty's Stationery Office,1911,p.310;*Annual Report for 1911 of the Chief Medical Officer of the Board of Education*,His Majesty's Stationery Office,1912,p.323;*Annual Report for 1912 of the Chief Medical Officer of the Board of Education*,His Majesty's Stationery Office,1913,p.382;*Annual Report for 1913 of the Chief Medical Officer of the Board of Education*,His Majesty's Stationery Office,1914,pp.336-337.

且慢性头痛、脸上的疮痘和胸痛消失了，"眼睛越发明亮，脸颊日益圆润起来"①。对赫尔地区165名学校教师的调查表明，76位教师认为学校供餐使受餐儿童的体质发生了巨大的进步，53位教师认为受餐儿童体质出现了一定的进步；而在布莱德福德，134位教师认为当地受餐儿童的体质出现了巨大或明显的进步，35名教师认为发生了一定的进步；一所伦敦公立学校的校长说，"智力上亦发生了与体质上一样的进步"，另一位女校长说，"毫无疑问，在学校受餐的贫困儿童在体质上和教育上都出现了进步"；在北金斯顿，"那些在学校被供应牛奶或早餐和主餐的儿童受益于良好的喂养，他们在班内的学习出现了明显的进步"；一位教育委员会的医疗官员认为，受餐儿童的状况发生了较大的变化，"18个月前曾被认为愚笨的儿童现在已经做了班长或女班长"②。

表3.4　英格兰和威尔士各地学校供餐的资金来源（1910—1913）③

单位：英镑

年度	英格兰					威尔士				
	税收筹集	志愿捐助	家庭支付	其他来源	合计	税收筹集	志愿捐助	家庭支付	其他来源	合计
1910—1911	135100	6402	1365	—	142867	5775	1135	5	—	6915
1911—1912	145174	2796	1507	686	150163	6589	268	63	36	6956
1912—1913	155884	3533	2257	894	162568	12752	2368	170	4	15294

---

① Harry Hendrick, *Child Welfare: Historical dimensions contemporary debate*, Bristol: The Policy Press, 2003, p.73.

② M.E.Bulkley, *The Feeding of School Children*, G.Bell Sons Ltd., 1914, pp.197—198.

③ Board of Education, *Annual Report for 1910 of the Chief Medical Officer of the Board of Education*, His Majesty's Stationery Office, 1911, p.309; *Annual Report for 1911 of the Chief Medical Officer of the Board of Education*, His Majesty's Stationery Office, 1912, pp.320-322, 329; *Annual Report for 1912 of the Chief Medical Officer of the Board of Education*, His Majesty's Stationery Office, 1913, pp. 379-381, 389.

二、英格兰和威尔士校餐制度的发展

1906 年法令具有不少局限性,特别是供餐时间上限制在儿童在校学习期间,地方教育当局"至少怀疑它们是否能在学校假期期间合法地向儿童供应餐食",地方教育当局在经济萧条时期也无力应对更多家庭饥饿儿童的餐食需求,法令的有效性因此大打折扣①。而且,在公共资金使用上,1906 年法令规定地方教育当局供餐的公共开支不能超过当地每镑 2 便士的税收,这一限制使得一些地方教育当局背上沉重的经济负担,1914 年就有 5 个英格兰地方教育当局和 8 个威尔士地方教育当局供餐的实际开支超出了上述税收,如布莱德福德城,1909 年征税 2885 英镑,实际供餐超支 1795 英镑;1910 年征税 2878 英镑,实际超支 2370 英镑;1911 年征税 2900 英镑,实际超支 1163 英镑;1912 年征税 2912 英镑,实际超支 374 英镑;1913 年征税 2963 英镑,实际超支 1176 英镑;1914 年征税 3060 英镑,前三个月实际供餐已经超支 793 英镑,对于这些超支的费用,主管地方事务的地方政府事务部拒绝予以追加②。由此,地方教育当局通过工党向教育部及英国政府施加压力,要求修订供餐法案,撤销这些不利于扩大学校供餐的规定。③ 实际上,许多地方教育当局认为,既然"学校供餐受到全国及地方的关注,能够直接影响到国民的健康",中央政府应该以补贴的形式对地方当局给予资助④。

---

① Board of Education,*Annual Report for 1913 of the Chief Medical Officer of the Board of Education*,His Majesty's Stationery Office,1914,p.243.

② Parliament Hansard,*House of Commons Debates*, Vol. 60,"Education (Administrative Provisions) Bill", 27 March 1914,C.717(Frederick Jowett),725(Frederick Banbury).http://hansard.millbanksystems. com/commons/1914/mar/27/education - administrative - provisions - bill, 2021 年 11 月 14 日。

③ F.Le Gros Clark, *Social History of the School Meals Service*,The National Council of Social Service,1948,p.9.

④ Sir George Newman,*The Building of A Nation's Health*,Macmillan 1939,p.330.

　　而且，1906年法令把学校供餐的决定权赋予了地方教育当局，使得教育部无法对于法令的实施进行有效的管理，也不能够在地方教育当局遇到困难时施以援助，即在供餐问题上，教育部很难实际控制地方教育当局的决策及行动。首先，也是最重要的，即教育部无法对地方教育当局的学校供餐进行财政支持。没有来自中央教育当局的财政支持，一方面学校供餐的重要性就有可能被认为无关紧要，另一方面教育部就不可能通过财政手段对学校供餐行动实施强有力的指导和鼓励。第二，尽管教育部对地方教育当局通过征税筹集供餐资金具有审批的权力，但是教育部认为运用这一权力影响地方行政的合理性明显不足，"在儿童公共喂养上出现的愈加困难和争议性较强的问题上，很难强制地方教育当局采取步调一致的行动"。第三，教育部很难有机会获得关于地方教育当局实施供餐方式的一手信息。教育部尽管每年都能够收到地方教育当局实施供餐的报告和学校医疗官员的报告，但是这些报告"提供给教育部的不是基于他们能够真正依据的精确统计资料所形成的一致信息，或基于每个地方教育当局工作的价值所形成的合理估计"。这些错误的信息主要表现为，一是教育部很难通过地方教育当局的报告判断它们的方案是如何组织实施的；二是教育部所收到报告中，没有关于志愿组织学校供餐工作的一致信息，也没有体现在各个地方教育当局支持下实施供餐的程度或供餐费用的精确信息；三是教育部因此也无法安排其医疗官员有足够的时间和机会去巡查地方教育当局年度报告中所提供的供餐安排，以便能够在教育部的年度报告中"通过更详细和完整的信息纠正和补充其他渠道获得的信息"。[1]

　　在这种状况下，教育部及各地方教育当局都有修订1906年法令的需求。1914年2月，教育部制定了《教育（供餐）法》修订议案，主要在以下四个方面做了修正，即第一，删除了地方教育当局对某名学校儿童是否有资格享用校餐的最终决定权，将其责任转移给当地的学校医疗官、健康医疗官或其他医疗官

---

① Board of Education, *Annual Report for 1913 of the Chief Medical Officer of the Board of Education*, His Majesty's Stationery Office, 1914, pp.242-243.

员;第二,删除 1906 年法令所规定的每镑半便士的征税限制;第三,将学校假期和周末提供校餐的做法合法化;第四,授权教育部在一定的条件下强制地方教育当局实施供餐法令①。该议案于 1914 年 3 月 27 日在议会下院通过二读。教育部大臣约瑟夫·比斯(Joseph Pease)在下院二读辩论会上强调,这次修正将有助于"减少由营养不良带来的不幸、苦难和贫困"。比斯就第一个和第四个修正作了重点说明。关于第一处修正,比斯指出"营养不良是需要医生诊断的一种体质条件",喂养儿童也是"我们学校医疗服务的一部分",故医生"在向地方教育当局提交营养不良的报告时被赋予了很大的责任";而第四处修正,比斯认为在体制上需要进一步完善,能够使地方教育当局扩大它们的供餐服务,使那些拖沓怠慢的地方当局能够实施供餐服务,"采取又一步骤的时候到了,但我不认为在这个特别的时刻这一步骤必须是要授予强制的原则","通过政府的资助能够缓解税收的压力",能够使托沓的地方教育当局达到"更进步的地方当局已经取得的供餐水平",所以,"在这个特别的时刻用在强制体制上大笔的费用是非常浪费的,但是如果在许可性体制下通过向地方当局施加压力使用这笔钱,那么这笔钱将不会花得浪费,也不会引起矛盾"。②显然,教育部对于这次法案的修订,并不是想改变 1906 年法令作为许可性法令的性质,而是准备通过教育部的资助向那些没有开展供餐行动的地方教育当局施加压力,劝导它们能够实施供餐法令,向饥饿儿童提供校餐服务。

基于以上修正,新供餐法令于 1914 年 8 月 4 日获得通过,该法令即为"1914 年初级教育(供餐)法"[Elementary Education (Provision of Meals) Act, 1914]新法令"使假期和学校关闭期间供餐合法化了","取消了 1906 年教育(供餐)法第 3 条关于地方教育当局用于供餐的开支不能超过每镑半便士的

① Board of Education, *Annual Report for 1913 of the Chief Medical Officer of the Board of Education*, His Majesty's Stationery Office, 1914, p.247.

② Parliament Hansard, *House of Commons Debates*, Vol. 60, "Education (Administrative Provisions) Bill", 27 March 1914, C. 740 – 741, 747 (Joseph Pease). http://hansard. millbanksystems. com/commons/1914/mar/27/education-administrative-provisions-bill, 2021 年 11 月 16 日。

限制"，"废除了教育部关于对供餐开支超出每镑半便士税收审批的必要性"，赋予地方教育当局实施供餐服务更大的权限①。

在 1914 年法令最终通过之前，教育部颁布了新的校餐规定，承诺将会对地方教育当局的校餐服务提供资助。教育部在 6 月 25 日向地方教育当局发布的通知中强调，"我部门已经宣布，按照议会的必要规定，本财政年度将对根据 1906 年教育供餐法向公立初等学校儿童提供餐食的费用实施资助；我部门相信对地方教育当局在供餐工作方面的财政援助将鼓励教育当局更充分和有效地履行自己的权力。""在当前于 1914 年 3 月 31 日结束的财政年度对供餐的资助将会拨付的规定随本通知下发。""我部门希望请地方教育当局特别注意上述规定的第 4 款。按照我部门的观点，地方教育当局在制定供餐服务的方案时应当考虑到该款条文确定的资助额度。因此，教育当局将来也应特别关注到对资助的评估。""在当前的规定确立资助的额度时，我部门将会注意到这一事实，即本次资助是针对在本规定颁布之前已经全部完成的供餐服务；当地方教育当局的供餐服务在各个方面被认为非常满意时，将会被我部门给予其供餐支出 50% 的资助。"②在 1914 年法令颁布之后的 8 月 7 日，教育部在通知中再次强调了对地方教育当局实施的校餐服务将会提供资助的承诺，"我部门已经宣布，对 1914 年 3 月 31 日结束的财政年度内由地方教育当局实施供餐服务的支出将会获得资助，在额度上不会超出其支出的 50%。""如果地方教育当局希望就实施必要校餐服务的最佳方式向我们咨询时，我部门很乐意就地方教育当局的权力实施提供任何的支持和建议。重要的是，地方教育当局在需要建议时应当尽可能早地考虑到我部门，我部门将会在包括已计

---

① Board of Education, Circular 854: "Provision of Meals for School Children", in *Annual Report for 1913 of the Chief Medical Officer of the Board of Education*, His Majesty's Stationery Office, 1914, p. 326.

② Board of Education, Circular 847: "Grants for Provision of Meals under the Education (Provision of Meals) Act, 1906", in *Annual Report for 1913 of the Chief Medical Officer of the Board of Education*, His Majesty's Stationery Office, 1914, p.325.

划的菜单等供餐方案和安排的诸多细节方面提供建议。"① 由此可以看出,教育部对地方教育当局的供餐服务实施资助,一方面是通过资助鼓励更多的教育当局提供学校供餐服务,扩大对于饥饿儿童的食物救助;另一方面也是准备通过资助将地方教育当局的供餐服务更多地纳入中央当局的管理权限内,以达到地方教育当局的行动能够实现中央当局的意图。这就是教育部大臣在上述议会辩论时所表达的意图。所以,1914 年法令尽管仍然是一部许可性法令,但英国政府的强制性要素已经贯穿其中,使得学校供餐出现浓厚的国家干预色彩,有利于英国政府掌控校餐发展进程,但也为以后地方教育当局与教育部在供餐问题上矛盾和摩擦的产生埋下了伏笔。

在 1914 年法令的鼓励下,在法令实施的第一个年度英格兰和威尔士地区的供餐服务出现了大幅增长。至 1915 年 3 月 31 日,英格兰和威尔士共有 147 个地方教育当局实施了学校供餐服务,其中 136 个教育当局的供餐服务得到教育部的资助,受餐儿童的数量为 421975 名,提供的餐食为 29596018 份,包括 6443162 份早餐、21636280 份主餐和 1516576 份其他餐食,而上一个年度正常学期内受餐儿童为 156531 名,假期为 15879 名,餐食总量为 14525593 份,包括 2209882 份早餐、11230604 份主餐、1083513 份其他餐食以及 1594 份尚未归类的餐食;65 个地方教育当局一周 5 天供餐,44 个教育当局一周 6 天供餐,23 个教育当局一周内全部供餐,109 个教育当局在假期内全部或部分时段供餐;136 个教育当局供餐净支出为 300000 镑,与上个年度的 142857 镑相比增长幅度较大;每餐的费用平均为 2.47 便士,各地高低不均,一些地区低至 1.25 便士,大部分地区在 2—4.5 便士之间,有的地区竟然高达 9.95 便士②。

① Board of Education, Circular 854: "Provision of Meals for School Children", in *Annual Report for 1913 of the Chief Medical Officer of the Board of Education*, His Majesty's Stationery Office, 1914, p. 326.

② Board of Education, *Annual Report for 1914 of the Chief Medical Officer of the Board of Education*, His Majesty's Stationery Office, 1915, pp.202—203, 288.

这一年度供餐服务上也出现了与此前截然不同的进步,主要表现为:第一,地方教育当局的积极性提高了,原来绝大多数地区的供餐一般是到明显需要和紧急的时间段,而且尽可能地限制在最小规模内,而现在由于战争的爆发,各地都在尽早准备和实施供餐,组织工作的效率提高了很多;第二,在餐食上,原来绝大多数地区都是2—3个菜单,其中一些严重缺乏营养,现在由于受到教育部的资助,许多教育当局一个月内每天都在更换菜单,而且还根据季节及时调换其中的菜品;第三,教育部所希望的学校供餐服务与学校医疗官的合作正在逐步得到落实,"一些教育当局已经使学校医疗官更多地参与到学校供餐服务中,另外一些教育当局已经认识到这种参与的重要性,将很快付诸于实践"。①

由上可以看出,1915年最初几个月的校餐供应规模增长迅速。然而,由于第一次世界大战的爆发,各地的校餐服务受到了极大的挑战,1915年后校餐服务规模的下降日益明显,如表3.5所示,在供餐地方教育当局的数量上,1914—1915年为134个,而到1918—1919年竟然跌至86个;在受餐儿童人数上,1914—1915年为422401人,1915—1916下降到118114人,1916—1917年为65301人,至战争结束后的1918—1919年仅为52490人,而这一数字不及1913—1914年的一半;供餐规模上也下降地非常明显,1914—1915年为29560316份,1918—1919年仅为5502063份。与此同时,一战期间校餐服务的地区分布极不平衡,如1917年伦敦地区的校餐供应规模竟然占到了英格兰和威尔士的一半,英格兰和威尔士其他地区的总和才达到伦敦的规模②,而战前供餐规模较大的伯明翰、布里斯托尔、赫尔、利兹等城市在战争期间的供餐规模亦大幅缩减(见表3.6)。事实上,1914—1917年提供校餐服务的地方教

① Board of Education,*Annual Report for 1914 of the Chief Medical Officer of the Board of Education*,His Majesty's Stationery Office,1915,pp.203—204.

② Harry Hendrick, *Child Welfare:Historical dimensions contemporary debate*,The Policy Press,2003,p.73.

育当局共有 150 个,涵盖学校儿童 3614035 人,而没有供餐的教育当局为 169 个,涵盖学校儿童 1767444 人;在郡城镇中,82 个地方教育当局中,68 个实施供餐,共涵盖学校儿童 1695900 人,其余未供餐的 14 个地区中仅有学校儿童 100811 人;48 个城市区中,32 个实施供餐,涵盖学校儿童 273868 人,其余未供餐的 16 个区仅有学校儿童 74270 人;在郡和市城镇中,仅有 13 个郡(不包括伦敦)实施供餐,涵盖学校儿童 804379 人,拥有 1276969 名学校儿童的其余 49 个教育当局没有供餐①。可见,1915 年至战争结束,英格兰和威尔士地区无论是在受餐儿童数量还是供餐数量上与战争第一年及战前相比出现了大幅下降,而且由于战争期间食品的短缺,供餐成本亦大幅上升。

表 3.5　1912—1919 年英格兰和威尔士校餐服务统计一览表②

年度	供餐教育当局数量	受餐儿童数量	学校供餐数量	每餐平均费用(便士)	供餐净支出(英镑)	财政补助(英镑)
1912—1913	137	358306	19001729	2.32	174571	—
1913—1914	98	156531	14525593	2.43	142857	71383
1914—1915	134	422401	29560316	2.47	298235	148753
1915—1916	116	118114	9957634	4.1	156874	77985
1916—1917	94	65301	5777147	5.42	114802	57501
1917—1918	88	60633	6518174	5.26	122307	61115
1918—1919	86	52490	5502063	5.87	108977	未见统计

---

① Board of Education,*Annual Report for 1916 of the Chief Medical Officer of the Board of Education*,His Majesty's Stationery Office,1917,pp.140-141.

② Board of Education,*Annual Report for 1918 of the Chief Medical Officer of the Board of Education*,His Majesty's Stationery Office,1919,pp.175-176.

表 3.6　1913—1919 年英格兰和威尔士地区城市校餐服务年度对比表①

地区	供餐数量	
	1913—1914	**1918—1919**
伯明翰	269719	13587
布里斯托尔	249385	21731
赫尔	196638	58115
利兹	136535	3409
泰因河畔纽卡斯尔	204752	74502
莱恩河畔的阿什顿	46696	8400
巴克镇	35255	7251
卡迪夫	18326	105

关于校餐规模下降的原因,教育部认为一战期间"就业的快速增长带来了工资的大幅增加","来自各地的学校医生和教育部医疗巡视官的证据表明,自医疗检查实施以来,总体上 1916 年儿童比以前任何时候都吃得好穿得暖",所以"学校喂养的需求消失了,关于营养不良儿童的证据不再受人关注了"②。也就是说,由于父母收入水平的提高,学校供餐的需求大大降低了。也有英国学者认为,校餐规模的下降是由于受到战时英国政府的限制导致的,"那些日子食品大臣不仅限制供餐服务融入总体战时食品经济中,而且还采取措施抑制其发展"③。一战结束后最初几年,校餐服务规模得到一定程度的恢复。1919—1920 年实施供餐的地方教育当局由上一年度的 86 个增加到

---

① Board of Education, *Annual Report for 1918 of the Chief Medical Officer of the Board of Education*, His Majesty's Stationery Office, 1919, p.175.

② Board of Education, *Annual Report for 1916 of the Chief Medical Officer of the Board of Education*, His Majesty's Stationery Office, 1917, p.142.

③ F.Le Gros Clark, *Social History of the School Meals Service*, The National Council of Social Service, 1948, p.10.

117 个,至 1920—1921 年又增加到 137 个;受餐儿童的数量也从 1918—1919 年的 53742 人增加到 1920—1921 年的 148042 人;供餐规模从 1918—1919 年的 5647954 份增加到 1920—1921 年的 11867934 份①。

　　一个重要的现象引起了英国政府的警觉。在 1921 年煤矿工人大罢工期间,许多矿区的地方教育当局将学校供餐作为缓解失业压力和维护社会稳定的重要措施,向失业工人和贫困家庭的儿童提供校餐,全国因此共提供了60676017 份校餐,价值近 100 万英镑②。对此,教育部早在 1921 年初注意到了这一趋势,"由于去年冬天国内产业动荡和失业的增加,许多地区的教育当局认为有必要根据校餐法令开展或扩大学校供餐。这一需要集中体现在1921 年 3 月煤矿关闭时期。""需要指出的是,广泛的失业将不可避免导致适合免费或低价供餐儿童数量的大幅增加,在某些地区如此大规模的供餐,将会耗费大量的公共资金,由此精心的管理安排将会被置于更加重要的位置,适当地区别对待将会出现。""地方教育当局有必要对当前实施供餐法令的管理予以特别地关注,特别是广泛的经济萧条时会出现将所有公共资金的开支限制到最低范围内。"③ 果不其然,1922 年 3 月 1 日,财政部宣布教育方面的预算将会被削减到 6500000 英镑。教育部因此不得不缩减对校餐服务的资助,将下个年度的资助额度控制在 300000 英镑内,削减了将近 50%,以防止地方当局"把学校供餐用作(对工资减少的)救助"。④由此,在其后 20 年代很长的时间内,英格兰和威尔士校餐供应规模总体不高,即使在 1926—1927 年曾经达

---

① Board of Education,*Annual Report for 1920 of the Chief Medical Officer of the Board of Education*,His Majesty's Stationery Office,1921,p.147.

② Bernard Harris,*The Health of the Schoolchild:A History of the School Medical Service in England and Wales*,Open University Press,1995,p.123. John Welshman,"School Meals and Milk in England and Wales,1906—1945",*Medical History*,Vol.41,Issue 01,1997,pp.6—29.

③ Board of Education,*Annual Report for 1920 of the Chief Medical Officer of the Board of Education*,His Majesty's Stationery Office,1921,pp.147—148.

④ F.Le Gros Clark,*Social History of the School Meals Service*,The National Council of Social Service,1948,pp.11—12.

到 70045498 份，但很快又降了下来①。对此，首席医疗官乔治·纽曼认为经济低迷和校餐供应的缩减不会影响学校儿童的健康②。所以，在整个 20 年代，尽管英格兰和威尔士地区实施学校供餐的教育当局和受益的学校儿童都有了相当大的增加，但校餐供应量增加的趋势比较平缓，由家长支付费用的校餐供应量增加比较明显，而免费校餐供应在 20 年代初期下降较快，仅在 20 年代后期才开始持续增加③。

需要强调的是，20 世纪 20 年代，校餐法令进一步得到修正，并被作为一个重要组成部分融入《1921 年教育法》（82-84 条）中，校餐作为一项教育事业正式完成了立法上的程序。新修正的法令整合了 1906 年法令和 1914 年法令的基本内容，授权地方教育当局将供餐时间扩大至包括周末和假期在内的所有时间，地方教育当局因此可以"在不增加购买食品费用的前提下，在本地区公立初等学校开放、周末和学校假期的时间内采取所有它们认为有必要的措施向学校儿童提供校餐"（第 82 条），可以选择供应早餐、主餐或下午茶，或三者俱供，也只可以简单地供应一瓶牛奶，或鳕鱼肝油、全脂奶粉等其他具有营养的食物；授权地方教育当局向那些有经济能力的家长收取餐费，"如果家长拒绝支付，可以启动法律程序向他们追讨"，对那些父母没有经济能力且确实因缺少食物而无法充分接受教育的儿童提供免费校餐（第 83 条）；授权地方教育当局向那些其认为因缺少食物而不能充分接受教育的所有儿童提供校餐，如果没有其他的资金来源，教育当局可以使用本地区税收之外的公共资金来支付购买食品的费用（第 84 条）。④ 英格兰和威尔士地区的校餐制度基本

---

① Bernard Harris, *The Health of the Schoolchild: A History of the School Medical Service in England and Wales*, Open University Press, 1995, p.123.

② John Welshman, "School Meals and Milk in England and Wales, 1906—1945", *Medical History*, Vol.41, Issue 01, 1997, pp.6-29.

③ Bernard Harris, *The Health of the Schoolchild: A History of the School Medical Service in England and Wales*, Open University Press, 1995, p.121.

④ Bernard Harris, *The Health of the Schoolchild: A History of the School Medical Service in England and Wales*, Open University Press, 1995, pp.120-121.

确定下来了。

三、英格兰和威尔士学校供餐的发展与牛奶进校园计划

20世纪30年代经济大萧条时期(亦称为"饥饿的30年代"),教育部与地方教育当局争议较大的一个重要问题是,关于享受免费供餐的营养不良儿童遴选的方式方法问题。

教育部要求地方教育当局仅向那些在临床上表现出明显营养不良的儿童供应免费校餐。1908年1月,教育部指导学校医疗官巡查学校儿童营养状况时,将其划分为"良好(good)、正常(normal)、较差(below normal)、很差(bad)"四个层次,但对于各个层次之间的具体界限并没有给予清晰的界定①,这使得不同的学校医疗官在判断学校儿童的营养状况时都有不同的标准。1934年12月,教育部制定了新的学校儿童营养状况分类体制,用"优良(excellent)、正常(normal)、稍差(slightly sub-normal)、很差(bad)",并发布了新的分类指南,取消了"需要观察的营养不良"和"需要治疗的营养不良"的界限。由此,新任首席医疗官阿瑟·麦克纳尔蒂(Arthur MacNalty)对营养状况的判断作了指导性阐释,"主要问题是如何判断儿童的一般状况。通常这种一般性评估不能仅仅依据某一个单一的要素,如年龄、性别、身高和体重等任一要素,而应考虑到来源于临床观察的其他数据。举例来说,形体外观、面部特征、仪态、姿势、黏膜状况、肌肉系统的柔韧度和功能、皮下脂肪存量。一个机敏、爽朗、眼睛明亮的儿童,通常会被一致认为是营养状况优良的儿童;另一方面,如果一个儿童看上去迟钝、无精打采、庸懒,且肤色暗黄、站姿松垮,会立即被怀疑身体状况不佳,应做进一步的检查。如果过于依赖某一孤立的外观可能会导致判断错误。龋齿和其他身体的缺陷不应当被作为营养不良的证

---

① Board of Education, *Annual Report for 1908 of the Chief Medical Officer of the Board of Education*, His Majesty's Stationary Office, 1910, p.152.

据。这就是判断儿童身体状况的一般法则"。①只有居于第4层次即"很差"的儿童才有资格获得免费校餐供给。

基于以上原则,如何遴选营养不良儿童呢? 在教育部制定的机制中,首先是通过对儿童的例行体检由学校医疗官筛选营养不良儿童,而对儿童的例行体检在整个初等教育过程中只有三次,即5岁、8岁和12岁时②;更多的是在学校日常运行中发现和鉴别营养不良的儿童,对此虽有学校医疗官和校园护士参与其中,但学校教师却被置于非常重要的位置,"教师具有观察儿童状况的特有机会,他们每天都能看到他们,在鉴别早期儿童健康或智力低于正常儿童水平上应该不会存在困难……除非教师参与其中,否则大部分需要食物的儿童肯定不会被发现",因此"教育当局应当使本地区所有教师对其教授的学校儿童的健康状况进行持续和系统地观察",如果发现某名儿童具有明显营养不良的迹象,可以向校长报告,并由其安排该儿童作专门的体检,由学校医疗官作最终的判定③。

上述机制,在英国社会存有很大的争议,而且具体操作起来也有很大的难度。"儿童最低生活水平委员会"(Children's Minimum Council)发起人之一、议员埃莉诺·拉斯伯恩(Eleanor Rathbone)在议会辩论中曾提出了质疑,即"营养不良怎么能通过这样的方式来检测呢? 常规的体检已检查到儿童身体各器官的缺陷,毫无疑问这些缺陷是天生的、不会变化的,但是却检查不到儿童在日常生活中身体持续出现的各种各样的变化";"有人告诉我,儿童营养不良状况的检测不仅仅是通过三次医学检查。学校教师个人在注意到儿童营

---

① Bernard Harris, *The Health of the Schoolchild: A History of the School Medical Service in England and Wales*, Open University Press, 1995, pp.132-133.

② Parliament Hansard, *House of Commons Debates*, Vol. 292, "Achievements of the National Government in Education", 17 July 1934, C. 1058 (Eleanor Rathbone). http://hansard.millbanksystems.com/commons/1934/jul/17/achievements-of-the-national-government, 2021 年 11 月 21 日

③ Board of Education, *Annual Report for 1914 of the Chief Medical Officer of the Board of Education*, pp.205—206.

养不良征兆时,可以先向校长报告,如果校长认为有必要的话,再送这些儿童去做专门的医疗检查。这难道是一种检测营养不良的令人满意的方式吗?学校教师有这样的能力胜任吗?赋予教师这样的责任合理吗?……他们没有受过医生或护士的培训,他们不是(学校儿童的)母亲。他们怎么能够观察到其面前一大批孩子中早期营养不良的症状呢?……管理一个大型班级的老师被期望去判断其面前儿童的营养不良症状,是否应该由医生来检测?"换言之,教师被赋予报告儿童营养不良征兆的责任,但教师由于医学专业知识和技能的匮乏是不可能胜任这一工作的,"毫无疑问最有效的补救措施是建立对儿童开展更有效的医疗巡查体制,学校儿童在学校生活中不应当仅检查3次,而是至少每一年,可能的话每一个学期都要检查。但有人却告诉我,这样做是不可能的,因为其费用过于昂贵"。[1]

更重要的是,在实际工作中,地方教育当局也不愿意将校餐供给与医学检查联系起来,它们有的"心照不宣地忽略医疗检查结果",有的"考虑到遴选儿童的医学方式过于缓慢和繁琐,乐于以家庭收入作为遴选受餐儿童的唯一标准"[2]。所以,在地方教育当局的压力下,特别是它们坚持以家庭收入水平作为校餐供给条件,教育部也不得不在政策上作出调整,于1934年作出妥协,即允许"在校儿童在由医务人员检查之前可以在教师或其他学校官员的推荐下获得学校供餐"[3]。尽管在30年代在与教育部的博弈中,地方教育当局占有一定的优势,但地方教育当局实施学校供餐的积极性却不高,在英格兰和威尔士316个地方教育当局中,1931—1932年仅有一半的教育当局开展校餐服

---

① Parliament Hansard, *House of Commons Debates*, Vol. 292, "Achievements of the National Government in Education", 17 July 1934, C. 1058 - 1059 (Eleanor Rathbone). http://hansard.mill-banksystems.com/commons/1934/jul/17/achievements-of-the-national-government, 2021 年 11 月 21 日

② F.Le Gros Clark, *Social History of the School Meals Service*, The National Council of Social Service, 1948, p.13.

③ F.Le Gros Clark, *Social History of the School Meals Service*, The National Council of Social Service, 1948, p.13.

务,1933—1934 年约有 200 个教育当局仅对学校儿童提供如牛奶和膳食之类营养辅助性食物,至 1936—1937 年这一数字上升到 247 个教育当局①。也就是说,在 30 年代中后期,尽管在受餐儿童遴选方面获得了自主权,许多地方教育当局却热衷于扩大校园奶的规模,而减少了固态餐食的供应量②。

英国校园奶实际上在一战结束后就已经出现。比如,1919—1920 年伦敦地区就供应了 2067751 份牛奶,包括贫困儿童 1085948 份和非贫困儿童 981803 份,比上一年度增加了 528951 份,每份牛奶为 0.5 品脱(1 品脱 = 0.5683 升),向幼小学校儿童分别在上午和下午各供一份;其他地区如伯恩茅思(Bournemouth)、克罗伊敦、哈利法克斯和赫尔河畔的金斯顿等亦向学校儿童供应校园奶③。然而,牛奶大规模进入学校儿童的校餐食谱却是到了 20 世纪 20 年代以后,很大程度上要归功于牛奶行业及英国政府为解决牛奶滞销而推出的"牛奶进校园计划"(Milk in School Scheme)。

1920 年,为了解决英国牛奶滞销的问题,"牛奶生产商联合会"(Associated Milk Producers' Council)、"全国农场主联盟"(National Farmers' Union)、"全国清洁牛奶协会"(National Clean Milk Society)等牛奶生产商和销售商组织联合成立了牛奶行业组织"全国牛奶宣传理事会"(National Milk Publicity Council),旨在积极地宣传牛奶生产商,提高其在英国社会的形象,进而能够售出更多的牛奶,特别是面向英国学校儿童④。1922 年,该组织发起的第一个宣传行动就直接面向了学校,其向伯明翰的一家公立学校的 30 名营养不良的儿童连续 4 个月每天供应 1 品脱牛奶,并辅以饼干,结果是这些儿童

---

① Sir George Newman, *The Building of A Nation's Health*, Macmillan 1939, p.331.

② 关于校园奶,参阅魏秀春《20 世纪英国校餐制度的历史演变》,《光明日报》2013 年 8 月 29 日。

③ Board of Education, *Annual Report for 1919 of the Chief Medical Officer of the Board of Education*, His Majesty's Stationery Office, 1920, pp.21-22.

④ Alan Jenkins, *Drinka Pinta: The Story of Milk and the Industry That Serves It*, William Heinemann Ltd, 1970, pp.80-84.

"体重和营养水平增加的速度提升了……智力进步显著,身体也变得充满活力和敏捷了";1923年和1924年,该组织在伦敦和罗切斯特(Rochester)亦开展了类似的试验,结果同样令人鼓舞,"以牛奶喂养的儿童更加敏捷和有活力了"。受伯明翰试验结果的激励,全国牛奶宣传理事会于1923年8月向教育部陈情,希望教育部可以利用全国的学校为其开展更大规模的牛奶宣传活动提供更多的帮助,使其能够在英格兰的学校实施一个更大规模的试验,并承诺在一段时期内在不花费公共资金的条件下向学校儿童提供瓶装奶、吸管和饼干,对此教育部表示非常赞同,但拒绝以教育部的名义告知地方教育当局来支持这一试验。[1]在受到教育部的拒绝后,全国牛奶宣传理事会决定向各地的地方教育当局直接申请,1927年伦敦郡议事会同意该组织向首都80万学校儿童散发关于牛奶消费的宣传材料,能够进入这一庞大的消费群体中进行宣传显然是一个巨大的成功[2]。

为此,全国牛奶宣传理事会积极为牛奶能够大规模进入校园作准备,1928年发布了三分之一品脱瓶装奶作为校园奶的标准配备,使学校儿童在上午课间休息时就能够轻松地饮用完毕。1929年,该组织在全国范围内发起"牛奶进校园计划",以每瓶1便士的统一价格向学校儿童供应三分之一品脱的瓶装奶,伯明翰、利物浦和伦敦郡先后批准了该计划在当地学校试验性启动。[3]至1930年5月,在英格兰和威尔士80个地方教育当局的许可下,近36000名儿童以每瓶1便士的价格购买了三分之一品脱的瓶装奶;至1933年,共有250个地方教育当局采纳了"牛奶进校园计划",牛奶业因此共向100万名学

---

[1] Peter Atkins, "School Milk in Britain, 1900—1934", *The Journal of Policy History*, Vol.19, No.4, 2007, pp.395-427.

[2] Alan Jenkins, *Drinka Pinta: The Story of Milk and the Industry That Serves It*, William Heinemann Ltd, 1970, p.97.

[3] Peter Atkins, "School Milk in Britain, 1900—1934", *The Journal of Policy History*, Vol.19, No.4, 2007, pp.395-427.

校儿童供应了 850 万加仑的牛奶①。

而政府方面,自 1933 年就开始讨论通过提供资金扩大"牛奶进校园计划",使更多的学校儿童受益,亦能够进一步促进牛奶的销售,"如果英格兰和威尔士 550 万名初等学校儿童在 200 个在校日中每天都能饮用三分之一品脱牛奶,那么消费总量将达到 4500 万加仑"②。1934 年 2 月,农业部宣布"政府将根据'牛奶市场化委员会'（Milk Marketing Board）供给的产量每年给予 50 万英镑的补贴。只有在牛奶市场化委员会提交的已批准的项目中包括向学校供应廉价牛奶,补贴才会到位"③。同年 6 月,农业部在议会下院讨论《牛奶法》议案时再次重申"政府仅对由'牛奶市场化委员会'（Milk Marketing Board）提交的已批准的牛奶推广项目给予补贴,该项目被要求包括向学校供应廉价牛奶"④。尽管财政部担心实施该计划很有可能大幅增加公共开支,但农业部认为"牛奶进校园计划"既可以提高学校儿童的健康水平,亦可以缓解牛奶滞销的压力。在农业部的力推下,1934 年教育部亦决定鼓励地方教育当局采纳"牛奶进校园计划",同年 10 月根据《1934 年牛奶法》给予"牛奶市场化委员会"两年的补助,每年共计 50 万英镑,使得校园奶价格降至为每瓶 0.5

---

① Parliament Hansard, *House of Commons Debates*, Vol. 239, "School Children", 4 June 1930, C. 2175 – 2177 (Charles Trevelyan), http://hansard. millbanksystems. com/written _ answers/1930/jun/04/school-children-milk-supply, 2021 年 11 月 22 日; Alan Jenkins, *Drinka Pinta*: *The Story of Milk and the Industry That Serves It*, William Heinemann Ltd, 1970, p.104. Parliament Hansard, *House of Commons Debates*, Vol. 280, "Ministry of Health", 7 July 1933, C.658(Edward Young), http://hansard.millbanksystems.com/commons/1933/jul/07/ministry-of-health., 2021 年 11 月 22 日。

② Peter Atkins, "The Milk in Schools Scheme, 1934 — 1945", *History of Education*, No.01, 2005, pp.1-21.

③ Parliament Hansard, *House of Commons Debates*, Vol. 286, "Milk Policy", 22 February 1934, C. 504 (Walter Elliot), http://hansard. millbanksystems. com/commons/1934/feb/22/milk – policy, 2021 年 11 月 22 日。

④ Parliament Hansard, *House of Commons Debates*, Vol. 290, "Milk Bill", 7 June 1934, C. 1129- 1130(Walter Elliot) http://hansard. millbanksystems. com/commons/1934/jun/07/milk-bill., 2021 年 11 月 22 日。

便士①。至 1938 年,对"牛奶进校园计划"的政府补助增加到 75 万英镑②。

　　由于校园奶价格便宜,宜于推行,不少地方教育当局以校园奶代替固态校餐,受益儿童在 1935 年春迅速地增加到了 260 万人;从最初 48.7%的公立学校儿童,至 1938 年扩大到 56.6%的公立学校儿童参加了政府资助的"牛奶进校园计划"(见表 3.7)。所以,校园奶的供应规模在二战前发展迅速。至 1939 年,在英格兰和威尔士,根据教育法令获得免费奶的儿童为 635174 人,根据"牛奶进校园计划"获得免费奶或廉价奶的儿童为 27000000 人③。所以,在二战爆发前夕,"每天仅有大约 130000 份校餐供应,受益的学校儿童约为 3%;50%的学校儿童获得校园奶,绝大多数每天饮用的是三分之一品脱的瓶装奶"④。1927—1928 年 36.6%的付费和免费校餐供应的是牛奶,至 1938—1939 年这一比例增加到 80%,其固态校餐完全停止了⑤。

表 3.7　二战前夕英格兰和威尔士参加"牛奶进校园计划"的
初等学校及学校儿童比例⑥

年度	初等学校比例 (%)	学校儿童比例 (%)	牛奶 (百万加仑)
1935	—	48.7	23
1936	81.7	45.6	23

①　John Welshman,"School Meals and Milk in England and Wales,1906—1945", *Medical History*,Vol.41,Issue 01,1997,pp.6-29.

②　Peter Atkins,"The Milk in Schools Scheme,1934—1945", *History of Education*,No.01,2005,pp.1-21.

③　Bernard Harris, *The Health of the Schoolchild:A History of the School Medical Service in England and Wales*,Open University Press,1995,pp.122,125.

④　Charles Webster,"Government Policy on School meals and Welfare Foods",from D.F.Smith,ed., *Nutrition in Britain:Science,Scientists,and Politics in the Twentieth Century*,Routledge 1997,p.191.

⑤　Peter Atkins,"The Milk in Schools Scheme,1934—1945", *History of Education*,No.01,2005,pp.1-21.

⑥　Peter Atkins,"The Milk in Schools Scheme,1934—1945", *History of Education*,No.01,2005,pp.1-21.

续表

年度	初等学校比例 (%)	学校儿童比例 (%)	牛奶 (百万加仑)
1937	83.3	49.2	25
1938	85.2	53.8	26
1939	86.9	55.6	22

然而,虽然二战前校园奶的发展规模远远超出了固态校餐,但是两者的实际发展水平并没有覆盖所有营养不良的学校儿童,特别是那些生活在贫困工人家庭的儿童。教育部却否认这一点,"由学校医疗官反馈的数据表明学校儿童没有受到30年代初高失业率的影响"①。对此,当时许多社会团体和社会活动人士认为,贫困与营养水平存在一定的直接关系。他们在30年代中期开展了一系列的调查,认为许多贫困儿童仍然没有获得校餐和校园奶。比如,"儿童最低生活水平委员会"的调查表明,在1935年9月失业率最高的26个地区中,只有2.7%的学校儿童获得免费校餐,12.2%的儿童获得免费牛奶②。1936年,工党妇女分部所做调查发现,在1000个贫困工人家庭的子女中,有15%处于严重营养不良状态,有20%食物供给不充足③。同年,著名社会活动家B·西博姆·朗特里调查发现,约克城28.2%的14岁以下儿童共有5776人生活在贫困线以下,其获得的免费牛奶和校餐的价值仅为15镑12先令9便士④。而约翰·博伊德·奥尔(John Boyd Orr)也于1936年公布了其主持

① David F.Smith, "Nutrition Science and the Two World Wars", from David F.Smith (edit), *Nutrition in Britain：Science, Scientists and Politics in the Twentieth Century*, Routledge 1997, p.153.

② John Welshman, "School Meals and Milk in England and Wales, 1906—1945", *Medical History*, Vol.41, Issue 01, 1997, pp.6-29.

③ John Hurt, "Feeding the hungry schoolchild in the first half of the twentieth century", in Derek J.Oddy and Derek S.Miller (edi.), *Diet and Health in Modern Britain*, Croom Helm, 1985, p.192.

④ B.Seebohm Rowntree, *Poverty and Progress：A Second Social Survey of York*, Longman, Green and Co.Ltd, 1946, pp.42-43, 96.

的调查,他判定全国20%—25%的14岁以下儿童生活在贫困家庭,这些家庭在饮食上严重不足,每周消费牛奶仅1.8品脱,每周消费的鸡蛋仅有1.5个,每周水果消费仅为2.4便士,都远远低于富裕家庭①。显然,在奥尔看来,"收入,或缺少收入在决定工人阶级是否能够获得健康的食品方面具有压倒性的作用。最贫困人口的收入严重不足,使他们不能够购买足够多的有营养的食物",所以严重影响了其子女身体的发育②。故在30年代后期"儿童最低生活水平委员会"呼吁教育部以家庭收入水平而非医学检查作为判定儿童营养状况的标准,并要求教育部进一步扩大免费校园奶的供给规模③。

上述调查结果,与30年代校餐和校园奶发展的整体水平基本一致。据现代英国学者统计,至1938年,英格兰和威尔士315个地方教育当局中仍然有47个没有推行任何形式的免费校餐,仅有11.5%的学校儿童获得免费牛奶,仅有1.2%的儿童获得免费校餐,仅有2.8%的儿童同时获得了免费校餐和免费牛奶。而提供的免费校餐(固态食物)从1930年的26471520份仅增加到1938年的26819108份,受益儿童为176767人;免费校园奶方面,1930年才有36000名学校儿童受益,至1938年已增加到635174人;其他校园奶方面,1932年购买全价奶的才有900000人,至1938年购买半价奶的已经有2500000人了。也就是说,1938年每天享有免费奶和免费餐的学校儿童平均分别为560000和110000人。④至1939年,在英格兰和威尔士地区154个地方教育当局同时向学校儿童供给固态校餐和校园奶,121个地方教育当局仅提供校园

①　John Boyd Orr, *Food, Health and Income: Report on a Survey of Adequacy of Diet in Relation to Income*, Macmillan, 1936, pp.21, 49.

②　David F.Smith & Malcolm, "Nutrition, Education, Ignorance and Income: A Twentieth - Century Debate", in Harmke Kamminga & Andrew Cunningham (edit), *The Science and Culture of Nutrition, 1840—1940*, Atlanta, 1995, p.300.

③　John Welshman, "School Meals and Milk in England and Wales, 1906—1945", *Medical History*, Vol.41, Issue 01, 1997, pp.6-29.

④　John Hurt, "Feeding the hungry schoolchild in the first half of the twentieth century", in Derek J.Oddy and Derek S.Miller (edi.), *Diet and Health in Modern Britain*, Croom Helm, 1985, p.193.

奶,3个地方教育当局仅提供固态校餐①。而且,免费校餐还存在严重的城乡差别,80%以上的付费校餐是由乡村公立学校供应的,而80%以上的免费校餐却出现在城镇学校中②。

还需要强调的是,30年代很多地方的校餐营养价值令人堪忧。1935年教育部官员发现许多地方当局提供的校餐"仅有很小或基本没有营养价值"。比如,有的地方当局提供的菜单显示校餐主要为炖菜、汤或土豆饼,以及牛奶布丁,而另一个地方的校餐仅为一块面包和一份汤,而汤里仅有少量的土豆、洋葱、大麦粒和微不足道的肉丝③。为了推动地方教育当局有效改善学校供餐的营养价值,教育部于1938年专门任命了校餐巡视官,督促各地合理地安排食谱。在履职的第一年,巡视官共检查了66个地方当局,发现只有5%的地方当局供餐富有营养,而20%的地方当局则完全不令人满意,其余的则介于两者之间④。在约克郡的西雷丁区,其中一个校餐供应中心,菜单中没有任何绿色蔬菜,而且当地的儿童像小动物一样用一双污秽的手抓取食物;另外一个供应中心,煲汤的骨头竟然连续使用了三天⑤。在这样的条件下,各地的学校供餐显然不能够为那些饥饿儿童提供足够的营养。

由上可以看出,二战前英格兰和威尔士的校餐和校园奶在地区上仍然发展不平衡,仅有少数学校儿童受益,而用来供餐的食物营养价值也令人作呕,校餐和校园奶免费供给的规模不大(见表3.8)。需要强调的是,在二战前夕

---

① Peter Atkins, "The Milk in Schools Scheme, 1934 — 1945", *History of Education*, No. 01, 2005, pp. 1–21.

② F. Le Gros Clark, *Social History of the School Meals Service*, The National Council of Social Service, 1948, p. 14.

③ Bernard Harris, *The Health of the Schoolchild: A History of the School Medical Service in England and Wales*, Open University Press, 1995, p. 126.

④ P. H. J. H. Gosden, *Education in the Second World War: a Study in Policy and Administration*, Routledge, 1976, p. 184.

⑤ John Hurt, "Feeding the hungry schoolchild in the first half of the twentieth century", in Derek J. Oddy and Derek S. Miller (edi.), *Diet and Health in Modern Britain*, Croom Helm, 1985, p. 197.

的校餐制度中,免费校餐的供应不是一种常规的措施,而仅是针对特殊儿童的临时性举措①。制约其发展的因素固然很多,但其中最重要的因素主要集中于两个方面,一是英国政府及其主管部门(即教育部)的政策制约,二是相关法令是可选性法令,地方教育当局有权选择是否实施和实施的方式方法。当然,不能不强调的是,在30年代后期也出现了推动校餐和校园奶快速发展的积极因素,即严峻的战争危机和民生形势迫使工党和保守党都认识到扩大社会保障,提高国民健康的重要性②。这就为二战期间英国校餐制度的快速发展创造了良好的政治条件和社会氛围。

表3.8　1930—1939年英格兰和威尔士地区免费校餐和校园奶供给一览表③

年度	免费校餐(固态餐)		免费校园奶		供餐(含校园奶)的地方教育当局数量
	供应数量	受益儿童数	供应数量	受益儿童数	
1930—1931	15189493	—	12394905	—	153
1931—1932	18311975	119617	17179022	93232	157
1932—1933	25194461	154383	23585637	131367	174
1933—1934	25818569	158543	30385544	161040	192
1934—1935	25492938	156448	42183271*	303659*	224
1935—1936	22959362	143179	63710297*	406341*	235#
1936—1937	21709627	139662	78299008*	467515*	247#
1937—1938	22690807	151538	97667750*	560879*	264#
1938—1939	26819108	176767	114961182*	635174*	273#
备注:标*表示当年度仅供应免费校园奶的数量及受益儿童数量;标#表示仅提供免费餐的教育当局					

①　John Hurt,"Feeding the hungry schoolchild in the first half of the twentieth century",in Derek J.Oddy and Derek S.Miller,*Diet and Health in Modern Britain*,Croom Helm,1985,p.193.

②　吴必康:《英国执政党与民生问题:从济贫法到建立福利国家》,《江海学刊》2011年第1期。

③　Bernard Harris,*The Health of the Schoolchild:A History of the School Medical Service in England and Wales*,Open University Press,1995,pp.122-123.

第三节　二战时期英国校餐福利化
制度的形成

1939—1945年，作为重要的反法西斯国家，英国"上下同仇敌忾，举国一致，上自王室公爵，下至黎民百姓，能出钱者出钱，能出力者出力，壮年男子出征打仗，老人妇女护卫家乡，男人留下的工作妇女来做，牺牲者的苦难全国来分担"①。人民全心全意地投入战争，政府空前地关注民生。校餐制度由此迎来了重大的制度变革，战时营养改善计划的全面实施，最终导致福利化校餐制度的确立，成为战后福利国家形成的重要基础。

一、战争初期校餐供应的危机

1939年第二次世界大战全面爆发后，英国国民经济遭受重创，民生问题严重恶化，儿童的饮食及营养不良问题尤为突出。

鉴于德军频繁发动对城市的空袭，英国政府及时制定了城镇学校儿童疏散计划，与英格兰和威尔士、苏格兰各个地方当局充分协商后，由地方当局申请疏散当地学校儿童到乡村地区，"疏散是自愿的。登记疏散自家儿童的父母将被要求签署一份保证，即一旦疏散开始，他们将送其子女离开，并且声明他们将离开接收地区直到学校回迁"，分散居住在当地农户家中②。大部分被疏散的学校儿童是没有父母陪伴的，只有部分随行教师和协助者。在战争爆发初期，英格兰疏散学校儿童最多的地区包括曼彻斯特（84343人）、利物浦（60795人）、纽卡斯尔（28300人）、伯明翰（25241人）、利兹（18935人）、索尔

---

① 钱乘旦、许洁明：《英国通史》（修订本），上海社会科学院出版社2019年版，第335页。

② Parliament Hansard, *House of Commons Debates*, Vol. 357, "Evacuation of Schoolchildren", 15 February 1940, C. 932 - 933（Walter Elliot）, http://hansard. millbanksystems. com/commons/ 1940/feb/15/evacuation-of-schoolchildren-government, 2021年11月29日。

福德（18043 人）、朴茨茅斯（11970 人）、南安普敦（11175 人）和盖茨黑德（10598 人）等城市，苏格兰地区有格拉斯哥、爱丁堡和邓迪等城市共 62059 名学校儿童被疏散①。仅在 1939 年 9 月，英格兰和威尔士地区就疏散了 765000名学校儿童；苏格兰地区疏散 62000 名学校儿童；1940 年 1 月，英格兰和威尔士地区为 420000 名，苏格兰地区为 37600 名；1940 年 8 月，英格兰和威尔士地区为 421000 名，苏格兰地区为 17900 名；1941 年 2 月，英格兰和威尔士地区增加到 480500 名，苏格兰地区为 11800 名②。

可见，战争前两年，大批城镇学校儿童撤至乡村地区，为安置地区的农户带来了沉重的负担。为了鼓励接收地区的地方教育当局向疏散儿童提供校餐服务，教育部决定将其所需要的设备、服务人员和其他成本的一部分纳入疏散费用支出，由中央政府承担③。同时，教育部建议当地地方当局向这些儿童提供付费校餐，以缓解接纳疏散儿童农户的家政负担，但并不赞成这些地区扩大免费校餐的供给，因为教育部已经按每位儿童每周 8 先令 6 便士至 10 先令 6便士不等的标准向这些农户发放了食宿补贴④。尽管如此，农户的家庭主妇们却认为政府的安置补贴不足以使她们为疏散儿童支付学校供餐和校园奶的费用⑤。由此，至 1940 年 2 月，事实上仅有 50 个接收地区的教育当局采纳了中央政府的供餐计划，那些疏散的儿童在 1940 年夏也只有 13675 人获得了校餐，仅占全部疏散儿童的 3% 多一点，更多的接收地区认为没有为疏散儿童提

① John Welshman, *Churchill's Children:The Evacuee Experience in Wartime Britain*, Oxford University Press, 2010, p.45.

② Bernard Harris, *The Health of the Schoolchild:A History of the School Medical Service in England and Wales*, Open University Press, 1995, p.146.

③ F.Le Gros Clark, *Social History of the School Meals Service*, The National Council of Social Service, 1948, p.17.

④ Bernard Harris, *The Health of the Schoolchild:A History of the School Medical Service in England and Wales*, Open University Press, 1995, pp.156,158.

⑤ John Hurt, "Feeding the hungry schoolchild in the first half of the twentieth century", in Derek J.Oddy and Derek S.Miller (edi.), *Diet and Health in Modern Britain*, Croom Helm, 1985, p.198.

供校餐的必要①。所以说，对于这些疏散乡村的儿童来说，他们中的绝大部分从曾经具有良好学校供餐的城市转移到没有任何供餐的乡村，无异于"是一场灾难"。②

而没有从城市疏散的学校儿童，在战争初期的境况亦非常困窘。由于大部分青壮年男性奔向战场，国内出现了严重的劳动力空洞现象，这些儿童的母亲在战时政府的号召下进入了工厂，"675万妇女出来工作，其中不少成为兵工厂骨干"③。也就是说，"工厂对已婚妇女工人的需求意味着必须供应学校儿童的午餐，正如这些儿童更为年幼的弟弟妹妹需要被护理一样"④。然而，战争爆发后"他们的学校关闭了，供餐的场所亦是如此"，所以1939年后期至1940年初期的几个月里，不仅60%的学校儿童已经无法获得物美价廉的校园奶了，而且"在学校享用免费校餐的儿童数量也跌入了50年来的最低谷"⑤。可见，城镇校餐制度在战争初期受到严峻的挑战，学校供餐严重不足。据统计，至1940年7月，享用免费供餐和校园奶的学校儿童人数仅有130000和2100000人，远远低于战争爆发前的几个月⑥。为了鼓励地方教育当局扩大校餐供应，教育部于1939年11月发布通知，鼓励地方教育当局与各地安置当局和志愿组织合作，租用公共饮食场所，扩大校餐供应，由此产生的开支将由教育部支付⑦；1940年12月，教育部决定将免费校餐扩大至所有贫困儿童，并消除了原有的喂养中心与学校餐厅的区别，宣布所有类型的校餐供应场所都将

---

① F.Le Gros Clark, *Social History of the School Meals Service*, The National Council of Social Service, 1948, pp.16-17.

② Harry Hendrick, *Child Welfare: England 1872 — 1989*, Routledge 1994, p.199.

③ 阎照祥：《英国史》，人民出版社2014年版，第357页。

④ M.Penelope Hall, *The Social Services of Modern England*, Routledge & Kegan Paul Limited, 1952, p.169.

⑤ Harry Hendrick, *Child Welfare: England 1872 — 1989*, Routledge 1994, p.199.

⑥ John Hurt, "Feeding the hungry schoolchild in the first half of the twentieth century", in Derek J.Oddy and Derek S.Miller (edi.), *Diet and Health in Modern Britain*, Croom Helm, 1985, p.198.

⑦ John Welshman, "School Meals and Milk in England and Wales, 1906—1945", *Medical History*, Vol.41, Issue 01, 1997, pp.6-29.

视同学校餐厅①。然而，战争期间食品严重短缺，"1940 年以来英国遭受了几乎所有美味的和颇受民众欢迎食品的匮乏，肉、鱼、黄油、蛋和糖更是稀少。曾经琳琅满目的进口水果亦日益减少，很多品种已不复存在，人们不得不食用大量的、无味的蔬菜和可获得的谷物类食品以满足身体需要"，导致这种情况的主要原因是英国一半以上的食品供应依赖于国外进口，如截至 1939 年，英国一半以上的肉类、几乎全部动植物油、五分之四的糖类和十分之九的谷物与面粉都需要进口，而战争的爆发使上述食品的进口量仅有战前的一半②。食品的严重短缺，显然使此时的校餐服务力不从心，不能够完全满足于学校儿童的营养需求。③。

德军突袭对校餐制作场所和设备的破坏使许多城镇的校餐供应大幅萎缩，甚至停滞。1940 年 9 月至 1941 年 5 月是德军空袭最频繁的时期，伦敦及国内其他大城镇遭到德军密集的轰炸，全国 20 个大城市受到严重的破坏，波及校餐制作场所和设备。1940 年 6 月，这些城市约有 21600 名学校儿童获得供餐；到 1941 年 2 月，这一人数降到了约 17200 人，同年 12 月又增加到 45700 人，校餐供应开始逐步恢复。伯明翰、曼彻斯特、索尔福德、谢菲尔德和西汉姆等五个城市的校餐供应恢复快速，而其他 15 个城市相对要慢得多。为了尽量满足当地儿童的需要，一些城市不得不将校餐服务临时交由"应急食堂"（E-mergency Cooking Depots）安排，如伦敦地区的应急食堂至 1941 年 2 月为当地 2400 名学校儿童提供校餐服务，至 10 月增加到 10000 人；谢菲尔德在城市边缘地带建了五个食堂；利物浦的食堂遭到严重的破坏，仅剩 3 个；而布特尔的

①　Bernard Harris, *The Health of the Schoolchild: A History of the School Medical Service in England and Wales*, Open University Press, 1995, p.159.

②　Ministry of Food, *How Britain Was Fed in War Time*, His Majesty's Stationery Office, 1946, pp.1,4.

③　Muriel G.Watt, "The Development of the School Meals Scheme", *Proceedings of the Nutrition Society*, 1948, p.78.

食堂则被空袭完全摧毁。①至 1941 年 5 月,英格兰和威尔士地区约有 25%的地方教育当局没有能够向学校儿童提供收费或免费的固态校餐供应,仅有 30%的地方教育当局向儿童提供付费校餐服务②。至 1941 年 10 月,英国的校餐供应量才增加到每天 406000 份③。

所以,二战爆发后最初两年,由于大量学校儿童的疏散和校餐供应遭遇到战争的困境,英国学校儿童的饮食与营养需求成为英国政府亟需解决的一个重大民生问题。

二、战时营养计划与校餐制度的变革

为了应对食品的严重短缺,自 1940 年 1 月始英国政府在全国范围内实行食品定额配给,至 1943 年底绝大多数食品已经实现了配给制,满足和维持儿童的营养水平是食品配给的重点目标之一。"无论成年人遭受多大的食品匮乏和供应困难,维持全国儿童的高水平营养状态是政府食品政策的一个主要目标,而校餐服务则是实现这一目标的差别配给形式"④。由此,英国政府在全国范围内实施了战时营养改善计划,英国校餐制度迎来了变革的新机遇。

作为战时营养改善计划的重要内容,英国校餐制度突破了战前的制度蕃篱和部门障碍,多部门联动,在供给政策、供给对象、供给食物和供给方式上都作了大幅度的制度变革,其目标是要为全国 75%的学校儿童提供 375 万份校餐⑤。

---

① F.Le Gros Clark, *Social History of the School Meals Service*, The National Council of Social Service, 1948, pp.18-19.

② Harry Hendrick, *Child Welfare:England 1872—1989*, Routledge 1994, p.199.

③ Ministry of Food, *How Britain Was Fed in War Time*, His Majesty's Stationery Office, 1946, p.44.

④ M.Penelope Hall, *The Social Services of Modern England*, Routledge & Kegan Paul Limited, 1952, p.169.

⑤ Ministry of Food, *How Britain Was Fed in War Time*, His Majesty's Stationery Office, 1946, p.44.

英国首先调整了牛奶供给政策。"总体来说,战争内阁更积极地将牛奶作为修正食品政策的一个基础"[①]。卫生部在战争爆发初期承认,"针对贫困的营养不良儿童的牛奶供给在当前没有实现全覆盖",特别是工人阶级家庭的牛奶消费严重不足。在这种情况下,1940年1月牛奶市场委员会主张,"5岁以下儿童、学校儿童、哺乳期妇女和孕妇应该饮用更多的牛奶",而在进行收入评估的同时,贫困儿童应该得到更多的免费牛奶[②]。然而,战争爆发后,牛奶生产商发现他们可以在市场上卖出更多的牛奶,因而不愿意再削价卖给学校儿童,严重阻碍了"牛奶进校园计划"的实施[③]。根据《1921年教育法》学校儿童获得免费校园奶的供应量急剧下降,从1938—1939年的4.8百万加仑骤降到1939—1940年的2.1百万加仑[④]。"食品部"(Ministry of Food)全面接管了"牛奶进校园计划",主持实施了"廉价牛奶项目"(Cheap Milk Scheme)。1940年5月,在财政部承诺提供补贴的条件下,食品大臣洛德·伍尔顿(Lord Woolton)决定扩大实施"廉价牛奶项目",向孕妇和儿童每天以"优惠的价格或免费"提供一品脱牛奶,而向其他人以同样的价格仅提供四分之一品脱的牛奶[⑤]。1940年6月卫生部出台了为孕妇、哺乳期妇女和5岁以下儿童提供免费或者廉价牛奶的全国牛奶项目,凡是每周收入低于40便士的家庭,将以2便士的优惠价格或免费获得一品脱牛奶,费用由政府承担[⑥]。1941年2月,

①　Peter Atkins, "The Milk in Schools Scheme, 1934—1945", *History of Education*, No.01, 2005, pp.1-21.

②　John Welshman, "School Meals and Milk in England and Wales, 1906—1945", *Medical History*, Vol.41, Issue 01, 1997, pp.6-29.

③　Bernard Harris, *The Health of the Schoolchild: A History of the School Medical Service in England and Wales*, Open University Press, 1995, p.160.

④　Peter Atkins, "The Milk in Schools Scheme, 1934—1945", *History of Education*, No.01, 2005, pp.1-21.

⑤　R.J.Hammond, *Food, Volume II: Studies in Administration and Control*, Her Majesty's Stationery Office, 1956, pp.193—194; 可参阅魏秀春《英国食品安全立法与监管史研究(1860—2000)》,中国社会科学出版社2013年版,第199页。

⑥　John Welshman, "School Meals and Milk in England and Wales, 1906—1945", *Medical History*, Vol.41, Issue 01, 1997, pp.6-29.

教育部大臣赫沃尔德·拉姆斯博顿（Herwald Ramsbotham）成功说服财政部加大了对牛奶生产商的价格补贴①。经过上述政策的推动和鼓励，"随着福利牛奶供应呈十倍的增长，校园奶的供应扩大了"②，学校儿童饮用牛奶的人数和饮用量，与战前相比都有了大幅的增加。至 1944 年，校园奶已经覆盖英格兰和威尔士地区 76% 的初等学校儿童，以及苏格兰 67.5% 的初等学校儿童（见表 3.9）。这一年，英格兰和威尔士地区饮用校园奶的初等学校儿童最高达到了 3122000 人，苏格兰地区达到了 520000 人③。

表 3.9　1935—1945 年初等学校中饮用牛奶的学校儿童占比及饮用量④

年份	英格兰和威尔士		苏格兰	
	学校儿童占比（%）	牛奶饮用量（百万加仑）	学校儿童占比（%）	牛奶饮用量（百万加仑）
1935	48.7	23	—	3
1936	45.6	23	42.2	3
1937	49.2	25	45.6	4
1938	53.8	26	47.2	4
1939	55.6	22	24.4	2
1940	50.1	27	49.0	4
1941	77.9	38	61.1	5
1942	76.5	42	67.4	5
1943	76.4	43	67.2	5
1944	76.0	41	67.5	5
1945	95.3	43	64.1	5

---

① Bernard Harris, *The Health of the Schoolchild: A History of the School Medical Service in England and Wales*, Open University Press, 1995, p.160.

② Peter Atkins, "The Milk in Schools Scheme, 1934—1945", *History of Education*, No.01, 2005, pp.1-21, Table. 1.

③ Bernard Harris, *The Health of the Schoolchild: A History of the School Medical Service in England and Wales*, Open University Press, 1995, p.158.

④ Peter Atkins, "The Milk in Schools Scheme, 1934—1945", *History of Education*, No.01, 2005, pp.1-21.

二战时期英国校餐供给发生了根本性变化。二战前夕英国政府的校餐政策特别是评估学校儿童营养水平的做法饱受争议和批评，限制了校餐供应规模的扩大，"缺乏营养不良的可靠数据、区分校餐与济贫救济的期望、重牛奶轻（固态）校餐的做法，导致两战期间（对扩大校餐规模的）懈怠"①。战争爆发后学校儿童对学校供餐的迫切需要使得教育部在 1940 年初就许诺扩大校餐和校园奶的供给。1940 年 6 月，时任教育部政务次官赫沃尔德·拉姆斯博顿宣称，如果校餐供应进一步扩大，并使之普及，将是教育的一个重大进步②。可见，推动校餐的快速发展已经成为战时政府的一项重要的国家政策，这也是战时营养计划的重要内容。

为此，教育部将校餐与战时营养计划紧密结合起来，充分利用战时营养计划加快校餐发展的步伐。教育部于 1940 年 7 月颁布的"1520 号通知"被认为是扩大战时校餐供给的一个关键步骤，"面向那些在家庭无法得到充足食物供应的儿童，建立公共喂养设施，无论是免费，还是收费"③。在这一通知中，教育部公开承认，"校餐供给在战争爆发前本来就不充分，现在越发显得不足了"，因此鼓励所有地方教育当局"调查所在地区的校餐情况，把扩大所必需的校餐供应作为一项紧急事务来考虑"，同时将给予地方教育当局的校餐补贴提高至 50%，也就是说在原有 30% 补贴的基础上再增加 20%，1941 年 10 月教育部决定将校餐补贴进一步提高至最低 70%，最高可达 95%④。1941 年在其颁布的"1567 号通知"中，教育部又宣布放弃战前一直坚持的需要"贫困"和"营养不良"两者的证据同时作为获得免费校餐条件的政策，建议各地要把

① John Welshman, "School Meals and Milk in England and Wales, 1906—1945", *Medical History*, Vol.41, Issue 01, 1997, pp.6-29.

② John Welshman, "School Meals and Milk in England and Wales, 1906—1945", *Medical History*, Vol.41, Issue 01, 1997, pp.6-29.

③ M.Penelope Hall, *The Social Services of Modern England*, Routledge & Kegan Paul Limited, 1952, p.169.

④ Bernard Harris, *The Health of the Schoolchild:A History of the School Medical Service in England and Wales*, Open University Press, 1995, p.159.

"维持高水平的营养和预防营养不良"作为校餐供给的目标,因此提供免费校园奶、免费或廉价校餐仅需要基于自身的财政条件①。为了扩大校餐的覆盖范围,1942 年教育部亦发布通告,鼓励各阶层家长为儿童申请校餐,使校餐扩大至富有阶层,还普遍惠及至低收入阶层。这在战前是不可能做到的,因为低收入阶层当时视接受校餐为一种耻辱,意味着"母亲没有能力喂养孩子",故而拒绝申请。在赫尔,教育部发布通告后,当地提交校餐申请的就达到了 900份,后来又有 4000 份申请被批准②。1943 年初,又一扩大校餐规模的建议被采纳,即将校餐供应与政府的家庭补贴项目相关联,在向居民家庭发放现金补贴的同时辅以向其子女提供免费或廉价的校餐和校园奶③。从 1943 年 5 月开始,中央政府对各地的校餐补贴提高到 100%④。

　　为了进一步扩大校餐供应规模,教育部积极推动各地加强学校餐厅及其他供餐场所的建设和应用。1939—1940 年,伦敦周围各郡和北部地区的餐厅建设进展迅速,如在 1941 年约克郡、萨里郡、米德尔塞克斯郡和伯克郡餐厅数量双倍甚至数倍增长⑤。然而,由于与学校餐厅建设存在设备上的竞争,食品部"应急食堂"的迅速扩展在很大程度上威胁到学校餐厅的建设,而且前者由食品部全额拨款,而学校餐厅的建设补助只有 70%。为此,食品部决定与教育部合作,共同实施校餐供应。由此,原本只有在遭受德军空袭时才能运转的"应急食堂",为了避免在平时闲置厨房设备,将尽可能地扩大校餐供应服务,有望于到 1942 年夏为学校餐厅的供餐量能够达到 100 万份,然而至 1942 年 6

---

　　① Bernard Harris, *The Health of the Schoolchild: A History of the School Medical Service in England and Wales*, Open University Press, 1995, p.159.

　　② F.Le Gros Clark, *Social History of the School Meals Service*, The National Council of Social Service, 1948, p.20.

　　③ R.J.Hammond, *Food, Volume II: Studies in Administration and Control*, Her Majesty's Stationery Office, 1956, p.423.

　　④ Ministry of Food, *How Britain Was Fed in War Time*, His Majesty's Stationery Office, 1946, p.44.

　　⑤ F.Le Gros Clark, *Social History of the School Meals Service*, The National Council of Social Service, 1948, p.18.

月,各地"应急食堂"向学校供应的餐食却不到每天6万份。①尽管如此,不少地区如布里斯托尔、索森德(Southend)、林肯、诺丁翰姆郡、达累姆和北赖丁在很大程度上却依赖于"应急食堂"为学校供餐,到1943年5月"应急食堂"每天的供餐量达到了148000份②,到1943年9月"应急食堂"的供餐量达到了最顶点,即450万份③。"应急食堂"供餐量增加缓慢的一个重要原因是其所处的位置限制了它的供餐能力,至1943年夏一半多的"应急食堂"建立在兰开郡、柴郡和西赖丁,伦敦周边各郡仅有6家④。可见,"应急食堂"虽然在一些地区为学校供餐作出了重大贡献,但它的供餐能力有限使其不可能成为战时学校供餐的主要承担者。

因此,为了加快学校餐厅建设,战时内阁多部门联合,食品部将教育部日益增加的厨房设备需求纳入其部门的采购订单中,教育部因此从1942年1月始便通过食品部向"工作部"(Ministry of Work)快速采购设备⑤;1943年5月财政部宣布对各地学校餐厅的建设与"应急食堂"一样给予全额补贴⑥;从1943年5月开始"工作部"不仅优先向各地教育当局供应厨房设备,而且还无偿为其建造供餐场所和安装各种设备⑦;教育部亦要求各地的地方教育当局

---

① R.J.Hammond, *Food*, *Volume II*: *Studies in Administration and Control*, Her Majesty's Stationery Office, 1956, pp.421–422.

② F.Le Gros Clark, *Social History of the School Meals Service*, The National Council of Social Service, 1948, p.22.

③ R.J.Hammond, *Food*, *Volume II*: *Studies in Administration and Control*, Her Majesty's Stationery Office, 1956, p.423.

④ F.Le Gros Clark, *Social History of the School Meals Service*, The National Council of Social Service, 1948, p.22.

⑤ R.J.Hammond, *Food*, *Volume II*: *Studies in Administration and Control*, Her Majesty's Stationery Office, 1956, p.422.

⑥ John Hurt, "Feeding the hungry schoolchild in the first half of the twentieth century ", in Derek J.Oddy and Derek S.Miller (edi.), *Diet and Health in Modern Britain*, Croom Helm, 1985, p.200.

⑦ Muriel G.Watt, "The Development of the School Meals Scheme", *Proceedings of the Nutrition Society*, 1948, p.79.

在学校餐厅建设和设备安装过程中要尽可能地与"工作部"充分合作①。由此,学校餐厅的数量和供餐量逐年增加,成为战时校餐供给的主要承担者(见表 3.10)。与此同时,教育部还鼓励各地教育当局因地制宜,建设"中央厨房"(Central Kitchen),1942—1943 年萨姆塞特、肯特和诺丁翰姆郡开始开展"中央厨房"的供餐服务,许多城镇的"中央厨房"不仅为当地学校供餐,而且还能够向周边各郡的学校供餐②。

表 3.10　1941—1944 年英国学校餐厅、喂养中心和战时托儿所统计一览表③

日期	场所数量(千)	每周供餐量(百万份)
1941 年 5 月	4.2	3.7
1942 年 1 月	5.2	3.4
1943 年 7 月	9.0	6.6
1944 年 12 月	15.1	9.8

在扩大校餐规模的过程中,教育部非常注重校餐的营养价值,与食品部合作保证各类营养食品的充足供应。1941 年 10 月,教育部在"1567 号通知"中建议各地的校餐供应能够保证每名儿童获得 1000 卡路里的能量、20—35 克的一等蛋白和 30 克的脂肪,为了达到这一目标,教育部随即将校餐中的肉类、糖类和果酱补贴增加了一倍,并增加了煮沸牛奶的专门补贴④。1943 年 5 月

---

① Bernard Harris, *The Health of the Schoolchild:A History of the School Medical Service in England and Wales*, Open University Press, 1995, p.159.

② F.Le Gros Clark, *Social History of the School Meals Service*, The National Council of Social Service, 1948, p.23.

③ Ministry of Food, *How Britain Was Fed in War Time*, His Majesty's Stationery Office, 1946, p.55.

④ Bernard Harris, *The Health of the Schoolchild:A History of the School Medical Service in England and Wales*, Open University Press, 1995, p.160.

在"1629 号通知"中,教育部强调"只有当大多数学校儿童能够在学校获得热乎乎的午餐时,才有可能确保其持续能够抵御营养上的风险",所以"政府的目标就是要使 75%的学校儿童能够获得校餐";同时提醒地方当局必须保证校餐的质量,争取"曾经令人严重不满的学校供餐不再重演"①。而且,教育部坚持"不以牺牲质量来换取数量而危及校餐服务重新取得的成功",当发现部分地区"应急食堂"供应的餐食质量"令人无法接受"时,尽管受到食品部的压力,还是坚决中止了这些"应急食堂"的学校供餐②。

作为战时营养计划的一部分,食品部向各地教育当局足量供应"各种定额和非定额配给的"食品。1941 年 12 月,食品部实施了"维生素福利计划"(The Vitamin Welfare Scheme),旨在"弥补年幼儿童由于缺乏水果,特别是橙子,以及黄油和鸡蛋等维生素 A、C 和 D 的主要来源食物而造成的维生素的可能性匮乏",向 2 岁以上儿童免费供应糖汁、果泥和橄榄油,1942 年 4 月起开始供应橙汁(或其他果汁)③。在肉类食品配给上,学校餐厅被列为"A 类"优先配给对象,享有每顿饭 2 便士的肉类最高补贴④。在牛奶配给上,5—18 岁儿童可获得每周 3.5 品脱牛奶的优先供给⑤。另外,学校餐厅亦获得了可可粉、淀粉类食品、大米、豆制品、燕麦、干果、蛋制品和罐装类食品等食品的优先供应权利⑥。

---

① Bernard Harris,*The Health of the Schoolchild:A History of the School Medical Service in England and Wales*,Open University Press,1995,pp.159-160.

② R.J.Hammond, *Food, Volume II:Studies in Administration and Control*,Her Majesty's Stationery Office,1956,p.423.

③ Ministry of Food,*How Britain Was Fed in War Time*,His Majesty's Stationery Office,1946,p.62.

④ R.J. Hammond, *Food, Volume II: Studies in Administration and Control*, Her Majesty's Stationery Office,1956,p.683.

⑤ Ministry of Food,*How Britain Was Fed in War Time*,His Majesty's Stationery Office,1946,p.60.

⑥ P.H.J.H.Gosden,*Education in the Second World War:a Study in Policy and Administration*,Routledge,1976,pp.196—199.

表 3.11　1940—1945 年英格兰和威尔士地区初等学校儿童
接受校餐比例(%)一览表①

1940 年 6 月	1941 年 2 月	1941 年 5 月	1941 年 10 月	1941 年 12 月
2.7	4.3	5.1	6.9	8.9
1942 年 2 月	1942 年 5 月	1942 年 10 月	1943 年 2 月	1943 年 5 月
11.4	12.8	16.3	20.7	22.4
1943 年 10 月	1944 年 2 月	1944 年 6 月	1944 年 10 月	1945 年 2 月
26.5	30.1	30.7	31.2	33.8

在教育部、食品部等部门的努力下,校餐到 1942 年 5 月时已经覆盖了英格兰和威尔士地区 12.8%初等学校的儿童,至 1945 年 2 月已经扩大到 33.8%(见表 3.11)②,至 1945 年 10 月扩大到 39.7%的初等学校儿童③。供餐量从 1942 年 10 月每天 1000000 份发展到 1945 年 2 月的每天 1850000 万份④。尽管距离全国 75%学校儿童的目标还有很大的差距,但在许多地方校餐的普及率的确有了很大的提高。在 1943 年初,英格兰和威尔士地区 315 个地方教育当局中仍然有 60 个校餐在学校儿童中的普及率不到 10%,至 1945 年 2 月仅有 9 个地方教育当局不到 10% 了;在 1943 年初,仅有 20 个地方教育当局的校餐惠及超过 40%的学校儿童,至 1945 年春已经增加到 89 个教育当局⑤。威尔士有些地方校餐在当地学校儿童中的普及率已经超过了 2/3,尽管其体量

① F.Le Gros Clark, *Social History of the School Meals Service*, The National Council of Social Service, 1948, pp.21, 25.

② F.Le Gros Clark, *Social History of the School Meals Service*, The National Council of Social Service, 1948, p.21.

③ John Hurt, "Feeding the hungry schoolchild in the first half of the twentieth century ", in Derek J.Oddy and Derek S.Miller (edi.), *Diet and Health in Modern Britain*, Croom Helm, 1985, p.201.

④ Ministry of Food, *How Britain Was Fed in War Time*, His Majesty's Stationery Office, 1946, p.44.

⑤ F.Le Gros Clark, *Social History of the School Meals Service*, The National Council of Social Service, 1948, p.25.

小,但其发展的意义不可小觑。比如,至 1945 年夏,拉德诺郡的校餐惠及当地 84.2% 的学校儿童,蒙哥马利郡为 73.6%,安格尔西为 92.9%①。在苏格兰地区,至 1943 年 2 月末 75 万学校儿童中约有 12.5 万(约为 1/6)获得校餐,至 1945 年 10 月扩大到 26.6 万人②。

表 3.12 二战时期战前特殊地区营养水平提高一览表③

地区		学校儿童获得校餐和校园奶比例(%)		例行体检 C 级营养水平儿童的比例(%)	
		校餐(固态)	校园奶	1938	1945 年 10 月
郡	达累姆	30.1	73.7	23.4	17.26
	格拉摩根	40.4	61.2	22.1	10.45
	蒙默斯	43.8	72.9	14.6	9.84
郡城镇	盖茨黑德	32.4	56.7	29.7	25.47
	梅瑟蒂德菲尔	63.7	76.1	26.6	7.40
英格兰和威尔士		39.7	71.7	10.8	8.90

由上可见,在战时营养计划的直接推动下,二战时期英国校餐和校园奶较战前有了快速发展,在学校儿童中的普及率大幅提高,餐食的质量也有了较大的提升,从而使得这一时期英国学校儿童保持着较高的营养水平,身体素质明显提高。据 1947 年英国教育部的统计,随着校餐和校园奶的普及,达累姆郡、格拉摩根郡、蒙默斯郡(Monmouth)、盖茨黑德城、梅瑟蒂德菲尔城(Merthyr Tydfil)等 5 个战前学校儿童营养水平明显偏差的地区处于“C”级营养水平

---

① F.Le Gros Clark, *Social History of the School Meals Service*, The National Council of Social Service, 1948, p.25.

② Muriel G.Watt, "The Development of the School Meals Scheme", *Proceedings of the Nutrition Society*, 1948, pp.79, 80.

③ Derek J.Oddy, *From Plain Fare to Fusion Food: British Diet from the 1890s to the 1990s*, The Boydell Press, 2003, p.165.

(即"稍差")学校儿童的比例明显下降(见表 3.12)。在某些贫困地区"D"级营养水平甚至几乎已经消除了,如在贾罗(Jarrow),"D"级营养水平的儿童比例从 1938 年 4.84%降至 1945 年的 0.25%;在庞特普里德(Pontypridd),从 1938 年的 2.03%降至 1945 年的 0.52%①。就整个英格兰和威尔士地区而言,"C"级营养水平的学校儿童比例从 1939 年的 11%降至 1945 年 8.9%,"D"级从 1939 年的 0.5%降至 1945 年的 0.3%(见表 3.13)。

表 3.13　1939—1945 年英格兰和威尔士地区初等学校儿童
例行体检营养评估一览表②

年份	体检人数	营养水平评估（%）			
		A（优良）	B（正常）	C（稍差）	D（很差）
1939	1098367	14.7	73.8	11.0	0.5
1940	1591824	15.6	73.0	10.8	0.4
1941	1584979	14.8	74.2	10.6	0.4
1942	1599339	14.6	74.7	10.3	0.3
1943	1288910	15.3	74.3	10.1	0.3
1944	1272562	15.9	74.4	9.4	0.3
1945	1268951	16.3	74.5	8.9	0.3

　　另外,学校儿童身高、发病率和死亡率等具体指标的变化亦可以反映出二战时期英国儿童的营养状况总体上处于良好的水平。以儿童的身高变化而言,针对克罗伊敦、格拉斯哥、哈姆斯菲尔德、利兹、谢菲尔德、韦克菲尔德和沃

---

　　① Derek J.Oddy, *From Plain Fare to Fusion Food:British Diet from the 1890s to the 1990s*, The Boydell Press,2003,pp.165-166.二战时期,英国教育部将 1934 年制定的学校儿童营养水平"优良(excellent)、正常(normal)、稍差(slightly sub-normal)、很差(bad)"的 4 个等级,重新划分为 A 级(优良)、B 级(正常)、C 级(稍差)和 D 级(很差)。

　　② Bernard Harris, *The Health of the Schoolchild:A History of the School Medical Service in England and Wales*,Open University Press,1995,p.169.

林顿 7 个不同地区学校儿童的调查发现,1939—1945 年学校儿童的平均身高稳定增长①。以发病率和死亡率而言,0—14 岁儿童的死亡率在 1939—1945 年间下降了 4.88 个百分点;因腹泻致死的比例降至 60%;因支气管炎、肺炎和心脏病致死的比例也出现了轻微下降②。

三、英国校餐的福利化与 1944 年《教育法》

作为战时营养改善计划的一部分,在食品极其短缺的条件下,英国战时政府以优先保证学校儿童营养水平为目标,优先和足量供应校园奶,优先扩大校餐规模,大幅提高政府补贴直至全额支持校餐供应,校餐和校园奶的福利化色彩日渐浓厚。在这一过程中,英国政府决定将对儿童的营养保障措施作为国家的福利制度确定下来。1941 年 5 月英国政府组建了贝弗里奇委员会,专门调查现有的社会保障制度。1942 年 12 月贝弗里奇委员会发表题为《社会保险和相关服务》(Social Insurance and Allied Services)的报告(通称"贝弗里奇报告")。

贝弗里奇报告指出子女补贴制度的重要性和必要性,这一方面与英国校餐制度直接相关。所谓子女补贴制度,即"对受全日制教育的 16 岁以下少年儿童提供子女补贴","直接为被抚养子女提供生活费,生活费补贴发给负责抚养该子女的成人",其发放方式,除现金外,"在某种程度上应当发放实物待遇"③。关于发放子女补贴的必要性,贝弗里奇报告主要强调了子女补贴对于"维持并提高出生率"和抚养儿童的重要性,"这一方面是因为它使那些还想再生育的父母能在不损害已出生子女机会的情况下,让其他的孩子来到这

　　① Bernard Harris, *The Health of the Schoolchild: A History of the School Medical Service in England and Wales*, Open University Press, 1995, pp.166-168.

　　② Bernard Harris, *The Health of the Schoolchild: A History of the School Medical Service in England and Wales*, Open University Press, 1995, p.169.

　　③ 贝弗里奇委员会:《贝弗里奇报告:社会保险和相关服务》(根据英国文书局 1995 年再版翻译),中译本,中国劳动社会保障出版社 2004 年版,第 140、174-175 页。

个世界;另一方面,能够作为国家鼓励生育的信号为社会舆论定调";"一方面应视为帮助父母尽抚养责任,另一方面也可理解为由社会承担了这项过去并未承担的责任"①。

贝弗里奇报告强调子女补贴将由国家财政出钱,"无论是父母有工资收入还是无工资收入",都是"由财政以特别补助金的形式拨付",将能够"完全满足各年龄段儿童对食品、衣着、燃料和方面的需要","已开始给孩子们提供了学校进餐和免费或低价供应牛奶,除现有待遇外,每周再给补贴8先令"②。在此,贝弗里奇报告肯定了校餐和校园奶作为实物福利待遇是子女补贴的重要内容,说明了校餐制度已经是英国社会保障体系的一个重要组成部分,将被视作是教育领域专门针对学校儿童的一项营养福利制度而固定下来。教育部早在1941年6月发布的关于战后教育重建计划中就指出,"战争期间出现的学校儿童校餐供应的快速发展,及面向普通民众的公共喂养制度如人所期的普及化,将会对人们的社会习惯产生一个标志性变化。午餐供应将成为并将保持为公共教育的一个正常部分。更多的观点认为午餐应被视为全日制教育的一个组成部分,而且要免费供应"③。可见,上述英国政府扩大校餐和校园奶规模的诸多措施,虽然是作为战时营养改善计划的重要内容,但却是着眼于战后教育制度和国家福利制度的建设,1944年8月颁布的《教育法》就说明了这一点。

1944年《教育法》是英国校餐制度发展史上的一个重要里程碑,是英国政府实施贝弗里奇报告建议的重要体现。该法令规定了地方教育当局向中小学

---

① 贝弗里奇委员会:《贝弗里奇报告:社会保险和相关服务》(根据英国文书局1995年再版翻译),中译本,中国劳动社会保障出版社2004年版,第175页。

② 贝弗里奇委员会:《贝弗里奇报告:社会保险和相关服务》(根据英国文书局1995年再版翻译),中译本,中国劳动社会保障出版社2004年版,第176页。

③ Charles Webster, "Government Policy on School Meals and Welfare Foods", from D.F.Smith (edit), *Nutrition in Britain :science, scientists, and politics in the twentieth century*, Routledge 1997, pp. 193—194.

生"提供牛奶、餐饭和其他便餐的责任"①。由此,英国政府通过教育立法使供应校餐和校园奶作为地方教育当局的法定责任而确立下来,是学校供餐福利化的法律基础。显然,这是一项强制性的"责任",而非此前许可性法令所授予的"权力"。同年 9 月发布的《社会保险白皮书》承诺,校餐和校园奶将"不需要父母交纳任何费用,包括第一个孩子在内的家庭中所有入学的儿童都将会得到"②。自 1946 年《家庭补贴法》实施后,"英国政府直接向每个家庭发放购奶补贴,抵销了购奶费用,故此后全国的中小学生每天都可以免费获得一瓶奶",但在固态校餐上受战后经济条件的制约仍然仅向贫困家庭的子女免费提供③。

1945 年后,英国校餐基本覆盖了全国中小学,"中央政府主动承担供餐的全部基建、运行费用,以及地方政府供餐 70% 以上的经常性支出",而且不断努力提高校餐的质量和营养价值,"1965 年要求地方教育部门在校餐中适当增加肉、鱼、奶酪、新鲜蔬菜和水果的供应量,并要求各地及时向社会公布校餐食谱,以备评估是否符合中央政府制定的营养标准"④。福利化校餐由此成为二战后英国福利国家的重要内容。

本 章 结 语

综上所述,第二次世界大战的爆发使战前争论不休的儿童贫困与营养问题不再成为学校供餐的羁绊,英国政府在贝弗里奇报告的建议下主动将学校

---

① Education Act,1944,Section 49.1945 年《教育(苏格兰)法》亦规定了苏格兰地区教育当局同样的职责。

② Charles Webster,"Government Policy on School Meals and Welfare Foods",from D.F.Smith(edit),*Nutrition in Britain : science, scientists, and politics in the twentieth century*,Routledge 1997,p.194.

③ 参阅魏秀春:《20 世纪英国校餐制度的历史演变》,《光明日报》2013 年 8 月 29 日。

④ 参阅魏秀春:《20 世纪英国校餐制度的历史演变》,《光明日报》2013 年 8 月 29 日。

供餐改造成为国家的责任,使英国校餐制度实现了根本性变革,学校儿童从此以后无需经过营养评估便可合法获得校餐和校园奶,在很大程度上保证了英国儿童在严酷的战争年代能够健康成长并接受正常的学校教育。

实际上,在 20 世纪前期的英国,校餐制度是与学校医疗服务体系一起共同保障了学校儿童获取知识和技能,并促进了其精神、道德和身体素质的发展,从而推动了教育质量的提高和社会保障制度的完善。这是英国政府对学校儿童实施全方位国家干预的重要体现,故笔者下一章将重点阐述 20 世纪前期英国学校医疗服务体系的建立和发展。

第四章　英国学校医疗服务体系的建立和发展①

英国学校医疗服务体系是英国学校健康服务体系的主要组成部分,是20世纪英国学校儿童医疗救护的主要保障体系,是英国现代社会保障制度的重要内容之一。英国学校医疗服务体系的建立缘于20世纪初英国学校儿童严峻的健康状况,是在"国家儿童观"的推动下,政府通过出台一系列教育法案和推行系列体制建设而实现的,其根本目的是为学校儿童能够充分接受义务教育提供医疗健康保障。

19世纪末20世纪初,随着儿童健康问题逐渐成为欧洲各国关注的焦点,学校儿童健康运动在欧洲大陆迅猛发展起来。这些运动不仅促使英国社会开始史无前例地关注起本国的儿童健康问题,也直接引发了整个英国社会对儿童认知的重大转变,为英国后来建立学校医疗服务体系及与之相关的校餐制度即英国学校健康服务体系,奠定了坚实的社会基础。而英国国内学校儿童健康问题的严峻性,则直接推动了英国学校医疗服务体系的发展。本章主要讨论20世纪前期英国学校医疗服务体系的建立与发展。

---

① 本章第一、二节的部分内容,已经由课题组成员魏秀春、王萍分别以《20世纪英国学校健康服务体系探析》(《世界历史》2017年第4期)、《英国学校医疗服务体系的历史考察(1907——1938)》(《南京晓庄学院学报》2018年第5期)为题公开发表。

第一节　英格兰和威尔士学校医疗
服务体系的建立

与学校供餐相比,学校医疗服务在英格兰和威尔士地区具有较好的历史基础,在 20 世纪初已经形成普遍的共识。早在英国政府通过教育立法在英格兰和威尔士地区推行学校医疗服务之前,在欧洲大陆国家学校医疗服务的影响下,地方教育当局就已经认识到开展学校医疗服务的必要性,不少地方教育当局还自主设置校园医生开展医疗服务。因此,当 1907 年《教育(行政供给)法》颁布实施后,英格兰和威尔士地区的地方教育当局纷纷行动起来,建立起当地学校医疗服务体系。

一、英格兰和威尔士学校医疗服务的起源

在近代欧洲,最早提出学校医疗卫生问题的当属维也纳大学临床医学教授约翰·彼得·弗兰克(Johann Peter Frank,1745—1821)。在其 1817 年完成的九卷本的公共卫生著作中,彼得·弗兰克首次提出了"现代意义上学校医疗卫生政策纲要",首次"把学校医疗卫生作为公共卫生的一个有机组成部分"①。彼得·弗兰克认为,"政府有责任促进公民的健康和福利",相信"作为整体公共卫生体制的组成部分,公共卫生工作的各个分支应当由地方政府主管"②。这一思想,后来相继被德国的洛琳塞(Lorinser)和赫尔曼·科恩(Hermann Cohn)所支持并应用于实践,而此时英国的全科医生们则致力于"拯救英格兰婴儿和学前儿童的生命"③。洛琳塞和科恩主要致力于当时学

---

① Sir George Newman, *The Building of A Nation's Health*, Macmillan 1939, p.186.

② Bernard Harris, *The Health of the Schoolchild: A History of the School Medical Service in England and Wales*, Open University Press, 1995, p.27.

③ Sir George Newman, *The Building of A Nation's Health*, Macmillan 1939, p.187.

校儿童的医疗服务工作,尤其是赫尔曼·科恩在这方面可谓居功甚伟。科恩最著名的研究是其 1866 年对布雷斯劳(Breslau,今波兰西南部城市弗罗茨瓦夫)地区 10000 多名学校儿童视力状况的调查研究。这一研究"毫不夸张地说,在各个国家许多专家著作中都是系统和广泛调查学校儿童体质状况的一个好的开始和鼓舞,成为近代教育进步的一个标志","他这一工作的全面透彻程度大大超越了前人","他不仅搜集整理了大量的统计数据,而且以这些数据为基础,在学校医疗卫生方面形成了非常具有确定性的理论,特别是在如课桌的类型、教室的光照、手写姿势等诸多与儿童视力紧密相关的要素上",对包括英国在内的欧洲各国的学校医疗服务产生了深远的影响①。

1883 年科恩从一个眼科医生角度强烈建议在学校设置校园医生,随后欧洲不少国家和地区开始设立校园医生,以监管学校儿童的健康状况。从 1883 年法兰克福、莱比锡(Leipzig)和威斯巴登(Wiesbaden)开始,德国在欧洲最先开启了"校园医生"运动,至 1900 年绝大多数城镇已经有了校园医生,1905 年德国的校园医生已达到 600 多名②。法国、俄国、瑞典和瑞士等国也相继开展了学校儿童的医疗监管工作。1885 年洛桑地区任命了当地首位校园医生;1888 年瑞典政府实施了对本国 11000 多名儿童的体质状况调查工作;1895 年莫斯科的初等学校任命了 6 位校园医生监管学校儿童健康,为此俄国教育部专门组建了医疗部门进行指导;1896 年法国巴黎建立了较为全面的学校医疗检查体制,其他地区也在其后逐步建立起来;1896 年威斯巴登"把儿童视作利益的中心,把其健康视作目标"的学校医疗体制获得认可,在德国得到推广③。可见,19 世纪末 20 世纪初学校医疗服务在欧洲国家已初具规模。

与此同时,在 19 世纪后期,除了科恩的著作在英格兰广泛传播外,英国的

---

① Board of Education, *Annual Report for 1908 of the Chief Medical Officer of the Board of Education*, His Majesty's Stationary Office, 1910, pp.2-3.

② Sir George Newman, *The Building of A Nation's Health*, Macmillan 1939, p.187.

③ Board of Education, *Annual Report for 1908 of the Chief Medical Officer of the Board of Education*, His Majesty's Stationary Office, 1910, pp.3-4.

医生亦将自己关于学校儿童的医疗检查和研究成果发表或出版出来。1880年11月,伯明翰的普里斯特利·史密斯医生(Priestley Smith)以对当地2000余名学校儿童和技校学生的检查为基础发表了《与教育相关的近视》一文;1882年拉格比学校的医疗官克莱门特·杜克斯医生(Clement Dukes)出版了《学校的健康》一书;1884年,克莱顿·布朗(J.Crichton Browne)医生向教育部门呈递报告,称伦敦公立初等学校的学生存在精神压力过大的现象;1892年弗朗西斯·沃纳医生撰写了一份关于50000名学校儿童的体检报告;雪利·墨菲(Sir Shirley Murphy)及其他不少健康医疗官注意到了儿童入学时传染病时有发生,等等。"如同德国一样,大量著作和小册子的出版首先为市镇、接下来为国家的行动铺平了道路"。①所以,英格兰各地的地方教育当局亦注意到学校医疗的重要性,开始任命学校医疗官以监管当地学校儿童的健康,成为"国家行动"的先声。比如,1890年伦敦学校委员会(London School Board)任命了史密斯(Dr.W.R.Smith)为当地第一任校园医生,1893年布莱德福德任命了詹姆斯·克尔(James Kerr)为当地的校园医生,1902年克尔接替史密斯成为伦敦的校园医生,接下来几年索尔福德、哈利法克斯等地也相继任命了校园医生②。至1905年英格兰和威尔士地区已有85个地方教育当局任命了校园医生,有48个地区开展了学校儿童的医疗检查工作,容纳17000名残障儿童的大约300所特殊学校也建立起来③。

由上可见,学校医疗服务在英格兰和威尔士地区有着较长时间的历史基础。因此,当1899—1902年布尔战争征兵时所暴露出的部分地区40%以上应征者因不同身体原因体检不合格状况时,英格兰和威尔士地区年青一代尤

---

① Board of Education, *Annual Report for 1908 of the Chief Medical Officer of the Board of Education*, His Majesty's Stationary Office, 1910, p.4.

② Sir George Newman, *The Building of A Nation's Health*, Macmillan 1939, pp.187—188.

③ Department of Education and Science, *The School Health Service*, *1908—1974: Report of the Chief Medical Officer of the Department of Education and Science*, Her Majesty's Stationary Office, 1975, p.5.

其是学校儿童的健康问题便暴露在英国社会面前①。如第一章中所述,弗朗西斯·沃纳发现,英格兰学校儿童中普遍存在着严重营养不良、发育迟缓或佝偻病、精神状态不佳、视力缺陷等一系列症状,许多儿童甚至还有肢体残疾、智力低下等其他身体发育上的缺陷或疾病;而由政府组建的"苏格兰体育锻炼问题皇家委员会"、"体质下降问题跨部门委员会"的调查也发现,20世纪初各地学校儿童除体重、身高等指标差异明显外,还存在诸多肺结核、心脏病、皮肤病、牙齿疾病及耳鼻喉部疾病等病症,许多生活在食物和生活环境有缺陷情境下的贫困儿童往往罹患精神疾病、肌肉无力、消化系统疾病、泌尿系统疾病甚至营养失调、身体残疾等疾患②。詹姆斯·克尔1904—1908年的调查报告也揭示出学校儿童除深受牙齿病变(70%以上儿童受其影响,150万儿童需牙科治疗)、视力缺陷及各类眼病(每年有12万儿童需要治疗)及耳鼻喉病变(每年9.5万儿童需治疗)影响外,还广泛存在精神疾病、皮肤病变、肺结核、佝偻病、神经疾病、营养不良等现象③。在这些病症中,像腺体囊肿、肺结核、皮肤病等疾病因在早期均不易发觉,但一旦恙病轻则剥夺儿童获取教育的权利,重则危及患者的未来人生。许多患病儿童身体状况极差,无法正常接受学校教育,急需医学检查和治疗。

显然,对于学校儿童如此严重的健康状况,英国社会已经具有了充分的共识。为此,苏格兰体育锻炼问题皇家委员会在1903年的调查报告中呼吁建立一种"普遍的或充分的医疗检查体制","这样的体制急需要求建立,主要是为了补救的目标,而且还为了能够得到更有价值的信息,以便确立国民体质的事

① Bernard Harris, *The Health of the Schoolchild: A History of the School Medical Service in England and Wales*, Open University Press, 1995, p.15.
② 有关弗朗西斯·沃纳的2次调研和英国皇家委员会的4次官方调研数据所揭示的英国学校儿童体质状况的具体分析,参阅第一章第二节相关内容。
③ Sir George Newman, *The Building of A Nation's Health*, Macmillan 1939, p.203.

实、提高体质或延缓体质恶化的手段"①。体质下降问题跨部门委员会在1904 年的调查报告中更是指出,"对学校儿童开展系统的医疗检查应当视为每一个学校当局的公共责任"②。可见,无论是苏格兰体育锻炼问题皇家委员会,还是体质下降问题跨部门委员会,都主张建立更为完善的学校医疗检查体制,以便能够及时发现学校儿童的体质和精神状况。"学生的学习进程不应被身体健康状况所影响",英国政府虽已意识到这一点,但尚未担负起对学校儿童健康所承担的相应责任。所以,在这种状况下,英格兰和威尔士地区迫切需要建立一种由中央政府指导和监管下的学校医疗服务体系。

二、1907 年《教育(行政供给)法》的颁布与实施

在 20 世纪初,由国民体质恶化问题引发英国社会对学校儿童健康的关注,使人们越来越认识到"正常儿童的体质状况与其教育的整个进程存在着紧密的、至关重要的联系"③。而英国政府曾经在 19 世纪后 10 年持续推进的残障儿童教育问题没有能够取得令人满意的结果,进一步坚定了英国社会的这种认识。

1893 年和 1899 年,英国政府先后颁布了《初等教育(失明和聋哑儿童)法》[Elementary Education (Blind and Deaf Children) Act]、《初等教育(身体缺陷和癫痫儿童)法》[Elementary Education (Defective and Epileptic Children) Act],要求家庭和学校保障这些缺陷儿童能够接受教育。1893 年的法令确立了两个相互联系的原则,一是父母有责任使家庭里的失明和聋哑儿童达到 7 岁入学年龄能够接受教育;再者就是学校有责任为这些儿童接受教育作出恰

---

① The Royal Commission on Physical Training (Scotland), *Report of the Royal Commission on Physical Training (Scotland)*, *Vol.I*: *Report and Appendix*, His Majesty's Stationary Office, 1903, p.28.

② Inter-Departmental Committee on Physical Deterioration, *Report of the Inter-Departmental Committee on Physical Deterioration*, *Vol.I.Report and Appendix*, His Majesty's Stationary Office, 1904, p.91.

③ Sir George Newman, *The Building of A Nation's Health*, Macmillan 1939, p.190.

当的安排,即地方教育当局按照教育部的规定"建立,或者获得并维持"适合这类儿童上学的有资质的学校,或者在教育部门的批准下"建立并维持"这一类学校①。而 1899 年法令则是一部许可性法令,授权地方教育当局为精神或身体有缺陷、患有佝偻病和癫痫病的儿童能够接受教育作出恰当安排,由于没有强制性,英格兰和威尔士 200 个教育当局在 20 世纪初迟迟没有实施该法令,具有上述缺陷儿童的教育及其治疗显然被拖延了②。

所以,20 世纪初英格兰和威尔士地区的学校教育面临着一个需要亟待解决的问题,即那些公立初等学校的儿童,尽管没有被纳入上述两个法令进行教育保障,但他们的体质状况却急需医学监管和照顾,以保证他们能够正常接受国家提供的教育③。为此,1905 年 3 月,教育部组建了"公立初等学校儿童医疗检查和饮食问题跨部门委员会"(Inter-departmental Committee on Medical Inspection and Feeding of Children attending Public Elementary Schools),一个重要的任务就是调查"公立初等学校儿童的医疗检查现在是怎么做的,有什么样的结果",而调查的结果是"地方当局实际上正在承担的工作,有的是教育部门的职责,有的是卫生当局的职责",其中 48 个地区已经建立了"某种程度的"医疗检查或监管体制,18 个地区中教师和卫生官员已经承担了"或多或少的志愿工作"④。调查委员会发现,尽管在不少地区已经为"检查传染性疾病""认定有缺陷儿童""检查(儿童的)视力和听力""激发人们对学校医疗的兴趣"等方面做了大量的工作,但地方当局却"没有准备对儿童的这些缺陷进行治疗"。所以,调查委员会在调查报告中建议应该建立一种学校医疗体制,

① Sir George Newman, *The Building of A Nation's Health*, Macmillan 1939, p.188.
② Board of Education, *Annual Report for 1908 of the Chief Medical Officer of the Board of Education*, His Majesty's Stationary Office, 1910, p.6. 1899 年法令将精神或身体有缺陷儿童的认定权力,授予了有资质的全科医生,这也是第一次把"与学校行政有关联的法定权力"授予医疗官员。
③ Sir George Newman, *The Building of A Nation's Health*, Macmillan 1939, p.190.
④ Board of Education, *Annual Report for 1908 of the Chief Medical Officer of the Board of Education*, His Majesty's Stationary Office, 1910, p.8.

并将其职责授予一位学校医疗官,而且还可以配置校园护士,共同推进学校儿童的体检和治疗,而这种医疗检查体制的成功在很大程度上也依赖于学校教师的"同情和协助"。调查委员会还特别重视公共卫生机构与学校医疗服务的合作,认为任命该地区的健康医疗官作为教育当局的医疗官员能够实现两个体系的亲密合作,"学校医疗官同时是健康医疗官具有不少与众不同的优势。两个机构的职责自然存在着交叉,或者本来可以交叉。为了预防传染性疾病的传播而开展的儿童体检和工厂的卫生检查就是这样的例子。两个机构的联合往往能够避免工作的重复"。[1]

　　1905年的调查进一步明确了在英格兰和威尔士建立统一的学校医疗服务体系的必要性,不可能再长时间地拖延了。英国政府作出积极回应,1906年由奥古斯丁·比勒尔(Augustine Birrell)建议的《教育(英格兰和威尔士)法》议案被提交至议会。该议案第35条授权地方教育当局"在教育部的批准下,作出恰当安排,以处理公立初等学校儿童的健康和身体状况",遗憾的是,该议案被议会推迟讨论,建立学校医疗服务体系的计划没有能够实现[2]。在政府的努力下,1907年由教育部大臣雷金纳德·麦克纳(Reginald McKenna)向议会提交了又一个教育议案,即《教育(行政供给)法》议案。该议案第13(1)条明确规定,地方教育当局有责任"对公立初等学校儿童在其入学前或入学时立即,或在入学后尽快,进行医学检查,以及在其他时间段在教育部的指导下实施体检",同时授权地方教育当局"在教育部的批准下,为处理公立初等学校儿童的健康和身体状况作出安排"[3]。可见,这一议案一方面明确对学校儿童的医学检查是地方教育当局的一项职责,另一方面又授权地方教育当局对那些患有轻微疾病的儿童进行治疗,即地方教育当局可以开展治疗活动,

① Board of Education, *Annual Report for 1908 of the Chief Medical Officer of the Board of Education*, His Majesty's Stationary Office,1910,pp.8-9.

② Sir George Newman, *The Building of A Nation's Health*, Macmillan 1939,p.192.

③ Board of Education, *Annual Report for 1908 of the Chief Medical Officer of the Board of Education*, His Majesty's Stationary Office,1910,p.11.

也可以不开展①。该议案如愿获得议会通过,这就是 1907 年《教育(行政供给)法》,1908 年 1 月 1 日正式生效。

1907 年法令要求地方教育当局必须为公立初等学校儿童提供医学检查服务,并授权教育当局在教育部的批准之下为监管学校儿童的健康和体质状况做好统筹安排。由此,英格兰和威尔士地区依法正式拉开了英国学校医疗服务的序幕,建立更为完善的学校健康服务体系逐步成为现实。

为了实施 1907 年法令,教育部专门组建了医疗司,任命著名公共卫生专家乔治·纽曼为首任首席医疗官,监督和指导各地学校医疗服务的实施。1907 年 11 月教育部向地方教育当局下达了"576 号通知",对各地开展学校医疗服务提出了指导性准则②。"576 号通知"首先基于 1907 年法令对教育部和地方教育当局的职责作出了界定,即教育部的职责是"在应当如何实施法令规定的方式上,向地方教育当局提出建议,并监管地方教育当局被要求开展的工作";"对特殊地区医疗检查的方式和频度上必要时提出指导性建议";"考虑和批准每个地方教育当局为应对儿童健康和体质状况而作出的安排"。关于地方教育当局的职责,"576 号通知"强调,对学校儿童实施医学检查是 1907 年法令授予地方教育当局的职责,因此每个教育当局必须"设立医疗官或其他医疗助理",开展医疗检查工作;由于学校医疗卫生工作是"国家健康的一个有机组成部分",故地方教育当局应当充分利用现有的医疗和卫生管理机构,在开展学校儿童医学检查时,"应与公共卫生当局紧密合作,并置于健康医疗官的直接监管下"。

1908 年,教育部又接连下发了 582 号和 596 号通知,进一步为各地的学校医疗服务提供指导。在 582 号通知中,教育部下发了"医疗检查明细表",

---

①　Sir George Newman, *The Building of A Nation's Health*, Macmillan 1939, p.193.

②　Board of Education, *Circular 576: Memorandum on Medical Inspection of Children in Public Elementary Schools*, 22nd November 1907, in Board of Education, *Annual Report for 1908 of the Chief Medical Officer of the Board of Education*, His Majesty's Stationary Office, 1910, pp.141–150.

明确了医疗检查项目,建议对每个儿童的检查无需过长的时间①。在 596 号通知中,教育部强调无论"家长、志愿组织、医院等医疗机构,或济贫机构能否向儿童提供充分的治疗",地方教育当局都有权组建"校医院",以便能够对儿童的"尚已存在的缺陷"进行"更为科学的检查"和治疗②。1918 年《教育法》进一步规定地方教育当局有责任为公立初等学校儿童提供治疗服务,也有权力向其他公立学校提供体检和治疗服务③。至此,为学校儿童提供体检和治疗服务成为英国政府和地方教育当局义不容辞的职责,从制度上保障英国儿童的健康。

三、各地学校医疗服务体系的构建

自 1907 年以来,在教育部监督和指导下,英格兰和威尔士各地教育当局初步建立起当地的学校医疗服务体系。

为更好地完成学校医疗服务工作,按照教育部最初规定,每个地方教育当局学校医疗服务人员至少包括 1 名学校医疗官和 1 名医务助理。其中学校医疗官是各地学校医疗服务体系的首席医生和负责人,需要对其辖区内的学校卫生健康问题负责,实施医学检查与医疗监管,如对学校儿童进行体检、指导校园护士治疗患病儿童等;同时还须每年向地方教育当局和教育部提供当地的学校医疗服务年度报告。为了协助学校医疗官圆满完成法令规定的医疗检查工作,地方教育当局还为其配备了助理医疗官。④

---

① Board of Education, *Circular 582*: *Schedule of Medical Inspection*, 23rd January 1908, in Board of Education, *Annual Report for 1908 of the Chief Medical Officer of the Board of Education*, His Majesty's Stationary Office, 1910, pp.150-154.

② Board of Education, *Circular 596*, 17th August 1908, in Board of Education, *Annual Report for 1908 of the Chief Medical Officer of the Board of Education*, His Majesty's Stationary Office, 1910, pp. 155-162.

③ Board of Education, *Annual Report for 1918 of the Chief Medical Officer of the Board of Education*, p.30.

④ Board of Education, *Circular 596*, 17th August 1908, in Board of Education, *Annual Report for 1908 of the Chief Medical Officer of the Board of Education*, His Majesty's Stationary Office, 1910, pp. 155-162.

在英格兰和威尔士,1908—1909(教育)年度,328 个地方教育当局中共有 307 个任命了学校医疗官(未设助理医疗官的为 160 个),其中在英格兰 45 个郡、66 个郡城镇、132 个市城镇和 42 个城市区任命了学校医疗官,在威尔士 6 个郡、4 个郡城镇、8 个城市区任命了学校医疗官①;1909—1910 年 327 个地方教育当局中共有 314 个任命了学校医疗官(未设助理医疗官的为 153 个),其中在英格兰 45 个郡、69 个郡城镇、130 个市城镇和 44 个城市区任命了学校医疗官,在威尔士 10 个郡、4 个郡城镇、4 个市城镇、8 个城市区任命了学校医疗官②;1910—1911 年,322 个地方教育当局中共有 305 个任命了学校医疗官(未设助理医疗官的为 154 个),其中在英格兰 44 个郡、67 个郡城镇、129 个市城镇和 40 个城市区任命了学校医疗官,在威尔士 10 个郡、3 个郡城镇、4 个市城镇、8 个城市区任命了学校医疗官③;1911—1912 年 317 个地方教育当局中共有 302 个任命了健康医疗官(未设助理医疗官的为 135 个)④;1912—1913 年 317 个地方教育当局中共有 303 个任命了健康医疗官(未设助理医疗官的为 119 个)⑤;1913—1914 年 317 个地方教育当局全部配备了学校健康医疗官,其中 155 个没有设立助理医疗官⑥。可见,在教育部的监管和指导下,至 1910 年底,48 个郡、56 个郡城镇、42 个市城镇和 20 个城市区

① Board of Education,*Annual Report for 1908 of the Chief Medical Officer of the Board of Education*,His Majesty's Stationary Office,1910,pp.16,17.在教育部年度报告的表述中,所谓"助理医疗官"(Assistant Medical Officer),即学校医疗官的助理,协助学校医疗官开展学校医疗服务工作。

② Board of Education,*Annual Report for 1909 of the Chief Medical Officer of the Board of Education*,His Majesty's Stationery Office,1910,pp.13,14.

③ Board of Education,*Annual Report for 1910 of the Chief Medical Officer of the Board of Education*,His Majesty's Stationery Office,1911,pp.15,16.

④ Board of Education,*Annual Report for 1911 of the Chief Medical Officer of the Board of Education*,His Majesty's Stationery Office,1912,p.6.

⑤ Board of Education,*Annual Report for 1912 of the Chief Medical Officer of the Board of Education*,His Majesty's Stationery Office,1913,pp.7,8.

⑥ Board of Education,*Annual Report for 1913 of the Chief Medical Officer of the Board of Education*,His Majesty's Stationery Office,1914,pp.2,3.

各自至少任命了一名助理医疗官,共雇用了 966 名医生参与了学校医疗服务①。至 1914 年英格兰和威尔士地区经过 6 年多的时间所有地方教育当局都任命了学校医疗官,而且一半多的学校医疗官配置了助理医疗官,这些学校医疗官和助理医疗官绝大部分是由当地公共卫生系统中的健康医疗官和其他卫生官员兼任(见表 4.1),表明学校医疗卫生与各地的公共卫生系统从一开始就已经实现了有效联通,学校医疗服务规模逐步扩大。

表 4.1　1908—1914 年英格兰和威尔士地区学校医疗官及其助理人数统计表②

年度	学校医疗官		助理医疗官		其他负责学校医疗的医疗官员	各类医疗官员合计
	健康医疗官兼任	独立学校医疗官	专职	兼职		
1908—1909	224	83	122	494	161	1084
1909—1910	230	84	172	361	139	986
1910—1911	237	68	174	302	214	995
1911—1912	243	59	212	385	45	943
1912—1913	248	55	231	535	43	1111
1913—1914	—					841

　　① Bernard Harris, *The Health of the Schoolchild: A History of the School Medical Service in England and Wales*, Open University Press, 1995, p.55.
　　② Board of Education, *Annual Report for 1908 of the Chief Medical Officer of the Board of Education*, His Majesty's Stationary Office, 1910, pp.16-18; *Annual Report for 1909 of the Chief Medical Officer of the Board of Education*, His Majesty's Stationary Office, 1910, pp.14, 15; *Annual Report for 1910 of the Chief Medical Officer of the Board of Education*, His Majesty's Stationary Office, 1911, pp.15, 16; *Annual Report for 1911 of the Chief Medical Officer of the Board of Education*, His Majesty's Stationery Office, 1912, pp.6, 7; *Annual Report for 1912 of the Chief Medical Officer of the Board of Education*, His Majesty's Stationery Office, 1913, pp.7, 8; *Annual Report for 1913 of the Chief Medical Officer of the Board of Education*, His Majesty's Stationery Office, 1914, p.3.

　　为了全方位地开展工作,兼顾女性儿童,有些地方教育当局任命了女性学校医疗官,或者为学校医疗官配置了女性助理医疗官(见表 4.2)。1908—1909 年,共有 49 个地方教育当局任命了女怅医疗官(Lady Medical Officer),其中 8 个地区为 1 名女性学校医疗官,另外还有 60 名女医生充任助理医疗官[1];1909—1910 年,共有 50 个地方教育当局任命了女性医疗官,其中 6 个地区为 1 名女性学校医疗官,另外还有 67 名女医生充任助理医疗官[2];1910—1911 年,共有 47 个地方教育当局任命了 79 名女性医疗官[3];1911—1912 年,共有 47 个地方教育当局任命了 74 名女性医疗官[4];1912—1913 年,共有 50 个地方教育当局任命了 82 名女性医疗官[5];1913—1914 年,共有 54 个地方教育当局任命了 93 名女性医疗官[6];1914—1915 年,共有 59 个地方教育当局任命了 105 名女性医疗官[7];1915—1916 年,共有 56 个地方教育当局任命了 103 名女性医疗官[8];1916—1917 年,任命女性医疗官的地区数量和医疗官数量,与上一年度相比没有变化[9];1917—1918 年,共有 71 个地方教育当局任命

[1]　Board of Education, *Annual Report for 1908 of the Chief Medical Officer of the Board of Education*, His Majesty's Stationary Office, 1910, p.25.

[2]　Board of Education, *Annual Report for 1909 of the Chief Medical Officer of the Board of Education*, His Majesty's Stationery Office, 1910, p.16.

[3]　Board of Education, *Annual Report for 1910 of the Chief Medical Officer of the Board of Education*, His Majesty's Stationery Office, 1911, p.17.

[4]　Board of Education, *Annual Report for 1911 of the Chief Medical Officer of the Board of Education*, His Majesty's Stationery Office, 1912, p.7.

[5]　Board of Education, *Annual Report for 1912 of the Chief Medical Officer of the Board of Education*, His Majesty's Stationery Office, 1913, p.8.

[6]　Board of Education, *Annual Report for 1913 of the Chief Medical Officer of the Board of Education*, His Majesty's Stationery Office, 1914, p.4.

[7]　Board of Education, *Annual Report for 1914 of the Chief Medical Officer of the Board of Education*, His Majesty's Stationery Office, 1915, p.4.

[8]　Board of Education, *Annual Report for 1915 of the Chief Medical Officer of the Board of Education*, His Majesty's Stationery Office, 1916, p.7.

[9]　Board of Education, *Annual Report for 1916 of the Chief Medical Officer of the Board of Education*, His Majesty's Stationery Office, 1917, p.3.

了 *125* 名女性医疗官①;1918—1919 年,共有 63 个地方教育当局任命了 137 名女性医疗官②;1919—1920 年,共有 75 个地方教育当局任命了 160 名女性医疗官③。由表 4.2 可以看出,在这些女性医疗官中,绝大部分都是专职人员。

表 4.2　1908—1918 年英格兰和威尔士地区女性医疗官专职与兼职统计表④

年度	专职数量	兼职数量	备注
1908—1909	35	25	仅为助理医疗官数量
1909—1910	46	21	
1910—1911	52	27	其中英格兰 75 名
1911—1912	55	19	其中英格兰 68 名
1912—1913	61	23	其中英格兰 78 名

①　Board of Education,*Annual Report for 1917 of the Chief Medical Officer of the Board of Education*,His Majesty's Stationery Office,1918,p.3.

②　Board of Education,*Annual Report for 1918 of the Chief Medical Officer of the Board of Education*,His Majesty's Stationery Office,1919,p.2.

③　Board of Education,*Annual Report for 1919 of the Chief Medical Officer of the Board of Education*,His Majesty's Stationery Office,1920,p.4.

④　Board of Education,*Annual Report for 1908 of the Chief Medical Officer of the Board of Education*,His Majesty's Stationary Office,1910,p.25; *Annual Report for 1909 of the Chief Medical Officer of the Board of Education*,His Majesty's Stationery Office,1910,p.16; *Annual Report for 1910 of the Chief Medical Officer of the Board of Education*,His Majesty's Stationery Office,1911,p.17; *Annual Report for 1911 of the Chief Medical Officer of the Board of Education*,His Majesty's Stationery Office,1912,p.8; *Annual Report for 1912 of the Chief Medical Officer of the Board of Education*,His Majesty's Stationery Office,1913,p.8; *Annual Report for 1913 of the Chief Medical Officer of the Board of Education*,His Majesty's Stationery Office,1914,p.4; *Annual Report for 1914 of the Chief Medical Officer of the Board of Education*,His Majesty's Stationery Office,1915,p.4; *Annual Report for 1915 of the Chief Medical Officer of the Board of Education*,His Majesty's Stationery Office,1916,p.7; *Annual Report for 1916 of the Chief Medical Officer of the Board of Education*,His Majesty's Stationery Office,1917,p.3; *Annual Report for 1917 of the Chief Medical Officer of the Board of Education*,His Majesty's Stationery Office,1918,p.3; *Annual Report for 1918 of the Chief Medical Officer of the Board of Education*,His Majesty's Stationery Office,1919,p.2; *Annual Report for 1919 of the Chief Medical Officer of the Board of Education*,His Majesty's Stationery Office,1920,p.4.

续表

年度	专职数量	兼职数量	备注
1913—1914	85	8	其中 11 名为专职助理医疗官
1914—1915	92		
1915—1916	88	—	此处数据为女性专职公共医疗官。
1916—1917	88	—	
1917—1918	96	—	
1918—1919	90	—	
1919—1920	114	——	

作为各地学校儿童的体检与诊疗机构,校园医院是英国学校医疗服务体系的重要组成部分。1908 年 8 月,教育部下发"596 号通知",提出了改善校园儿童健康状况应采取的系列措施,其中就涉及了校园诊疗机构设置问题,明确规定各地需要设立由地方教育当局管理的校园医院,而且规定在体检中检测出的缺陷儿童应在校园医院中接受医学治疗。教育部因此强调无论"社会志愿组织或公共组织(如医院)或《济贫法》设立的济贫机构能否向儿童提供充分的医学治疗",地方教育当局都有权组建"校医院",以确保对患病儿童的"已有缺陷"进行更为科学的检查和治疗。①

1908 年 6 月,布莱德福德教育当局建立了首个校园医院,成为英国第一个引入体检常规系统的地方教育当局。对学校儿童医疗服务体系而言,校医院的设立无疑是一种良好医疗实践的典范。它不仅可为学校儿童提供全科和外科医学检查、校医和医学从业者及专业人士的医学治疗,也是专业校园护士的大本营,尤其针对儿童眼耳喉疾病、牙齿疾病及其他所谓"小恙"均可进行

① Board of Education, *Circular 596*, 17th August 1908, in Board of Education, *Annual Report for 1908 of the Chief Medical Officer of the Board of Education*, His Majesty's Stationary Office, 1910, pp. 155-162.

专门治疗①。1910 年英国部分地区已出现了包括卫生间、职工室、校园医疗官办公室、细菌学医生办公室、X 射线房、牙医医疗室、助理医疗室以及眼科会诊室等十几个科室的校医院,可提供包括视力缺陷检查、外部视力疾病、体癣等皮肤病变、口腔疾病及对寄生虫的控制等很多治疗服务,同年接受校医院诊治的儿童总数已达 3520 人,会诊次数将近 16000 次②。截至 1913 年底,教育部共批准了英格兰和威尔士地区 139 个地方教育当局设立了 260 多家校园医院③。到 20 世纪 30 年代,有些地方的校园医院还适当安排了一些床位,供患病儿童治疗使用,有些地方教育当局还组建了 30 多家精神与"儿童指导"诊所④。至 1938 年,英格兰和威尔士 315 个地方教育当局中有 314 个教育当局组建了校园医院,校园医院达到了 2318 家,其中能够提供轻微疾病治疗服务的有 1279 家,提供牙科服务的有 1673 家,提供视力缺陷治疗服务的有 774 家,提供扁桃体有关疾病治疗服务的有 57 家,提供体癣 X 射线治疗服务的有 31 家,提供外科整形服务的有 382 家,提供人工光线治疗服务的有 121 家⑤。

　　校园医院主要雇用拥有行医执照的医生主持学校儿童的体检与治疗。这些专职或兼职医生最初大部分是全科医生(general practitioner),如 1912—1913 学年,有 194 名医生和 89 名牙医参与相关校医院的诊疗工作,其中包括 19 名牙医在内的 101 名医生是专职医生,包括 70 名牙医在内的 182 名为兼职

　　① Bernard Harris, *The Health of the Schoolchild : A History of the School Medical Service in England and Wales*, Open University Press, 1995, p.63.

　　② Bernard Harris, *The Health of the Schoolchild : A History of the School Medical Service in England and Wales*, Open University Press, 1995, p.63.

　　③ Bernard Harris, *The Health of the Schoolchild : A History of the School Medical Service in England and Wales*, Open University Press, 1995, p.64.

　　④ Sir George Newman, *The Building of A Nationl's Health*, Macmillan 1939, p.202.

　　⑤ Bernard Harris, *The Health of the Schoolchild : A History of the School Medical Service in England and Wales*, Open University Press, 1995, p.110.

医生,这些医生不包括眼科医生及其他校外医疗场所从事学校医疗服务的医生①。1917—1918 年,在各地校医院和其他机构从事与校园医疗服务有关事务的有薪医生人数已超过 500 人②。1920—1921 年,除学校医疗官和助理医疗官外,英国各地学校医疗服务机构共雇用了 967 名其他专家类医务人员③。一般来说,各地校医院的专家类医务人员通常包括眼科医生、耳科医生、牙科医生、X射线技师和麻醉师(见表 4.3)。此类专科医生的大量引进,不仅为英国学校儿童提供了专业体检和对症治疗,也有效促进了英国学校医疗服务的专业化、学科化。

表 4.3　1913—1918 年英格兰和威尔士地区校园医院
专家类医务人员分类统计表④

年度	眼科医生	耳科医生	牙科医生	X 射线技师	麻醉师	合计
1914—1915	139	31	205	29	20	424
1915—1916	144	35	217	29	20	445
1916—1917	144	35	217	29	20	445
1917—1918	161	32	211	24	22	450
1918—1919	173	29	251	27	24	504
1919—1920	214	44	287	47	34	626

① Board of Education,*Annual Report for 1912 of the Chief Medical Officer of the Board of Education*,His Majesty's Stationery Office,1913,p.9.

② Board of Education,*Annual Report for 1917 of the Chief Medical Officer of the Board of Education*,His Majesty's Stationery Office,1918,p.3.

③ Bernard Harris,*The Health of the Schoolchild:A History of the School Medical Service in England and Wales*,Open University Press,1995,p.102.

④ Board of Education,*Annual Report for 1914 of the Chief Medical Officer of the Board of Education*,His Majesty's Stationery Office,1915,p.4; *Annual Report for 1915 of the Chief Medical Officer of the Board of Education*,His Majesty's Stationery Office,1916,p.7; *Annual Report for 1916 of the Chief Medical Officer of the Board of Education*,His Majesty's Stationery Office,1917,p.3; *Annual Report for 1917 of the Chief Medical Officer of the Board of Education*,His Majesty's Stationery Office,1918,p.3; *Annual Report for 1918 of the Chief Medical Officer of the Board of Education*,His Majesty's Stationery Office,1919,p.2; *Annual Report for 1919 of the Chief Medical Officer of the Board of Education*,His Majesty's Stationery Office,1920,p.3.

校园护士是学校医疗服务体系的重要组成部分。教育部认为,"校园护士在协助医学检查工作,以及在医生指导和监管下向家长传授轻微疾病的治疗方法方面能够承担着有用的、重要的职能"[1]。校园护士的具体职责,主要包括参与学校儿童的体检工作、负责患病儿童的后续治疗与护理、检查学校儿童健康状况,以及根据学校医生的指导治疗儿童所患轻微疾病,如耳流脓、溃疡、轻微皮肤病、轻微眼部疾病等。根据1907年法令,地方教育当局开始雇用大量校园护士(或由当地健康访问员、公共卫生系统中的护士、乡村巡回护士兼任)参与学校医疗服务工作。在校园护士雇用方面,郡城镇教育当局表现最为积极,而各郡教育当局相对要逊色得多,主要是因为有些郡教育当局与当地的护理协会合作,由护理协会为学校医疗提供护士的志愿服务[2]。1908—1909年,英格兰和威尔士有141个地方教育当局共雇用了292名护士或健康访问员参加学校医疗服务工作;1909—1910年,雇用校园护士的地方教育当局就扩大到152个;至1919—1920年,英格兰和威尔士共有312个地方教育当局雇用了2027名护士(见表4.4)。校园护士服务范围也已扩大到医学辅助的各方面,逐步成为学校健康服务中的重要一环,成为联系家庭、学校、校医院之间的重要纽带[3]。

至1920—1921年,各地学校医疗服务共雇用了316名学校医疗官,720名助理医疗官,2003名校园医生,967名其他专业医务人员(包括牙科、眼科、耳科医生,以及麻醉师和X射线技师),以及2650名校园护士[4]。至1937—1938年,校医院总数已增至2000多所,可为学校儿童提供轻微疾病、牙齿缺

---

① Board of Education,*Annual Report for 1908 of the Chief Medical Officer of the Board of Education*,His Majesty's Stationary Office,1910,p.26.

② Board of Education,*Annual Report for 1908 of the Chief Medical Officer of the Board of Education*,His Majesty's Stationary Office,1910,p.26.

③ Sir George Newman, *The Building of A Nation's Health*,Macmillan 1939,p.207.

④ Bernard Harris,*The Health of the Schoolchild:A History of the School Medical Service in England and Wales*,Open University Press,1995,p.102.

陷、视力缺陷、喉部疾病(扁桃体炎、腺状肿等)、癣菌病 X 射线治疗、矫形外科手术、人造光疗法等医疗服务[1]。至第二次世界大战前夕,英格兰和威尔士各地学校医疗服务体系已基本完善,包括学校医疗官、助理医疗官、专家类医务人员、校园护士在内的各类专职或兼职校园医生和校园护士人数基本能够满足当地学校医疗服务需要,具体来说,学校医疗官为 315 人,助理医疗官达 1203 人,校园医生达 3592 人,牙科、眼科等专业医务人员达 2074 人,包括外科护士和牙科助理在内的校园护士达 6149 人(见表 4.5)。

表 4.4　1908—1920 年英格兰和威尔士地方教育当局
雇用校园护士统计一览表[2]

年度	雇用学校护士的地方教育当局数量	校园护士人数		
		全职	兼职	合计
1908—1909	141(16 个郡、51 个郡城镇、46 个市城镇、28 个城市区)	134	158	292
1909—1910	152(15 个郡、54 个郡城镇、54 个市城镇、29 个城市区)	160	129	289

①　Sir George Newman, *The Building of A Nation's Health*, Macmillan 1939, p.207.

②　Board of Education, *Annual Report for 1908 of the Chief Medical Officer of the Board of Education*, His Majesty's Stationary Office, 1910, p.26; *Annual Report for 1909 of the Chief Medical Officer of the Board of Education*, His Majesty's Stationary Office, 1910, p.17; *Annual Report for 1910 of the Chief Medical Officer of the Board of Education*, His Majesty's Stationery Office, 1911, p.18; *Annual Report for 1911 of the Chief Medical Officer of the Board of Education*, His Majesty's Stationery Office, 1912, p.8; *Annual Report for 1912 of the Chief Medical Officer of the Board of Education*, His Majesty's Stationery Office, 1913, p.10; *Annual Report for 1913 of the Chief Medical Officer of the Board of Education*, His Majesty's Stationery Office, 1914, p.5; *Annual Report for 1914 of the Chief Medical Officer of the Board of Education*, His Majesty's Stationery Office, 1915, p.5; *Annual Report for 1915 of the Chief Medical Officer of the Board of Education*, His Majesty's Stationery Office, 1916, p.7; *Annual Report for 1916 of the Chief Medical Officer of the Board of Education*, His Majesty's Stationery Office, 1917, p.3; *Annual Report for 1917 of the Chief Medical Officer of the Board of Education*, His Majesty's Stationery Office, 1918, p.4; *Annual Report for 1918 of the Chief Medical Officer of the Board of Education*, His Majesty's Stationery Office, 1919, p.3; *Annual Report for 1919 of the Chief Medical Officer of the Board of Education*, His Majesty's Stationery Office, 1920, p.3.

续表

年度	雇用学校护士的地方教育当局数量	校园护士人数		
		全职	兼职	合计
1910—1911	176（23 个郡、57 个郡城镇、63 个市城镇、33 个城市区）	203	132	335
1911—1912	212（30 个郡、66 个郡城镇、80 个市城镇、36 个城市区）	353	279	632
1912—1913	241（31 个郡、74 个郡城镇、99 个市城镇、37 个城市区）	397	345	742
1913—1914	275（48 个郡、78 个郡城镇、110 个市城镇、39 个城市区）	799	385	1184
1914—1915	287	855	382	1237
1915—1916	291	996	488	1484
1916—1917	291	996	488	1484
1917—1918	293	932	690	1622
1918—1919	310	1172	593	1765
1919—1920	312	1575	452	2027

表 4.5　1920—1939 年英格兰和威尔士各地学校医疗服务体系统计一览表①

年度	学校医疗官		助理医疗官		专家类医务人员	校园护士		医生合计	护士合计
	专职	兼职	专职	兼职		专职	兼职		
1920—1921	19	297	250	470	967	723	1927	2003	2650
1921—1922	17	299	279	418	1069	989	2103	2082	3092
1922—1923	18	299	266	417	1162	1052	3083	2162	4135
1923—1924	17	300	254	456	1193	1077	3200	2220	4277
1924—1925	15	302	237	538	1263	1107	3261	2355	4368
1925—1926	317		823		1370	1166	3354	2510	4520
1926—1927	13	304	250	656	1456	1209	3570	2679	4779

---

①　Bernard Harris, *The Health of the Schoolchild：A History of the School Medical Service in England and Wales*, Open University Press, 1995, p.103.

续表

年度	学校医疗官		助理医疗官		专家类医务人员	校园护士		医生合计	护士合计
	专职	兼职	专职	兼职		专职	兼职		
1927—1928	13	304	256	679	1512	1252	3712	2764	4964
1928—1929	13	304	254	722	1593	1298	3886	2886	5184
1929—1930	13	304	263	739	1677	1365	3907	2996	5272
1930—1931	12	305	253	731	1722	1428	4057	3023	5485
1931—1932	12	305	265	757	1761	1448	4125	3100	5573
1932—1933	11	305	265	760	1773	1435	4195	3114	5630
1933—1934	10	306	254	770	1770	1445	4140	3110	5585
1934—1935	10	306	256	811	1805	1472	4256	3188	5278
1935—1936	10	306	265	831	1814	1527	4117	3226	5644
1936—1937	7	309	268	874	1934	1619	4395	3392	6014
1937—1938	7	308	264	913	2014	1666	4480	3506	6146
1938—1939	6	309	260	943	2974	1715	4434	3592	6149

第二节　英格兰和威尔士学校医疗服务的开展

在教育部的指导与监管下,英格兰和威尔士地方教育当局构建了各地的学校医疗服务体系,主要承担着两大职能,即学校儿童的常规医学检查(Medical Inspection)及后续治疗服务两大职能,同时还包括对患病儿童尤其是残障儿童实施康复计划,保障其受教育的权利等方面。

一、学校儿童的医学检查和治疗

1907年法令要求地方教育当局对当地学校儿童实施医学检查(或称"体检"),但对如何实施医学检查,并没有做具体规定。为此,教育部于1907—

1908 年先后发布了"576 号通知""582 号通知"做了详细规定和指导。1907年"576 号通知"规定了医学检查的疾病类型,规定学校医疗官应在医学检查中需查明儿童是否患有隐疾、评估其身体大体状况,以及检查耳鼻喉眼牙齿,主要涉及儿童营养状况、卫生清洁、皮肤病变、牙齿状况、耳鼻喉眼、精神疾病、生理缺陷、传染性疾病(如结核病)等项目[1]。1908 年发布的"582 号通知",教育部明确规定了"医学检查明细表",包括规定不同儿童义务教育入学年龄、每位儿童体检时间(建议对每个儿童的检查无需过长时间)、具体医学检查项目等[2]。

关于开展医学检查的对象,"576 号通知"指出,根据 1907 年法令,医学检查和监管的对象不仅仅是那些"已知的,或疑似的虚弱或患病的儿童",而是在初等学校就读的所有儿童;每个儿童在初等学校就读过程中至少要接受三次医学检查,第一次是儿童入学时或入学前后,第二次是其就读的第三年,第三次是在其就读的第六年,另外在结束学业进入工作岗位之前也需要接受进一步的医学检查[3]。也就是说,根据教育部要求,所有学校儿童在初等学校 9年间需要接受三次常规体检,分别是 5 岁左右入学时、7—8 岁至 10 岁左右、12—14 岁(或 13—14 岁)离校毕业时,因此每年需要接受体检的学校儿童总数接近 200 万人[4]。对于这三组,教育部分别将其定义为"新生组(entrants)"

① Board of Education, *Circular 576: Memorandum on Medical Inspection of Children in Public Elementary Schools*, 22nd November 1907, in Board of Education, *Annual Report for 1908 of the Chief Medical Officer of the Board of Education*, His Majesty's Stationary Office, 1910, pp.141-150.

② Board of Education, *Circular 582: Schedule of Medical Inspection*, 23rd January 1908, in Board of Education, *Annual Report for 1908 of the Chief Medical Officer of the Board of Education*, His Majesty's Stationary Office, 1910, pp.150-154. 关于儿童入学年龄,正常儿童为 5 岁,失聪儿童则为 7 岁,直到 1938 年对失聪儿童的入学年龄才放宽到 5 岁。

③ Board of Education, *Circular 576: Memorandum on Medical Inspection of Children in Public Elementary Schools*, 22nd November 1907, in Board of Education, *Annual Report for 1908 of the Chief Medical Officer of the Board of Education*, His Majesty's Stationary Office, 1910, pp.141-150.

④ Sir George Newman, *The Building of A Nation's Health*, Macmillan 1939, p.200.

"中间组（intermediate group）""离校组（leavers）"①。除了这三组之外，教育部还提及了另外一类儿童，"在被检查的儿童中，许多地方教育当局也将在以往体检中查出患有疾病或生理缺陷的任何年龄段的儿童包括在内；也就是说当校园医生进入学校开展医学检查时，学校提供的寻求检查建议的名单中不仅仅是所有新生组和离校组，还包括校园医生在以往检查中所发现的需要医学检查的任何儿童"，因此对这一类已检查出的患病儿童称为"特殊组（specials）"②。关于医学检查的详细内容，"576号通知"列出了8个方面，主要包括患病（包括传染性疾病）史，身体一般条件（身高和体重、营养状况、包括头部和身体虱子在内的身体清洁度、着装清洁和充足程度），喉咙、鼻子和关节（包括口呼吸、打呼噜、口吃、扁桃体、腺体状况和腺状肿），眼睛外部疾病和视力测验，耳部疾病和听力，牙齿和口脓毒病，精神状况（正常、迟钝或有缺陷），以及当前的疾病或缺陷（如器官畸形或能力丧失、佝偻病、各类结核病、皮肤病和淋巴结、心脏或肺部疾病、贫血、癫痫、舞蹈病、疝气、脊柱病，以及其他影响儿童正常学习生活和体育活动的身体缺陷等）③。

根据教育部的要求，在1907年法令实施的第一个年度，地方教育当局对学校儿童实施医学检查的人数要不少于150万；当1907法令充分实施时，每个年度对学校儿童实施医学检查的人数要不低于所有公立初等学校儿童人数

---

① Board of Education, *Annual Report for 1909 of the Chief Medical Officer of the Board of Education*, His Majesty's Stationery Office, 1910, pp.4, 6.关于"中间组""离校组"的年龄，1913年8月教育部宣布，从1914年4月1日起，"离校组"的年龄变更为12—13岁，"中间组"的年龄变更为8—9岁，参阅 Board of Education, *Annual Report for 1913 of the Chief Medical Officer of the Board of Education*, p.1.

② Board of Education, *Annual Report for 1908 of the Chief Medical Officer of the Board of Education*, His Majesty's Stationary Office, 1910, pp.29-30.

③ Board of Education, *Circular 576: Memorandum on Medical Inspection of Children in Public Elementary Schools*, 22nd November 1907, in Board of Education, *Annual Report for 1908 of the Chief Medical Officer of the Board of Education*, His Majesty's Stationery Office, 1910, pp.141-150.

的 1/3①。经过几年的探索与实践,各地方教育当局相继完善了当地的学校医疗服务体系,开展了 1907 年法令规定的学校儿童常规医学检查工作,从 1908—1909 年起基本保证了每年四分之一左右的学校儿童能够得到体检(见表 4.6)。然而,受经费和人员的限制,实际上并非所有列入计划的学校儿童都能够得到体检,也并非所有"特殊组"儿童都能够得到关注。比如,在斯坦福德郡反馈的报告中,当地 1908—1909 年计划对 10030 名学校儿童实施医学检查,在实际执行过程中,20 名儿童拒绝参加检查,434 名儿童在检查当日缺席,故实际参加检查的儿童才有 9576 名②。而且,在 1907 年法令生效后的最初几年中,并非所有的地方教育当局都对学校儿童开展医学检查(见表 4.6)。比如,1909—1910 年,对新生组、中间组和离校组所有三组儿童实施医学检查的地方教育当局只有近 100 个,其中 4 个城市区教育当局检查了所有列入计划的儿童,另外还包括斯坦福德郡在内的一些乡村郡教育当局;而伦敦教育当局"不仅事实上没有执行议会的明确意图和履行《教育(行政供给)法》第 13 条所规定的职责,而且他们已经采用和继续维持明显与法令规定不一致的安排,而这一安排使它们的行动不切实际"③。

表 4.6　1907—1920 年英格兰和威尔士公立学校儿童体检统计表④

年度	公立学校儿童平均出勤人数	常规体检(计划)数量	实际体检数量(包括中间组和特殊组)
1907—1908	5291449	1328000(计划)	

① Board of Education,*Annual Report for 1908 of the Chief Medical Officer of the Board of Education*,His Majesty's Stationary Office,1910,p.30.

② Board of Education,*Annual Report for 1908 of the Chief Medical Officer of the Board of Education*,His Majesty's Stationary Office,1910,p.30.

③ Board of Education,*Annual Report for 1909 of the Chief Medical Officer of the Board of Education*,His Majesty's Stationary Office,1910,p.6.

④ Board of Education,*Annual Report for 1908 of the Chief Medical Officer of the Board of Education*,His Majesty's Stationary Office,1910,p.29;*Annual Report for 1909 of the Chief Medical Officer of*

续表

年度	公立学校儿童平均出勤人数	常规体检（计划）数量	实际体检数量（包括中间组和特殊组）
1908—1909	5344393	1397000（计划）	—
1909—1910	5365017	1377000（计划）	—
1910—1911	5371662	1365000（计划）	—
1911—1912	5356076	1323000（计划）	—
1912—1913	5365101	1331000（计划）	1478695
1913—1914	5381479	1395133（至 1914 年底）	1706381
1914—1915	—	1448155（至 1915 年底）	1714398
1915—1916	5306411	1446448（至 1916 年底）	约 2000000
1916—1917	5228381	1362063（至 1917 年底）	约 2000000
1917—1918	5194493	1317657（至 1918 年底）	约 2000000
1918—1919	5118037	—	约 1800000
1919—1920	5187000	1819658（至 1920 年底）	2432076

具体而言,1910 年大约有 100 个地方教育当局除了完成新生组和离校组

---

the Board of Education, *His Majesty's Stationery Office*, 1910, pp.5, 6; Annual Report for *1910* of the Chief Medical Officer of the Board of Education, *His Majesty's Stationery Office*, 1911, pp.5, 6; Annual Report for *1911* of the Chief Medical Officer of the Board of Education, *His Majesty's Stationery Office*, 1912, pp.2, 3; Annual Report for *1912* of the Chief Medical Officer of the Board of Education, *His Majesty's Stationery Office*, 1913, pp.2, 3; Annual Report for *1913* of the Chief Medical Officer of the Board of Education, *His Majesty's Stationery Office*, 1914, pp.1, 2; Annual Report for *1914* of the Chief Medical Officer of the Board of Education, *His Majesty's Stationery Office*, 1915, p.4, 269; Annual Report for *1915* of the Chief Medical Officer of the Board of Education, *His Majesty's Stationery Office*, 1916, pp.5-6; Annual Report for *1916* of the Chief Medical Officer of the Board of Education, *His Majesty's Stationery Office*, 1917, pp.2-3; Annual Report for *1917* of the Chief Medical Officer of the Board of Education, *His Majesty's Stationery Office*, 1918, p.2; Annual Report for *1918* of the Chief Medical Officer of the Board of Education, *His Majesty's Stationery Office*, 1919, pp.1-2; Annual Report for *1919* of the Chief Medical Officer of the Board of Education, *His Majesty's Stationery Office*, 1920, p.2; Annual Report for *1920* of the Chief Medical Officer of the Board of Education, *His Majesty's Stationery Office*, 1921, pp.5-6.

的医学检查外,还将医学检查扩大到中间组的学校儿童①。1911 年实施新生组、中间组和离校组学校儿童体检的地方教育当局数量增加到 100 个以上②。1912 年,这一数字继续增加到 120 个,这些大多是郡地方教育当局,如丹佛郡、达累姆郡、米德尔赛克斯郡、萨默赛特郡和萨里郡,绝大多数地方教育当局完成了新生组和离校组的体检③。1914 年第一次世界大战爆发后,许多学校医疗人员离职奔赴战场服务军队,许多被教育部批准的学校体检计划被迫放弃,至年底仍然完成了 1/4 "新生组"和"离校组"儿童近 1395133 人的体检工作④。1915 年,"中间组"学校儿童的体检自 4 月 1 日起成为必须检验的群体,如果没受到战争的影响,儿童体检的人数将会大幅增加,即使如此至 12 月 31 日仍有 1448115 名儿童参加了体检⑤。1916 年,因战争的影响,与往年相比学校儿童体检人数下降了 28%,包括"特殊组"儿童在内共有 1446448 人参加了体检⑥。1917 年学校儿童体检人数下降了 31.9%,至年底共有 1362063 人(其中"特殊组"儿童共 354669 人)参加体检;在战争的影响下,许多地区不得不采取应变措施,如利兹当年公立初等学校共有 64730 人,在最后一个季度常规体检被迫放弃,仅对特殊组儿童 6168 人实施了体检;在伦敦,1916 年部分时间内仅对离校组、中间组和新生组中的患病儿童实施了体检,1917 年恢

① Board of Education, *Annual Report for 1910 of the Chief Medical Officer of the Board of Education*, His Majesty's Stationery Office, 1911, p.6.

② Board of Education, *Annual Report for 1911 of the Chief Medical Officer of the Board of Education*, His Majesty's Stationery Office, 1912, p.3.

③ Board of Education, *Annual Report for 1912 of the Chief Medical Officer of the Board of Education*, His Majesty's Stationery Office, 1913, p.3.

④ Board of Education, *Annual Report for 1914 of the Chief Medical Officer of the Board of Education*, His Majesty's Stationery Office, 1915, p.4.

⑤ Board of Education, *Annual Report for 1915 of the Chief Medical Officer of the Board of Education*, His Majesty's Stationery Office, 1916, p.5.

⑥ Board of Education, *Annual Report for 1916 of the Chief Medical Officer of the Board of Education*, His Majesty's Stationery Office, 1917, p.3.

复了对三组儿童的正常体检①。1918 年,尽管儿童体检人数仍然下降了34.1%,但 318 个地方教育当局中 2/3 的教育当局继续开展常规体检,其中一些地方教育当局克服困难尽可能地在本地更多的学校开展完整的常规体检,至当年底共完成体检人数为 1317657 人②。1919 年,各地方教育当局完全恢复了战前的学校医疗服务,医护人员亦恢复到了战前的水平,故地方教育当局尽可能地完全实施 1907 年法令及其他相关法规规定的学校儿童检查项目,实施检查的理念也发生了变革,即医学检查的目的"不仅是确认已经产生明显症状的缺陷,而且还要检查各种疑似或潜在的缺陷",其指导原则和根本意图是"预防而不是治愈",面向的群体不再遴选,而是全体学校儿童③。1920 年,常规检查和特殊检查均得到巩固,接受医学检查的学校儿童数量开始攀升(见表 4.7)。

表 4.7　1920 年英格兰和威尔士公立学校儿童体检数量统计表④

	常规检查				特殊检查	
	新生组	中间组	离校组	合计	特殊病例	复检儿童
男生	354700	265678	300570	920948	303923	454587
女生	342394	259783	296533	898710	310671	483429

　　1921—1938 年,近三分之一的公立初等学校儿童每年都得到常规检查,校园医生对特殊组儿童和复检儿童的检查日益重视,至 20 世纪 30 年代末这

①　Board of Education, *Annual Report for 1917 of the Chief Medical Officer of the Board of Education*, His Majesty's Stationery Office, 1918, pp.2-3

②　Board of Education, *Annual Report for 1918 of the Chief Medical Officer of the Board of Education*, His Majesty's Stationery Office, 1919, pp.1-2.

③　Board of Education, *Annual Report for 1919 of the Chief Medical Officer of the Board of Education*, His Majesty's Stationery Office, 1920, pp.1-2.

④　Board of Education, *Annual Report for 1920 of the Chief Medical Officer of the Board of Education*, His Majesty's Stationery Office, 1921, p.5.

两类检查几乎占到全部医学检查的70%（见表4.8）。这一期间，常规检查经常受到人们的诟病，主要体现于两个方面，一方面意见认为"常规医学检查对于监管儿童健康是一种没有效率的手段，用于此类检查的时间可以得到更好的利用"，另一方面意见集中于常规医学检查的统计结果上，认为尽管该体制旨在为儿童健康的基本状况提供精确的说明，但是"由于各地措施和解释的差异，统计结果也就变得毫无意义"[1]。对此，学校医疗卫生体系内的绝大多数医疗官认为，即使常规医学检查在实践中离最初的设计出现了不少的偏差，但它仍然是一个"合理的体制"[2]。

综上分析可知，1908—1939年30余年间，英格兰和威尔士各地方教育当局对学校儿童的医学检查工作虽因第一次世界大战的影响一度出现中断或减少的状况，但最终实现了每年近三分之一学校儿童的健康检查。学校医疗官通过医学检查撰写的年度报告成为英国社会了解学校儿童体质状况的第一手资料，对于检查出的皮肤病变、结核病、佝偻病、精神疾病、营养不良、身体残疾等病症和状况，可以有的放矢地展开治疗，以助其康复进而充分享有受教育的权利。

表4.8　1921—1938年英格兰和威尔士公立学校儿童体检数量统计表[3]

年份	地方教育当局数量	学校儿童数量	常规检查次数	特殊检查次数	复查次数	合计
1921	316	5205485	1886554	635022	—	—
1922	317	5180589	1751122	635628	—	—
1923	317	5136032	1754919	739390	1507045	4001354

[1] Bernard Harris, *The Health of the Schoolchild: A History of the School Medical Service in England and Wales*, Open University Press, 1995, pp.104-105.

[2] Bernard Harris, *The Health of the Schoolchild: A History of the School Medical Service in England and Wales*, Open University Press, 1995, p.108.

[3] Bernard Harris, *The Health of the Schoolchild: A History of the School Medical Service in England and Wales*, Open University Press, 1995, p.105.

续表

年份	地方教育当局数量	学校儿童数量	常规检查次数	特殊检查次数	复查次数	合计
1924	317	5024544	1697561	722744	1532662	3952967
1925	317	4934197	1798397	820953	1591244	4210594
1926	317	4950343	1821577	863590	1632201	4317368
1927	317	4967394	1823775	861964	1719844	4405583
1928	317	4981101	1912747	936385	1864138	4713270
1929	317	4909404	1831637	905690	1808469	4545796
1930	317	4940381	1770779	968518	1897320	4636617
1931	317	4930076	1759186	1084467	1953708	4797361
1932	316	5005666	1845503	1192453	2015812	5053768
1933	316	5049284	1855499	1239427	1992883	5087809
1934	316	5065963	1794963	1231663	2006936	5033562
1935	316	4907453	1729493	1257790	1998894	4986177
1936	316	4748453	1727031	1427400	2054075	5208506
1937	315	4588298	1700078	1529136	2066082	5295296
1938	315	4526701	1677008	1563917	2182157	5423082

　　除上述常规体检外,学校医疗服务还承担着对儿童常见疾病和轻微疾病的常规治疗。1908—1920年间,越来越多的地方教育当局雇用校园护士、组建校园医院、充分利用地方医院、为学校儿童配置眼镜等(见表4.9)。其中,校园医院发挥着重要的作用。校园医院的服务范围包括轻微疾病、一般性损伤、牙科疾病、视力缺陷及喉咙疾病的治疗、癣病的X射线治疗、外科整形术、人工光线治疗(artificial light treatment)等①。而且,校园护士在校园医院发挥的作用日益明显。如上一节所述,1908年起,校园护士已不仅参与学校儿童医学检查工作,负责患病儿童的后续治疗,以及根据校园医生的指导治疗儿童

---

① Sir George Newman, *The Building of A Nation's Health*, Macmillan 1939, p.202.

所患轻度疾病,还向患病儿童家长普及健康教育及专业治疗知识,与学校教师一起关注学校儿童健康问题。除了建立校园医院提供治疗服务外,地方教育当局还有其他安排。1908 年,在教育部的批准下 37 个地方教育当局雇用校园护士履行轻微疾病的治疗职责,21 个地方教育当局为学校儿童提供配置眼镜服务,8 个地方教育当局利用当地医院为学校儿童提供眼、耳、喉部疾病的治疗服务,7 个地方教育当局建立校园医院(分别为布莱德福德、布林顿、雷丁、阿伯蒂莱里、约克和牛津)[1]。至 1920 年提供上述服务的地方教育当局数量增加到 309 个,尚未作出治疗安排的地方教育当局仅有 7 个[2]。

表 4.9　1908—1920 年英格兰和威尔士地方教育当局
为学校儿童提供治疗服务数量[3]

年份	作出治疗安排的地方教育当局数量	建立校园医院	利用地方医院	提供眼镜配置服务
1908	55	7	8	21
1912	167	97	37	101
1913	241	139	53	125
1914	266	179	75	165
1918	287	252	110	235
1919	298	272	127	264
1920	309	288	168	282

---

[1]　Board of Education, *Annual Report for 1908 of the Chief Medical Officer of the Board of Education*, His Majesty's Stationary Office, 1910, pp.90,93,94,97.

[2]　1908—1938 英格兰和威尔士地方教育当局变化较大,每年的数量分别是 1908 年 328 个,1909 年 329 个,1910 年 322 个,1911—1915 年 317 个,1916 年 319 个,1917—1919 年 318 个,1920 年 316 个,1921—1931 年 317 个;1932—1936 年 316 个;1937—1938 年 315 个。参阅 Bernard Harris, *The Health of the Schoolchild: A History of the School Medical Service in England and Wales*, Open University Press, 1995, pp.76,109.

[3]　Board of Education, *Annual Report for 1920 of the Chief Medical Officer of the Board of Education*, His Majesty's Stationery Office, 1921, p.64.

地方教育当局提供的治疗服务包括轻微疾病治疗、牙齿缺陷治疗、视力缺陷治疗、配置眼镜、扁桃体肿大和扁桃体炎治疗、体癣 X 射线治疗、外科整形术、人工光线治疗等。如表 4.10 所示,1912—1920 年为学校儿童提供轻微疾病治疗服务的地方教育当局从 80 个增加到 289 个,提供视力缺陷矫正服务的教育当局从 1914 年的 195 个增加到 1920 年的 280 个。从 1925年起,许多地方教育当局为学校儿童增列了外科整形术、人工光线治疗服务。至 20 世纪 30 年代末,315 个地方教育当局中已经有 314 个地方教育当局的校医院已全部能为学校儿童提供门诊服务及轻微疾病、牙齿及视力缺陷方面的治疗,一半以上校医院能提供喉疾及体癣治疗、外科手术服务等①。

在校园护士及相关校园医疗服务人员带动下,家长对孩子的关注、责任感日益增多,在学校儿童体检及患病儿童康复治疗方面所发挥的作用亦越来越明显。1908 年,在萨里郡 10281 名体检儿童中,1991 名患病儿童在家长支持下获得适当治疗;卡迪夫地区绝大多数父母同意其患病孩子接受医疗,米德尔斯布勒等地的家长坚信严重残疾儿童也能获得医疗建议。许多地区 20—60%的患病儿童接受了康复治疗:德比郡 1705 名患病儿童中(738 名是眼疾、595 名是扁桃体及腺体肿大、372 名是其他病症),有 1085 名(占体检患病儿童的 63.6%)获得了专业医疗建议,有 33%的视力患者配上眼镜,有 22%的扁桃体及腺体肿大儿童正在接受治疗;在林肯郡林赛区,24.8%的残疾儿童也接受了康复治疗②。

---

① Bernard Harris, *The Health of the Schoolchild:A History of the School Medical Service in England and Wales*,Open University Press,1995,p.109.

② Board of Education,*Annual Report for 1908 of the Chief Medical Officer of the Board of Education*,His Majesty's Stationary Office,1910,pp.32-34.

表 4.10　1908—1938 年英格兰和威尔士为学校儿童
提供治疗服务地方教育当局数量①

年份	轻微疾病	牙科治疗	视力缺陷	配置眼镜	扁桃体肿大和扁桃体炎	体癣 X 射线治疗	外科整形术	人工光线治疗
1908	—	—	—	21	—	—	—	—
1909	—	10	—	37	—	4	—	—
1910	—	16	—	70	—	18	—	—
1911	—	29	—	82	—	23	—	—
1912	80	61	—	101	—	42	—	—
1913	123	88	—	125	—	—	—	—
1914	204	130	195	165	83	68	—	—
1915	213	147	211	179	93	71	—	—
1916	216	146	221	216	102	73	—	—
1917	231	151	226	223	110	84	—	—
1918	260	169	242	235	129	92	—	—
1919	274	203	264	264	151	101	—	—
1920	289	235	280	282	198	129	—	—
1921	298	240	290	289	221	141	—	—
1922	303	244	293	294	228	145	—	—
1923	308	250	303	301	234	153	—	—
1924	310	269	309	308	242	161	—	—
1925	311	289	313	310	253	167	85	5
1926	310	294	315	310	258	170	132	18
1927	310	299	315	310	265	171	160	44
1928	311	304	315	310	267	176	183	64
1929	313	307	316	311	271	182	200	78
1930	314	310	316	313	273	188	216	84
1931	313	311	316	313	281	188	222	89
1932	312	312	315	312	281	193	228	93

① Bernard Harris, *The Health of the Schoolchild: A History of the School Medical Service in England and Wales*, Open University Press, 1995, pp.76, 109.

续表

年份	轻微疾病	牙科治疗	视力缺陷	配置眼镜	扁桃体肿大和扁桃体炎	体癣 X 射线治疗	外科整形术	人工光线治疗
1933	312	312	315	312	287	196	233	96
1934	312	314	315	313	287	198	238	98
1935	312	314	315	313	287	203	245	105
1936	312	314	315	313	292	204	254	111
1937	311	314	314	312	291	206	262	116
1938	312	314	314	312	292	200	270	118

　　除了医学检查及治疗工作,初等学校儿童教育环境的改进和儿童心理、生理状况的改善也非常重要。这就需要地方教育当局要求学校医疗官及其助理开展有利于学校儿童健康发展的特别实用调查。学校医疗官或受地方教育当局指令,或自己选取一个或几个特殊问题来进行调查。从教育部发布的年度报告来看,各地学校医疗官几乎无一例外地进行了涵盖面非常广泛的特殊调查(见表4.11),为学校医疗服务范围的拓展、行政管理效率提高和经济效益的增强,以及学校儿童的健康成长做出了极大贡献。比如,1908 年种痘问题成为重点关注项目,故 117 个地方教育当局在调查项目中加上了种痘问题的调查,在英格兰,有 24 个郡、24 个自治郡、48 个自治区和 13 个城区在学校医疗计划中加入了种痘这一项;而在威尔士,却只有 8 个地方教育当局在学校医疗计划中加入种痘项目①。在 1911 年各地学校医疗官们提交的年度报告中,还列出了一系列特殊实用项目调查,包括课余时间学生的健康问题、学校儿童幼儿期喂养方式和营养体质状况的关系、环境与学生体质的关系、视力缺陷与视力检测、学校人工照明情况、贫困和牙齿护理的关系、腺状肿对学校儿童身

---

① Board of Education,*Annual Report for 1910 of the Chief Medical Officer of the Board of Education*,His Majesty's Stationery Office,1911,p.11.

高、体重和营养的影响等 27 项①。截止到 1915 年，各地医疗官们共开展了 350 多项特殊项目调查，其调查结果"为开展医学研究作出了巨大的贡献"，"被证实对于全国学校医疗服务的组织和管理具有重大的实践价值"②。受第一次世界大战的影响，1916—1918 年，特殊项目的调查就中止了，在战后年度报告中没有再次开展的纪录。

表 4.11　1909—1915 年英格兰和威尔士地方教育当局
学校医疗官特殊调查项目汇总表③

年份	主要调查项目类别数量	代表性"特殊调查"项目
1909	21	学校儿童种痘问题；儿童课后有益活动；视力和学校环境状况之间的关系；家庭周围环境和工业发展对儿童体质的影响等。
1910	27	腺肿大和扁桃体肿大的关系；视力缺陷、龋齿和个人卫生的关系；肺结核对儿童身高、体重的影响等。
1911	30	腺状肿对学校儿童身高体重和营养的影响；扁桃体肿大和牙齿护理的关系；视力和视力检测；营养不良与结核病的关系等。
1912	38	甲状腺肿的盛行；用嘴呼吸与龋齿的关系；扁桃体肿大与牙齿护理的关系等。

① Board of Education, *Annual Report for 1911 of the Chief Medical Officer of the Board of Education*, His Majesty's Stationery Office, 1912, pp.10-12.

② Board of Education, *Annual Report for 1916 of the Chief Medical Officer of the Board of Education*, His Majesty's Stationery Office, 1917, p.9.

③ Board of Education, *Annual Report for 1909 of the Chief Medical Officer of the Board of Education*, His Majesty's Stationery Office, 1910, p.12-13; *Annual Report for 1910 of the Chief Medical Officer of the Board of Education*, His Majesty's Stationery Office, 1911, p.19—20; *Annual Report for 1911 of the Chief Medical Officer of the Board of Education*, His Majesty's Stationery Office, 1912, p.10-12; *Annual Report for 1912 of the Chief Medical Officer of the Board of Education*, His Majesty's Stationery Office, 1913, p.12-13; *Annual Report for 1913 of the Chief Medical Officer of the Board of Education*, His Majesty's Stationery Office, 1914, p.10-13; *Annual Report for 1914 of the Chief Medical Officer of the Board of Education*, His Majesty's Stationery Office, 1915, p.7-9; *Annual Report for 1915 of the Chief Medical Officer of the Board of Education*, His Majesty's Stationery Office, 1916, p.10-11.

续表

年份	主要调查项目类别数量	代表忾"特殊调查"项目
1913	70(按地区计)	腺状肿对儿童的影响;腺状肿、营养不良和龋齿之间的关系等
1914	42(按地区计)	视力特殊缺陷儿童的报告;腺状肿的特殊报告;扁桃体肿大和腺状肿特殊案例;瘫痪儿童的精神状况等。
1915	28(按地区计)	腺状肿和特殊调查;学生营养不良的调查;学生毕业后视力退化情况调查等。

　　第二次世界大战期间,学校医疗服务体系正常运行。绝大多数地方教育当局的学校儿童医学检查及常见疾病与轻微疾病的治疗没有中断。如表4.12 所示,大多数地方教育当局仍然维持了对入学组、中间组和离校组学校儿童的医疗检查,只是在 1942—1945 年间在检查数量上出现了下降。在疾病与缺陷治疗方面,尽管学校儿童接受视力和牙齿矫正、鼻喉缺陷治疗的数量出现了下降,但是接受轻微疾病治疗的儿童数量仍然维持了战前的水平,而且在这一战争特殊时期还"见证了儿童指导诊所,以及令人更加惊奇的是语言治疗的发展"[1]。

表 4.12　1938—1945 年英格兰和威尔士公立初等学校儿童医学检查与治疗数量统计表[2]

		1938	1939	1940	1941	1942	1943	1944	1945
医学检查	常规检查儿童数量	1677	1294	1595	1599	1619	1335	1297	1322
	特殊检查和复查儿童数量	3746	3050	2922	2835	3046	2868	2725	2268

　　① Bernard Harris, *The Health of the Schoolchild:A History of the School Medical Service in England and Wales*, Open University Press, 1995, p.154.

　　② Bernard Harris, *The Health of the Schoolchild:A History of the School Medical Service in England and Wales*, Open University Press, 1995, p.155.

续表

		1938	1939	1940	1941	1942	1943	1944	1945
疾病与缺陷治疗	治疗轻微疾病儿童数量	1121	987	968	1189	1238	1304	1269	1124
	治疗视力缺陷与斜视儿童数量	285	241	238	241	248	248	242	233
	治疗鼻喉缺陷儿童数量	142	105	75	72	90	97	89	86

二、学校儿童的牙科医疗服务

在英国医学史上，牙科医学在英国公共健康架构中曾经无足轻重，直到英国学校健康服务的推行，牙科医学才获得前所未有的发展机遇。实际上，牙科医学在欧洲大陆国家发展较早，德国自 1902 年以来就开始向学校儿童提供免费牙齿疾病诊疗服务，至 1909 年已经有 45 个城镇至少聘用 80 名校园牙医开展服务[1]。在英国，1907 年以来在学校的例行体检中发现大部分学校儿童都患有不同程度的牙科疾病（如龋齿等），牙齿疾病的诊断与治疗需要大量的牙科医生，由此确立了牙科医学在学校健康服务体系中的重要地位[2]。

对学校儿童牙齿疾病的诊断与治疗是英国学校医疗服务体系的重要职能之一。20 世纪初英国学校儿童体检过程中暴露出的儿童牙齿健康问题，引起许多医学人士及地方教育当局的关注。几乎半数以上的学校医疗官在报告中均提及了医疗检查中牙齿发育缺陷或患有龋齿的儿童信息，甚至一度将指定数量的蛀牙牙齿作为观察标准（最常使用的分类是患有龋齿的儿童分为两类：少于 4 颗、4 颗或更多的蛀牙）。在北安普顿郡对"新生组"和"离校组"学校儿童体检中就发现，5—6 岁之间儿童中，36.4%的牙齿良好，27.5%的有 4

① Board of Education, *Annual Report for 1909 of the Chief Medical Officer of the Board of Education*, His Majesty's Stationery Office, 1910, p.129.

② W.M.Frazer, *A History of English Public Health*, 1834—1939, Harrison Sons Ltd., 1950, pp. 408-409.

颗或更多的蛀齿;而在 13—14 岁的儿童中,33.3% 的牙齿良好,15.7% 的有 4 颗及以上蛀齿①。牙齿疾病已成为学校儿童健康的一大顽疾。

为此,有些地方教育当局开始建立牙科诊所,雇用全职或专职牙科医生诊断和治疗当地的学校儿童。英国第一个校园牙科诊所于 1907 年在剑桥建立②。1909 年,凯特林(Kettering)、诺威奇、布莱德福德等地区效仿牛津,为学校儿童提供牙科诊疗服务;利物浦地方教育当局已经为 910 名学校儿童实施了牙齿治疗,伯明翰利用私人捐助为 953 名学校儿童实施了牙齿治疗,伦敦地区的牙科志愿诊疗工作也已经展开;在乡村郡,萨默塞特郡地方教育当局鼓励牙医面向学校儿童开展廉价收费诊疗服务,多塞特郡教育当局收到 300 镑的捐助并雇用了一名牙医在西多塞特地区实施为期 3 个月的诊疗服务,萨里郡在牙科志愿协会的协助下开展诊疗服务③。1910 年,在教育部的批准下,16 个地方教育当局开始使用公共资金为学校儿童提供牙齿疾病诊疗服务,其中布莱德福德、剑桥、考文垂、诺维奇、谢菲尔德教育当局雇用了专职牙医,开设牙科诊所开展诊疗服务,其他教育当局或者雇用兼职牙医或者与当地医院合作开展服务④。

1918 年《教育法》规定地方教育当局有责任为学校儿童提供牙科诊疗,至 1918 年共有 169 个地方教育当局设置了 350 家牙科诊所,拥有 270 名牙科医生,其中绝大部分为兼职医生⑤。至 1920 年,实施牙齿诊疗服务的地方教育

---

① Board of Education, *Annual Report for 1908 of the Chief Medical Officer of the Board of Education*, His Majesty's Stationary Office, 1910, p.54.

② Board of Education, *Annual Report for 1908 of the Chief Medical Officer of the Board of Education*, His Majesty's Stationary Office, 1910, p.97.

③ Board of Education, *Annual Report for 1909 of the Chief Medical Officer of the Board of Education*, His Majesty's Stationary Office, 1910, pp.129–131.

④ Board of Education, *Annual Report for 1910 of the Chief Medical Officer of the Board of Education*, His Majesty's Stationary Office, 1911, pp.179—180.

⑤ Department of Education and Science, *The School Health Service, 1908—1974: Report of the Chief Medical Officer of the Department of Education and Science*, Her Majesty's Stationary Office, 1975, p.35.

当局已经增加到 235 个,包括 46 个郡、69 个郡城镇、86 个城镇和 34 个城市区,牙科诊所数量达到 586 家,其中 108 个地方教育当局共雇用了 159 名专职牙科医生,140 个教育当局雇用了 261 名兼职牙科医生[1]。1929 年教育部任命罗伯特·韦弗(Robert Weaver)为第一任牙科巡察官,监督和指导各地学校儿童的牙齿诊疗服务[2]。

大量牙科诊所的设立,校园牙医数量的增加,使加大对学校儿童牙齿的检查和诊断成为可能。至 1920 年共有 583074 名学校儿童得到牙医的检查,其中 70%的儿童被认为出现了严重的蛀牙需要进一步治疗[3]。经过数年来的牙齿检查,英国地方教育当局汇集了丰富的学校儿童牙齿健康状况数据,儿童龋齿问题凸显出来,儿童牙齿的诊疗特别是拔牙和补牙也得到了加强,学校儿童在学校牙科的治疗人数由 1923 年 60 万人次,增加到 1930 年 120 万人次[4]。比如,1913—1920 年伦敦地区新生组、中间组儿童龋齿问题比较突出(见表 4.13);1907—1920 年剑桥地区学校儿童牙齿诊疗累积达到 32732 人次,拔牙和补牙量分别达到 37723 颗和 46733 颗(见表 4.14)。就具体地区而言,比如在莱斯特郡,1919 年 3716 名学校儿童接受牙齿检查,其中 1985 名需要治疗;至 20 世纪 20 年代中期,该地的学校牙科诊疗体系得到进一步健全,1926 年检查的 15358 名儿童中有 8993 名儿童需要治疗,其中 6061 名得到治疗[5]。

---

① Board of Education, *Annual Report for 1920 of the Chief Medical Officer of the Board of Education*, His Majesty's Stationery Office, 1921, pp.65,93.

② Department of Education and Science, *The School Health Service*, *1908—1974*: *Report of the Chief Medical Officer of the Department of Education and Science*, Her Majesty's Stationary Office, 1975, p.35.

③ Board of Education, *Annual Report for 1920 of the Chief Medical Officer of the Board of Education*, His Majesty's Stationery Office, 1921, p.90.

④ John Welshman, "Dental Health as a Neglected Issue in Medical History: The School Dental Service in England and Wales, 1900—1940", *Medical History*, Vol.42, Issue 3, 1998, pp.306-327.

⑤ John Welshman, "Dental Health as a Neglected Issue in Medical History: The School Dental Service in England and Wales, 1900—1940", *Medical History*, Vol.42, Issue 3, 1998, pp.306-327.

表 4.13 1913—1920 年伦敦地区公立初等学校儿童牙齿健康状况统计表①

年份		新生组(%)		中间组(8 周岁)(%)		离校组(12 周岁)(%)		备注
		男生	女生	男生	女生	男生	女生	
1913	[1]	62.2	63	51.4	51.6	50	52.4	
	[2]	27.7	27.2	36.6	36.3	40	39	
	[3]	10.1	9.8	12	12.1	10	8.6	
1914	[1]	51.6	52	48.9	49.1	51.9	54.1	
	[2]	33.9	34.3	39.1	39	38.9	38.2	
	[3]	14.5	13.7	12	11.9	9.2	7.6	
1915	[1]	47.6	47.2	45.9	46.6	53.1	55.5	
	[2]	38.2	39.1	43.2	42.8	39.7	37.8	
	[3]	14.2	13.7	10.9	10.6	7.2	6.7	
1916	[1]	28.6	27.1	47.6	47.7	53.1	55	
	[2]	40	41	41.8	41.7	40.4	39.2	[1]牙齿健全
	[3]	31.4	31.9	10.6	10.6	6.5	5.8	
1917	[1]	40.5	39.2	46.2	46.9	55.2	56.4	[2]轻微龋齿
	[2]	35.7	37.5	39.8	40	38.6	38.1	[3]严重龋齿
	[3]	23.8	23.3	14	13.1	6.2	5.5	
1918	[1]	48.6	45	38.4	39.9	48.8	49.8	
	[2]	34.5	35.7	42.3	41.3	43.9	43.3	
	[3]	19.9	19.3	19.3	18.8	7.3	6.9	
1919	[1]	49.3	48.1	43.1	44.1	55.1	56.5	
	[2]	34.3	35.5	40.6	41.4	39.7	39.1	
	[3]	16.4	16.4	16.3	14.5	5.2	4.4	
1920	[1]	53.2	52.7	48.2	48.4	58	59.7	
	[2]	32.7	33.6	38.7	38.8	37.6	36.7	
	[3]	14.1	13.7	13.1	12.8	4.4	3.6	

---

① Board of Education, *Annual Report for 1920 of the Chief Medical Officer of the Board of Education*, His Majesty's Stationery Office, 1921, pp.90−91.

表 4.14 1907—1920 年剑桥教育当局为公立初等学校
儿童实施牙齿诊疗数量统计表①

年份	牙齿检查儿童人数	仅补牙儿童人数	补牙和拔牙儿童人数	仅拔牙儿童人数	补牙数量	拔牙数量		牙齿硝酸银脱敏儿童人数
						乳牙	恒牙	
1907	524	60	52	22	427	73	6	74
1908	2828	419	311	792	2832	1008	37	1254
1909	2843	407	339	511	2581	1121	61	1042
1910	2784	435	479	746	2886	1481	113	936
1911	3398	550	475	796	2950	1693	89	767
1912	4254	962	673	670	4659	2307	79	1104
1913	5041	1183	677	940	4603	3270	77	1013
1914	5399	1026	881	1453	4501	3942	133	947
1915	5837	1178	798	1249	3896	3968	104	851
1916	5408	1135	602	1119	3654	3520	93	1045
1917	5378	918	762	1149	3828	3838	116	972
1918	5009	973	555	980	3051	3172	53	999
1919	6947	1324	915	1579	4181	4187	105	1070
1920	4566	836	632	1169	2684	2800	77	1165
合计	60216	11406	8151	13175	46733	36580	1143	13239
			32732		46733	37723		

　　20 世纪 30 年代,英格兰和威尔士各地学校牙科服务体系得到进一步发展。1932 年,316 个教育当局中已经有 312 个实施了牙科服务,设立了 1300

---

　　① Board of Education, *Annual Report for 1920 of the Chief Medical Officer of the Board of Education*, His Majesty's Stationery Office, 1921, p.92.

家牙科诊所,共有 550 名专职医生①。1935 年,316 个地方教育当局中已经有 314 个开展了牙齿诊疗服务,共有专职牙科医生 646 名②。1938 年,315 个地方教育当局中已经有 314 个开展了牙齿诊疗服务,牙科诊所增加到 1673 家(见表 4.10);专职牙科医生的数量达到 780 名③。学校儿童接受牙齿检查的人数从 1930 的 280 万增加到 1938 年 350 万,得到治疗的儿童人数从 1930 年 120 万增加到 1938 年 160 万,这一人数占当年需要治疗儿童人数的 65.5%;校园牙科医生的补牙数量和拔牙数量在这一年分别达到了 140 万颗和 310 万颗④。

第二次世界大战期间,学校牙科服务体系受到战争剧烈冲击,但是仍然正常运行。战争初期,很多校园牙科医生被征调到军队中服务,迫使教育部要求地方教育当局求助于个体全科医生,继续为学校儿童提供牙齿诊疗服务。所以,至 1945 年专职和兼职校园牙科医生分别减少到 317 人和 408 人,牙医助理减少到 563 人⑤。由此学校儿童牙齿检查和治疗人数在 1938 — 1945 年间分别下降到 22.1% 和 33.1%(见表 4.15)⑥。

① Department of Education and Science, *The School Health Service, 1908 — 1974: Report of the Chief Medical Officer of the Department of Education and Science*, Her Majesty's Stationary Office, 1975, p.35.

② John Welshman, "Dental Health as a Neglected Issue in Medical History: The School Dental Service in England and Wales, 1900—1940", *Medical History*, Vol.42, Issue 3, 1998, pp.306-327.

③ Department of Education and Science, *The School Health Service, 1908 — 1974: Report of the Chief Medical Officer of the Department of Education and Science*, Her Majesty's Stationary Office, 1975, pp.35-36.

④ John Welshman, "Dental Health as a Neglected Issue in Medical History: The School Dental Service in England and Wales, 1900—1940", *Medical History*, Vol.42, Issue 3, 1998, pp.306-327.

⑤ Bernard Harris, *The Health of the Schoolchild: A History of the School Medical Service in England and Wales*, Open University Press, 1995, p.153.

⑥ John Welshman, "Dental Health as a Neglected Issue in Medical History: The School Dental Service in England and Wales, 1900—1940", *Medical History*, Vol.42, Issue 3, 1998, pp.306-327.

表 4.15　1938—1945 年英格兰和威尔士地方教育
当局牙齿检查和诊疗服务统计表①

	接受牙齿检查儿童人数	需要牙齿治疗儿童人数	获得治疗儿童人数
1938	3531	2498	1635
1939	3040	2123	1431
1940	3224	2251	1431
1941	3195	2256	1420
1942	3324	2131	1414
1943	3220	1966	1310
1944	3177	1862	1239
1945	2751	1615	1093

　　1944 年《教育法》进一步强制要求地方教育当局为所有在校学生提供牙科的检查和治疗服务。为此，在教育部的要求下，所有地方教育当局都任命了高级牙科医疗官，并建立牙科诊疗记录卡。至 1947 年，专职牙科医生达到了920 名；1948 年国民健康服务体系推行后，200 多名学校专职牙医投奔到国民牙科服务机构（General Dental Service）中；直到 1952 年，由于部分兼职牙医的加入，学校牙医的数量才有所增加；至 1953 年，学校健康服务共聘用了 945 名专职牙医②。二战后，补牙服务开始大幅增加。比如，1973 年，学校牙科医生共为学校儿童永久性补牙 230 万颗、临时补牙 110 万颗，而拔牙还不到 120 万颗③。另外，牙齿矫正在二战后的学校牙科服务中亦发展起来。1956 年，学校

---

　　①　Bernard Harris, *The Health of the Schoolchild : the History of the School Medical Service in England and Wales*, Open University Press, 1995, p.155.

　　②　Department of Education and Science, *The School Health Service, 1908 — 1974 : Report of the Chief Medical Officer of the Department of Education and Science*, Her Majesty's Stationary Office, 1975, p.36.

　　③　Bernard Harris, *The Health of the Schoolchild : A History of the School Medical Service in England and Wales*, Open University Press, 1995, pp.194 — 195.

牙医共安装了 30101 个可摘矫治器和 3424 个固定矫治器；1973 年，前者增加到 42684 个，后者降为 2773 个①。

学校牙科服务体系为 20 世纪前期学校儿童的牙齿健康保驾护航的同时，也为第二次世界大战后英国国民牙科服务的开展提供了蓝本。1948 年国民健康服务体系实施全民免费牙科医疗的政策，充分反映了牙科医学越来越受到英国社会的重视，但对学校牙科服务形成了不小的冲击。除了学校牙医的流失外，学校儿童在国民牙科服务机构的就诊人数日益增加。在国民健康服务体系实施的初期，绝大部分学校儿童还是继续到校园牙科诊所接受治疗，但是到了 20 世纪 60 年代中期，5—15 岁学校儿童在国民牙科服务的就诊人数达到了近 450 万人次②。

三、残障儿童的康复与教育

保障残障儿童的治疗与康复，使其能够享有受教育的权利，是 20 世纪英国学校医疗服务体系的重要职能之一。

为改善残障儿童的健康水平和保障其受教育的权利，早在 19 世纪后期诸多慈善人士及医学人士支持的特殊学校、慈善机构组织就已经出现③。如第一节所述，1893 年议会首次为残疾儿童的教育制定法令《初等教育（盲聋儿

①　Bernard Harris, *The Health of the Schoolchild: A History of the School Medical Service in England and Wales*, Open University Press, 1995, p.195.

②　Bernard Harris, *The Health of the Schoolchild: A History of the School Medical Service in England and Wales*, Open University Press, 1995, p.192.

③　早在 1791 年利物浦已开办招收贫困盲童与感染天花儿童的民办学校，1807 年的一部教育法令曾要求为所有儿童（包括残障儿童）提供初等教育，但被议会驳回。1833 年英国政府首次拨款 2 万英镑给志愿组织，以助其“为较为贫困阶层的儿童建立校舍”；1839 年拨款增至 3 万英镑，并由枢密院设专门教育委员会任命一位常任秘书和一位监察员管理监督年度拨款的使用。1851 年马里波恩建立了“残疾女孩之家和产业学校”，1865 年肯辛顿建立了“全国残疾男孩产业之家”。1876 年起，为初等学校盲聋儿童、残疾儿童设立特殊教育机构的需求日益明显，1883 年英国政府任命了负责盲聋儿童事务的皇家委员会，寻求教育盲聋儿童的方式与方法。1888 年戈斯福斯、纽卡斯尔建立了“贫困残疾儿童之家”。参阅 Sir George Newman, *The Building of A Nation's Health*, Macmillan 1939, p.226.

童)法》,明确了盲聋儿童父母的义务及地方教育当局的责任;1899年又通过
《初等教育(缺陷与癫痫儿童)法》,保障精神疾病和身体残障儿童、癫痫儿童
的受教育权利。然而,上述两个法令并没有得到地方教育当局很好地贯彻。
"教育部医疗司的创建以及学校医疗服务的启动,极大推动了残疾儿童康复
学校的建立,使教育和训练成为此类医学治疗具有实质意义的一部分"①。
1908年教育部在"596号通知"中建议,"评估根据1893年法令和1899年法
令对盲聋儿童、智力缺陷儿童、身体残疾儿童、癫痫儿童进行教育所采取的方
式以及这种方式的充分性"②。为此,教育部开始系统关注针对盲聋儿童、智
力缺陷儿童、身体残疾儿童的"特殊学校"的设置,积极发展特殊教育,使残障
儿童的教育和康复训练成为学校医疗服务的必要组成部分。

　　自1893年《初等(盲聋儿童)教育法》发布至1914年,各地教育当局开展
了系列针对盲童和其他残障儿童身体状况和智力条件的医学调查,通过对其
进行分类来决定其接受何种对应教育与康复治疗。以眼盲儿童为例,地方教
育当局经过对其重新分类,对其中的近视眼和部分失明儿童专设特殊班级,并
针对性地配置相关设备(如免费配送眼镜)等对其进行康复训练。而且政府
还坚持对盲童的关注与援助:1920年《盲人法案》(Blind Persons Act)规定卫
生部在地方为盲童提供生活津贴。同时卫生部还任命部门委员会调查儿童致
盲原因、推荐预防失明和医疗康复方法,从根源上杜绝和预防婴儿期眼疾的发
生。1938年《盲人法案》又授权所有地方政府机构监督管理并援助辖区内登
记在册的72所特殊学校的6.9万名盲童(其中包括为2700名走读和1000名
寄宿盲童提供护理的20个志愿组织和寄宿学校),中轻度眼疾儿童的视力状
况因此得以明显改善③。针对失聪儿童,教育部及各地教育当局也采取了系

---

① Sir George Newman, *The Building of A Nation's Health*, Macmillan 1939, p.226.

② Board of Education, *Circular 596*, 17th August 1908, in Board of Education, *Annual Report for 1908 of the Chief Medical Officer of the Board of Education*, His Majesty's Stationary Office, 1910, pp. 155–162.

③ Sir George Newman, *The Building of A Nation's Health*, Macmillan 1939, p.224.

列积极措施:1927年失聪儿童被分为4类,根据病情轻重程度分别进入普通学校及特殊学校学习;1930年伯明翰、伦敦、托特纳姆三地为部分失聪儿童引入听力仪等科学仪器①。

对于残障儿童的教育,教育部一贯秉持"能在普通学校接受教育的残障儿童决不安置在特殊学校"的原则②。除普通初等学校接受标准教育的正常儿童外,普通初等学校"特殊班级"(Special Class)接受康复教育的智力迟钝儿童,以及特殊学校受到监护治疗的眼盲、身体和智力残障儿童,是特殊教育的重点关注对象。事实证明此种分类是极有必要的:残障儿童不仅据此可得到系统细致的检查诊断,而且对其提供后续治疗和监管的康复教育机构、特殊班级、特殊学校也得以建立。

至1909年7月31日,根据1893年法令设置了304所特殊学校和机构,根据1899年法令英格兰和威尔士分别设置了296所和8所特殊学校,这些学校和机构都处于教育部的监管之下,在其接受教育的残障儿童达17610名,包括盲童1608名,失聪儿童3418名,精神缺陷和身体残疾儿童12372名,癫痫儿童212名③。至1914年,处于教育部监管之下的残疾人学校共61所,能够容纳5005名残疾儿童,其中57所是由大城市教育当局设立的走读学校,主要是在伦敦、利物浦、伯明翰、布莱德福德、利兹、谢菲尔德、布利斯托尔、雷丁、西翰姆、奥尔德姆(Oldham),其中75%的容纳量在伦敦郡议事会辖区,五分之四的儿童都是残疾人,其他的都是慢性病患者④。至1920年,各类特殊学校共

① Department of Education and Science, *The School Health Service, 1908—1974: Report of the Chief Medical Officer of the Department of Education and Science*, Her Majesty's Stationary Office, 1975, p.16.

② Department of Education and Science, *The School Health Service, 1908—1974: Report of the Chief Medical Officer of the Department of Education and Science*, Her Majesty's Stationary Office, 1975, p.13.

③ Board of Education, *Annual Report for 1908 of the Chief Medical Officer of the Board of Education*, His Majesty's Stationary Office, 1910, p.107.

④ Board of Education, *Annual Report for 1914 of the Chief Medical Officer of the Board of Education*, His Majesty's Stationery Office, 1915, pp.174-175.

509 所,注册在校的残障儿童共 34342 人,其中盲人学校包括 40 所走读学校和 27 所寄宿学校,主要分布在伦敦、博尔顿、伯明翰、布莱德福德、莱斯特、利兹、利物浦、特伦特河畔的斯托克(Stoke-on-Trent)、诺丁翰姆、艾克塞特、布林顿、谢菲尔德和沃尔瑟姆斯托(Walthamstow);聋哑学校共 50 所,包括 21 所寄宿学校,主要分布在布利斯托尔、伦敦、托特纳姆(Tottenham)等地;残疾人学校 73 所,包括 13 所寄宿学校,另外还有 22 所专门面向患有非肺部结核病儿童的寄宿学校;精神缺陷儿童学校共 201 所,包括英格兰 195 所和威尔士 6 所,能够容纳 16123 名儿童;癫痫儿童学校 6 所,全部为寄宿学校,除了曼彻斯特的学校外,其它均由志愿组织管理[1]。至 1938 年,由地方教育当局管理的走读和寄宿特殊学校共 458 所,另有 150 所寄读特殊学校由志愿组织管理,其中走读学校能够容纳 36000 名儿童,寄宿学校能够容纳 22000 名儿童,可谓是"英国以及其他任何一个国家历史上所记录的最辉煌的医学征服成就之一"[2]。

在学校医疗服务体系下,特殊学校既是残障儿童接受教育的场所,也是其开展疾病治疗与康复训练的重要机构。大量的残疾和畸形得以矫正,视力缺陷和听力缺陷逐步减少;部分聋哑儿童通过早期诊断、长期听力训练和教育,也获得部分听力和语言表达的能力;经过特殊教育努力,初等学校儿童中智力迟钝的发病率也从原来 0.5% — 15% 之间降至 10% 左右[3]。对聋哑儿童进行早期诊断、长期听力训练和教育,加之医学技术的进步,一些儿童能够获得部分听力和语言表达的能力,据 1969—1970 年对 20 所聋哑学校 167 名 15 岁学生的调查表明,39% 的受调查者已经具有了表达易于理解语言(intelligible

---

① Board of Education, *Annual Report for 1920 of the Chief Medical Officer of the Board of Education*, His Majesty's Stationery Office, 1921, pp.117, 118, 121, 122-123, 125, 127.

② Sir George Newman, *The Building of A Nation's Health*, Macmillan 1939, p.225.

③ Sir George Newman, *The Building of A Nation's Health*, Macmillan 1939, p.225.

speech)的能力①。

学校医疗机构也积极对残障儿童实施治疗。据统计,1925—1938年间,能够对残障儿童提供有效治疗的地方教育当局从85个增加到270个,能够提供专门外科手术的校园医院从70家增加到382家,其中利兹、巴斯、斯坦福德郡、什罗普郡等地的67%—90%残疾儿童经过手术治疗回归正常儿童的生活②。

1944年《教育法》进一步强化了地方教育当局对残障儿童的责任和义务。它使诊断和治疗残障儿童,并为2—5岁和5—16岁的残障儿童提供受教育机会成为地方教育当局的职责。至1970年,约有90000名具有语言障碍的儿童在普通学校接受矫正,而在特殊学校的则不到400人;约有10000名患有癫痫的儿童在普通学校进行治疗,而在特殊学校的仅有800人;肢体残疾儿童在普通学校的逾10000人,在特殊学校则为9000人③。

综上所述,作为学龄人口获得医学检查、治疗的主要来源之一,学校医疗服务对学校儿童健康状况的改善产生了积极的影响。以伦敦为例,1912年有39.5%的学校儿童备受1种或几种寄生虫困扰,在1937年已降至7.9%;之前被视为英国学校儿童一大灾难的头癣,也几乎消失不见,1911年有6124例,到1937年时仅有181例;常见的伦敦学校儿童营养不良状况由1912年的12.8%也降至1937年的0.6%;1911年时伦敦教育局治疗了5000例牙病病例,但在1937年已治疗138000例,牙病治疗数量的稳定增长表明每一年龄段儿童牙齿状况已得以改善;在校儿童佝偻病、肺结核发病率及严重程度也大为

---

① Department of Education and Science, *The School Health Service, 1908—1974: Report of the Chief Medical Officer of the Department of Education and Science*, Her Majesty's Stationary Office, 1975, p.17.

② Bernard Harris, *The Health of the Schoolchild: A History of the School Medical Service in England and Wales*, Open University Press, 1995, p.110.

③ Department of Education and Science, *The School Health Service, 1908—1974: Report of the Chief Medical Officer of the Department of Education and Science*, Her Majesty's Stationary Office, 1975, p.13.

减少；1910年以来儿童贫血及心脏病发病率也有明显下降①。在身体体质条件方面，20世纪30年代的学校儿童已迥然于其父母1907年在类似学校时的状况。这一积极效果的证据可见之于"中央和地方的官方报告以及上百万的家庭中"②。"教育""受教育权"在这一时期被赋予了新的意义。正如1911年伦敦郡议会的教育官员评价的一般："以前教育被大体定义为学生性格的成熟和思想的成长，现在教育越来越意味着为儿童寻求解决问题办法的能力，包括儿童身体疾病、饥饿、贫困和工作问题等③。

第三节　20世纪前期苏格兰学校医疗服务

与英格兰和威尔士不同的是，苏格兰学校医疗服务体系的启动不是从1907年《教育（行政供给）法》开始的，而是依据新的法令，即1908年和1913年的《教育（苏格兰）法》[Education(Scotland)Act]。最初的苏格兰学校医疗服务体系在组织安排和财政管理上比较复杂，致使在1918年前苏格兰的学校医疗服务发展比较缓慢。1919—1938年是在20世纪前期苏格兰学校医疗服务发展的黄金时期，尤其是在第二次世界大战前的30年代，苏格兰学校医疗服务在各个领域都取得了显著的成效。

一、苏格兰学校医疗服务体系的构建

1908年《教育（苏格兰）法》第4条正式授予苏格兰地方当局实施学校儿童医学检查的权力，而对学校儿童实施治疗安排的权力则迟至1913年《教育（苏格兰）法》才正式授予。根据1908年法令，具体实施苏格兰地区学校儿童

---

① Sir George Newman, *The Building of A Nation's Health*, Macmillan 1939, p.210.

② Sir George Newman, *The Building of A Nation's Health*, Macmillan 1939, p.213.

③ Bernard Harris, *The Health of the Schoolchild: A History of the School Medical Service in England and Wales*, Open University Press, 1995, p.64.

医学检查的不是各教区的学校委员会（School Board），而是各郡和城镇的二级教育委员会（Secondary Education Committee）。医学检查的费用一半由学校委员会支付，另一半则由二级教育委员会的公共基金支付；而根据1913年法令，实施治疗安排的支出一半由教育委员会支付，另一半则由财政部专款资助①。如此复杂的安排，使苏格兰地区学校医疗服务在最初几年里发展缓慢，直到1918年《教育（苏格兰）法》将实施学校医疗服务的主体全部统一为各地的教育当局，才使得苏格兰各地的学校医疗服务在组织和财政上实现了统一。

1919年，苏格兰学校医疗服务的行政管理权由苏格兰教育部（Scottish Education Department）划转至苏格兰卫生委员会，具体管理程序是：地方教育当局将下一年度的学校医疗服务计划及其所需开支提交至苏格兰卫生委员会，苏格兰卫生委员会接到教育当局的医疗服务计划后，向苏格兰教育部征求意见；如果苏格兰教育部没有意见或根据其意见调整后，苏格兰卫生委员会将正式批准教育当局的学校医疗服务计划，并下发至教育当局②。1929年苏格兰卫生委员会改组为苏格兰卫生部后，苏格兰卫生部继续行使对学校医疗服务的行政管理权。根据1929年《地方政府（苏格兰）法》[Local Government (Scotland) Act]，自1930年5月16日起，学校儿童的教育和医疗职责由各地教育当局划转至4个大城市（阿伯丁、邓迪、爱丁堡和格拉斯哥）的城镇议事会和各郡议事会，学校医疗服务体系第一次纳入各地公共卫生当局的行政管理之下，4个城市的健康医疗官和所有郡健康医疗官即是各地学校医疗服务体系中的首席学校医疗官③。

以学校医疗官为首的医务人员是苏格兰学校医疗服务体系的主要工作人

---

① Department of Health for Scotland, *First Annual Report of the Department of Health for Scotland,1929*, His Majesty's Stationery Office, 1930, p.72.

② Department of Health for Scotland, *First Annual Report of the Department of Health for Scotland,1929*, His Majesty's Stationery Office, 1930, p.74.

③ Department of Health for Scotland, *Second Annual Report of the Department of Health for Scotland,1930*, His Majesty's Stationery Office, 1931, p.54.

员，主持或参与到学校儿童的医学检查和轻微疾病的治疗工作中。截止到1929年，苏格兰共有37个教育当局，其中4个主要大城市和10个郡的教育当局各自聘用了1名专职学校医疗官；11个学校儿童总量较少的郡，其学校医疗官除了负责学校医疗服务外，还兼有其他职责；其余12个郡的学校医疗官由郡健康医疗官兼任，并配有专职或兼职执行助理，这些助理一般是由公共卫生领域的医疗官或参与学校儿童体检及治疗的全科医生担任；医学专家是学校医疗服务体系中不可或缺的人员，主要是聘用了治疗眼睛和视力缺陷、耳鼻喉疾病、皮肤疾病、牙齿疾病方面的医学专家。另外还有大量的专职或兼职护士①。就具体数量而言，至1929年，苏格兰学校医疗服务体系聘用的医务人员主要包括37位首席学校医疗官，其中21位是郡健康医疗官兼职；64位助理医疗官，其中13位是兼职；47位当地兼职的全科医生；82位牙科医生，其中37位是兼职；41位眼科专家，17位耳鼻喉科专家，3位皮肤病专家，1位整形外科医生，2位心理科医学生；以及684位护士，其中176位是专职，27位是兼职健康访问员，481位是兼职乡村巡回护士②。至1938年，苏格兰教育当局雇用的学校医疗服务人员主要包括191名学校医疗官，其中专职医疗官45名，兼职医疗官93名，当地全科医生53名；兼职医学专家72名，其中耳科专家20名，眼科专家40名，皮肤病专家、心理学专家和外科整形医生等12名；牙科医生97名，其中专职医生65名，兼职医生32名；专职校园护士142名；牙齿修整师20名；女性按摩师10名③。需要强调的是，校园护士在大城市和人口大郡的学校医疗服务中都是承担着全职工作，主要职责包括：第一，"协助对学校儿童系统性和特殊性医学检查，以及随后需要治疗和监管的儿童"；第二，

① Department of Health for Scotland, *First Annual Report of the Department of Health for Scotland*, 1929, His Majesty's Stationery Office, 1930, p.77.

② Department of Health for Scotland, *First Annual Report of the Department of Health for Scotland*, 1929, His Majesty's Stationery Office, 1930, p.77.

③ Department of Health for Scotland, *Tenth Annual Report of the Department of Health for Scotland*, 1938, His Majesty's Stationery Office, 1939, pp.82-83.

"在校园医院开展轻微疾病的治疗,一般来说还要协助医院的专科诊疗";第三,"监管和治疗特殊学校中儿童"①。

学校教师和学校儿童家长也在苏格兰学校医疗服务体系中发挥着一定的作用。学校教师除了在一些地区协助完成医学检查的非技术性工作外,其在学校医疗卫生中所发挥的作用主要体现在参与特殊检查儿童的遴选、医疗官所报告特殊儿童的监管、学校环境管理中的卫生清洁,以及学生的教育性训练等方面②。而家长则被鼓励参与到学校儿童的医学检查中。在不同的地区家长在学校儿童体检中的参与程度不完全一致。比如,1932年在阿伯丁城新生组体检中家长的参与率达97%,中间组的家长参与率为92,离校组的家长参与率为73%;在格拉斯哥城常规体检中家长的参与率为75%,高于以前11年64%的平均参与率;丹巴顿郡学校儿童体检的家长参与率从1912年的3%增加到1932年的44%③。

二、苏格兰学校儿童的医学检查和治疗

与英格兰和威尔士一样,苏格兰学校儿童的常规医学检查被认为是学校医疗服务能够高效运行的重要基础,也分成三个年龄组,即5岁的新生组、9岁的中间组和12岁的离校组。除了常规医学检查外,还选取一部分有身体缺陷的儿童进行复查或特殊检查;对7岁左右的儿童运用斯内伦视力卡(Snellen card)开展视敏度检查,有的地区还对学校儿童开展验光检查;对于患有精神缺陷或身体缺陷的儿童开展专门测试或更详细的诊断性检查;对特殊学校和特殊班级的残障儿童开展近距离的监管和检查;对正在校园医院治疗各种轻

---

① Department of Health for Scotland, *Second Annual Report of the Department of Health for Scotland*, *1930*, His Majesty's Stationery Office, 1931, p.55.

② Department of Health for Scotland, *Second Annual Report of the Department of Health for Scotland*, *1930*, His Majesty's Stationery Office, 1931, pp.56-57.

③ Department of Health for Scotland, *Second Annual Report of the Department of Health for Scotland*, *1932*, His Majesty's Stationery Office, 1933, p.55.

微疾病的儿童开展检查和复查；对疑似感染传染性疾病的儿童进行检查；对获准进入康复和休养机构的儿童进行遴选检查；对课余时间申请工作许可的儿童进行检查，等等①。

根据笔者目前掌握的资料，自 1929 年以来苏格兰学校儿童医学检查人数和结果都有比较完整的记录。如表 4.16 所示，自 1929 年起，每学年苏格兰地区参加医学检查的学校儿童几乎达到 50 万人，是 1919—1920 年人数的近 2 倍；1929—1938 年 10 年间，苏格兰地区参加常规检查的学校儿童占当年度出勤数量的比例都保持在三分之一左右，特殊检查和复查学校儿童的数量亦保持在当年度出勤儿童数量的三分之一左右，而且这一比例在 1934 年以后呈现增长的趋势，说明当时苏格兰学校医疗服务日益重视对那些具有明显身体缺陷儿童的特殊检查和复查；也就是在 1934 年以后，接受医学检查的学校儿童总人数日益接近当年学校注册儿童人数的一半，表明苏格兰地区的学校医学检查日益制度化，检查的人数保持相对稳定。

而通过对不同年龄组的学校儿童进行系统检查所发现的儿童常见疾病和身体缺陷，可以反映出当年度苏格兰地区学校儿童身体条件和健康的总体状况，即表明患有各种疾病或缺陷儿童的数量、疾病或缺陷的严重程度，哪些缺陷是可以补救或治疗的，哪些又是无法补救的。如表 4.17 所示，各类轻微疾病或身体缺陷的发生率历年变化不是很大，而对于这些疾病或缺陷，如果不进行及时的治疗，很有可能发展成为非常严重的状况。所以，学校将这些疾病或缺陷及时告知学校儿童的家长，以便能够采取有效措施补救或实施治疗。比如，在拉纳克郡，1936—1937 年学生平均出勤人数为 82540 人，其中 10053 名儿童及 13755 种疾病或缺陷（牙齿缺陷除外）被告知家长注意；28% 的学校儿童即 2810 人因其衣服、鞋袜和个人清洁问题被告知家长；由此共有 6580 名儿

---

① Department of Health for Scotland, *Second Annual Report of the Department of Health for Scotland*, *1930*, His Majesty's Stationery Office, 1931, p.57.

童及8606种卫生健康问题及时得到治疗和补救①。而且,各地的医学检查结果,也反映出当地学校儿童身体条件和健康状况。比如,在斯特灵郡(Stirling County),1935—1936年在对8736名儿童的医学检查表明,绝大多数儿童衣着都是清洁干净的,仅有5名儿童的鞋袜不合要求,仅有1名儿童身体着虱,且所有年龄组的儿童平均身高都有提升,而1922—1923年当地对8277名儿童的医学检查结果却要糟糕得多,如12名儿童衣着不足,15名儿童衣衫褴褛,29名儿童衣物污秽,24名儿童鞋袜不合要求,337名儿童身体着虱,儿童耳朵流脓率是1935—1936年的2.5倍,佝偻病的患病率是1935—1936年的1倍多②。

表4.16　1919—1938年苏格兰学校儿童医学检查统计表③

年度	实施医学检查的学校数量	学校儿童平均出勤数量[1]	常规医学检查儿童数量[2]	特殊检查儿童数量[3]	复查儿童数量[4]	医学检查儿童数量合计	[2]占[1]的百分比(%)	[3]+[4]占[1]的百分比(%)
1919—1920	—	—	20798	54332		258130	—	—
1928—1929	—	—	254044	217935		471979	—	—
1929—1930	3344	741801	263334	146332	82634	492300	35	31

①　Department of Health for Scotland, *Ninth Annual Report of the Department of Health for Scotland*, 1937, His Majesty's Stationery Office, 1938, p.77.

②　Department of Health for Scotland, *Eighth Annual Report of the Department of Health for Scotland*, 1936, His Majesty's Stationery Office, 1937, pp.74-75.

③　Department of Health for Scotland, *First Annual Report of the Department of Health for Scotland*, 1929, His Majesty's Stationery Office, 1930, p.75; *Second Annual Report of the Department of Health for Scotland*, 1930, pp.58,59; *Third Annual Report of the Department of Health for Scotland*, 1931, His Majesty's Stationary Office, 1932, p.48; *Fourth Annual Report of the Department of Health for Scotland*, 1932, p.66; *Fifth Annual Report of the Department of Health for Scotland*, 1933, His Majesty's Stationary Office, 1934, pp.56,57; *Sixth Annual Report of the Department of Health for Scotland*, 1934, p.74; *Seventh Annual Report of the Department of Health for Scotland*, 1935, pp.74-75; *Eighth Annual Report of the Department of Health for Scotland*, 1936, p.73; *Ninth Annual Report of the Department of Health for Scotland*, 1937, p.76; *Tenth Annual Report of the Department of Health for Scotland*, 1938, p.84.

续表

年度	实施医学检查的学校数量	学校儿童平均出勤数量[1]	常规医学检查儿童数量[2]	特殊检查儿童数量[3]	复查儿童数量[4]	医学检查儿童数量合计	[2]占[1]的百分比(%)	[3]+[4]占[1]的百分比(%)
1930—1931	3389	750400	248835	136684	99971	485490	33	32
1931—1932	3400	759887	247272	128021	101456	476749	33	32
1932—1933	3364	756222	243345	148975	89670	481990	32	31
1933—1934	3352	764710	247342	151967	82422	484731	33	31
1934—1935	3338	749743	236923	166470	81980	485373	32	34
1935—1936	3339	735415	243240	157640	84136	485016	33	33
1936—1937	3344	722191	231812	174452	74863	481127	32	35
1937—1938	3352	711278	233306	174452	74863	488092	33	36

表 4.17 1926—1938 年苏格兰学校儿童医学检查结果统计表①

疾病或缺陷		患有各类疾病或缺陷的儿童占所检查儿童的百分比(%)			
		1926—1927	1931—1932	1936—1937	1937—1938
心脏和血液循环	先天性心脏病	0.1	0.1	0.2	0.1
	后天性心脏病	0.5	0.7	0.5	0.5
	功能性疾病	1.1	1.2	1.2	1.2
	贫血	2.3	2.5	1.9	1.7
肺	慢性支气管炎	2	2	1.6	1.5
	结核病	0.03	0	0.03	0.03
	疑似结核病	0.1	0.1	0.1	0.06
	其他肺病	1.5	1.9	1.5	0.9
非肺结核病		0.4	0.2	0.2	0.2

① Department of Health for Scotland, *Tenth Annual Report of the Department of Health for Scotland*, 1938, His Majesty's Stationery Office, 1939, pp.192—193.

续表

疾病或缺陷		患有各类疾病或缺陷的儿童占所检查儿童的百分比（%）			
		1926—1927	1931—1932	1936—1937	1937—1938
佝偻病	轻微	0.9	0.9	0.7	0.6
	严重	0.7	0.5	0.2	0.2
畸形	先天	0.3	0.3	0.4	0.4
	后天	1.1	0.6	0.8	0.8
皮肤状况	头部癣和黄癣	0.06	0.03	0.03	0.03
	头部脓疱及其他疾病	0.6	1.2	0.6	0.9
	身体：体癣、脓疱、疥疮等	1.7	1.7	2.2	2
淋巴结	颌下	12.7	10	9.5	9.5
	颈部	11.4	9.5	9.1	9.3
牙齿	1—4颗龋牙	59.9	58.2	56.6	56.5
	5颗及以上龋牙	14.7	14.1	14.9	14.5
鼻：粘膜炎及阻塞		6.5	4.6	4.3	3.9
喉咙	轻度扁桃体肥大	15.7	14.4	14.4	14.5
	重度扁桃体肥大	4.1	4.1	4.5	4.5
	可能腺状肿	2.7	2.7	2.3	2.4
	腺状肿	1	0.8	0.8	0.9
眼外疾	睑缘炎、结膜炎、角膜混浊等	3	2.8	2.4	2.3
	斜视	2.1	2.4	2.5	2.5
视敏度	一般	12.9	12.9	11.7	12.2
	很差	5.4	4.9	4.7	4.7

续表

疾病或缺陷		患有各类疾病或缺陷的儿童占所检查儿童的百分比(%)			
		1926—1927	1931—1932	1936—1937	1937—1938
耳朵	流脓	0.97	1	0.9	0.9
	耳屎等	1.5	1.3	1.7	1.6
	轻微耳聋	0.8	0.7	0.7	0.7
	严重耳聋	0.2	0.1	0.1	0.1
发音缺陷和口吃		—	1	1	1
生虫状况	头部	1.8	1.3	1.1	0.8
	身体	1.1	0.5	0.1	0.1
营养状况	一般以下	6.4	5.3	5.4	5.1
	非常差	0.15	0.2	0.18	0.2
精神状态	呆滞	0.9	0.8	0.9	0.9
	精神有缺陷	0.2	0.1	0.1	0.1

就具体地区而言,常规医学检查结果表明,格拉斯哥学校儿童身体条件的进步是显而易见的。1935—1936 年在对 54882 名儿童进行的医学检查表明,0.6%的学校儿童具有先天性无法治愈的残疾,3.7%的儿童具有后天性无法治愈的残疾,80.7%的儿童患有可以不同程度治愈的缺陷,只有 7.6%的儿童没有任何身体缺陷[①]。1910—1937 年间,患有佝偻病及其他建议进入特殊学校学习的儿童数量和比例亦在大幅下降。比如,1910—1914 年间,在对 129569 名学校儿童常规医学检查中,患有佝偻病的儿童为 11637 名(占 9%),包括 1513 名佝偻病儿童在内的 3008 人被建议进入特殊学校(占 50.3%);1920—1924 年间,在接受常规医学检查的 193482 名儿童中,佝偻病患者为

① Department of Health for Scotland, *Eighth Annual Report of the Department of Health for Scotland*, *1936*, His Majesty's Stationery Office, 1937, p.74.

11073 人(占 5.7%),包括 1504 名儿童在内的 5152 人被建议进入特殊学校(占 29.2%);1930—1934 年,在接受常规医学检查的 254252 名儿童中,患有佝偻病的儿童为 7061 人(占 2.8%),包括 736 名佝偻病儿童在内的 4296 人被建议进入特殊学校学习(占 17.1%);1935—1937 年在历年常规医学检查中发现的佝偻病儿童比例均不高于 2%(分别为 2%、1.9%、1.5%),包括佝偻病儿童在内建议进入特殊学校学习的儿童均在 10%以下(分别为 9.7%、8.8%、5.7%)①。上述统计结果表明,格拉斯哥自 1910 年以来的近 30 年间,患有佝偻病的学校儿童数量和建议进入特殊学校学习的患有各类身体缺陷儿童的数量都在逐年下降,充分表明了儿童身体素质条件的提高,而这一进步又与当地学校医疗卫生事业的发展有着紧密联系。

而且,苏格兰学校医疗服务体系对各类医学检查发现的患有各类疾病或缺陷的儿童进行了积极的治疗和矫正(见表 4.18)。一般情况下,当学校儿童在医学检查中被发现患有需要治疗的疾病或缺陷时,其家长就会被建议去求医。当家长向家庭医生或志愿医院寻求帮助时,儿童自然就会得到治疗;如果因贫困原因无法获得治疗时,家长就会被建议到校园医院进行治疗,教育当局将会为其提供帮助②。校园医院是苏格兰学校医疗服务体系中的重要机构,承担着学校儿童的医学检查和常见轻微疾病的治疗工作。截止到 1929 年,苏格兰共有 180 家校园医院,除了常规的体检工作外,绝大部分校园医院都能够治疗包括皮肤疾病、眼痛和耳鸣等常见轻微疾病以及牙齿缺陷和视力缺陷等③。有些地区的校园医院还能够为学校儿童提供紫外线治疗,比如 1930—1931 年教育当局管理下的 5 个治疗中心就提供了这种治疗服务,在格拉斯哥

① Department of Health for Scotland, *Ninth Annual Report of the Department of Health for Scotland*, *1937*, His Majesty's Stationery Office, 1938, p.78.

② Department of Health for Scotland, *Seventh Annual Report of the Department of Health for Scotland*, *1935*, His Majesty's Stationery Office, 1936, p.81.

③ Department of Health for Scotland, *First Annual Report of the Department of Health for Scotland*, *1929*, His Majesty's Stationery Office, 1930, p.88.

表 4.18   1919—1938 年苏格兰学校医疗体系下治疗
疾病或缺陷学校儿童数量统计表①

年度	牙齿缺陷	视力缺陷	眼部疾病	耳部疾病	皮肤病	癣与黄癣	扁桃体肥大和腺状肿	畸形	其他疾病或缺陷	合计
1919—1920	28382	8633	9587	3013	16027	1748	688	204	244	68526
1928—1929	113325	24810	13418	9204	41411	1256	6235	786	25580	236025
1930—1931	136362	24534	13913	9581	45025	961	6143	626	31341	268486
1931—1932	148281	29289	14921	9860	47684	900	5152	667	36259	293013
1933—1934	143819	28655	13561	9456	46758	637	4457	1778	31779	280900
1934—1935	134601	27780	12616	9152	42645	536	4777	2043	36398	270548
1935—1936	152670	29354	11816	9086	47437	611	5149	1214	35914	293251
1936—1937	146491	28775	10696	9279	47553	500	5003	1208	35528	285033
1937—1938	149920	32021	10981	6560	50440	563	7533	1543	39201	298762

532 名学校儿童接受了紫外线治疗,其中包括 198 名贫血和残疾儿童,42 名患有佝偻病的儿童,以及 84 名慢性支气管炎患者,经过治疗的儿童身体机能恢复良好,支气管炎患者咳嗽得到了缓解②。许多地区的校园医院都能够有条不紊地实施治疗计划,如拉纳克郡 1937—1938 年共有 9 家校园医院,对患有皮肤病儿童的治疗量占当年治疗儿童数量的近 72%,9144 名儿童共就诊 44291 次,平均每名儿童就诊 4.8 次;其次是眼外疾病,2244 名儿童共就诊 18236 次③。总体说来,自 1928—1929 年以来,苏格兰学校医疗服务体系对学校儿童疾病或缺

① Department of Health for Scotland, *Sixth Annual Report of the Department of Health for Scotland*, *1934*, His Majesty's Stationary Office, 1935, p.79; *Seventh Annual Report of the Department of Health for Scotland*, *1935*, His Majesty's Stationary Office, 1936, p.81; *Ninth Annual Report of the Department of Health for Scotland*, *1937*, His Majesty's Stationary Office, 1938, p.163; *Tenth Annual Report of the Department of Health for Scotland*, *1938*, His Majesty's Stationary Office, 1939, p.193.

② Department of Health for Scotland, *Third Annual Report of the Department of Health for Scotland*, *1931*, His Majesty's Stationary Office, 1932, pp.53-54.

③ Department of Health for Scotland, *Tenth Annual Report of the Department of Health for Scotland*, *1938*, His Majesty's Stationary Office, 1939, p.91.

陷的治疗量逐年增加,从最初的 236025 人增加到 1937—1938 年 298762 人,充分说明了学校治疗条件和服务水平的提高。

三、苏格兰学校儿童牙科医疗服务的发展

如表 4.17 所示,20 世纪 20—30 年代患有龋牙的学校儿童在每年度的医学检查中占有很大的比例,特别是有轻度龋牙(1—4 颗)的学校儿童占到当年参加体检儿童的 55% 以上,重度龋牙的接近 15%。所以,牙齿健康问题已经成为这一时期苏格兰学校儿童健康的重要问题之一。由此,对学校儿童牙齿缺陷的矫正和治疗成为苏格兰学校医疗服务不可或缺的重要内容,所有的教育当局均开展了牙科医疗服务。如表 4.18 所示,自 1928—1929 年以来,每年治疗牙齿缺陷的学校儿童数量均在 10 万人以上。

在 20 世纪 30 年代,学校儿童的牙科医疗服务是苏格兰学校医疗服务最棘手的问题之一,主要面临的困难是"牙科治疗服务费用高昂、家长的冷淡和对治疗的恐惧"①。特别是家长的忽视或冷淡,使许多儿童的牙齿缺陷早期没有能够得到及时的治疗,致使其最后不得不被拔掉②;同时,很多儿童在检查出牙齿缺陷时拒绝保守治疗,直至牙齿状态恶化疼痛难忍时要求拔掉,这也就是学校儿童的拔牙量远远高于补牙量的重要原因③。而且,苏格兰卫生部认为,"学校儿童牙齿疾病大多数都是源于儿童入学前家长的忽视和无知,学前治疗机构亟需发展",事实上至 1938 年,仅有 8 个地方教育当局提供了学前牙科治疗服务,且服务能力有限④。

---

① Department of Health for Scotland, *Third Annual Report of the Department of Health for Scotland*, *1931*, His Majesty's Stationary Office, 1932, p.50.

② Department of Health for Scotland, *Seventh Annual Report of the Department of Health for Scotland*, *1935*, His Majesty's Stationary Office, 1936, p.78.

③ Department of Health for Scotland, *Ninth Annual Report of the Department of Health for Scotland*, *1937*, His Majesty's Stationary Office, 1938, p.82.

④ Department of Health for Scotland, *Tenth Annual Report of the Department of Health for Scotland*, *1938*, His Majesty's Stationary Office, 1939, p.90.

　　牙科医生配备不足，是整个 30 年代苏格兰学校医疗服务体系的一大缺憾。1929—1930 年苏格兰学校牙科服务共有 44 名专职牙科医生和 39 名兼职医生，与 1922—1923 年（22 名专职牙医、32 名兼职牙医）相比有了很大的进步①。然而，与实际需要检查的学校儿童数量相比，这一进步实在微不足道。至 1931 年，每 14000 名学校儿童才配有 1 名专职牙医，而事实上如果能使牙齿缺陷得到充分监管和治疗，至少需要每 5000 名儿童配有 1 名专职牙医②。因此，是否配备足够数量的专职牙科医生是苏格兰各教育当局学校牙科医疗服务发展水平的重要标志。

　　1933—1934 年，苏格兰地区学校医疗服务共有专职牙医 48 名，兼职牙医 35 名，有一些地区接近每 5000 名学校儿童配有 1 名牙医，而绝大多数地区平均每 20000—30000 名儿童才有 1 名牙医③。1934—1935 年，苏格兰学校医疗服务专职牙医才增加到 50 名，兼职牙医为 34 名④。1935—1936 年，专职牙医增加到 51 名，兼职牙医为 35 名，平均每 12000 名儿童才拥有 1 名牙医，其中 10 个地区每 6000 名儿童拥有 1 名牙医；11 个地区每 6000—10000 名儿童拥有 1 名牙医；9 个地区每 10000—15000 名儿童拥有 1 名牙医；4 个地区 15000 名以上儿童才拥有 1 名牙医⑤。1936—1937 年牙医数量增加到 97 名，专职牙医增加到了 55 名，大部分地区的学校牙科服务仍然是人员不足⑥。1937—1938

---

① Department of Health for Scotland, *Second Annual Report of the Department of Health for Scotland, 1930*, His Majesty's Stationary Office, 1931, p.67.

② Department of Health for Scotland, *Third Annual Report of the Department of Health for Scotland, 1931*, His Majesty's Stationary Office, 1932, p.50.

③ Department of Health for Scotland, *Sixth Annual Report of the Department of Health for Scotland, 1934*, His Majesty's Stationary Office, 1935, p.78.

④ Department of Health for Scotland, *Seventh Annual Report of the Department of Health for Scotland, 1935*, His Majesty's Stationary Office, 1936, p.78.

⑤ Department of Health for Scotland, *Eighth Annual Report of the Department of Health for Scotland, 1936*, His Majesty's Stationary Office, 1937, p.78.

⑥ Department of Health for Scotland, *Ninth Annual Report of the Department of Health for Scotland, 1937*, His Majesty's Stationary Office, 1938, p.81.

年专职牙医数量增加到 65 名,另外还有 32 名兼职牙医,事实上开展专职服务的牙医共有 72 名,平均每 10000 名学校儿童拥有 1 名牙医,比以往进步很大①。

　　1937—1938 年是 30 年代苏格兰学校牙科医疗服务发展的巅峰,但是实际的牙科检查人数仍然差强人意。如表 4.19 所示,在 34 个教育当局中,10 个教育当局达到了每 6000 名(或更少)儿童配有 1 名专职牙医,其余均在 7000 名儿童以上,其中设得兰郡(Shetland County)、贝特郡(Bute County)达到每 2000 名儿童就拥有 1 名牙医,而爱丁堡和格拉斯哥每 20000 名儿童才有 1 名牙医,7 个郡的教育当局只有 1—2 名兼职牙医,阿盖尔郡只是偶尔雇用当地的牙医开展服务。显然,绝大多数教育当局实际上没有能力完成自己的检查目标,都尚未完成预定人数的一半,致使苏格兰全境没有达到预定人数的三分之一,仅有拉纳克郡接近完成预定人数的检查。即使如此,检查结果仍然令人忧心,大多数需要治疗的儿童都在 50% 以上。可见,牙科医生配备不足,限制了苏格兰地区牙科医疗服务的发展。

表 4.19　1937—1938 年苏格兰学校牙科服务统计表②

教育当局		计划检查儿童人数	实际检查儿童人数	发现牙齿缺陷儿童百分比		每名牙医服务儿童数量(约数)
				1—4 颗龋牙	5 颗及以上龋牙	
自治城市	阿伯丁	27628	8735	69.9	12.5	9000
	邓迪	27767	10201	55.6	24.4	14000
	爱丁堡	61480	11825	55.7	8.5	20000
	格拉斯哥	182661	52381	68.8	10.5	20000

①　Department of Health for Scotland, *Tenth Annual Report of the Department of Health for Scotland*, 1938, His Majesty's Stationary Office, 1939, p.89.

②　Department of Health for Scotland, *Tenth Annual Report of the Department of Health for Scotland*, 1938, His Majesty's Stationary Office, 1939, p.194.

教育当局		计划检查儿童人数	实际检查儿童人数	发现牙齿缺陷儿童百分比		每名牙医服务儿童数量（约数）
				1—4颗龋牙	5颗及以上龋牙	
郡	阿伯丁	25683	7938	64.3	29.6	7000
	安格斯	13400	4571	57.52	5.53	10000
	阿盖尔	8494	2571	52.78	11.94	当地牙医间歇服务
	埃尔	46894	14086	48.08	15.7	8000
	班夫	10231	3106	47.7	35.6	10000
	贝里克	3625	1016	62	3.85	1名兼职牙医
	贝特	2048	1037	38.4	12.9	2000
	凯思内斯	4468	1211	61.52	25.43	4000
	克拉克曼南	4975	1513	71.38	1.52	2名兼职牙医
	邓弗里斯	12769	4201	58.65	19.09	6000
	丹巴顿	24089	7261	34.4	13.9	6000
	东洛锡安	7108	4801	54.9	16.8	7000
	法伊夫	45240	12051	51.32	14.15	8000
	因弗内斯	12719	3972	40.31	8.71	主陆7000,群岛4000
	金卡丁	4225	1257	63.96	27.13	3000
	柯库布里	4665	1640	31.64	2.08	5000
	拉纳克	89229	85554名儿童被牙医检查，60.7%需要治疗			13000
	米德洛锡安和皮布尔斯	15647	4568	59.59	21.56	8000
	莫雷和奈尔	8445	2442	58.03	10.09	2名兼职牙医
	奥克尼	2986	833	41.7	7.7	3000
	珀斯和金罗斯	17384	5656	62.15	5.34	9000
	伦弗鲁	49028	14001	51.7	21.16	15000
	罗斯和克罗默蒂	9807	4017	16.8	4.4	2名兼职牙医
	罗克斯巴勒	5556	1735	30.26	13.89	6000
	塞尔扣克	2767	770	41.3		2名兼职牙医
	设得兰	2425	800	57	21.5	2000
	斯特灵	28016	8279	50.54	21.26	9000
	萨瑟兰	2350	1648	51.2	15.1	1名兼职牙医
	西洛锡安	14481	5872	55.48	19.41	7000
	威格敦	4672	1621	46.08	13.51	5000
苏格兰全境		782872	207616	56.47	14.52	10000

所以说,在 30 年代苏格兰学校牙科医疗服务发展水平不高,牙科医生不足限制了各个教育当局的服务能力,因此在治疗上多数是拔牙和补牙服务,以及少量的其他保守性治疗服务(如洗牙、脱敏等)。比如,1931—1932 年学校牙科服务拔牙 25 万颗(主要是乳牙)、补牙 5 万颗①;1934—1935 年学校牙科服务共治疗学校儿童 134601 人,其中拔牙 264912 颗(乳牙 215199 颗、恒牙 49713 颗),补牙 48047 颗(乳牙 6843 颗、恒牙 41204 颗),其他治疗服务 35074 人次②;1936—1937 年共治疗学校儿童 146491 人,其中拔牙 280340 颗(乳牙近 230000 颗),补牙 58564 颗(近 7000 颗为乳牙)③;1937—1938 年共治疗学校儿童 149920 人,其中拔牙 288171 颗(乳牙近 234874 颗),补牙 60268 颗(乳牙近 6555 颗)④。由上可以看出,补牙和拔牙相比偏重于后者,致使补牙量在整个 30 年代"非常令人不满意的",校园牙科医生经常把很大一部分服务时间用于儿童的"随时而来的紧急"拔牙需求上,也影响到了对牙齿缺陷的系统性保守治疗,这也是校园牙医们最苦恼的地方⑤。

除了对学校儿童牙齿开展系统的检查和治疗外,苏格兰学校牙科医疗服务还注重对家长们和学校儿童开展牙齿健康宣传。苏格兰教育当局联合"全英牙科委员会"(Dental Board of the United Kingdom)或者由牙科医生开展了形式多样的牙齿健康知识宣传,如举办展览、讲座、宣讲和咨询活动等。各地学校医疗官经常报告说,在观看了相关展览后,教师、家长和学校儿童对牙齿健康的关注日益增加。"老师们原来并不把这一领域(牙齿健康)作为自己的

---

① Department of Health for Scotland, *Fourth Annual Report of the Department of Health for Scotland, 1932*, His Majesty's Stationary Office, 1933, p.50.

② Department of Health for Scotland, *Seventh Annual Report of the Department of Health for Scotland, 1935*, His Majesty's Stationary Office, 1936, p.78.

③ Department of Health for Scotland, *Ninth Annual Report of the Department of Health for Scotland, 1937*, His Majesty's Stationary Office, 1938, p.82.

④ Department of Health for Scotland, *Tenth Annual Report of the Department of Health for Scotland, 1938*, His Majesty's Stationary Office, 1939, p.90.

⑤ Department of Health for Scotland, *Tenth Annual Report of the Department of Health for Scotland, 1938*, His Majesty's Stationary Office, 1939, p.90.

工作,现在认为应是自己的工作了。""讲座令人印象深刻,我确信这次讲座是非常有必要的。""如果父母们能够听到同样的讲座,也许他们就会设法带其年幼子女前去就诊,并关注此前养成的用牙习惯。"① 1935—1936 年,拉纳克郡组织的牙齿健康讲座取得了很好的效果,"演讲者运用了最令人感兴趣、最具有吸引力和最具有信息量的方式,很明显学生对这一问题(牙齿健康)的兴趣已经完全被调动起来了";格拉斯哥教育当局还向当地婴幼儿父母们发放了 30696 张倡导牙齿治疗的问询卡片,要求治疗牙齿缺陷的达 38%,许诺治疗的为 26%,认为没必要治疗的为 20%,其他没回复的或拒绝治疗的为 15%,可见大部分婴幼儿父母认为对牙齿健康问题进行早期干预还是有必要的②。教育当局还通过向家长发放宣传册的方式以及演示"刷牙操"提醒他们关注儿童牙齿健康。安格斯郡(Angus County)宣传册冠以"关心牙齿"的标题,并附有牙齿缺陷警示;西洛锡安郡(West Lothian)教育当局还向家长们邮寄了一封令人鼓舞的信件,指导他们如何关心儿童牙齿健康③。

综上所述,苏格兰学校医疗服务体系在第二次世界大战前,尤其是在 20 世纪 30 年代开展了卓有成效的医学检查和常见疾病与缺陷的治疗工作。尽管学校牙科服务受牙医数量的限制发展水平不高,但对维护和提升学校儿童的牙齿健康也发挥了积极作用。1939—1945 年,由于受到第二次世界大战的冲击,苏格兰学校医疗服务举步维艰,医务人员的严重短缺使常规的医学检查遭遇严重的困难,教育当局努力使学校医疗服务维持正常运行,部分教育当局的学校牙科服务也取得了一些进步④。

① Department of Health for Scotland, *Sixth Annual Report of the Department of Health for Scotland,1934*,His Majesty's Stationary Office,1935,p.78.

② Department of Health for Scotland, *Eighth Annual Report of the Department of Health for Scotland,1936*,His Majesty's Stationary Office,1937,p.79.

③ Department of Health for Scotland, *Ninth Annual Report of the Department of Health for Scotland,1937*,His Majesty's Stationary Office,1938,p.82.

④ Department of Health for Scotland, *Summary Report by the Department of Health for Scotland for the Year ended 30th June 1945*,His Majesty's Stationary Office,1945,p.6.

本 章 结 语

英国学校医疗服务体系,与上一章中所讨论的英国校餐制度,共同构建了英国学校健康服务体系,确保了学校儿童的健康条件能够保证他们持续"在学校求知的进程",最终显然是维护了整个民族的健康①。第二次世界大战前夕,英国的学校医疗服务和学校供餐已获得较为显著的发展。二战期间,英国政府决定普及以学校医疗服务制和学校供餐制为核心的学校健康福利制度。1944年《教育法》使学校医疗服务和学校供餐成为地方教育当局的法定责任,由此学校医学检查与治疗实现了全面福利化。1945年《教育(苏格兰)法》明确了为18岁以下公立学校儿童提供医疗服务是苏格兰各地方教育当局的职责②,使二战后的苏格兰学校健康服务进入了快速发展时期。

1948年"国民健康服务体系"建立后,学校健康服务体系仍然独立运行,地方教育当局和当地公共健康当局合作,使学校儿童亦享受到"专家和医院"提供的免费医疗和健康服务③。至1973年底,学校健康服务体系已经拥有1000多名专职医生、1500名牙科专家、3000名校园护士以及大量的相关工作人员,并"负责主持近270万次单独的医疗检查,在从微小病症和伤病到儿童心理辅导和语言矫正等广泛的领域提供医学治疗"④。根据1973年《国民健康服务重组法》,学校健康服务体系于1974年4月1日全面并入国民健康服

---

① Department of Education and Science, *The School Health Service*, *1908 — 1974*: *Report of the Chief Medical Officer of the Department of Education and Science*, Her Majesty's Stationary Office, 1975, p.1.

② Department of Health for Scotland, *Summary Report by the Department of Health for Scotland for the Year ended 30th June 1945*, His Majesty's Stationary Office, 1945, p.6.

③ Department of Education and Science, *The School Health Service*, *1908 — 1974*: *Report of the Chief Medical Officer of the Department of Education and Science*, Her Majesty's Stationary Office, 1975, pp.7-8.

④ Bernard Harris, *The Health of the Schoolchild*: *the History of the School Medical Service in England and Wales*, Open University Press, 1995, p.206.

务体系,提供学校健康服务的法定责任亦由地方教育当局移交至健康与社会保障部。

自 1906 年以来,英国政府通过一系列教育立法,实施学校供餐和学校医疗计划,建立起英国学校健康服务体系,有力地改善了英国学校儿童健康状况,提高了儿童身体素质,保障了学龄儿童的受教育权和发展权,为国家未来发展筹备了年青力量。英国在国民健康服务体系建立前的学校健康服务体系中,教育部、地方教育当局由上而下监管职能的实施与完善,对于建立和完善具有我国特色的学校儿童医疗服务体系,形成规范管理的良性运行机制,具有重要的借鉴意义。

第五章　1862—1948 年英国儿童福利
制度发展的历史经验[①]

如前文所述,笔者认为,现代英国儿童福利制度最早可以追溯到 1862 年英国第一个具有现代意义的儿童福利志愿组织"曼彻斯特和索尔福德女士健康协会"的建立。1948 年 6 月,英国颁布了新的《儿童法》,从原则上规定了"在 17 岁以下儿童的父母或监护人无法抚养他们以及其福利要求地方当局干预时,地方当局有职责承担照顾这些儿童的责任"[②],标志着英国儿童福利全面制度化。本书以公共健康为研究视阈,集中研究了以营养和健康为核心内容的 1862—1948 年间英国婴幼儿福利制度和学校儿童福利制度。公共健康视阈下的英国婴幼儿福利制度和学校儿童福利制度是英国针对不同儿童群体的专门福利制度,分别由英国卫生部门和教育部门主管,由各地的地方当局和地方教育当局分别具体负责实施,为 1948 年《儿童法》的颁布和实施奠定了法律和实践基础,在原则上是与 1948 年《儿童法》一脉相承的,推动了二战后英国儿童福利制度日臻成熟。所以,综合分析公共健康视阈下的英国婴幼儿福利制度和学校儿童福利制度的形成和实践过程,笔者认为 1862—1948 年

---

① 本章主要内容已经由作者以《试析英国儿童福利制度发展的历史特征(1862—1948)》(《世界近现代史研究》第十七辑,2020 年 12 月出版)为题公开发表。

② Harry Hendrick, *Child Welfare:England 1872—1989*, Routledge 1994, p.217.

间英国儿童福利制度的发展具有诸多宝贵的历史经验，可以为其他国家儿童福利的发展提供不少有益的启示。

一、国家儿童观是推动现代英国儿童福利发展的主要思想

19世纪以来英国政府和志愿组织在许多领域发起了以保护儿童生存权为主要目标的社会立法和社会活动，逐步提升儿童的尊严和权益。首先是19世纪英国政府制定的一系列保护童工以及实施儿童义务教育的立法和措施，激发了"儿童福利的公共责任感"[①]，政府承担保护儿童的职责初现端倪。而当1877年达尔文发表了《婴儿成长概略》激发欧美国家对儿童的研究高潮时，人们的目光日益转向这一曾经长期受到忽视的群体，发现他们是"虐待、贫穷、疾病、性侵犯、忽视和麻木不仁的受害者"的这一事实，于是英国志愿组织相继发起了婴儿生命保护运动、防止儿童虐待运动、儿童护理等活动[②]，将关注与保护儿童放在中心位置。所以，"至少从19世纪60年代起，所有政治领域中兴起的儿童健康与教育问题，作为构建一个包括工人、士兵和未来妈妈的更加健康的种族的需要，已经成为英国一个亟待解决的问题"[③]。20世纪之交的布尔战争则使儿童问题真正成为英国政治领域的重要议题，"国家儿童观"由此呼之欲出。

---

① G.F.McCleary, *The Early History of the Infant Welfare Movement*, H.K.Lewis Co.Ltd, 1933, pp. 7-13.关于童工立法对儿童保护的意义，张嘉瑶《19世纪英国针对工厂童工的立法及实施效果》（《经济社会史评论》2018年第2期）一文进行了论述。

② Harry Hendrick, *Child Welfare: England 1872—1989*, Routledge 1994, p.37.关于英国防止儿童虐待运动，国内学者的研究已经展开，如周真真的《19世纪末英国家庭儿童虐待问题的发现与整治》（《杭州师范大学学报·社会科学版》2017年第2期），丰华琴的《英国防止虐待儿童协会（NSPCC）的产生及其救助实践》（《学海》2018年第3期）、《公共治理的范例——英国儿童保护制度对我国的启示》（《南京晓庄学院学报》2018年第5期）等。

③ Pat Thane, "Visions of gender in the making of the British welfare state: the case of women in the British Labour Party and social policy, 1906—1945", in Gisela Bock and Pat Thane (ed.), *Maternity and Gender Policies: Women and the Rise of the European Welfare States, 1880s—1950s*, Routledge 2016, p.99.

如第一章中所述,布尔战争暴露了英国国民体质低下的问题,英国社会为此群情激愤,将其与英帝国和大不列颠民族的未来相联系,国民体质问题开始成为帝国政治的重要议题,即布尔战争引发了英国社会对未来"英国与对手的角逐中可能遭遇军事及经济失败的恐惧",使得"关于提高国民数量和(健康)环境的讨论"充斥着"英帝国的民族主义情绪"①。在这种状况下,英国社会认为当前国民体质的低下缘于他们幼年时期糟糕的健康状况。可见,"促使全民对国民身体素质担忧的催化剂是布尔战争",因为"城市长大的英军士兵在布尔战争中的表现极其糟糕",从长远来看,对国家的发展是不利的,故20 世纪初对于儿童健康问题的讨论,超越了政治边界,促成英国政府加大了干预力度②。

英国政府首先对儿童健康问题开展了密集的官方调查,其中1902 年"苏格兰体育锻炼问题皇家委员会"和1903 年"体质下降问题跨部门委员会"的调查运用大量的事实证明了英国的确存在比较严重的儿童健康问题,如前者通过对爱丁堡和阿伯丁两地初等学校儿童的调查表明,"对于那些食物和生活环境存在缺陷的阶层,不可否认存在着个体身体素质下降的情况"③;而后者的调查则承认,英国儿童存在"大量的可归因于(家庭)无知、贫穷和忽视的体质缺陷现象"④。其后,《英国医学学报》于1903 年11 月21 日至1904 年1月30 日连续刊发了10 篇文章,从医学、环境和历史的角度,聚焦体质下降问题,掀起英国社会讨论的高潮⑤

---

① Pat Thane, *Foundations of the Welfare State*, 2nd edition, pp.56–57.

② 郭家宏:《19 世纪末期英国贫困观念的变化》,《学海》2013 年第 1 期。

③ Royal Commission on Physical Training (Scotland), *Report of the Royal Commission on Physical Training (Scotland)*, Vol.1: *Report and Appendix*, His Majesty's Stationary Office, 1903, p.25.

④ Inter–departmental Committee on Physical Deterioration, *Report of the Inter–departmental Committee on Physical Deterioration*, Vol.1: *Report and Appendix*, His Majesty's Stationary Office, 1904, p.14.

⑤ 这些文章分别是:(1) Editors, "Origin of the belief in the existence of degeneration in the national physique", *British Medical Journal*, Nov. 21, 1903, pp. 1338–1341; (2) Editors, "Conditions tending to cause degeneration", *British Medical Journal*, Nov. 28, 1903, pp.1430–1431; (3) Editors,

正是在 20 世纪初的广泛讨论中，"优生学家们、自由帝国主义者们和费边派，在对策上尽管迥然不同，但他们都有一个共同的目标，。即种族素质的进步"①。而英国政府亦已经认识到"出生率的下降、多数人口不健康的体质，以及对提高健康护理、向妈妈们提供（育养）建议、喂养与教育儿童的要求"集中体现了"民族主义、种族主义，以及更多的关于经济的、帝国的、军事的国际冲突"②。故英国政府需要主动承担起保护儿童的更多责任，也就成为英国社会政治领域的共识，这就是"国家儿童"观。

国家儿童观的提出，首推 20 世纪初改革派议员约翰·戈斯特爵士。戈斯特爵士在其著作《国家儿童》一书中，他系统阐释了关于"国家儿童"的福利思想，强调以保护儿童为主要内容的国家社会责任观③。戈斯特认为，儿童既是家庭的，亦是国家的，故国家必须负起抚养儿童的责任，具体体现在三个方面，即监督儿童的权益"不被父母忽视或侵犯"；"通过建议或其他方式，尽一切可能帮助父母履行其（抚养）责任"；"在父母因死亡或没有能力履行责任时，国家应扮演父母的角色"。在戈斯特看来，国家抚养儿童的主要目的是首先使其成为一个健康的国民，之所以这样做，可以归结为三个原因，第一是出于公

"The food factor in deteriorations"），*British Medical Journal*，Dec. 5，1903，pp.1471-1474；（4）Editors，"Compulsory education"，*British Medical Journal*，Dec. 12，1903，pp.1555-1557；（5）Editors，"Personal hygiene"，*British Medical Journal*，Dec. 26，1903，pp.1652-1653；（6）Editors，"Education of the ancient Greeks"，*British Medical Journal*，Jan. 2，1904，pp.45-47；（7）Editors，"Physical culture of children of the labour classes"，*British Medical Journal*，Jan. 9，1904，pp.86-88；（8）Editors，"School children out of school"，*British Medical Journal*，Jan 16，1904，pp.140-142；（9）Editors，"The evil effects of drink"，*British Medical Journal*，Jan 23，1904，pp. 197 — 199；（10）Editors，"Rural children"，*British Medical Journal*，Jan.30，1904，pp.272-273.

① Deborah Dwork，*War is Good for Babies and other Young Children：A History of the Infant and Child Welfare Movement in England*，*1898 — 1918*，Tavistock Publications Ltd 1987，p.11.

② Pat Thane，"Visions of gender in the making of the British welfare state：the case of women in the British Labour Party and social policy，1906 — 1945"，in Gisela Bock and Pat Thane（ed.），*Maternity and Gender Policies：Women and the Rise of the European Welfare States*，*1880s — 1950s*，Routledge 2016，p.100.

③ Sir John E.Gorst，*The Children of the Nation：How Their Health and Vigour Should be Promoted by the State*，Methuen & Co.，1907，pp.1-7.

共安全的需要,即"保护公共健康",健康的儿童可免于感染疾病,而虚弱或营养不良的儿童则不然;第二是基于疾病对"公共经济"的影响,即国家对源于孩提时代身体欠佳成年人的救济开支是巨大的,而在儿童时代就使其保持一个健康的身体可以减少国家的公共开支;第三是"国家利益"的需要,即每个儿童被抚养成为"健康的男人或女人"是"国家的力量,而不是负担",因为他们为国家创造财富,不需要国家供养。

应该说,戈斯特这一儿童观的产生,反映了 20 世纪初人们对儿童社会价值的认识已不再"模糊"。笔者在第三章第一节中已经对"国家儿童观"的社会价值和历史地位作了详细阐释,此处不再赘述。总之,20 世纪前期英国婴幼儿福利制度和学校儿童福利制度的形成和发展无不渗透和体现着"国家儿童"的福利思想,1942 年发布的《贝弗里奇报告》所提出的子女补贴制度恰恰也是这一福利思想的延伸和升华,1948 年《儿童法》进一步强化了英国政府及其地方政府对儿童关照的职责,充分说明了"国家儿童"福利思想已成为 20 世纪英国儿童福利制度的立法和实践基础。

二、营养与健康是 1862 — 1948 年英国儿童福利发展的重要主题

19 世纪以来,由于英国家庭长期以来"对儿童衣食及教育、医疗的忽视",使英国儿童的营养和健康状况堪忧①。对此,英国学者有着非常精辟的论述,即"当 1870—1914 年间(英国)社会学家、慈善家、医生、教育工作者和社会改革者寻找当时的儿童时……他们看到无家可归和衣衫褴褛的儿童;看到饥饿难耐、受到忽视,甚至有时被雇佣来的护理人员谋杀的婴儿;看到肚子瘪瘪、忍饥挨饿的儿童;看到生病的儿童;看到正在遭受身体和心智缺陷折磨的儿童;看到受到父母虐待的儿童;看到自暴自弃、流浪街头的儿童",同时也看到了

---

① 周真真:《19 世纪末英国城市化进程中的虐待儿童问题》,《英国研究》2011 年辑,南京大学出版社 2011 年版,第 213—228 页。

公立初等学校中"正在生病、营养不良，以及具有肢体缺陷的"贫困儿童①。所以，19世纪后期以来英国儿童问题突出表现为儿童的营养与健康问题，故这一时期英国儿童福利主要是致力于改善英国儿童的营养与健康水平。

首先是婴儿的健康问题，是19世纪中后期英国社会普遍关注的儿童健康问题之一。尽管在19世纪英国总人口死亡率呈现下降的趋势，但婴儿死亡率却居高不下，引起英国社会的焦虑。乔治·纽曼指出，婴儿的高死亡率意味着年轻人口的巨大损失，他在1906年的研究发现，1851—1905年英格兰和威尔士人口的死亡率从22.5‰降至16‰，而1岁以下婴儿平均死亡率却始终徘徊在154‰至138‰之间，伦敦甚至高居在162‰—141‰②。为什么会有如此高的婴儿死亡率呢？英国学者麦克勒里曾经长期在英国地方和中央政府部门中从事公共卫生工作，对此深有研究，他认为流行性腹泻是导致婴儿死亡的罪魁祸首，在1899年导致的婴儿死亡率达到41.7‰；由早产引起的身体虚弱亦是导致婴儿死亡的重要原因，在1900年154‰的死亡率中占到了19.9‰③。而这两方面的因素无疑与婴儿产前和产后的护理条件存有重大关联，所以"很清楚，婴儿死亡率，更多地不是环境卫生问题，而是（婴儿母亲的）个人卫生问题"④。

工人妇女们对婴儿健康亦有较为深刻的认识，"一个愈加明显的事实是，如果你希望维护婴儿的健康，你必须到其母亲那儿追根溯源。在儿童出生前，其母亲的各项条件（包括她的健康水平、她的育儿知识、她的教育程度和她的生活习惯）比其出生时和出生后更为重要。而且，这一点往往决定了儿童是

---

① Harry Hendrick，*Child Welfare：Historical dimensions，cotemporary debate*，The Policy Press，2003，p.3.

② Sir George Newman，*The Health of the State*（2ⁿᵈ Edition），Headley Brothers，1907，pp.108，111.

③ G.F.McCleary，*The Early History of the Infant Welfare Movement*，H.K.Lewis Co.Ltd，1933，pp.23，31.

④ G.F.McCleary，*The Early History of the Infant Welfare Movement*，H.K.Lewis Co.Ltd，1933，p.35.

健康,还是生病,甚至是生,还是死"①。由此、工人妇女们表达了要求得到国家和社会指导的愿望,即建立婴儿福利机构,"年轻的妈妈们可以从这儿获得到(生育或喂养)建议,有必要的话,还可以获得营养性食物"②,由此"许多婴儿的生命就会得到拯救"③。

英国学校儿童自 19 世纪后期以来亦存在严重的营养不良和健康低下问题。伦敦地方教育当局 1889 年发布报告称当地公立学校经常食不果腹的儿童有 341495 名,占全部学校儿童的 12.8%,而这些儿童中能够得到志愿组织供餐服务的不到其中的一半④。而 1904 年对曼彻斯特 20 所学校共 10180 名学校儿童的调查表明,3162 名儿童的营养状况非常糟糕,几乎占所调查儿童的 1/3;而在布莱德福德,6000 名学校儿童被发现营养不良,占当地全部在校儿童的 11%,为此一位伦敦郡议会的官员说,"在大城镇中,营养不良的儿童占全部在校儿童的比例约为 10%—15%"⑤。"费边妇女协会"曾于 1909—1913 年主持伦敦朗伯斯城贫民区家庭主妇生活费用调查,发现贫困正在吞噬着工人妇女的"健康与力气",而无力为其子女提供充足的食物,主张"国家应当成为儿童的守护者,为其提供生活的保障"⑥。

如前文所述,英国议会 1902—1903 年先后发布了《苏格兰体育锻炼问题皇家委员会调查报告》和《体质下降问题跨部门委员会调查报告》,聚焦英国学校儿童的健康问题,充分揭示了英格兰和苏格兰学校儿童的健康状况堪忧。

---

① Margaret Llewelyn Davies (ed.), *Maternity: Letters from Working Women*, Virago, 1978, pp. 10-11.

② Margaret Llewelyn Davies(ed.), *Maternity: Letters from Working Women*, Virago, 1978, p.152.

③ Margaret Llewelyn Davies(ed.), *Maternity: Letters from Working Women*, Virago, 1978, p.147.

④ Helen Bosanquet, *Social Work in London, 1869—1912*, E. P. Dutton Company, 1914, pp. 250-251.

⑤ Louise Stevens Bryant, *School Feeding: its history and practice at home and abroad*, J.B.Lippincott Company, 1913, pp.37-38.

⑥ Jane Lewis, " Models of equality for women: the case of state support for children in twentieth-century Britain", in Gisela Bock and Pat Thane (ed.), *Maternity and Gender Policies: Women and the Rise of the European Welfare States, 1880s—1950s*, Routledge 2016, p.80.

英国议会的调查发现,与当时"人口密集、肮脏住所、非自愿性失业、婴儿死亡率、酗酒"等因素相比,"长期营养不良"在城乡所有年龄段的人们中是最为突出的,"尤其表现在学校儿童中",而其营养不良主要是由恶劣的饮食状况导致的,主要表现为三个方面,"第一,饮食不充足;第二,饮食没有规律;第三,食物质量完全不适宜,特别是食物中缺少促进细胞生长的元素"①。后来,费边派人士亦指出,"除非得到学校供餐,否则数十万儿童的饮食不足以满足其'完全自然成长'的需要,可能会导致严重的健康低下问题"②。所以,英国议会认识到"让饿着肚子的儿童接受教育"是一件非常"残酷的"事情,"政府应当意识到使学校儿童具有充足营养的必要性了",故正式建议由地方教育当局实施学校供餐,认为这是推动儿童能够充分接受义务教育的必要手段③。换言之,"儿童在饥饿状态下接受教育,其神经系统过于疲惫,从而加速了其体质的恶化……饮食良好的儿童与饮食匮乏的儿童之间,不仅在体质方面,而且在受教育能力方面亦存在重大差异",所以义务教育"包括对儿童体质的关切及给予其适当的营养"④。

所以,自 19 世纪后期以来,英国志愿组织、地方卫生当局和地方教育当局逐步开展维护婴幼儿和学校儿童的健康服务。而改善英国婴儿及其母亲的生存、生活条件成为儿童福利先驱们最先努力的目标,婴幼儿继而成为英国社会政策中最优先考虑的儿童群体。这就是 20 世纪初英国志愿组织和地方当局广泛开展的以健康访问为基础的妇幼福利服务。健康访问活动首先是从曼彻斯特和索尔福德开始的,20 世纪初为英国地方当局广泛推行,以此为基础,志

---

① Louise Stevens Bryant, *School Feeding: its history and practice at home and abroad*, J.B. Lippincott Company, 1913, pp.26−27.

② Barbara Drake, "Starvation in the Midst of Plenty: A New Plan for the State Feeding of School Children", *Fabian Tract*, No. 240, The Fabian Society 1933, p.9.

③ Inter−departmental Committee on Physical Deterioration, *Report of the Inter−departmental Committee on Physical Deterioration*, Vol.I: *Report and Appendix*, His Majesty's Stationary Office, 1904, p.69.

④ George Newman, *The Building of A Nation's Health*, Macmillan 1939, p.327.

愿组织和地方当局继而创建"产妇与儿童福利中心",为婴幼儿及其母亲提供各类护理和保健服务,逐步得到英国政府的资助与支持,并实现制度化。

"儿童福利中心"(或婴儿福利中心)在各地成立后,健康访问员作为其主要成员,向新生儿家庭提供健康访问服务。儿童福利中心最初包括两大机构,即婴儿咨询中心和"妈妈学校",1906 年分别由志愿组织始创于圣马利伯恩(St.Marylebone)和圣邦格拉斯(St.Pancras),后来又相继建立"妈妈餐厅"、各类诊所与医院及托幼机构,为哺乳期妇女和婴幼儿提供杀菌奶和轻微疾病的治疗,并向妇女提供产前和产后护理服务。随着福利服务的扩大和延伸,地方当局也相继介入进来,创建、接管或参与儿童福利中心的活动。各地的"儿童福利中心"各具特色,比如格拉斯哥市政当局创办的以婴儿奶站为特色的"儿童福利中心"[1];伦敦地区的儿童福利中心开展了多样化的妇婴保健服务[2]。

二战前夕,英国妇幼福利服务发展比较迅速。至 1938 年,英格兰地区共有 5473 名健康访问员,对 1 岁以下婴儿开展了 3095592 次访问,对 1—5 岁儿童开展了 4536368 次访问;共有儿童福利中心 3261 家,接诊 1 岁以下婴儿共385129 人次,接诊 5 岁以下儿童共 9874558 人次;为 5 岁以下儿童建立的日托机构共 4291 家;为孕妇及 5 岁以下儿童从事家庭护理的护士为 2606 名,共开展家庭护理服务 65370 次[3]。

学校儿童方面,为了应对儿童饥饿与营养问题,1906 年《教育(供餐)法》授权地方教育当局向学校儿童供餐服务,该法案几经修订,最终汇于 1921 年《教育法》中。1921 年法令使地方教育当局在学校供餐上拥有更大的弹性空

---

① 　Augus H.Ferguson, Lawrence T.Weaver and Malcolm Nicolson, "The Glasgow Corporation Milk Depot 1904—1910 and its Role in Infant Welfare:an End or a Means", *Social History of Medicine*, Vol.19, Issue 3, December 2006, pp.443-460.

② 　参阅 Lara V.Marks, *Metropolitan Maternity:Maternal and Infant Welfare services in Early Twentieth Century London*, Atlanta, GA, 1996.

③ 　Ministry of Health, *Twentieth Annual Report of the Ministry of Health,1938—1939*, His Majesty's Stationery Office, 1939, pp.240,242.

间。一方面,地方当局可以向愿意付费家庭的儿童提供收费校餐,也可以向那些"因缺乏食物无法受益于教育的"儿童或其父母无力付费的儿童提供校餐;另一方面,地方教育当局可以提供早餐、午餐或下午茶,亦可以仅提供一瓶牛奶,或其他营养性补充食品[1]。1934 年由英国政府资助的"牛奶进校园计划",使得在 20 世纪 30 年代末有 2700000 儿童获得免费或廉价牛奶,牛奶成为英国校餐供给的重要内容[2]。而 1907 年《教育(行政供给)法》亦发起了针对学校儿童的医疗计划,要求地方教育当局向学校儿童提供常规的医疗检查和疾病治疗服务。至 20 世纪 30 年代末,英格兰和威尔士、苏格兰近 1/3 的公立初等学校的儿童每年都能够得到常规医学检查;而 315 个地方教育当局中有 314 个建有校医院,能够为学校儿童提供常规疾病治疗[3]。至 1938 年,在校医院长期或兼职坐诊的眼科医生有 400 余名,耳鼻喉科医生有 200 名,整形外科医生 150 名;校园医科诊所发展到 1700 个,且有专职牙科医生 780 名[4]。

　　上述学校供餐制度和学校医疗计划共同组成了现代英国学校儿童的"学校健康服务体系",1944 年《教育法》使学校健康服务成为地方当局的法定责任,直到 1974 年并入国民健康服务体系。这是 20 世纪英国历史上的一项规模宏大的健康工程,有力保障了学校儿童的健康,在英国公共健康史上占有重要地位。

三、政府与志愿组织合作是英国儿童福利发展的主要模式

　　在英国儿童福利发展的历史进程中,政府与志愿组织日益形成一种良好

---

①　Bernard Harris, *The Health of the Schoolchild: a history of the school medical service in England and Wales*, Open University Press, 1995, p.121.

②　Bernard Harris, *The Health of the Schoolchild: a history of the school medical service in England and Wales*, Open University Press, 1995, p.125.

③　Bernard Harris, *The Health of the Schoolchild: a history of the school medical service in England and Wales*, Open University Press, 1995, pp.104, 109.

④　Department of Education and Science, *The School Health Service, 1908 — 1974: Report of the Chief Medical Officer of the Department of Education and Science*, Her Majesty's Stationary Office, 1975, pp.11, 16.

的合作机制,即"志愿部门明确发展需求,发起新形式的活动,然后由国家接手,并且在全国范围内进行扩展"①。具体来说,自 19 世纪后期以来,英国儿童福利首先由志愿组织发起,继而由地方当局推进,中央政府立法创制,并与志愿组织合作,在全国各地推行。

为保护婴儿生命和改善儿童健康,英国志愿组织走在推动儿童福利发展的最前列,是创建现代英国儿童福利的先锋者,是"社会服务的关键发动者"②。1862 年,具有"公共精神"的女性组建了"曼彻斯特和索尔福德女士健康协会",首先创立了"健康访问"这种儿童福利形式,并雇用工人妇女从事"业余的"健康访问③。其最初的目标是"普及卫生知识,提升人们的体质……由上层女性和工人妇女共同努力尝试,而后者则属于她们旨在影响的那个阶级……最初的形式非常简单,是由三到四位女士在街头散发关于健康主题的小册子和传单。她们后来发现这样做收效甚微,于是一位工人妇女提出对贫困阶层逐门逐户探访,并择机传授(卫生知识)和提供帮助"④。1890年后,曼彻斯特和索尔福德市政当局先后与该组织合作,将健康访问发展为旨在改善婴儿及其母亲卫生条件和预防婴儿死亡的基本福利。在此影响下,20世纪之交志愿组织在英国各地广泛与地方当局合作开展"健康访问",并建立"儿童福利中心",全面推行儿童福利活动。

志愿组织也是开展校餐服务的先驱⑤。在 1906 年《教育(校餐供给)法》颁布之前,在伦敦地区至少有 158 家志愿组织,而在整个英格兰则有 360 家志

---

① 帕特·塞恩:《英国福利国家中的志愿行动》,载钱乘旦、高岱:《英国史新探:全球视野与文化转向》,北京大学出版社 2011 年版,第 373 页。

② Lara V.Marks, *Metropolitan Maternity:Maternal and Infant Welfare services in Early Twentieth Century London*, Atlanta, GA, 1996, p.26.

③ G.F.McCleary, *The Maternity and Child Welfare Movement*, P.S.King & Son Ltd., 1935, p.36.

④ G.F.McCleary, *The Early History of the Infant Welfare Movement*, H.K.Lewis Co.Ltd, 1933, p.85.

⑤ 关于英国志愿组织开展校餐服务的详细情况,笔者已在第三章第一节中进行了详细阐述。

愿组织自主开展校餐服务①。至 1905 年,志愿组织的校餐服务已经在英格兰许多城镇地区开展起来,即"71 个郡城镇中有 55 个,137 个自治市镇中的 38 个,55 个城市区中的 22 个"都有志愿组织为学校儿童提供校餐②。

从健康访问的肇始、儿童福利中心的创建和校餐服务的发动来看,志愿组织是这些儿童福利服务的创始者③。健康访问和儿童福利中心的服务对象是婴幼儿群体,而校餐的服务目标主要是为了改善学校儿童的营养问题。对于儿童群体的关爱和扶持,走在最前列的不是英国政府而是志愿组织。是不是可以说明前者对于当时儿童的困境视而不见了? 事实上,这一点首先涉及到当时志愿组织与英国政府的关系了。19 世纪以来,英国中央政府的职能日益完善,但英国社会却"希望限制中央政府的活动",而"社会性行动和社会性供给则是以地区性为基础,而不是高层政治的事务"④。所以,在很长一段时期内,志愿组织和政府在社会服务领域独立发展,形成"双杠"(parallel bars)⑤态势。在很大程度上,社会的共同生活是通过志愿组织体现出来的,而不是政府的角色⑥,儿童困境问题属于社会性问题,志愿组织的干预具有现实的合理性。

---

① Louise Stevens Bryant, *School Feeding : its history and practice at home and abroad*, J.B. Lippincott Company, 1913, p.16.

② John Cooper, *The British Welfare Revolution , 1906–14*, Bloomsbury Academic, 2017, p.45.

③ 志愿组织亦是英国防止儿童虐待制度的主要发动者,如志愿组织"全英防止虐待儿童协会"(NSPCC)不仅在 19 世纪 80 年代推动了《防止虐待和保护儿童法》的出台,而且还作为执行人与政府合作努力保护儿童不受虐待。参阅周真真:《英国福利国家进程中的志愿组织与政府——以 NSPCC 与警察的合作为例》,《学海》2012 年第 2 期;丰华琴:《英国防止儿童虐待协会(NSPCC)的产生及其救助实践》,《学海》2018 年第 3 期。

④ Jane Lewis, " Reviewing the Relationship betwe en the Voluntary Sector and the State in Britain in the 1990s", *Voluntas : International Journal of Voluntary and Nonprofit Organizations*, No. 3, 1999, pp.255–270.

⑤ 韦伯夫妇把这种关系归纳为"双杠"理论,参阅周真真《英国慈善活动发展史研究》,中国人民大学出版社 2020 年版,第 132 页。

⑥ Jose Harris, " Society and the state in twentieth century Britain", in F.M.L. Thompson (ed.), *The Cambridge Social History of Britain 1750—1950*, Vol. 3, Cambridge University Press, 1990, p.67.

　　而且,当时的儿童困境很大程度上是由于家庭贫困导致的,志愿组织的主要组成者中产阶层亦志愿履行他们的社会责任,帮助社会的贫困成员使他们具有使命感。换言之,"一个正在壮大的中产阶级有时间和资源可以给予"①。至 1893 年,大约有 50000 名中上层妇女从事"连续和半专职的"慈善志愿者工作②。这些妇女从事健康访问工作,希望能够向穷人家庭传输中产阶级的文化和社会价值观,改变穷人的习惯和生活方式。因此,中产阶层"借助合理规范的工作方式,通过组织机构来处理社会问题,希望以此不仅能控制人们的身体,而且能够控制人们的思想,以便更好地改造其行为"③,志愿组织发起健康访问和校餐供给的共同目标就是希望通过自身的行动教育贫困家庭重视子女的营养与健康。

　　所以,迟至 19 世纪后期,英国政府仍继续"把新的社会立法的执行工作交给地方当局以及志愿组织"④。进入 20 世纪后,英国政府的社会立法进一步扩大,对志愿组织的社会角色亦提出了更高的要求,政府与志愿组织的"双杠"关系势必发生改变。"(一系列的)《教育法》为学校儿童提供了初步的健康保障;1908 年《儿童法》通过司法和刑法实践改革为儿童的成长提供立法保护与供给;1907 年《出生备案法》奠定了婴儿福利的基础,有利于降低婴儿死亡率……这些立法,多数要求地方当局与志愿组织合作以保障其效实施"⑤。而地方当局与志愿组织如何合作呢? 以学校医疗服务为例,"相关环节的例行工作最好由地方教育当局的官员们执行,而志愿者的协助应要求针对特殊

　　①　帕特·塞恩:《英国福利国家中的志愿行动》,载钱乘旦、高岱:《英国史新探:全球视野与文化转向》,北京大学出版社 2011 年版,第 372 页。

　　②　John Cooper, *The British Welfare Revolution*, 1906-14, Bloomsbury Academic, 2017, p.29.

　　③　周真真:《charity 概念在英国的历史流变及其社会意蕴》,《世界历史》2018 年第 1 期。

　　④　Pat Thane, "Government and Society in England and Wales", in F.M.L.Thompson (ed.), *The Cambridge Social History of Britain 1750—1950*, Vol. 3, Cambridge University Press 1990, pp.1-63.

　　⑤　Michael J.Moore, "Social work and Social Welfare: The Organization of Philanthropic Resources in Britain, 1900—1914", *Journal of British Studies*, Vol. 16.No. 2, 1977, pp.85-104.

的个案或额外形式的援助"①。

在这种形势下,志愿组织社会服务的角色必须发生变革,即"其必须受到专门训练以服务于公立部门的特殊需要和适应针对个人事务的复杂立法"②。由此,旨在与政府合作并服务于政府需要的新型志愿组织发展起来了,"互助会"(Guild of Help)就是其中的一种。作为"公民访问组织",互助会于1904年最先在布莱德福德创立,至1911年全英共有70家,总共招募了8000余名志愿者。它适应了"政府不断提供新的和扩大公共福利责任,且要求志愿者协助"的时代要求,在社会福利领域与地方当局合作,招募和培训志愿访问人员,向当地贫困家庭志愿提供"友好访问"和充分帮助,以缓解其困境,是志愿工作"由完全独立转向与政府合作,由业余转向职业化"的重要标志。③

互助会组织以提供家庭访问为主要职能,对于20世纪前期英国儿童福利的发展具有现实的必要性,正如时人所言,"(城镇)议事会能够为有迫切需要的学校儿童提供餐食或牛奶,但它却不能够调查儿童饥饿的原因,也不能重建拥有健康和保障的家庭。对于这种人道的和极其重要的工作,志愿援助工作是必需的。议事会和政府能够为人们提供很多服务,但他们却不能保证这些服务能够落到实处。除非志愿工作者把这些服务送到每个家庭,否则很少有父母能够从中受益,何况更多儿童呢。"④由此,互助会广泛地参与到地方当局

---

① Board of Education, *Annual Report for 1910 of the Chief Medical Officer of the Board of Education*, His Majesty's Stationery Office, 1911, p.105.

② Michael J.Moore, "Social Service and Social Legislation in Edwardian England: The Beginning of a New Role for Philanthropy", *Albion: A Quarterly Journal Concerned with British Studies*, Vol. 3, No. 1, 1971, pp.33-43.

③ Michael J.Moore, "Social work and Social Welfare: The Organization of Philanthropic Resources in Britain, 1900—1914".互助会在不同地区名称不尽相同,其他名称如"城市互助团"(City League of Help)、"社会服务协会"(Guild of Social Service)、"城市援助协会"(City Aid Society)等。另外,除了互助会外,"社会福利理事会"(the Council of Social Welfare)亦是为儿童福利提供志愿服务的新型志愿组织,如其创立了"儿童关爱委员会"(the Children's Care Committee)为地方当局开展的学校医疗服务提供协助。

④ H.J.Marshall, "Voluntary Assistance in the Modern State", *Charity Organisation Quarterly*, No. 1, 1939, pp.1-10.

实施的儿童福利服务中,协助地方当局为贫困儿童提供校餐,广泛支持《教育(供餐)法》、推行学校医疗的《教育(行政供给)法》和《出生备案法》等一系列儿童福利立法的实施①。

所以,许多儿童福利项目,特别是卫生保健,诸如互助会此类的志愿组织是不可或缺的执行者,只不过这些志愿组织逐渐由政府给予津贴资助②。以儿童福利中心为例,"在地方政府的资助下,志愿组织在产妇与儿童福利服务方面扮演着至关重要的角色,且一直延续到两战期间。"③ 具体来说,"志愿(福利)中心在其工作的行政区域是地方当局产妇和儿童福利项目的重要组成部分。它的服务活动被分配至特定区域,通常受到地方当局财政上的支持。在一些案例中,地方当局的健康医疗官是(志愿福利中心的)医疗官,地方当局的健康访问员往往也是志愿中心的主管,由此可以使她能够把医疗官的建议传达至该区域的妈妈们,并推动这些妈妈们去执行。"④

在学校健康服务体系中,志愿组织亦是重要的参与者。"关于在例行或其他医学检查中发现的正在遭受各类健康问题折磨的儿童的后续工作,相当大的一部分是由志愿组织开展的",这些组织分别是"儿童关爱委员会"、"全国防止儿童虐待协会"、"残障儿童援助协会"(Invalid Children's Aid Association)、"儿童国家假日基金会"(Children's Country Holiday Fund)及其他各类互助协会等⑤。教育部特别提到全国防止儿童虐待协会在这一方面的贡献,比如1920年全国防止儿童虐待协会发布了对纳入学校健康服务体系的

---

① Keith Laybourn, "The Guild of Help and the Changing face of Edwardian Philanthropy", *Urban History*, No. 1, 1993, pp.43—60.

② 帕特·塞恩:《英国福利国家中的志愿行动》,载钱乘旦、高岱:《英国史新探:全球视野与文化转向》,北京大学出版社 2011 年版,第 374 页。

③ Lara V.Marks, *Metropolitan Maternity:Maternal and Infant Welfare services in Early Twentieth Century London*, Atlanta, GA, 1996, p.26.

④ Ministry of Health, *First Annual Report of Ministry of Health*, 1919—1920, p.49.

⑤ Board of Education, *Annual Report for 1920 of the Chief Medical Officer of the Board of Education*, His Majesty's Stationery Office, 1921, p.9.

34680 名 1—16 岁学生的监测报告,共发现 6954 例学生正在遭受"忽视"及其他不良因素的影响,其中 5195 例受到"忽视"的案例中,对"忽视"家庭卫生条件、儿童营养和穿衣等方面的父母,该组织的检查员提醒他们务必履行"对子女的责任",收到了良好的效果;另外,该组织还对 1525 例案例提供了改进建议和预防性监管,并发现了 26 例儿童居室过于"污秽"而无法居住,127 例儿童受到虐待,23 例儿童由于"道德环境恶劣"需要寻求保护,等等①。

所以说,志愿组织与政府的紧密合作,对于发展儿童福利显然具有"不可估量的价值",因为它"不仅提供了工作人员和场所",而且还能够"凝聚有利于福利机构扩大和更有效运转的地方舆论"②。而且,在实施和扩展儿童福利时,与政府工作人员相比,志愿访问员更熟悉当地居民的家庭条件和实际需要,而且还更能够尊重家庭的隐私③。可见,"儿童领域的私人性决定政府只能从宏观上进行引导,并不能挨家挨户的进行探访、调查、发现问题等,这就使志愿组织的角色尤为重要","政府要发展儿童福利离不开志愿组织的帮助"④。换言之,志愿组织社会服务的机动性和隐私性,使其成为政府履行和扩大社会职能的重要助手。它充当了家庭巡查员的角色,"鼓励人们更好地养儿育女"⑤。故志愿组织与政府合作是 20 世纪英国儿童福利制度的一个比较显著的特点。

四、英国妇女是推动儿童福利发展的重要力量

英国妇女在 19 世纪后期以来英国儿童福利发展的历史进程中发挥了举

---

① Board of Education, *Annual Report for 1920 of the Chief Medical Officer of the Board of Education*, His Majesty's Stationery Office, 1921, p.10.

② G.F.McCleary, *The Maternity and Child Welfare Movement*, P.S.King & Son Ltd., 1935, p.215.

③ Lara V.Marks, *Metropolitan Maternity: Maternal and Infant Welfare services in Early Twentieth Century London*, Atlanta, GA, 1996, p.26.

④ 周真真:《英国福利国家进程中的志愿组织与政府——以 NSPCC 与警察的合作为例》,《学海》2012 年第 2 期。

⑤ Harry Hendrick, *Child Welfare: Historical dimensions, contemporary debate*, The Policy Press, 2003, p.33.

足轻重的历史作用。19 世纪的英国女权主义者就已经指出,女性的性别优势使她们"在人类生活中比男人更神圣、更虔诚、更利他、更道德、更有爱心和教养",因此她们可以在国家生活中发挥独特的作用,能够"参与解决整个社会的问题",如"孩子的教育、公共健康、对穷人的管理和照顾"①。所以,从现代英国儿童福利制度初创伊始,英国妇女群体就全程参与其中,从宣传鼓动到实践,推动了英国儿童福利不断扩大。

第一,英国妇女是儿童福利的积极倡导者和先驱者。

英国妇女首先是作为志愿组织的主要成员倡导儿童福利的。在 19 世纪,"慈善被认为是中产阶级妇女的天职,是其家政技能及过多的善良与恻隐之心的释放之地"②。同时,通过志愿工作,中上层妇女"成功促进了自身的经济独立和参与性公民地位"③。换言之,中上层妇女积极参与儿童福利事业,也是实现自身解放的一种重要手段,这一点亦为工人妇女所领会。

工人妇女组织"妇女合作协会"(the Women's Cooperative Guild)在 20 世纪初积极参与了英国婴儿福利运动。妇女合作协会成立于 1883 年,在 1889—1921 年玛格丽特·卢埃林·戴维斯女士(Margaret Llewelyn Davies)任秘书长期间该组织致力于倡导和推动婴儿与产妇福利。

在当时的条件下,"健康访问员—儿童福利中心"体制受到妇女合作协会的支持和推动。早在 1905 年合作协会成员艾丽斯·拉塞尔(Alys Russell)考察了比利时的"吉恩特妈妈学校"(Ghent School for Mothers)后深受启发,该机构是 20 世纪初是推行妇幼福利的典范,该机构对婴幼儿实施医学监护、培训工人妇女为健康访问员、为虚弱婴儿和哺乳妇女提供牛奶。基于当时英国婴

① 潘迎华:《19 世纪英国妇女选举权运动与自由主义》,《世界历史》2002 年第 6 期。
② F.K.Prochaska,"Philanthropy",in F.M.L.Thompson(ed.),*The Cambridge Social History of Britain 1750—1950*,Vol.3,p.385.
③ Jane Lewis," Women, social work an social welfare in twentieth-century Britain: from (unpaid) influence to (paid) oblivion?" in Martin Daunton(ed.),*Charity, Self-interest and Welfare in the English Past*,Routledge,2016,p.207.

儿死亡率居高不下的现实,拉塞尔呼吁英国的慈善团体、友谊会、合作协会、工会或者富有的个人也应该效仿吉恩特的做法,在英国建立类似机构①。1914年,戴维斯与合作协会主席埃利诺·巴顿(Eleanor Barton)共同向英国社会发布了一封公开信,倡导各地建立妇幼福利机构,"婴儿咨询中心、妈妈学校、宝宝诊所,已经开始由市政机构或志愿组织建立,现在是进一步扩大这项工作的时候了,还没有行动的地区应该行动起来了";随后妇女合作协会还联合"妇女劳工联盟"(Women's Labour League)、独立工党妇女分部等劳工妇女团体在1915—1918年持续向伦敦的坎伯威尔城市政当局发起请愿活动,要求该城"按照地方政府事务部的要求,立即采取步骤,建立产妇与儿童福利机构"②。

妇女劳工联盟在1918年前作为工党的一个妇女组织,亦投入到对儿童福利的宣传和鼓动中。妇女劳工联盟成立于1906年,1918年正式合并到工党,成为工党地方支部的重要组成部分,其成员来自于各行各业,既包括家庭主妇、体力劳动者、从事社会服务工作的有薪或无薪雇员,也包括医生、护士、健康访问员、房产经纪人等其他行业的从业者,以及福利服务的受惠者③。在20世纪初英国社会改革的凯歌行进中,这些工党妇女成员对妇女及儿童的社会权利有着深刻的认识。比如,她们提倡建立"日托所"(day nurseries),"既是为了那些活跃在有薪劳工市场妈妈们的孩子,也是为了使那些居家的妇女能够摆脱照料儿童和家务责任,以留有更多的空间进行休息、教育和从事政治或

---

① Deborah Dwork, *War is Good for Babies and other Young Children:A History of the Infant and Child Welfare Movement in England*, *1898—1918*, Tavistock Publications Ltd 1987, pp.146-147.

② Deborah Dwork, *War is Good for Babies and other Young Children:A History of the Infant and Child Welfare Movement in England*, *1898—1918*, Tavistock Publications Ltd 1987, pp.217-218.

③ Pat Thane, "Visions of gender in the making of the British welfare state:the case of women in the British Labour Party and social policy, 1906—1945", in Gisela Bock and Pat Thane (ed.), *Maternity and Gender Policies:Women and the Rise of the European Welfare States*, *1880s—1950s*, Routledge 2016, p.94.

者志愿行动,即个人发展"①。

妇女劳工联盟对儿童福利的贡献首先体现于其亲自创建婴儿诊所,即 1912 年在伦敦肯辛顿城贫民区创建了英国第一家婴儿诊所②。该诊所不同于 其他产妇与婴儿福利中心,除了实施预防性和教育性措施外,它还对前来就诊 的 5 岁以下婴幼儿实施免费治疗。每个前来诊所的婴儿,不仅能够得到医生 咨询的服务,而且还能够得到每月一次的牙科医生诊疗服务,以及常驻护士和 药剂师的服务。1919 年该诊所发展成为婴儿医院。该组织的贡献还体现于 "鼓励妇女参与地方选举,以审查、批评和斗争的方式,提高地方的(福利)服 务"③。至 1920 年,英国妇女担任市、郡议员的有 320 位,有几百个妇女在地 方教育当局任职,进入区一级参议会的则有更多④。这些参政妇女对地方当 局儿童福利政策的影响程度取决于其个人的政治能力,如在伦敦肯辛顿城,作 为参议会议员或市政当局的成员,埃塞尔·本瑟姆(Ethel Bentham)是上述诊 所的监管员,致力于把该诊所打造成妇幼福利服务的典范;玛格丽·S·赖斯 (Margery Spring Rice)是北肯辛顿妇女福利诊所的主管,并推动当地政府要求 卫生部同意其为妇女儿童提供市政福利服务⑤。

其他工人妇女组织"妇女工业理事会"(Women's Industrial Council)、"工

---

① Pat Thane, "Visions of gender in the making of the British welfare state: the case of women in the British Labour Party and social policy, 1906—1945", in Gisela Bock and Pat Thane (ed.), *Maternity and Gender Policies: Women and the Rise of the European Welfare States, 1880s — 1950s*, Routledge 2016, p.96.

② Lara V. Marks, *Metropolitan Maternity: Maternal and Infant Welfare services in Early Twentieth Century London*, Atlanta, GA, 1996, p.138.

③ Pat Thane, "Visions of gender in the making of the British welfare state: the case of women in the British Labour Party and social policy, 1906—1945", in Gisela Bock and Pat Thane (ed.), *Maternity and Gender Policies: Women and the Rise of the European Welfare States, 1880s — 1950s*, Routledge 2016, p.99.

④ 钱乘旦等:《英国通史》(第六卷),江苏人民出版社 2016 年版,第 234 页。

⑤ Lara V. Marks, *Metropolitan Maternity: Maternal and Infant Welfare services in Early Twentieth Century London*, Atlanta, GA, 1996, p.71-72,275.

人妇女全国联盟"（National Union of Women Workers）等团体在 20 世纪前期的儿童福利运动中亦充当了社会改革者的角色，不仅致力于创建儿童福利中心，而且还在校园诊所和校餐服务方面作出了很大努力①。

第二，英国妇女亦是英国儿童福利发展的直接受益者，英国妇女的生育观念和健康状况因此产生历史性的进步。

英国妇女在倡导和发展儿童福利的过程中，自身亦成为受益者。首先，英国妇女的生育观念开始发生变化。比如，在健康访问员的努力下，英国妇女认识到自身"是婴儿福利的关键"，特别是其所处的环境，即"她的健康，她的知识，她的教育，她的习惯"（不仅仅是在生产过程和产后，而且还有产前的）决定着她们的孩子是否"健康或生病"，甚至"生与死"，因此她们"想得到教育、帮助、建议和合理的营养"，以及"性、避孕、卫生、孩童喂养"方面的指导②。所以说，健康访问的最大价值在于其经常性地向妈妈们"强调自助的价值，努力灌输个人的责任感"③。

而且，随着妇幼护理与保健服务的开展，英国孕产妇的生命安全得到进一步保障。"良好的产妇（护理）服务是保全产妇生命的关键因素"，换言之，产妇死亡率的降低"与孕中和分娩过程中得到的医疗监护的质量具有非常密切的关系"④。在地方政府事务部的推动下，自 1915 年始各地产妇与儿童福利中心陆续建立产前诊所（Ante-Natal Clinics），1918 年为 120 家，1933 年增加至 1417 家，其中 1167 家由地方当局建立并维持运行，其余 250 家由志愿组织运行，前来就诊的孕妇为 238305 人，为当年出生报备人数的 40.8%，就诊次数

---

① John Cooper, *The British Welfare Revolution*, 1906-14, Bloomsbury Academic, 2017, p.32.
② Deborah Dwork, *War is Good for Babies and other Young Children: A History of the Infant and Child Welfare Movement in England*, 1898—1918, Tavistock Publications Ltd 1987, pp.164-165.
③ Jane Lewis, "The Social History of Social Policy: Infant Welfare in Edwardian England", *Journal of Social Policy*, Vol.9, Issue 4, 1980, pp.463-486 pp.463-486.
④ Lara V.Marks, *Metropolitan Maternity: Maternal and Infant Welfare services in Early Twentieth Century London*, Atlanta, GA, 1996, p.237.

为 871964 次,平均每名孕妇就诊 3.6 次①。至 1938 年,产前诊所已达到 1676 家,地方当局运行的有 1389 家,志愿组织运行的为 287 家,前来就诊的孕妇为 365250 人,占当年出生报备人数的 60.6%,总就诊次数为 1510445 次②。各地福利中心也推动对产妇的产后监护服务,1938 年前来产后诊所(Post-Natal Clinics)就诊的产妇为 71120 人,占出生报备人数的 11.8%,总就诊次数为 139978 次③。至 1938 年,84 个地方当局还建立了急诊中心,配备了技术娴熟的医护人员和设备,为那些无法前去医院的孕产妇提供急诊服务,平均每个急诊中心共接诊了 137 名病人④。这些医疗服务,对于保障产妇生命安全发挥了重要作用。英国学者发现,20 世纪前期在伦敦斯特普尼城由于当地非常优良的产妇护理服务,产妇死亡率在伦敦各城区中是最低的,而相比之下汉普斯特德城的产妇护理服务发展程度低致使其产妇死亡率偏高⑤。

另外,20 世纪前期英国政府还通过逐步加大对于妇女群体的援助,改善家庭育养子女的营养水平。比如,在 20 世纪 30 年代后期,全英 409 个福利当局为孕妇和哺乳期妇女免费或低价提供牛奶,有些福利当局亦为她们提供营养餐食服务,50 个福利当局提供家政服务⑥。1940 年 6 月,英国政府开始为孕妇、哺乳期妇女及她们的 5 岁以下的子女免费提供每日 1 品脱牛奶,同时还

---

①　G.F.McCleary, *The Maternity and Child Welfare Movement*, P.S.King & Son Ltd., 1935, pp. 57,58.

②　Ministry of Health, *Twentieth Annual Report of the Ministry of Health, 1938—1939*, His Majesty's Stationery Office, 1939, p.240.

③　Ministry of Health, *Twentieth Annual Report of the Ministry of Health, 1938—1939*, His Majesty's Stationery Office, 1939, p.240.

④　Ministry of Health, *Twentieth Annual Report of the Ministry of Health, 1938—1939*, His Majesty's Stationery Office, 1939, p.36.

⑤　Lara V.Marks, *Metropolitan Maternity:Maternal and Infant Welfare services in Early Twentieth Century London*, Atlanta, GA, 1996, p.237.

⑥　Pat Thane, "Visions of gender in the making of the British welfare state:the case of women in the British Labour Party and social policy, 1906—1945", in Gisela Bock and Pat Thane (ed.), *Maternity and Gender Policies:Women and the Rise of the European Welfare States, 1880s—1950s*, Routledge 2016, pp.106-107.

提供旨在补充维生素的果汁、鱼肝油、糖浆、药丸等①。同时，为了减轻英国妇女育养子女负担，至 1933 年，英国政府给予 725000 名寡妇每周 10 先令的生活补贴和 340000 名贫困儿童每周 5 先令的补贴②；而 1945 年《家庭津贴法》则把津贴扩大至所有儿童，决定给予每名儿童每周 5 先令的家庭津贴③。

第三，英国妇女是儿童福利的积极实践者，或受雇于地方当局，或作为志愿者实施儿童福利制度，进一步强化了对公共事务的参与，首先在社会领域实现了自身解放。

我们不能不注意到，"当社会的价值转向以儿童为中心的时候，对儿童的'爱'就带来整个社会资源与机会的重新配置"④，尤其表现在儿童福利的发展，为英国妇女创立了健康访问员和校园护士两大护理性职业，英国妇女群体因此开始突破家庭的藩篱，成为公共机构的常任人员。正如上文所述，英国妇女首先通过志愿者的身份，展现出她们对社会事务的服务能力。她们在志愿组织中对贫困家庭的服务经历"创造了妇女运动与福利的早期联系"，她们亦认为"男性主导下的政府忽视了严重的社会问题，政府因此需要妇女的经历和价值观"⑤。事实上也正是如此。"许多（健康）访问员全职从事妇女和儿

---

① Jane Lewis, *The Politics of Motherhood: Child and Maternal Welfare in England, 1900—1939*, Croom Helm Limited, 1980, p.187.

② Pat Thane, "Visions of gender in the making of the British welfare state: the case of women in the British Labour Party and social policy, 1906—1945", in Gisela Bock and Pat Thane (ed.), *Maternity and Gender Policies: Women and the Rise of the European Welfare States, 1880s—1950s*, Routledge 2016, p.111.

③ Jane Lewis, *The Politics of Motherhood: Child and Maternal Welfare in England, 1900—1939*, Croom Helm Limited, 1980, p.187.

④ 辛旭：《儿童与社会的相互建构：儿童史研究突破的一种可能》，《学术月刊》2016 年第 6 期。

⑤ Pat Thane, "Visions of gender in the making of the British welfare state: the case of women in the British Labour Party and social policy, 1906—1945", in Gisela Bock and Pat Thane (ed.), *Maternity and Gender Policies: Women and the Rise of the European Welfare States, 1880s—1950s*, Routledge 2016, p.102.

童福利工作;其他访问员也在履行校园护理和探视结核病患者的责任"①。

20 世纪初哈德斯菲尔德市政当局则开创了健康访问员必须是具有一定的医学与健康教育背景的女性②,进一步推动了健康访问的制度化和职业化,越来越多的具有教育背景的英国妇女加入健康访问员队伍中,活跃在各地儿童福利中心,越来越多的妇女由此开始从事专职的儿童福利工作。1918 年后,各地健康访问员的数量统计和福利服务开始见诸于卫生部的年度报告中。比如,截止至 1921 年 3 月 31 日,英格兰和威尔士地区拥有健康访问员共 3215名,其中 1021 名兼任校园护士,或受雇于地方当局其他类似职位,1302 名并不全职为地方当局工作,另有 937 名为具有在乡村地区开展健康访问资格的乡村巡回护士(District Nurses),全职开展健康访问的为 1617 名③。

随着访问员队伍的不断壮大,卫生部日益重视对健康访问员的资格认定,在 1926 年颁布的第 680 号指令中卫生部要求自 1928 年 4 月 1 日起所有全职受雇于地方当局的健康访问员必须获得由卫生部指定考试机构(皇家卫生研究院)颁发的健康访问员资格证④。而此时健康访问员虽然都是训练有素的职业女性,但是来源多样化,不具备统一的职业资格,如上述 1921 年的统计中,约 74% 的访问员拥有护士资格证,约 83% 的拥有助产士资格证,约 18% 的有卫生巡查员资格证,只有 24% 的拥有由卫生部指定机构颁发的健康访问员资格证⑤。故 1928 年后,英国女性考取健康访问员资格成为他们的重要职业选择之一。根据英国卫生部的年度报告统计,笔者发现 1930—1938 年,除个

① G.F.McCleary,*The Maternity and Child Welfare Movement*,P.S.King & Son Ltd.,1935,p.36.

② Hilary Marland,"A Pioneer in Infant Welfare:the Huddersfield Scheme,1903—1920",*Social History of Medicine*,Vol.6,Issue 1,1993,pp.25—50.

③ Ministry of Health,*Second Annual Report of the Ministry of Health,1920—1921*,His Majesty's Stationery Office,1921,p.23.

④ Ministry of Health,*Seventh Annual Report of the Ministry of Health,1925—1926*,His Majesty's Stationery Office,1926,p.21.

⑤ Ministry of Health,*Second Annual Report of the Ministry of Health,1920—1921*,His Majesty's Stationery Office,1921,p.23.

别年份以外,每年通过皇家卫生研究院(the Royal Sanitary Institute)健康访问资格证考试的英国女性数量都在 200 人以上①。至 1938 年,英格兰地区受雇于地方当局和志愿组织的健康访问员分别达到 3451 人和 2022 人,威尔士地区分别达到 221 人和 284 人②。至 20 世纪 30 年代后期,由英格兰地方当局或志愿组织聘用的 5350 名健康访问员全部为女性③,可见健康访问员成为了英国妇女的专属职业。

校园护士亦是英国儿童福利制度为妇女群体创立的社会服务工作。作为学校健康服务体系的重要组成部分,校园护士是英国学龄儿童的健康使者,得到英国政府的高度认可。英国教育部在学校健康服务体系建立之初就认为,"在医学指导和监管之下协助医疗检查工作以及劝说(学校儿童)父母或向其说明如何为儿童的轻微疾病申请治疗方面,校园护士能够发挥非常有用和重要的职能"④。1975 年在学校健康服务体系并入国民健康服务体系之时,英

---

① 1930 年 274 人,1931 年 316 人,1932 年 305 人,1933 年 227 人,1934 年 181 人,1935 年 218 人,1936 年 271 人,1937 年 266 人,1938 年 333 人,参阅 Ministry of Health, *Twelfth Annual Report of the Ministry of Health, 1930—1931*, His Majesty's Stationery Office, 1931, p.80; *Thirteenth Annual Report of the Ministry of Health, 1931—1932*, His Majesty's Stationery Office, 1932, p.77; *Fourteenth Annual Report of the Ministry of Health, 1932—1933*, His Majesty's Stationery Office, 1933, p.71; *Fifteenth Annual Report of the Ministry of Health, 1933—1934*, His Majesty's Stationery Office, 1934, p.129; *Sixteenth Annual Report of the Ministry of Health, 1934—1935*, His Majesty's Stationery Office, 1935, p.131; *Seventeenth Annual Report of the Ministry of Health, 1935—1936*, His Majesty's Stationery Office, 1936, p.32; *Eighteenth Annual Report of the Ministry of Health, 1936—1937*, His Majesty's Stationery Office, 1937, p.18; *Nineteenth Annual Report of the Ministry of Health, 1937—1938*, His Majesty's Stationery Office, 1938, p.15; *Twentieth Annual Report of the Ministry of Health, 1938—1939*, His Majesty's Stationery Office, 1939, p.38.

② Ministry of Health, *Twentieth Annual Report of the Ministry of Health, 1938—1939*, His Majesty's Stationery Office, 1939, p.288.

③ Pat Thane, "Visions of gender in the making of the British welfare state: the case of women in the British Labour Party and social policy, 1906—1945", in Gisela Bock and Pat Thane (ed.), *Maternity and Gender Policies: Women and the Rise of the European Welfare States, 1880s—1950s*, Routledge 2016, p.106.

④ Board of Education, *Annual Report for 1908 of the Chief Medical Officer of the Board of Education*, His Majesty's Stationery Office, 1910, p.26.

国教育部亦认为此前独立运行的学校健康服务体系得益于"绝大多数作为校园护士的妇女的性格和才能",她们"为儿童,及其父母和老师做了大量工作"①。

可见,校园护士在很大程度上是整个学校服务体系能够有效运行的润滑剂。她们穿梭于家庭、学校与学校医院之间,一方面"深入到(学校)儿童的家庭,尤其是社会性贫困家庭",说服父母让其具有健康问题的子女接受治疗,并定期拜会学校老师,与其讨论学生的健康问题;另一方面,作为校园医生的助手,校园护士要负责筛查学校儿童的听力和视力,以及对学校儿童进行"卫生巡查",而且许多护士还要投入到对残障儿童的"早期探查和监护"中②。在校餐服务中,校园护士也有其特殊的责任,即在校园医生的指导下,负责鉴定那些申请校餐服务儿童的营养状况,或调查那些不愿为其子女购买校餐的家庭日常饮食状况,或与学校老师共同监管学校供餐服务③。

校园护士亦需要执有健康访问员的职业资格证,意味着她们不仅能够为学校儿童健康服务,亦可以为其他社会群体提供类似服务。所以,在学校健康服务体系中,一部分校园护士是学校健康服务的专职人员,大部分则为兼职校园护士,是由地方教育当局聘请的在其他公共健康部门任职的护士,她们共同组成了学校健康服务体系的护士队伍。关于其从业规模,英国学者对英格兰与威尔士的校园护士的数量进行了专门统计。两次大战之间,校园护士的从业规模呈上升趋势,如 1920—1921 年度为 2650 人,至第二次世界大战前夕增

① Department of Education and Science, *The School Health Service*, *1908 — 1974*; *Report of the Chief Medical Officer of the Department of Education and Science*, Her Majesty's Stationary Office, 1975, pp.11–12.

② Department of Education and Science, *The School Health Service*, *1908 — 1974*; *Report of the Chief Medical Officer of the Department of Education and Science*, Her Majesty's Stationary Office, 1975, p.11.

③ M.E.Bulkley, *The Feeding of School Children*, G.Bell Sons Ltd., 1914, pp.62, 63, 121, 240, 244.

加到 6149 人①；第二次世界大战期间，由于部分校园护士被抽调从事战争伤残人员的护理服务，校园护士在任职数量上比战前减少了将近一半，维持在 3000 人左右②；战后校园护士数量大幅增长，至 1972 年为 9986 人③。

与此同时，英国妇女群体亦有不少人在其他儿童福利部门扮演着重要角色。仅在学校健康服务体系中，妇女群体不仅活跃在校园护士队伍中，在包括学校医疗官在内的校园医生队伍中亦可以见到她们的身影。英国教育部规定，只要"在国家医疗体系中得到足够的培训或执有公共健康的学位"，或"具有一定的学校卫生工作经历"，或"在儿童疾病研究中具有专长"，女性亦可以与男性一样被聘为校园医生④。比如，第一次世界大战前夕 1271 名校园医生中，105 名为女性医生，分别在 59 个不同教育区域中从事学校健康服务，其中 92 名为专职医生，11 名为助理健康医疗官⑤。

五、结语

事实上，现代英国儿童福利的制度化是从 20 世纪初开始的。具体而言，当地方当局把儿童的健康成长作为当地经济社会发展的重要内容时，英国社会对儿童重要价值的认识逐步凝聚，日益形成自下而上推动儿童福利的发展观念和模式。英国政府的行动步伐则在 20 世纪之交其强国之位一再遭到新兴国家的挑战之时而无疑加快了，国家儿童观成为政治家们的新时尚，各政党

---

① Bernard Harris, *The Health of the Schoolchild : A History of the School Medical Service in England and Wales*, Open University Press, 1995, p.103.

② Bernard Harris, *The Health of the Schoolchild : A History of the School Medical Service in England and Wales*, Open University Press, 1995, p.153.

③ Bernard Harris, *The Health of the Schoolchild : A History of the School Medical Service in England and Wales*, Open University Press, 1995, p.182.

④ Board of Education, *Annual Report for 1908 of the Chief Medical Officer of the Board of Education*, His Majesty's Stationary Office, 1910, p.24.

⑤ Board of Education, *Annual Report for 1914 of the Chief Medical Officer of the Board of Education*, His Majesty's Stationery Office, 1915, p.4.

发展儿童福利的政治共识形成了。"儿童是社会的未来,没有一个有责任的政府不去关心这一未来"①,这是20世纪英国儿童福利制度的根本特征。

不难发现,现代儿童福利的形成,在英国具有较为久远的历史渊源。虽然对儿童价值认识的重大改观是19世纪中后期以后的事情了,但儿童问题始终是英国社会治理体系近代化的一部分。都铎时期英国政府就开始干预儿童流浪和贫困问题了,其原则是政府"不仅要为那些值得救助的儿童提供遮风避雨的场所,而且还有实施训练,使他们能够成为自食其力和自我尊重的社会成员"②,所以都铎的立法者把"为儿童提供工作的必要性写进了立法,比如在1536、1547、1576、1597和1601年"③。此后,反对贫困无疑是英国济贫法对儿童实施救助的主要内容,至1896年初,共有54052名儿童得到院内救助,24475名儿童得到院外救助④。而这些被救助的儿童则成为"政府的儿童"(Children of the State),如何使其"变废为宝",成为合格的"工人和劳工",成为"谦卑且有价值的公民",早在1868年就有学者提出,政府必须要合理地安置和对待他们,"如果仅仅是将她的成员抚养成有能力的和自立的一员,我们伟大的帝国还不至于耗尽她的资源,也不会无法支持她的庞大的和日益膨胀的家族"⑤。

实际上,19世纪的英国政府通过立法和社会政策悄悄地改变着儿童的家庭生活、劳动生活和学校生活,工厂立法规范了儿童的工厂劳动,义务教育的推行终结了这种劳动,"劳动不再是他们童年生活的宿命,学校教育成为他们

---

① Hugh Cunningham, *The Children of the Poor: Representations of Childhood since the Seventeenth Century*, Basil Blackwell Ltd 1991, p.24.

② Ivy Pinchbeck and Margaret Hewitt, *Children in English Society*, Vol. II: *from the Eighteenth Century to the Children Act 1948*, Routledge 2005, p.655.

③ Hugh Cunningham, *The Children of the Poor: Representations of Childhood since the Seventeenth Century*, Basil Blackwell Ltd 1991, p.24.

④ W. Chance, *Children under the Poor Law: Their Education Training and After-care*, Swan Sonnenschein Co., 1897, p.vi.

⑤ Hugh Cunningham, *The Children of the Poor: Representations of Childhood since the Seventeenth Century*, Basil Blackwell Ltd 1991, pp.201-202.

童年生活的主宰"①。而当 20 世纪之交英国儿童成长的困境更直观地表现为营养与健康问题时,英国政府开展了一场社会革命,仅在 1885—1913 年间英国就制定了 52 项直接关系儿童福利的立法②。经历 20 世纪 20—30 年代的缓慢发展,英国初步构建了一个比较完备的儿童健康服务体系,涵盖婴幼儿和学校儿童两大儿童群体,涉及儿童的食品、药品和医疗,以及与其密切相关的妇幼保健和护理服务。二战时期英国儿童福利狂飙突进,儿童健康服务实现福利化。在上述过程中,志愿组织作为积极的参与者,"社会服务的消费者组成了具有贡献性质的组织",与政府紧密合作,"或从政府中得到大量的资金支持,或承担了政府的部分责任"③,构成了儿童福利的重要一环。而且,作为儿童福利自然的受益者,英国妇女群体摆脱家庭的桎梏,组成儿童福利工作的主力军,英国妇女解放首先在社会领域里得到实现。

还应该注意到,英国婴幼儿福利制度和学校儿童福利制度的形成与发展,无不得益于同一历史时期欧洲大陆国家特别是法国和德国的立法与实践经验,同时自身的发展经验也对大洋彼岸的美国产生了积极的影响。英国婴幼儿福利中,儿童福利中心的原型是在法国,源于医学教授皮埃尔·布丁 1892 年在巴黎组织的第一家"婴儿咨询中心"(Consultation de Nourrisson),在巴丁的影响下类似"婴儿福利中心"的机构在 19 世纪世纪末 20 世纪初的法国发展较为迅速,英国公共卫生专家麦克勒里 1901—1905 年间专门赴法国考察了"婴儿咨询中心"的发展,对 20 世纪初英国儿童福利中心的发展产生了积极的影响。再如,英国的学校医疗服务体系的形成与发展,也受益于 20 世纪之交德国校园医疗的发展。而英国儿童福利制度的发展,对大洋彼岸的美国则

---

① 施义慧:《童年的转型:19 世纪英国下层儿童生活史》,南京大学出版社 2012 年版,第 6 页。

② Harry Hendrick, *Child Welfare:Historical dimensions,contemporary debate*,The Policy Press,2003,p.33.

③ 周真真:《charity 概念在英国的历史流变及其社会意蕴》,《世界历史》2018 年第 1 期。

产生了积极的影响。比如,1911 年英国著名的教育学家玛格丽特·迈克米兰女士(Margaret Macmillan)在美国纽约城介绍英国布莱德福德开展学校供餐的经验,认为布莱德福德的学校供餐"极大地增加了父母的责任感,因为他们深刻地认识到他们孩子学习的需要"①;再如英国的健康访问制度对美国也产生一定的影响,"英国公共健康护理的发展趋势,在美国也同样看得到,最初都是起源于专门化的护理活动,如乡村巡回护理、健康访问等诸如此类"②。

　　1948 年,是英国儿童福利发展的一个重要里程碑。是年,英国政府制定《儿童法》,将英国所有关于儿童的社会福利汇集到一部法律中,旨在确保英国儿童自出生以后"无论等级、特权,或财富"都能够获得生存与发展的"必要社会和经济条件"③。英国儿童由此在历史上第一次使其"摇篮"中的公民获得一种法定保障,家庭贫困不再会是他们的噩梦了。健康访问与儿童福利中心启动了"生""养"的社会化,而学校健康服务体系使地方教育当局成为学校儿童的国家"保姆",由此初步实现了幼有所育,学有所养,国家儿童实至名归。

　　更重要的是,英国政府认识到,发展儿童福利,"保持家庭的完整必须是第一目标,只有当儿童在自己家庭中无法得到充分的关爱时,才能将儿童与其父母分离",所以《家庭津贴法》(1945)、《国民保险法》(1946)、《国民健康服务法》(1946)和《国民援助法》(1948)的相继出台,就是以"社会保障、充分就业、家庭津贴和健康服务"维持家庭肌体的健康,"使其每一位成员从而能够充分实现对彼此、对社会的责任"④,使每一位儿童都能够拥有一个温暖的家。

---

① Louise Stevens Bryant, *School Feeding: its history and practice at home and abroad*, J.B.Lippincott Company, 1913, p.59.

② George Rosen, *A History of Public Health*, MD Publications Inc., 1958, p.378.

③ Ivy Pinchbeck and Margaret Hewitt, *Children in English Society*, Vol.II: *from the Eighteenth Century to the Children Act 1948*, Routledge 2005, p.650.

④ Harry Hendrick, *Child Welfare: Historical dimensions, contemporary debate*, The Policy Press, 2003, pp.139-140.

显然，这一点当今世界各国完善儿童福利制度，进一步保障儿童权益，具有重要的历史启示。

综上所述，"儿童是整个民族的未来"，20世纪前期英国儿童福利制度是在国内外两方面因素的推动下建立起来的，开启了英国不同于传统济贫法体系的国民医疗照顾与救助服务新模式，使儿童开始成为国家政治力量救助的主体，在公共健康领域取得了卓越的历史功绩。公共健康视阈下的英国儿童福利制度，不仅提高了英国婴幼儿和学校儿童的健康水平，保障了英国儿童的受教育权和发展权，为国家未来发展积蓄了强大的后备力量，同时也为英国现代福利国家的形成奠定了坚实基础，充分体现了"儿童作为国家的公民，具有独立于父母的社会权利，而国家则有责任向他们提供保护的权利"①。

在当今人们普遍反思现代福利国家有关政府角色的时候，研究20世纪前期英国儿童福利制度，有助于提升人们对儿童福利基础性地位的认识，有助于推动各国政府强化在儿童权益保障体系中的主导地位。在我国推行"三胎政策"的今天，英国婴幼儿和学校儿童福利制度的形成与发展，对于建立健全我国婴幼儿和学校儿童的教育与健康保护机制具有重要的借鉴意义。

---

① Ivy Pinchbeck and Margaret Hewitt, *Children in English Society*, *Vol. II: From the Eighteenth Century to the Children Act 1948*, Routledge 2005, p.637.

参 考 文 献

一、英文档案文献

（一） 儿童福利法令

Education (Administrative Provisions) Act, 1907.

Education (Provision of Meals) Act, 1906

Education Act, 1944.

Education (Scotland) Act, 1908.

Education (Scotland) Act, 1913.

Education (Scotland) Act, 1945.

Elementary Education (Blind and Deaf Children) Act, 1893.

Elementary Education (Defective and Epileptic Children) Act, 1899.

Local Government (Scotland) Act, 1929.

Maternity and Child Welfare Act, 1918.

National Health Service Act, 1946.

Notification of Births Act, 1907.

Notification of Births Extension Act, 1915.

The Children Act, 1908.

The Children Act, 1948.

（二） 地方政府事务部年度报告 (1873—1919)

Local Government Board, *Third Annual Report of Local Government Board*, 1873—1874,

London: Her Majesty's Stationary Office, 1874.

Local Government Board, *Fourth Annual Report of Local Government Board*, *1874— 1875*, London: Her Majesty's Stationary Office, 1875.

Local Government Board, *Fifth Annual Report of Local Government Board*, *1875—1876*, London: Her Majesty's Stationary Office, 1876.

Local Government Board, *Sixth Annual Report of Local Government Board*, *1876— 1877* London: Her Majesty's Stationary Office, 1877.

Local Government Board, *Seventh Annual Report of Local Government Board*, *1877— 1878*, London: Her Majesty's Stationary Office, 1878.

Local Government Board, *Eighth Annual Report of Local Government Board*, *1878— 1879*, London: Her Majesty's Stationary Office, 1879.

Local Government Board, *Ninth Annual Report of Local Government Board*, *1879—1880*, London: Her Majesty's Stationary Office, 1880.

Local Government Board, *Tenth Annual Report of Local Government Board*, *1880—1881*, London: Her Majesty's Stationary Office, 1881.

Local Government Board, *Eleventh Annual Report of Local Government Board*, *1881— 1882*, London: Her Majesty's Stationary Office, 1882.

Local Government Board, *Twelfth Annual Report of Local Government Board*, *1882— 1883*, London: Her Majesty's Stationary Office, 1883.

Local Government Board, *Thirteenth Annual Report of Local Government Board*, *1883— 1884*, London: Her Majesty's Stationary Office, 1884.

Local Government Board, *Fourteenth Annual Report of Local Government Board*, *1884— 1885*, London: Her Majesty's Stationary Office, 1885.

Local Government Board, *Fifteenth Annual Report of Local Government Board*, *1885— 1886*, London: Her Majesty's Stationary Office, 1887.

Local Government Board, *Sixteenth Annual Report of Local Government Board*, *1886— 1887*, London: Her Majesty's Stationary Office, 1888.

Local Government Board, *Seventeenth Annual Report of Local Government Board*, *1887— 1888*, London: Her Majesty's Stationary Office, 1888.

Local Government Board, *Eighteenth Annual Report of Local Government Board*, *1888— 1889*, London: Her Majesty's Stationary Office, 1889.

Local Government Board, *Nineteenth Annual Report of Local Government Board*, *1889—*

1890, London: Her Majesty's Stationary Office, 1890.

Local Government Board, *Twentieth Annual Report of Local Government Board, 1890—1891*, London: Her Majesty's Stationary Office, 1891.

Local Government Board, *Twenty-first Annual Report of Local Government Board, 1891—1892*, London: Her Majesty's Stationary Office, 1892.

Local Government Board, *Twenty-Second Annual Report of Local Government Board, 1892—1893*, London: Her Majesty's Stationary Office, 1893.

Local Government Board, *Twenty-third Annual Report of Local Government Board, 1893—1894*, London: Her Majesty's Stationary Office, 1894.

Local Government Board, *Twenty-fourth Annual Report of Local Government Board, 1894—1895*, London: Her Majesty's Stationary Office, 1895.

Local Government Board, *Twenty-fifth Annual Report of Local Government Board, 1895—1896*, London: Her Majesty's Stationary Office, 1896.

Local Government Board, *Twenty-sixth Annual Report of Local Government Board, 1896—1897*, London: Her Majesty's Stationary Office, 1897.

Local Government Board, *Twenty-seventh Annual Report of Local Government Board, 1897—1898*, London: Her Majesty's Stationary Office, 1898.

Local Government Board, *Twenty-eighth Annual Report of Local Government Board, 1898—1899*, London: Her Majesty's Stationary Office, 1899.

Local Government Board, *Twenty-ninth Annual Report of Local Government Board, 1899—1900*, London: Her Majesty's Stationary Office, 1900.

Local Government Board, *Thirtieth Annual Report of Local Government Board, 1900—1901*, London: His Majesty's Stationary Office, 1901.

Local Government Board, *Thirty-first Annual Report of Local Government Board, 1901—1902*, London: His Majesty's Stationary Office, 1902.

Local Government Board, *Thirty--second Annual Report of Local Government Board, 1902—1903*, London: His Majesty's Stationary Office, 1903.

Local Government Board, *Thirty-third Annual Report of Local Government Board, 1903—1904*, London: His Majesty's Stationary Office, 1904.

Local Government Board, *Thirty-fourth Annual Report of Local Government Board, 1904—1905*, London: His Majesty's Stationary Office, 1905.

Local Government Board, *Thirty-fifth Annual Report of Local Government Board, 1905—*

1906, London: His Majesty's Stationary Office, 1906.

Local Government Board, *Thirty-sixth Annual Report of Local Government Board*, *1906—1907*, London: His Majesty's Stationary Office, 1907.

Local Government Board, *Thirty – seventh Annual Report of Local Government Board*, *1907—1908*, London: His Majesty's Stationary Office, 1908.

Local Government Board, *Thirty – eighth Annual Report of Local Government Board*, *1908—1909*, London: His Majesty's Stationary Office, 1909.

Local Government Board, *Thirty – ninth Annual Report of Local Government Board*, *1909—1910*, London: His Majesty's Stationary Office, 1910.

Local Government Board, *Fortieth Annual Report of Local Government Board*, *1910—1911*, London: His Majesty's Stationary Office, 1911.

Local Government Board, *Forty-first Annual Report of Local Government Board*, *1911—1912*, London: His Majesty's Stationary Office, 1912.

Local Government Board, *Forty – second Annual Report of Local Government Board*, *1912—1913*, London: His Majesty's Stationary Office, 1913.

Local Government Board, *Forty-third Annual Report of Local Government Board*, *1913—1914*, London: His Majesty's Stationary Office, 1914.

Local Government Board, *Forty – fourth Annual Report of Local Government Board*, *1914—1915*, London: His Majesty's Stationary Office, 1915.

Local Government Board, *Forty-fifth Annual Report of Local Government Board*, *1915—1916*, London: His Majesty's Stationary Office, 1916.

Local Government Board, *Forty-sixth Annual Report of Local Government Board*, *1916—1917*, London: His Majesty's Stationary Office, 1917.

Local Government Board, *Forty – seventh Annual Report of Local Government Board*, *1917—1918*, London: His Majesty's Stationary Office, 1918.

Local Government Board, *Forty – eighth Annual Report of Local Government Board*, *1918—1919*, London: His Majesty's Stationary Office, 1919.

(三) 英国卫生部年度报告(1919—1945)

Ministry of Health, *First Annual Report of the Ministry of Health*, *1919—1920*, London: His Majesty's Stationery Office, 1920.

Ministry of Health, *Second Annual Report of the Ministry of Health*, *1920 — 1921*,

London: His Majesty's Stationery Office, 1921.

Ministry of Health, *Third Annual Report of the Ministry of Health, 1921—1922*, London: His Majesty's Stationery Office, 1922.

Ministry of Health, *Fourth Annual Report of the Ministry of Health, 1922—1923*, London: His Majesty's Stationery Office, 1923.

Ministry of Health, *Fifth Annual Report of the Ministry of Health, 1923—1924*, London: His Majesty's Stationery Office, 1924.

Ministry of Health, *Sixth Annual Report of the Ministry of Health, 1924—1925*, London: His Majesty's Stationery Office, 1925.

Ministry of Health, *Seventh Annual Report of the Ministry of Health, 1925—1926*, London: His Majesty's Stationery Office, 1926.

Ministry of Health, *Tenth Annual Report of the Ministry of Health, 1929—1930*, London: His Majesty's Stationery Office, 1930.

Ministry of Health, *Twelfth Annual Report of the Ministry of Health, 1930—1931*, London: His Majesty's Stationery Office, 1931.

Ministry of Health, *Thirteenth Annual Report of the Ministry of Health, 1931—1932*, London: His Majesty's Stationery Office, 1932.

Ministry of Health, *Fourteenth Annual Report of the Ministry of Health, 1932—1933*, London: His Majesty's Stationery Office, 1933.

Ministry of Health, *Fifteenth Annual Report of the Ministry of Health, 1933—1934*, London: His Majesty's Stationery Office, 1934.

Ministry of Health, *Sixteenth Annual Report of the Ministry of Health, 1934—1935*, London: His Majesty's Stationery Office, 1935.

Ministry of Health, *Seventeenth Annual Report of the Ministry of Health, 1935—1936*, London: His Majesty's Stationery Office, 1936.

Ministry of Health, *Eighteenth Annual Report of the Ministry of Health, 1936—1937*, London: His Majesty's Stationery Office, 1937.

Ministry of Health, *Nineteenth Annual Report of the Ministry of Health, 1937—1938*, London: His Majesty's Stationery Office, 1938.

Ministry of Health, *Twentieth Annual Report of the Ministry of Health, 1938—1939*, London: His Majesty's Stationery Office, 1939.

Ministry of Health, *Summary Report of the Ministry of Health for the year ended 31*[st]

March,1945,London:His Majesty's Stationery Office,1945.

(四) 英国教育部(教育与科学部)首席医疗官年度报告(1908—1920,1974)

Board of Education,*Annual Report for 1908 of the Chief Medical Officer of the Board of Education*,London:His Majesty's Stationery Office,1910.

Board of Education,*Annual Report for 1909 of the Chief Medical Officer of the Board of Education*,London:His Majesty's Stationery Office,1910.

Board of Education,*Annual Report for 1910 of the Chief Medical Officer of the Board of Education*,London:His Majesty's Stationery Office,1911.

Board of Education,*Annual Report for 1911 of the chief medical officer of the Board of Education*,London:His Majesty's Stationery Office,1912.

Board of Education,*Annual Report for 1912 of the Chief Medical Officer of the Board of Education*,London:His Majesty's Stationery Office,1913.

Board of Education,*Annual Report for 1913 of the chief medical officer of the Board of Education*,London:His Majesty's Stationery Office,1914.

Board of Education,*Annual Report for 1914 of the chief medical officer of the Board of Education*,London:His Majesty's Stationery Office,1915.

Board of Education,*Annual Report for 1915 of the Chief Medical Officer of the Board of Education*,London:His Majesty's Stationery Office,1916.

Board of Education,*Annual Report for 1916 of the Chief Medical Officer of the Board of Education*,London:His Majesty's Stationery Office,1917.

Board of Education,*Annual Report for 1917 of the Chief Medical Officer of the Board of Education*,London:His Majesty's Stationery Office,1918.

Board of Education,*Annual Report for 1918 of the Chief Medical Officer of the Board of Education*,London:His Majesty's Stationery Office,1919.

Board of Education,*Annual Report of the Chief Medical Officer of the Board of Education,1919*,London:His Majesty's Stationery Office,1920.

Board of Education,*Annual Report of the Chief Medical Officer of the Board of Education,1920*,London:His Majesty's Stationery Office,1921.

Department of Education and Science,*The School Health Service,1908—1974:Report of the Chief Medical Officer of the Department of Education and Science*,London:Her Majesty's

Stationary Office,1975.

（五）苏格兰地方政府事务部年度报告（1899—1919）

Local Government Board for Scotland, *Fifth Annual Report of the Local Government Board for Scotland*,*1899*,Edinburgh:His Majesty's Stationery Office,1900.

Local Government Board for Scotland, *Sixth Annual Report of the Local Government Board for Scotland*,*1900*,Edinburgh:His Majesty's Stationery Office,1901.

Local Government Board for Scotland, *Seventh Annual Report of the Local Government Board for Scotland*,*1901*,Edinburgh:His Majesty's Stationery Office,1902.

Local Government Board for Scotland, *Eighth Annual Report of the Local Government Board for Scotland*,*1902*, Edinburgh:His Majesty's Stationery Office,1903.

Local Government Board for Scotland, *Ninth Annual Report of the Local Government Board for Scotland*,*1903*,Edinburgh:His Majesty's Stationery Office,1904.

Local Government Board for Scotland, *Tenth Annual Report of the Local Government Board for Scotland*,*1904*, Edinburgh:His Majesty's Stationery Office,1905.

Local Government Board for Scotland, *Eleventh Annual Report of the Local Government Board for Scotland*,*1905*,Edinburgh:His Majesty's Stationery Office,1906.

Local Government Board for Scotland, *Twelfth Annual Report of the Local Government Board for Scotland*,*1906*,Edinburgh:His Majesty's Stationery Office,1907.

Local Government Board for Scotland, *Thirteenth Annual Report of the Local Government Board for Scotland*,*1907*,Edinburgh:His Majesty's Stationery Office,1908.

Local Government Board for Scotland, *Fourteenth Annual Report of the Local Government Board for Scotland*,*1908*, Edinburgh:His Majesty's Stationery Office,1909.

Local Government Board for Scotland, *Fifteenth Annual Report of the Local Government Board for Scotland*,*1909*,Edinburgh:His Majesty's Stationery Office,1910.

Local Government Board for Scotland, *Sixteenth Annual Report of the Local Government Board for Scotland*,*1910*,Edinburgh:His Majesty's Stationery Office,1911.

Local Government Board for Scotland, *Seventeenth Annual Report of the Local Government Board for Scotland*,*1911*, Edinburgh:His Majesty's Stationery Office,1912.

Local Government Board for Scotland,*Eighteenth Annual Report of the Local Government Board for Scotland*,*1912*,Edinburgh:His Majesty's Stationery Office,1913.

Local Government Board for Scotland, *Nineteenth Annual Report of the Local Government*

Board for Scotland, *1913*, Edinburgh: His Majesty's Stationery Office, 1914.

Local Government Board for Scotland, *Twentieth Annual Report of the Local Government Board for Scotland*, *1914*, Edinburgh: His Majesty's Stationery Office, 1915.

Local Government Board for Scotland, *Twenty-first Annual Report of the Local Government Board for Scotland*, *1915*, Edinburgh: His Majesty's Stationery Office, 1916.

Local Government Board for Scotland, *Twenty-second Annual Report of the Local Government Board for Scotland*, *1916*, Edinburgh: His Majesty's Stationery Office, 1917.

Local Government Board for Scotland, *Twenty-third Annual Report of the Local Government Board for Scotland*, *1917*, Edinburgh: His Majesty's Stationery Office, 1918.

Local Government Board for Scotland, *Twenty-fourth Annual Report of the Local Government Board for Scotland*, *1918*, Edinburgh: His Majesty's Stationery Office, 1919.

Local Government Board for Scotland, *Twenty-fifth and final Annual Report of the Local Government Board for Scotland*, *1919*, Edinburgh: His Majesty's Stationery Office, 1920.

(六) 苏格兰卫生部年度报告(1929——1945)

Department of Health for Scotland, *First Annual Report of the Department of Health for Scotland*, *1929*, Edinburgh: His Majesty's Stationary Office, 1930.

Department of Health for Scotland, *Second Annual Report of the Department of Health for Scotland*, *1930*, Edinburgh: His Majesty's Stationary Office, 1931.

Department of Health for Scotland, *Third Annual Report of the Department of Health for Scotland*, *1931*, Edinburgh: His Majesty's Stationary Office, 1932.

Department of Health for Scotland, *Fourth Annual Report of the Department of Health for Scotland*, *1932*, Edinburgh: His Majesty's Stationary Office, 1933.

Department of Health for Scotland, *Fifth Annual Report of the Department of Health for Scotland*, *1933*, Edinburgh: His Majesty's Stationary Office, 1934.

Department of Health for Scotland, *Sixth Annual Report of the Department of Health for Scotland*, *1934*, Edinburgh: His Majesty's Stationary Office, 1935.

Department of Health for Scotland, *Seventh Annual Report of the Department of Health for Scotland*, *1935*, Edinburgh: His Majesty's Stationary Office, 1936.

Department of Health for Scotland, *Eighth Annual Report of the Department of Health for Scotland*, *1936*, Edinburgh: His Majesty's Stationary Office, 1937.

Department of Health for Scotland, *Ninth Annual Report of the Department of Health for*

Scotland, *1937*, Edinburgh: His Majesty's Stationary Office, 1938.

Department of Health for Scotland, *Tenth Annual Report of the Department of Health for Scotland*, *1938*, Edinburgh: His Majesty's Stationary Office, 1939.

Department of Health for Scotland, *Summary Report by the Department of Health for Scotland for the Year ended 30th June 1945*, Edinburgh: His Majesty's Stationary Office, 1945.

（七）专题文献

Board of Education, *Circular 576: Memorandum on Medical Inspection of Children in Public Elementary Schools*, 22nd November *1907*, in Board of Education, *Annual Report for 1908 of the Chief Medical Officer of the Board of Education*, London: His Majesty's Stationery Office, 1910.

Board of Education, *Circular 582: Schedule of Medical Inspection*, 23rd January 1908, in Board of Education, *Annual Report for 1908 of the Chief Medical Officer of the Board of Education*, London: His Majesty's Stationery Office, 1910, pp.150–154.

Board of Education, *Circular 596*, 17th August 1908, in Board of Education, *Annual Report for 1908 of the Chief Medical Officer of the Board of Education*, London: His Majesty's Stationery Office, 1910.

Board of Education, *Circular 854: "Provision of Meals for School Children"*, in *Annual Report for 1913 of the Chief Medical Officer of the Board of Education*, London: His Majesty's Stationery Office, 1914.

Copeman, Monckton. "An Investigation into the Causes of Infant Mortality in the County Borough of Burnley and the Adjoining Boroughs of Colne and Nelson", in *Supplement in Continuation of the Report of the Medical Officer of the Local Government Board for 1913—1914*, London: His Majesty's Stationery Office, 1914.

Inter-departmental Committee on Physical Deterioration, *Report of the Inter-departmental Committee on Physical Deterioration*, *Vol. I: Report and Appendix*, London: His Majesty's Stationary Office, 1904.

Lane-Claypon, Janet. "Report on Infant Welfare Work in Lancashire" in *Supplement in Continuation of the Report of the Medical Officer of the Local Government Board for 1913—1914*, His Majesty's Stationery Office, 1914.

Local Government Board, "Memorandum on Health Visiting and on Maternity and Child Welfare Centres, by the Medical Officer of the Board", in *Supplement Containing the Report of* the Medical Officer for 1914—1915 of Forty-fourth Annual Report of the Local Government Board, 1914—1915, His Majesty's Stationery Office, 1915.

Local Government Board, Report of the Medical Officer for 1913—1914, Supplement of Forty-third Annual Report of the Local Government Board, 1913—1914, His Majesty's Stationery Office, 1914.

Ministry of Food, How Britain Was Fed in War Time, London: His Majesty's Stationery Office, 1946.

Ministry of Health, Circular No. 5: Maternity and Child Welfare, July 15, 1919.

Ministry of Health: Circular by the Ministry of Health on the Training of Health Visitors, July 14, 1919.

Newsholme, Arthur. "Third Report on Infant Mortality Dealing with Infant Mortality in Lancashire", in Supplement in Continuation of the Report of the Medical Officer of the Local Government Board, 1913—1914, London: His Majesty's Stationery Office, 1914.

Royal Commission on Physical Training(Scotland), Report of the Royal Commission on Physical Training(Scotland), Vol. I: Report and Appendix, London: His Majesty's Stationary Office, 1903.

（八）英国议会辩论集

HANSARD 1803—2005, http://hansard.millbanksystems.com/index.html

二、中文著作

贝弗里奇委员会：《贝弗里奇报告：社会保险和相关服务》（根据英国文书局 1995 年再版翻译），中国劳动社会保障出版社 2004 年版。

丁建定：《英国济贫法制度史》，人民出版社 2014 年版。

丁建定：《英国社会保障制度史》，人民出版社 2015 年版。

《马克思恩格斯文集》（第 1 卷），人民出版社 2009 年版。

毛利霞：《从隔离病人到治理环境：19 世纪英国霍乱防治研究》，中国人民大学出版 2018 年版。

闵凡祥：《国家与社会：英国社会福利观念的变迁与撒切尔政府社会福利改革研究》，重庆出版社 2009 年版。

钱乘旦等：《日落斜阳：20 世纪英国》，华东师范大学出版社 1999 年版。

钱乘旦等:《英国通史》(第六卷),江苏人民出版社 2016 年版。

钱乘旦、许洁明:《英国通史》,上海社会科学院出版社 2019 年版。

尚晓援、王小林、陶传进:《中国儿童福利前沿问题》,社会科学文献出版社 2010 年版。

施义慧:《童年的转型:19 世纪英国下层儿童生活史》,南京大学出版社 2012 年版。

阎照祥:《英国史》,人民出版社 2014 年版。

周真真:《英国慈善活动发展史研究》,中国人民大学出版社 2020 年版。

三、中文论文

陈晓律:《从亚当·斯密到凯恩斯 ——简评英国福利思想的发展》,《世界历史》1990 年第 5 期。

丁建定:《英国现代社会保障制度的建立(1870—1914)》,《史学月刊》2002 年第 3 期。

郭家宏:《19 世纪末期英国贫困观念的变化》,《学海》2013 年第 1 期。

李化成:《西方医学社会史发展述论》,《四川大学学报(哲学社会科学版)》2006 年第 3 期。

李化成:《医学社会史的名实与研究取向》,《历史研究》2014 年第 6 期。

鲁运庚:《前工业化时期欧洲乡村的儿童劳动》,《历史研究》2015 年第 6 期。

帕特·塞恩:《英国福利国家中的志愿行动》,载自钱乘旦、高岱:《英国史新探:全球视野与文化转向》,北京大学出版社 2011 年。

潘迎华:《19 世纪英国妇女选举权运动与自由主义》,《世界历史》2002 年第 6 期。

庞媛媛:《英国儿童福利制度的历史嬗变及特征》,《信阳师范学院学报(哲学社会科学版)》2009 年第 4 期。

吴必康:《英国执政党与民生问题:从济贫法到建立济贫国家》,《江海学刊》2011 年第 1 期.

辛旭:《儿童与社会的相互建构:儿童史研究突破的一种可能》,《学术月刊》2016 年第 6 期。

辛旭:《西方的儿童研究:在学科对话中成长》,《光明日报》2018 年 7 月 30 日。

杨汉麟、陈峥:《英国学校膳食服务制度的历史研究》,《天津社会科学》2013 年第 4 期。

俞金尧:《儿童史研究及其方法》,《国外社会科学》2001 年第 5 期。

俞金尧:《西方儿童史研究四十年》,《中国学术》2001 年第 4 期。

张嘉瑶:《19 世纪英国针对工厂童工的立法及实施效果》,《经济社会史评论》2018 年第 2 期。

周真真:《19 世纪末英国城市化进程中的虐待儿童问题》,《英国研究》2011 年辑,南京大学出版社 2011 年版。

周真真:《19 世纪末英国家庭儿童虐待问题的发现与整治》,《杭州师范大学学报(社会科学版)》2017 年第 2 期。

周真真:《charity 概念在英国的历史流变及其社会意蕴》,《世界历史》2018 年第 1 期。

周真真:《英国福利国家进程中的志愿组织与政府——以 NSPCC 与警察的合作为例》,《学海》2012 年第 2 期。

四、英文著作

Bosanquet, Helen. *Social Work in London, 1869 — 1912*, New York: E. P. Dutton Company, 1914.

Bryant, L.S.*School Feeding: Its History and Practice at home and Abroad*, London: J.B. Lippincott Company, 1913.

Bulkley, M.E.*The Feeding of School Children*, London: G.Bell Sons Ltd., 1914.

Burnett, John. *Liquid Pleasures: A Social History of Drinks in Modern Britain*, London: Routledge, 1999.

Burnett, John.*Plenty and Want: A Social History of Food in England from 1815 to the Present Day*, London: Routledge, 1989.

Chadwick, Edwin.*Report on the Sanitary Condition of the Labouring Population of Great Britain* [1842], M.W.Flinn (ed.), Edinburgh: Edinburgh University Press, 1965.

Chalmers, A.K.*The Health of Glasgow, 1818—1925*, Glasgow Authority of the Corporation, 1930.

Chance, W.*Children under the Poor Law: Their Education Training and After-care*, London: Swan Sonnenschein Co., 1897.

Clark, F. Le Gros. *Social History of the School Meals Service*, London: The National Council of Social Service, 1948.

Cooper, John.*The British Welfare Revolution, 1906—1914*, London: Bloomsbury Academic, 2017.

Crowther, M.A.*The Workhouse System, 1834—1929: The History of an English Social In-

stitution, Athens: The University of Georgia Press, 1982.

Cunningham, Hugh. *The Children of the Poor: Representations of Childhood since the Seventeenth Century*, London: Basil Blackwell Ltd, 1991.

Davies, Margaret Llewelyn. (ed.), Maternity: Letters from Working Women, Virago, 1978 (first published 1915 by G. Bell & Sons, London).

Dwork, Deborah. *War is Good for Babies and other Young Children: A History of the Infant and Child Welfare Movement in England, 1898 — 1918*, London: Tavistock Publications Ltd 1987.

Frazer, W.M. *A History of English Public Health, 1834 — 1939*, London: Harrison Sons Ltd., 1950.

Gorst, John E. *The Children of the Nation: How Their Health and Vigour Should be Promoted by the State*, London: Methuen & Co., 1907.

Gosden, P.H.J.H. *Education in the Second World War: a Study in Policy and Administration*, London: Routledge, 1976.

Hall, M. Penelope. *The Social Services of Modern England*, London: Routledge & Kegan Paul Limited, 1952.

Hammond, R.J. *Food, Volume II: Studies in Administration and Control*, London: Her Majesty's Stationery Office, 1956.

Harris, Bernard. *The Health of the Schoolchild: A History of the School Medical Service in England and Wales*, Bristol: Open University Press, 1995.

Hendrick, Harry. *Child Welfare: Historical Dimensions Contemporary Debate*, Bristol: The Policy Press, 2003.

Hendrick, Harry. *Child Welfare: England 1872 — 1989*, London: Routledge 1994.

Jenkins, Alan. *Drinka Pinta: The Story of Milk and the Industry That Serves It*, London: William Heinemann Ltd, 1970.

Lambert, Royston. *Sir John Simon (1816 — 1904) and English Social Administration*, London: Macgibbon & Kee, 1963.

Lane-Claypon, J.E. *The Child Welfare Movement*, London: G. Bell Sons Ltd., 1920.

Lewis, Jane. *The Politics of Motherhood: Child and Maternal Welfare in England, 1900 — 1939*, London: Croom Helm Limited, 1980.

Mackay, Thomas. *A History of English Poor Law, Vol. III. 1834 — 1898*, London: P.S. King &Son, 1904.

Marks, Lara V. *Metropolitan Maternity: Maternal and Infant Welfare Services in Early Twentieth Century*, Amsterdam: Atlanta, GA, 1996.

McCleary, G.F. *The Early History of the Infant Welfare Movement*, London: H.K.Lewis Co. Ltd, 1933.

McCleary, G.F. *The Maternity and Child Welfare Movement*, London: P.S.King & Son Ltd., 1935.

Mitchell B.R.and Deane, Phyllis. *Abstract of British Historical Statistics*, Cambridge: Cambridge University Press, 1962.

Newman, George. *Infant Mortality: A Social Problem*, New York: E. P. Dutton Company, 1907.

Newman, George. *The Building of A Nation's Health*, London: Macmillan, 1939.

Newman, George. *The Health of the State* (2nd Edition), London: Headley Brothers, 1907.

Newsholme, Arthur. *The Elements of Vital Statistics*, London: Swan Sonnenschein Co. 1889.

Oddy, Derek J. *From Plain Fare to Fusion Food: British Diet from the 1890s to the 1990s*, Suffolk: The Boydell Press, 2003.

Orr, John Boyd. *Food, Health and Income: Report on a Survey of Adequacy of Diet in Relation to Income*, London: Macmillan, 1936.

Parker, Roy. *Uprooted: The Shipment of Poor Children to Canada, 1867—1917*, Bristol: The Policy Press, 2008.

Pinchbeck, Ivy and Hewitt, Margaret. *Children in English Society, Vol.II: From the Eighteenth Century to the Children Act 1948*, London: Routledge, 2005.

Reeves, Pember. *Round about a Pound a Week*, London: G.Bell and Sons 1914.

Rivett, Geoffrey. *From Cradle to Grave: Fifty Years of the NHS*, London: King's Fund Publishing, 1998.

Roebuck, Janet. *The Making of Modern English Society from 1850*, New York: Scribners, 1973.

Rosen, George. *A History of Public Health*, New York: MD Publications, Inc., 1958.

Rowntree, B.Seebohm. *Poverty and Progress: A Second Social Survey of York*, London: Longman, Green and Co.Ltd, 1946.

Rowntree, B.Seebohm. *Poverty: a study of town life*, London: Macmillan, 1901.

Smith, F.B. *The People's Health, 1830—1910*, London: Croom Helm Ltd, 1979.

Thane, Pat. *Foundations of the Welfare State* (2nd edition), London: Longman 1996.

Welshman, John. *Churchill's Children: The Evacuee Experience in Wartime Britain*, Oxford: Oxford University Press, 2010.

Wohl, Anthony S. *Endangered Lives: Public Health in Victorian Britain*, London: J.M. Dent Sons Ltd, 1983.

五、英文论文

"A Model Ladies' Health Society", *The British Medical Journal*, Jan. 20th, 1906.

"Early Notification of Births Act", *The British Medical Journal*, August 30, 1907.

"Infant Mortality and Birth Notification", *The Lancet*, May 5, 1906, p.1263.

"Infantile Mortality: The Huddersfield Scheme", *The British Medical Journal*, December 7th, 1907.

Atkins, Peter. "Fattening children or fattening farmers? School milk in Britain, 1921—1941", *Economic History Review*, No. 1, 2005.

Atkins, Peter. "Milk Consumption and Tuberculosis in Britain, 1850—1950", in *Order and Disorder: The Health Implications of Eating and Drinking in the Nineteenth and Twentieth Centuries*, edited by Alexander Fenton, East Linton: Tuckwell Press Ltd, 2000, pp.83—95.

Atkins, Peter. "School Milk in Britain, 1900—1934", *The Journal of Policy History*, Vol. 19, No.4, 2007.

Atkins, Peter. "The Milk in Schools Scheme, 1934—1945", *History of Education*, No. 01, 2005.

Berridge, Virginia. "Health and Medicine", in F.M.L. Thompson (ed.), *The Cambridge Social History of Britain 1750—1950*, *Volume*. 3, Cambridge: Cambridge University Press, 1990.

Broadbent, Benjamin. "The Early Notification of Births Bill", *The British Medical Journal*, August 10, 1907.

Burnett, John. "The rise and decline of school meals in Britain, 1860—1990", in John Burnett and Derek J. Oddy, eds., *The Origins and Development of Food Policies in Europe*, London: Leicester University Press, 1994.

Davies, Celia. "The Health Visitor as Mother's Friend: A Woman's Place in Public Health, 1900—1914", *Social History of Medicine*, No.01, 1988.

Drake, Barbara. "Starvation in the Midst of Plenty: A New Plan for the State Feeding of

School Children", *Fabian Tract*, No.240, London: Fabian Society, 1933.

Ferguson, Augus H., Weaver, Lawrence T. and Nicolson, Malcolm. "The Glasgow Corporation Milk Depot 1904—1910 and its Role in Infant Welfare: an End or a Means", *Social History of Medicine*, Vol.19, Issue 3, December 2006.

Garrett, Eilidh. "Urban-rural Differences in Infant Mortality: A View from the Death Registers of Skye and Kilmarnock", in Eilidh Garrett, Chris Galley, Nicola Shelton and Robert Woods, *Infant Mortality: A Continuing Social Problem*, Burlington: Ashgate Publishing Limited, 2006.

Gilbert, Bentley B. "Sir John Eldon Gorst and the Children of the Nation", *Bulletin of the History of Medicine*, No.03, 1954.

Harris, Jose. "Society and the state in twentieth century Britain", in F. M. L. Thompson (ed.), *The Cambridge Social History of Britain 1750—1950*, Vol. 3, Cambridge University Press, 1990.

Hurt, John. "Feeding the hungry schoolchild in the first half of the twentieth century", in Derek J. Oddy and Derek S. Miller, eds., *Diet and Health in Modern Britain*, London: Croom Helm, 1985.

Hurt, John. "The Growth of Treatment through the School Medical Service, 1908—1918", *Medical History*, Vol. 33, Issue 03, 1989.

Jones, Hugh R. "The Perils and Protection of Infant Life", *Journal of the Royal Statistical Society*, No.1, 1894.

Lewis, Jane. "Models of equality for women: the case of state support for children in twentieth-century Britain", in Gisela Bock and Pat Thane (ed.), *Maternity and Gender Policies: Women and the Rise of the European Welfare States, 1880s—1950s*, London: Routledge 2016.

Lewis, Jane. "Reviewing the Relationship betwe en the Voluntary Sector and the State in Britain in the 1990s", *Voluntas: International Journal of Voluntary and Nonprofit Organizations*, No. 3, 1999.

Lewis, Jane. "The Social History of Social Policy: Infant Welfare in Edwardian England", *Journal of Social Policy*, Vol.9, Issue 04, 1980.

Lewis, Jane. "Women, social work and social welfare in twentieth-century Britain: from (unpaid) influence to (paid) oblivion?" in Martin Daunton (ed.), *Charity, Self-interest and Welfare in the English Past*, London: Routledge, 2016.

Marland, Hilary. "A Pioneer in Infant Welfare: the Huddersfield Scheme, 1903—1920", *Social History of Medicine*, Vol. 6, Issue 1, 1993, pp.25-50.

Marshall, H.J. "Voluntary Assistance in the Modern State", *Charity Organisation Quarterly*, No. 1, 1939.

Meyerstein, Constance. "The Education of Children Under the Poor Law", *Charity Organisation Review*, Vol.12, No.140 (SEPTEMBER 1896).

Moore, Michael J. "Social work and Social Welfare: The Organization of Philanthropic Resources in Britain, 1900—1914", *Journal of British Studies*, Vol. 16.No. 2, 1977.

Moore, Michael J. "Social work and Social Welfare: The Organization of Philanthropic Resources in Britain, 1900—1914", *Journal of British Studies*, Vol. 16.No. 2, 1977.

Moore, S.G. "Infantile Mortality and the Relative Practical Value of Measures Directed to its Prevention", Lecture I., *The Lancet*, April 22nd, 1916.

Prochaska, F. K. "Philanthropy", in F. M. L. Thompson (ed.), *The Cambridge Social History of Britain 1750—1950*, Vol. 3, Cambridge: Cambridge University Press, 1990.

Smith, David F. & Malcolm, "Nutrition, Education, Ignorance and Income: A Twentieth-Century Debate", from Harmke Kamminga & Andrew Cunningham (edit), *The Science and Culture of Nutrition, 1840—1940*, Amsterdam: Atlanta, 1995.

Smith, David F. "Nutrition Science and the Two World Wars", from David F.Smith (edit), *Nutrition in Britain: Science, Scientists and Politics in the Twentieth Century*, London: Routledge, 1997.

Stewart, John. "The Campaign for School Meals in Edwardian Scotland", in John Lewrence, Pat Starkey, *Child Welfare and Social Action in the Nineteenth and Twentieth Centuries: International Perspectives*, Liverpool: Liverpool University Press, 2001.

Stewart, John. "This Injurious Measure: Scotland and the 1906 Education (Provision of Meals) Act", *The Scottish Historical Review*, Edinburgh: Edinburgh University Press, 1999.

Thane, Pat. "Visions of gender in the making of the British welfare state: the case of women in the British Labour Party and social policy, 1906—1945", in Gisela Bock and Pat Thane (ed.), *Maternity and Gender Policies: Women and the Rise of the European Welfare States, 1880s—1950s*, London: Routledge 2016.

Watt, Muriel G. "The Development of the School Meals Scheme", *Proceedings of the Nutrition Society*, 1948.

Webster, Charles. "Government Policy on School Meals and Welfare Foods", in Smith,

David F., *Nutrition in Britain: Science, Scientists and Policies in the Twentieth Century*, London: Routledge, 1997.

Welshman, John. "Dental health as a neglected issue in medical history: The school dental service in England and Wales, 1900–40", *Medical History*, Vol.42, Issue 03, 1998.

Welshman, John. "School meals and milk in England and Wales, 1906–45", *Medical History*, Vol.41, Issue 01, 1997.

后　记

　　本书是国家社科基金项目"公共健康视阈下英国儿童福利制度研究（1862—1948）"（项目号16BSS044）的结项成果。该项目的研究与结题首先需要感谢课题组成员的指导和参与，更要感谢为了支持我的研究而全力承担起女儿教育的爱人王宝枝女士。女儿高中学业贯穿三年疫情，女儿"成长的烦恼"耗费了爱人不少的精力。

　　在结题成果即将付梓时，我更加怀念我的父亲。2017年初，父亲因病去世，也就是该项目立项后的第二年。作为一名老实巴交的北方农民，父亲一生没有任何豪言壮语，始终在默默支持我的求学和工作。近几年来，总是想起在我中学时父亲在学校门口为我送饭时的情景。每每此时，眼泪总是夺眶而出。故谨以此书缅怀追忆我的父亲。

2023年4月2日

责任编辑：柴晨清
封面设计：石笑梦
版式设计：胡欣欣

图书在版编目（CIP）数据

公共健康视阈下英国儿童福利制度研究（1862—1948）/魏秀春,王宝枝 著. —
　北京：人民出版社,2024.1
ISBN 978 - 7 - 01 - 026140 - 9

Ⅰ.①公⋯　Ⅱ.①魏⋯ ②王⋯　Ⅲ.①儿童福利-福利制度-研究-英国-
　1862—1948　Ⅳ.①D756.17

中国国家版本馆 CIP 数据核字（2023）第 234655 号

公共健康视阈下英国儿童福利制度研究（1862—1948）
GONGGONG JIANKANG SHIYU XIA YINGGUO ERTONG FULI ZHIDU YANJIU（1862—1948）

魏秀春　王宝枝　著

人民出版社 出版发行
（100706　北京市东城区隆福寺街 99 号）

北京九州迅驰传媒文化有限公司印刷　新华书店经销

2024 年 1 月第 1 版　2024 年 1 月北京第 1 次印刷
开本：710 毫米×1000 毫米 1/16　印张：22.75
字数：331 千字

ISBN 978 - 7 - 01 - 026140 - 9　定价：89.00 元

邮购地址 100706　北京市东城区隆福寺街 99 号
人民东方图书销售中心　电话（010）65250042　65289539